UNFINISHED EMPIRE

The Global Expansion of Britain

未竟的帝國

英國的全球擴張

JOHN DARWIN

約翰·達爾文——著 黃中憲——譯

【目錄】

序

在諸多歷史主題中，比建立帝國引發更強硬堅定看法的主題並不多。事實上，某些帝國史學家以帝國為主題創作時，仍覺得必須嚴正表達他們對帝國的道德反感，以免他人以為他們在為帝國背書。還有些歷史學家喜歡讓人覺得撰文抨擊帝國是莫大勇氣之舉，好似有帝國的代理人等著要向他們報仇，或會有憤慨的「帝國主義」大眾要讓他們為此殉難。這些是令人發噱但無傷大雅的自以為是想法，卻透露了很有意思的認知：雖有那麼多人下筆揭開帝國的功績和惡行，帝國依舊是相當神祕、充滿迷思與誤解的領域。

部分原因肇始於鐵板似的思維。「帝國」是個宏大的字眼，但在帝國巨構的正立面之後，（不管是在哪個時空）都存在著一大群個體、一批遊說團體以及種種的追求：追求事業有成、發財致富、宗教救贖、或只是身家安全。帝國不是揚棄個人利害、思慮宏遠的委員會所締造，也絕非經濟或意識形態的「不可抗拒」壓力所締造。帝國必是由行事受到動機和道德規範左右的人所締造，而且那些動機與道德規範混亂、嚴苛的程度，絲毫不亞於今日支配我們的那些動機和道德規範。這番論點用在英國的海外帝國上，無疑也千真萬確。它絕非只是國王和征服者的心血結晶，大體而言，是個私人事業帝國，是商人、投資者、移民、傳教士等形形色色的人所打造出來。建造帝國不只是憑著意志或虛幻的衝動，儘管兩者都不可或缺。它需要一長串單調平凡的活動才得以誕生：勘察「目標」；建立橋頭堡；籌錢；召募水兵、士兵、外移民、冒險家；召集盟友（特別是在法庭上或政府裡）；制定規則（特別是針對「新發現」地區的資產制定的規則）；規範異地的貿易和道德行為；建構政府。不難看出這過程可能出多大的錯。最困難但也是最重要的事情之一，乃是談出讓原住民和其領袖滿意的條件，使他們願意成為帝國的盟友、侍從者或子民。世人很容易忘記，在世上許多地區，「帝國建造者」在當地召募的輔助者，為帝國誕生所付出的功勞，即使未多於帝國主義者本身，也和後者一樣多。結果造就出組成分子駁雜、存在著相衝突傳統觀念、族群、民族間的邊界未定的帝國。這樣的帝國既衍生出特別旺盛的活力，卻也帶來未曾停歇的不安定。

那也是個未竟的帝國。我們凝視塗有大英帝國粉紅色版圖的舊世界地圖時，輕易便忽略這始終是個在建造中的帝國，甚至應該說是個勉強半完成的帝國。晚至一九一四年（有時被視為大英帝國「鼎盛之時」），表明此點的跡象仍到處可見：可見於英國某些最古老領地的無主狀態上；可見於組成加拿大、澳洲的諸白人移居地本身的薄弱上；可見於對熱帶非洲治理的粗疏上（在不久後的一九三〇年代大蕭條期間更加嚴重）；可見於英國始終拿捏不定該以哪種統治才能牢牢掌控印度、平息印度動亂上；可見於不斷表示不會再有帝國擴張的嚴正宣告，卻又同樣不斷在推動擴張上（一九四五年後此一模式仍未歇）；可見於英國本土的帝國主義者對國內人民不夠關心帝國大業的憤怒和苦惱上。事實上，愛德華七世時代（1901-1910）最熱切的帝國主義者深信，維多利亞時代（1837-1901）的帝國建造者，並未建造出可長可久、只需偶爾關注的雄偉大廈，他們遺留給繼承者的，可說是一處還在建造的工地和一張有著無可救藥缺陷的平面圖。

如果說，在更近距離的檢視下，帝國即顯露出其即興無計畫、走一步算一步的特質，其實有其充分的理由。首先，毫無宏大的帝國遠景激勵其創建者，反而是國內社會冒出眾多彼此相抗衡、對擴張與帝國有不同理想的利益團體和遊說團說。（用英國移民）開拓殖民地、（用英國官員）促成文明開化、（用英國傳教士）使人改信基督教、通商貿易（可以的話最好不要有移民、官員或傳教士介入），四者同為帝國的「目標」，以不穩定且往往互扯後腿的伙伴關係並存。殖民地政治是這四方人馬的當地領袖爭奪主導權的比武擂台。其次，帝國的「指揮和控制」始終未上軌道，常見紊亂不堪。以為倫敦所發出的命令，在世界各地得到積極支持中央的行政長官或總督奉行，乃是悖離史實的幻想（儘管多數人都這麼以為）。帝國的運行，倚賴當地精英的合作，倚賴移居者（settler）的效忠和不耐於英國政府要求的英國官員（往往不情不願）的默然同意，而這些人都不是很可靠，輕易受到倫敦所察覺不到的形形色色當地壓力和難題影響而改變作為。帝國治理必然涉及一連串妥協，其中某些妥協是迫於一發不可收拾的叛亂（愛爾蘭、美國、加拿大、印度、非洲的叛亂）而不得不然，否則帝國本身可能崩解。事實上，帝國需要不斷配合現實改變統治方法。「憲政改革」則是為了把新玩家帶上政治足球場、為拓寬（或縮窄）球門、或為改變球的形狀而形塑出的漂亮說法，其目的不在達成「一勞永逸的解決」，而在確保帝國的存續不墜，比賽得以繼續進行。在許多殖民地裡，誰必須受什麼法律管轄，一直不明確。第三，帝國內的活動，無法存在於它本身的封閉領域裡。大英帝國受外力影響的程度，或許甚於大部分帝國：令其子民動心的意識形態主張和宗教訴求；經濟競爭與經濟危機的效應；（最危險的外力）地緣戰略挑戰的出現。維持帝國所要付出的代價，就是得不斷注意無法預料的地緣政治變動的衝擊，得不斷隨著新危險或新前景的出現，重訂計畫和優先關注事項。

在這個不穩定的世界裡，沒有哪一種帝國能維持現狀永遠不變，至多是暫時的喘息，沒有帝國的「最終狀態」。在帝國真的結束之前，也不可能預見何時會發生，遑論擬定計畫以為因應。事實上，直到最後一刻，英國人自身（當然包含英國某些領導人）仍相信他們的帝國，不管縮小到何種程度，仍會以某種形式存活。在去殖民化時代（1945-1965），英國人的政策有很大一部分以保住無形的經濟、政治勢力帝國為目標。現實無情戳破這夢想，然其效應，一如帝國本身的效應，至今未消。

本書旨在以英國為例，探討在歐洲境外擴張的三百年期間帝國的建造過程，並以中世英格蘭帝國主義史為這些擴張行動的根源。

若無眾多學術著作助一臂之力，探討帝國興衰的創作幾不可能寫成。但我在各章中提及這些著作時，未能致上應有的謝意，在此要表示歉意。我還要深深感謝牛津等地讓我吸收到諸多知識與洞見的業界同僚。本書的完成，得益於多個疑問的形塑，而在擬出其中某些疑問時，大學生學生和研究生的求知欲不時指引我，印證了教學相長這句古老諺語所言不虛。特別要提到的，是已故的佛雷迪．梅登（Freddie Madden），他對大英帝國從中世到帝國垮台這期間的憲政所完成的不朽研究成果，是了解大英帝國錯綜複雜運作情形所必讀，可謂超越群倫的學術大作。

在此，我要感謝英國國內外許多圖書館和檔案館的協助和意見，撰寫此書時我直接、間接利用了這些機構的資料。尤其感謝紐西蘭新普利茅斯首屈一首的普凱阿里基（Puke Ariki）博物館暨檔案館和其熱心助人的館員。

若沒有牛津大學納菲爾德學院（Nuffield College）提供其研究員的支持和激勵，這本書和前兩本書絕不可能這麼順利完成。若要研究、思考問題，然後化為著作，這世上沒幾個地方比這裡更理想。對此，對於我家人的耐心，我要致上最深的謝意。

儘管已非第一次表達感謝，我仍要向Penguin出版社的Simon Winder致上我最誠摯的謝意，感謝他的熱心、支持和寶貴意見。我還要感謝複印、編修手稿的Bela Cunha，感謝總攬製作事宜且提出寶貴建議的Richard Duguid，感謝James Pullen。本書地圖則由Jeff Edwards繪製完成。

第一章　帝國想像

在歷史的後窗裡

我們生活在由數個帝國打造出的世界裡。事實上，今日世界大多數地區是帝國的遺物：殖民時代和殖民時代以前非洲、亞洲、歐洲、美洲之帝國的遺物。今日世界的歷史和文化，充斥著這些帝國留下的記憶、追求、建制、怨憤。其中，由英國人歷經三百多年歲月辛苦打造的帝國，即使不是最偉大的帝國，也是最遼闊的帝國。今日的主權國家，有多達四分之一出自這個帝國。光憑這點，其影響便可謂居歷來諸帝國之冠。

大英帝國歷史激起激烈難解的爭論：可說是必然之事。一個世紀前，當大英帝國國勢正盛，毫無衰敗之象時，史學家的評斷通常是正面的。那時，大英帝國的確已犯下錯誤，已行不公不義之事，已做盡傷天害理的事。當時，改革來得太遲，誤解已然滋生。但最終，一切，或大部分，都走上正軌。因為在這帝國的核心，存在著自我糾正機制：一個讓政治權力藉以向有識之見回應的自由主義體制。確實，這良善的結果似乎是為大英帝國史裡，較見不得人的章節提供辯解的最佳藉口。順這思路走去，征服與殖民那段歷史，制伏其他民族、使其他民族流離失所那段過往，就可視為野蠻、落後、困在自身「停滯狀態」、不清楚何為有利自身之事的民族進步的代價。將民族從迷信、野蠻狀態中救出，必然招致混亂，且往往要有人流血。

在此觀點下的帝國史，其自負還不止於此。因為它表明英國人本身已在道德上更上層樓。在強烈的良心驅策下，他們廢除了使他們變得極富有的蓄奴制度，向全球支持該制度者展開猛烈反制。他們也已不再從事欲將殖民地社會強納入倫敦中央控制的徒勞之舉，且透過給予自治，贏得社會的輸誠效忠。最明智之舉，據自由主義者的看法，乃是他們拒斥貿易保護，選擇自由貿易之路。英國人的高尚道德情操和追逐私利，都已得到回報和報應。自由貿易是英國繁榮的祕鑰，也是促進世界和平的最佳憑藉。馬歇爾（H. E. Marshall）的暢銷歷史著作，出版於一九〇八年的《我們帝國史話》（*Our Empire Story*），始終抱持樂觀心態，也就不足為奇。

這正面觀點的確存在好長一段時間，久到幾乎和這帝國同時消失。其中某有力的遊說團體，甚至提倡大英帝國雖有某些弊病，卻是一股「造福（世人）之力」的觀點。當「白人自治領」（加拿大、紐西蘭、澳洲、南非）成為主權國家（一九三一年正式取得這身分），同時留在帝國範疇內時，可是被高舉為國際合作的典範、國家聯盟該如何運作的榜樣[1]。經濟蕭條的一九三〇年代，典範開始生變。馬克思主義者對資本主義弊病的批評，反而更能打動人心，帝國自此被斥責為金融家、實業家的工具，成為知識界的主流。約翰·霍布森（John A. Hobson）的批評性大作《帝國主義研究》（*Imperialism: A Study*），一九〇二年初問世時，未造成什麼衝擊，此際卻獲得一批熱情的新讀者肯定。來自千里達的非洲裔史學家（後來出任該國總理的）艾瑞克・威廉斯（Eric Williams），當時是牛津大學的研究生，完成一篇博士論文，以支持英國工業革命（英國富強的主要根源）建立在奴隸制（帝國勞動體制）之獲利的主張[2]。這些著作預示了觀念的轉向，可惜影響有限。判斷當下觀念的更可靠指標，乃是偉大的「帝國建造者」塞昔爾・羅茲（Cecil Rhodes）的名聲。羅茲於一九〇二年過世時仍未能完全免於他人的貶低[3]。但他的英雄地位得到英國王室的認可背書。威爾斯親王於一九二五年拜訪他在布拉瓦尤（Bulawayo，今辛巴威境內）的墓地，日後將成為喬治六世的亞伯特王子則於一九三四年到訪。一九五三年，羅茲百年誕辰那天，伊莉莎白女王之母和女王之妹瑪格麗特公主，在眾多要人簇擁下，來到羅茲墓前向他致敬，西敏寺則為他揭開一面紀念匾[4]。《非洲的羅茲》（*Rhodes of Africa*, 1936）這部影片，則把羅茲塑造為粗暴、陽剛、專橫，帝國的真正指標性人物。

一九六〇年後，情勢丕變。一九四七年印度獨立預示了帝國的解體，此際，解體的腳步加速。殖民統治作為一種開明託管方式，其道德正當性本已所剩無幾，這時更是蕩然無存。體現在聯合國憲章的戰後世界秩序觀，拒斥各種形式的殖民統治，支持主權民族國家的普世理想。在英國境內的進步派人士眼中，帝國傳統已似乎是沉重的負擔，其看重秩序與等級體制的過時心態，阻礙文化變遷和社會流動。原本可用於使英國經濟現代化的資源，虛擲在統治的負擔上。「易銷貨」的帝國市場，寵壞製造業，長遠觀之，後果不堪設想。在這種思維下，很容易認為，帝國的歷史，在最好的情況下，都是不值一顧；在最壞的情況下，則徒然讓人不安的想起使英國在後帝國的世界裡擱淺的一個過時願景。在這幻滅心情下，人們輕易便接受去殖民化在剛獨立社會裡助長的那種「民族主義」歷史。一如英國境內的帝國史著作曾頌揚帝國的建立和締造者的豐功偉績，民族主義歷史著作，則為獨立國地位的取得和向帝國主義壓迫者奮力爭取自由之事喝采。得意洋洋的歷史學家，憑著同仇敵愾之心，恣意對著帝國冰涼的屍體，展開光榮的抗擊。

事實上，帝國退離歷史舞台愈遠，對帝國的論斷就愈不堪。一九七〇年代，全球經濟看似混亂，於是馬克思主義的剝削、階級衝突歷史觀重獲信任。從這個角度審視，這段帝國歷史似乎正是普世性苦難的極致展現。殖民主義強行施加一道殘酷的經濟依賴枷鎖，使所謂「第三世界」的許多地方淪入以日益廉價的未加工產物換取進口製造品的困境之中，陷入使其日益貧困的循環裡。革命和階級戰爭是唯一出路。在本土勞動力和土地遭殖民地開拓者奪走的殖民地社會，剝削和帝國似乎融為一體。對研究南非（和南非境內）的歷史學家來說，不人道的種族隔離制度，幾可說是白人殖民的必然結果[5]。南非悲慘歷史揭露的另一個道理——或許有人會宣告這是這段歷史給予世人的最大「教訓」——乃是殖民地開拓與帝國始終建立在種族特權與種族壓迫的平台上。在種族歧視與不平等仍牢不可破（尤以在西方最富裕、最強大社會最為明顯）的去殖民化世界裡，邪惡的種族主義成為帝國的重要遺產，成為推動所有帝國主義作為的意識形態核心，成為帝國經濟不可或缺的成分，成為帝國統治的指導原則。

將帝國形容為（最主要）種族壓迫體制的說法，則是更大範圍攻擊的尖銳之矛。在此，帝國成為使種種「屬下」（subaltern）群體受壓迫、失自由的系統化工具（「屬下」一詞借自義大利馬克思主義革命分子安東尼奧．葛蘭西之語）。「屬下」歷史描述帝國加諸在那些無緣取得政治權力的弱勢者身上的社會不公、經濟不公，而這些弱勢者包括：農民族群、邊緣群體，例如印度境內的「部落民」、森林居民、賤民等、非洲境內的移民、游牧民、四海為家者、短期工、女性工作者和妓女以及大多數女人[6]。帝國代表了當地支配階層和帝國政權基於現實利害擬出的陰謀。「屬下」理論或可擴大適用於帝國「母土」。「母土」也存有受騙於帝國主義精英之詭計的平民大眾，他們繳稅，獻出鮮血，少數人因而得以享有顯赫地位、利潤、娛樂。「母土」的女人弱勢，在男性支配的社會裡地位相對卑下，而殖民地開拓、殖民戰爭、帝國統治所強調的陽剛精神，更強化女人的卑下。

「屬下」歷史激起另一個大問題。提倡「屬下」歷史者主張，強制是帝國權威的核心要素，殘暴之事比經過淨化的帝國史所坦承的還要多見。顯然地，運用武力和揚言運用武力，無法完全說明帝國母土和其領地為何默然接受帝國的強制。英國統治南亞時，歐洲人遠少於印度人，但除開一八五七至一八五八年，只碰到非常局部性的叛亂，而且叛亂的頻次不多。要說「帝國觀念」（imperial idea）的接受取決於母土境內的強制（若非對女人的強制，就是對其他任何「屬下」群體的強制），將更站不住腳。然有一新論點主張，只要搬出英國「文化帝國主義」的衝擊，就能填補這段解釋上的空白。此一看法來自以下這個在其他地方深具影響力的見解：掌控人與觀念被代表（represented）的方式，乃是社會支配、政治支配的祕鑰。關於何為犯罪或精神失常、何為道德或不道德、何為進步或原始所提出的界定，一旦得到公眾接受，就能悄然宰制人的思想和行為。文化精英也能操弄那些界定，以保護他們本身的特權。不難看出這可如何擴大用於帝國身上。

文化帝國主義為主軸的歷史著作，把帝國描寫為對其子民價值觀、社會習慣、宗教信仰的系統性貶低，對所有「東方」民族（幾乎所有西方以外的社會皆屬這範疇）的系統性貶低。文化上的強勢主張，顯然是要藉由將外族統治形容為真理、進步、自由對迷信、停滯、專制、奴隸制這些野蠻狀態成分的勝利，來合理化統治作為。文化帝國主義的根本原則，乃是歐洲人（就此處來說即英國人）凌駕非歐洲的「他者」之上的明顯優越性。數代以來的學者巧思和講究實際的矛盾性雙重思想，力求將殖民地社會的幾乎每個層面擰緊、濃縮為落後保守的例證。這是殖民地人種誌和官方的殖民地人種誌製作者（地名詞典和報告的作者、土地測量報告和人口調查紀錄的作者）的職責，而在印度的英國人可是精於此事。他們投入浩大而富於想像力的再造工程，營造出停滯或退化族群靠帝國干預而倖免於災難，只可惜太落後以致不知何時才能擺脫桎梏獲得自由的形象。要以這作為支配的特許狀（和粗暴統治的藉口），實在無法讓人信服。這一論點進一步主張，文化帝國主義對被統治人民的普遍影響，導致情況雪上加霜。因為它摧毀本土文化的權威，強加上自身文化的權威，毀掉本土精英的自信和創造力，在與帝國當局合作、受到外來觀念蠱惑的少數人與社會中其他人之間，造成深深的鴻溝。帝國最持久不墜的破壞，就表現在這裡：它樹立了假的「傳統」社會觀，支持它的盟友反抗社會或政治變革。傷害更為嚴重之處，乃是它創造出一批「受過教育」的西化走狗精英，並將本土文化斥為停滯不前、破碎、較劣等的事物，斥為靜止不動舊時的奇怪殘餘。

一如這一切所間接表明的，在帝國史著作裡，總是動輒出現意識形態戰場的攻訐和怒火。我們不該抱怨這種現象。自最早的史書撰寫起，撰史者的目的無一不在「修正」我們對過去的看法，使過去更符合撰史者對現在的看法。最遙遠的時代已在這類「歷史戰爭」中被吞併且「再度征服」。[7]對許多已以帝國為題著述（和仍在這麼做）的人來說，此著述隱含著傳教士般的目標。這目標源於內心深層對帝國衝擊的強烈道德不安，且往往源自以下假定：今日最嚴重的弊病（尤其是種族主義），追本溯源可歸因於帝國的影響。在對帝國歷史書寫的職責認定下，帝國歷史著作應採用嚴謹的方法，呈現出明確的信息。它應該把帝國主義者所留下的歷史證據（官方文獻資料、私人文件和紀錄、這時期的學者著作、報紙、地圖、繪畫、照片、其他各種圖像資料），視為必然受到以下這套帝國主義觀念的污染：堅決主張他們在種族、文化上的優越，堅決主張他們有權統治和控制，堅決主張歐洲肩負著促成文明開化與進步的世界史角色。帝國史著作應著手闡明，帝國主義者心態受到誤導、虛假不實且極不道德。它理應拿掉仍扭曲我們對帝國認知的懷舊心態，揭露仍充斥於英國人、西方人對非西方民族看法的帝國認定。真正後殖民時代的歷史著作，將讓人看出真正的帝國歷史：一部可恥的經濟剝削、文化侵略、肉體殘害（和偶現的暴行）、製造分裂的不當統治紀錄。事實上，如今西方某些史學家，仍得為了配合黨主流思潮，主張帝國為「惡」。

毋須對此種種主張（其中某些主張會於後面探討）的真偽採取武斷立場，就能看出它們在描述帝國，尤其是描述大英帝國時的局限不足。作為幾乎其他所有觀點之依據的根本認定，乃是認定帝國為異常之物，是入侵沒有帝國存在之世界的猙獰之物。沒有哪個謬誤比此更根本，或者說也許沒有哪個謬誤比此更揭露了不自覺的歐洲中心主義。帝國——某個族群或該族群統治者（透過影響力或統治）將其他多個族群納入支配的作為——始終是世上許多地區和過半世界史裡的政治準則：國家組織的「預設模式」。[8]帝國所創造出來的也不只近代世界。這意味著促成帝國誕生的條件，既非近代獨有，也非只根植於歐洲人的行為、科技或價值觀裡。這同時意味著——除非我們揚棄對整個歷史變遷的看法——我們不能把帝國視為阻礙受帝國統治者追求文化、物質進步的死敵。事實上，研究近代以前帝國或非歐洲人帝國的史學家，在承認這些帝國時，無論在政治自由上多麼不足，卻往往在文化上充滿創意，在物質上造福人民時，不覺良心有多不安。然而，難以理解的是，將此較持平的立場視為基本原則探討歐洲人所建立的帝國時，反而把這立場束諸高閣（當然，若以實際觀察為依據，可能發現這些帝國在文化、物質上也有其貢獻）。這作法產生流於刻板印象的歷史；產生了無新意的敘述，把統治者與被統治者的利益描寫成背道而馳，絲毫不見人類大部分行為所慣有的模稜兩可和不確定性質。它認為，思想和作為受到我們探索的那些行動者，徒具一點自主權，因為他們被困在一個決定他們動機、支配他們行為的思想世界裡。帝國的子民被視為消極接受命運擺布者，毫無行動自由，沒有可供他們在其中保存或提升自身儀式、信念系統或習慣作為的文化空間。它把統治者與被統治者的接觸，想像成封閉的相遇，不受地區性、大陸性或全球性交流的影響。最奇怪的是，它把英國本身形容為文化上、政治上的一道城牆，不只心心念念於帝國，進而強行施行某種版本的帝國：文化支配、經濟榨取、強制控制。

這樣的歷史著作，不管是多有價值的「寫給當代的短文」（tract for our times），對於了解過去都是低劣的指南，以它為依據來想像未來，讓人產生誤解。我們需要一種帝國史，以更令人信服的方式說明英國如何建成其帝國世界的帝國史。那會需要對殖民地社會的多樣，進而需要對那些脫離殖民地身分之社會的多樣、複雜，給予公正的對待。巴貝多、烏干達、南非、新加坡、紐西蘭、印度都曾是英國殖民地。英國占領埃及超過七十年。但執意認定它們共有的帝國經驗產生類似的結果，卻很牽強。英國的帝國史也必須認知到英國社會的多元多樣才算完整。單一主權國家國內社會、文化上長期的錯綜複雜（內、外影響的產物），或許大有助於說明英國為何能在一九一四年前那漫長的十九世紀期間稱霸全球。英國人之所以如此精於建造帝國，部分歸功於被海外擴張前景鼓動起來的利益、技能、活動三者出奇的繁多及多樣。亦即在方法、語言、目標上的這種多才多藝，賦予「英國關聯」（British connections，當時殖民地開拓者和被殖民者的用語）變化多端的意涵，吸引某些人、卻令另外某些人反感的意涵。然那也使英國的帝國主義缺少了如鋼鐵般「大英帝國」敘述所天真賦予一致性和政治團結性的意識形態。

或許，最重要的是，我們需要的是對英國利益和影響力進入特定地區尋找貿易或支配地位時的人為條件和客觀環境予以密切關注的帝國史。若沒有與當地達成某種結盟或對聲稱控有或實際控制相關區域的統治者或民族有某種了解，這幾乎不可能達到。確實，前往一個未見（或據認未見）居民的地方，除非是放逐罪犯，否則毫無意義：那種不毛之地，沒有人可與之做買賣或沒有農產品可茲購買，沒什麼好處可尋。英國人所建立的橋頭堡，有時從海邊往內陸延伸僅約一點五公里，可能碰上決意阻止他們與內陸的人、市場進行買賣（有很長一段時間在西非、印度、中國就是這情形），且有軍事手段阻止他們的當地人。在這情況下，英國人得斷然打破當地均勢，否則就只能甘於扮演微不足道的一股商業勢力。在此之前，英國人對當地統治者和商人而言，通常是方便好用的工具，有時令人討厭，但幾乎從不構成威脅。有時，均勢的打破，在於倫敦政府判定英國有必要實質掌控當地，於是出兵以取得掌控。不過這種情況的發生，鮮少出於單邊或自發的決定，情況通常更為複雜，結果亦然。

這是因為英國人在近乎所有情況下都只是更大局勢裡的一名參與者而已。他們所去的地方，不是亙古未變的原始之地。在中東、印度、東南亞、中國、中非、西非，他們無不面對強健有力、組織化極高的商業經濟體，尤其是在印度和中國這兩個高度組織化的國家。這些地區都是已被拉進通商幹線的地區，往往積極有力的回應貿易的衝擊。這些地區和歐洲一樣處於運行之中，經濟模式上的改變，例如我們今日稱之為「全球化」的改變，往往能打亂政治秩序。新的財富來源使新的社會群體獲益，擴大其勢力和威望，同時貶低他人的勢力和威望。新技能（可能包括新價值觀），挑戰舊技能的擁有者，或可能危及後者的地位。新的權力集中狀態和新式國家於焉出現，其中有些國家的榮枯，倚賴新的貿易流動和該貿易所帶來的收入。萬一出問題，如果貿易低迷或遭打斷，政權所倚賴的收入隨之減少或中斷，重大危機會隨之爆發。這不是隱隱然欲降臨的唯一危險。「來自海上」的危機，即因當地涉入海上貿易而生的危機，構成另一種威脅。但在世上許多地區，「來自陸上」的危機，發生的可能性幾近一樣高。由位在遙遠德里、北京、阿瓦（Ava，緬甸境內）、庫瑪西（今迦納的阿善提境內）的統治者掌控的陸上帝國，可能會主張沿海地區歸其管轄，並痛恨新商業國家出現。或者他們可能陷身於反抗外來侵略和內亂的重大政治鬥爭中：十八世紀印度的蒙兀兒王朝便落入此下場。因此，他們所未察覺到的社會、文化緊張，或發生在遙遠異地的事，都可能改變英國橋頭堡或灘頭堡所處的環境。英國商人可能在他們未參與的叛亂、戰爭中遭池魚之殃而喪命，他們本身可能被視為取得大權之統治者的邪惡盟友，或可能被懷疑陰謀推翻那些統治者。這些情況類似於一七四〇年後，英國人在印度所面臨的情況，也就是必須有所回應，否則就得認賠出場。

在印度和其他地區，英國人還面對一棘手情況。在各地，進場者幾乎不只他們。其他歐洲國家亦受同樣的商業誘因吸引而來到該地，且往往有法國東印度公司或荷蘭東印度公司之類的大型特許壟斷機構作為代表，爭奪在當地的影響力和商業優勢。當地爆發危機時，他們和英國人一樣決意保護自身地位，一有機會就擴大，以提升地位。結果就是出現一場既是當地統治者和領袖的衝突，又夾雜著歐洲諸國對立因素的鬥爭，且鬥爭的結果（就英國人來說）取決於盟友、朋友的成敗，除非他們願意把資源投入外交、軍事較量，除非他們能讓在倫敦的主事者相信這麼做值得。倫敦極其願意針對印度投下資源，儘管它給予的援助，原則上局限於派出海軍協助。但就連在印度，英國之所以能擴大其橋頭堡，將更大地區納入控制，關鍵仍在於堅持不懈的打入當地的權力來源，徵用當地資源，配合印度的國情改變他們的主張和方法。為成為印度的統治者，英國人成為「盎格魯—印度人」（Anglo-Indian，至約一九〇〇年為止，用以指稱在印度英國人的專門名詞）。

於是，與其說英國人將當地社會強行納入控制，不如說鑿地道打入那些社會來得貼切。就連他們以殖民入侵方式（美國模式）強行闖入的場所，成敗仍取決於能否與當地原住民達成協議：讓當地人賣掉土地、成為貿易上的伙伴、戰時的盟友。移居當地的英國人得適應新地理環境、新生產方式、新作戰方式。他們所帶去的工具和設備、建制和價值觀，無一不配合當地環境修改，有時修改幅度甚大。在加勒比海的種植園經濟體裡，嚴峻的勞力問題，靠從西非引進奴隸解決，從而創造出一個種族大峽谷和一個迥異於母土社會環境的強制性機構。在移居者族群裡，一如在其他殖民地社會裡，帝國不只是支配與臣服之事（儘管這兩者可能存在），而是更為複雜的社會：創造出新奇或融合不同文化的社會，且在這社會裡，治理觀、經濟假設、宗教價值觀與道德規範、財產觀、正義觀，相牴觸且相融合，進而受到徹底改造、翻新、考驗或揚棄。因為殖民地社會不是在征服的當下瞬間打造而成。綜觀本書所探討的這個時期，殖民地社會不斷在演進，其政治、經濟、社會結構處於持續不斷的變動中。

我們如何才能捕捉到隨著殖民地開拓而來的種種改變？約五十年前，兩名研究歐洲帝國主義至為透徹的歷史學家——約翰．蓋拉格（John Gallagher）與隆納德．羅賓遜（Ronald Robinson），描繪出一八一五年後英國通往世界帝國之路的「路線圖」。[9]兩人論點的核心，在於以下兩個關鍵認定：英國不斷在尋找實現他們在世界各地利益最省力的方式，而部分原因在於他們那個對公共支出自始就有限制的政體；這使他們不管到哪個地方，只要可以，都倚賴與當地精英的合作。與當地精英合作的用意，乃是找出雙方都能容忍的可行協議。英國人無意投入超乎他們所認為實現利益所需的（人力、物力）資源，而對當地精英而言，與殖民地開拓者的有意合作，將限制入侵的規模，保住實質權力，甚至可從中獲益。結果衍生出錯綜複雜的歷史模式。對世上某些地區來說，英國人能以讓當地主權大抵完好無損的有力外交，為自身貿易打開門戶：這就是拉丁美洲模式。在較不合作的地區，則採用相對強制的手段：如果當地人不願開放門戶，英國人即強行開鎖，打破大門。一八三九至一八四二年間，英國人以此對付中國，要求北京讓其自由進入中國市場，並以汽船封鎖長江（中國主要交通動脈），直到北京屈服為止。此後，靠著中國開放的大批「通商口岸」（洋商可不受中國官署管轄的區域）、一隊砲艇和香港的一座大港（香港已割讓英國），英國人希望攫取中國的「財富」，且不必背負自行統治的龐大負擔。但有時出兵干預、取得通商口岸的模式，無法讓英國人取得他們所要求的通商制度。或者（往往在不具通商價值的地方），英國人想獨家掌控將自身利益範圍串連在一塊的海上航線上的戰略要地。在這方面，他們使出全力，毫不保留：將該地強行納入英國統治；罷黜當地統治者；設置行政長官；將該地劃入英國版圖。即使在這種地方，在被「正式」納入帝國版圖之處，因應之道都是與當地精英合作。找出當地的權力掮客，取得他們的支持，乃是明智之舉。用強制手段治理，終究是既蠢又危險，且引進大批英國人來治理，勞師動眾又徒勞無功。眾所周知，英國統治兩億五千萬人口的印度時，其核心行政官員不到千人。

加拉格和羅賓遜的歷史洞見，對大部分嚴肅性的帝國史著作撰寫而言，仍是有用的起點。我們所能增置一詞的，乃是強調英國境內所有個人和利益團體（商人、傳教士、移民、軍人、水兵、船東、科學家、外交官、慈善家、投資者、有心闖出一番事業者）的多種觀點和時有牴觸的活動。對他們來說，帝國若非代表有用的資產，就是代表可取的前景。因為仔細檢視後會發現，他們各自想要的「帝國」，往往彼此差異甚大。「奴隸制帝國」於十九世紀初期被明文廢除：有錢的蓄奴利益團體，不堪母土改革派意見的重壓而崩解。[10]「移民的帝國」（empire of migrants），打從骨子裡主張保護主義，為了自治不惜逞勇鬥狠，但它與出口、就業、利潤所倚賴的更廣大「自由貿易帝國」，毫無共通之處，也和英國新教傳教士所希冀將所有世人帶進其中的「基督的帝國」（基督教的公海），相似之處不多。「加煤港、基地、要塞的帝國」也不一樣。這些相對立帝國主義者的大小爭執，意味著沒有任何一個帝國意識形態支配維多利亞時代；他們也對尋求權貴支持的受支配民族施予援手，提出總有一天自由會降臨的飄渺希望。

還有其他論點是我們能補充的：那便是本書的主題。英國擴張史呈現為一連串的帝國遭遇，這些遭遇始於接觸，終於殖民地社會的誕生。這是帝國誕生的過程。但為看清楚動作，我們必須用慢動作播放：將它拆解為數個組成部分和階段；挖掘出使帝國顯得「合理」的觀念；探明帝國統治者倚賴的策略；說明導致叛亂的民怨；追索英國人通常用來平亂的方法；跟隨傳教士的足跡（和辛勞）走一趟；剖析帝國對鄉土觀和認同感的影響。接觸、占有、發動戰爭、定居（或試圖定居）、（以正當或不當手段）進行買賣、統治、叛亂、鎮壓、成為基督教徒、改造認同：這一切和其他未列出者，全是帝國誕生過程的一部分。

想像中憧憬的帝國

在英國，帝國的觀念存在甚早。從一開始，就是領土野心、治理習慣、法律程序、文化自負的混合體，而且是不穩定且有時矛盾的混合體。帝國的典型架構，有許多部分在哥倫布橫越大西洋之前許久，就已在英格蘭得到闡明。基本概念之一，乃是君王統治英格蘭所有領地。君權集中於一人，只向一人效忠，國王之榻不容他人酣睡。但第二個大原則緩和了效忠的嚴苛：國王的附屬國可保有原本的法律和習俗，除非這些法律和習俗遭刻意、明確的改變。習慣與先例也表明，可由透過議會行事的國王，或透過「國王會同樞密院」（king-in-council），為屬地制定法律（制定「成文法」）。事實上，第二條途徑後來更為常見，因為較有彈性。所謂的樞密令（order-in-council）是行政命令，由樞密院核可後頒布（樞密院原是由國王最親信顧問組成的機構），可惜更晚近時，樞密令流於行政形式。國王聽審所有領地之「子民」上訴案件的權利獲得穩固的確立：實際上，在後殖民時代，上訴樞密院司法委員會（Judicial Committee of the Privy Council）的作法中，仍可見到此權利的影子。大英國協某些獨立國家維持司法委員會以為有利的司法工具。而結合普遍忠誠與（實際上）分權性立法的作法，從帝國之初到其結束，在在框住英格蘭（後來英國）的帝國觀。[11]

還有一些創見，亦被英格蘭人用於之後的美國和亞洲。早在一三六三年，英格蘭國王就授予加來（當時英格蘭的重要領地且是英格蘭在歐洲大陸上失去的最後領地）的二十六個英格蘭商人自治權。在下一世紀，在一四二三年的加來主要市場法案（Calais Staple Act）中，國王授予加來的商人卡特爾獨攬英格蘭羊毛海外銷售的權利，為後來授予東印度公司、黎凡特公司（Levant Company）、哈德遜灣公司（Hudson's Bay Company）、皇家非洲公司（Royal Africa Company）、塞昔爾・羅茲（Cecil Rhodes）不列顛南非公司（British South Africa Company，這一長串公司中的最後一個）的壟斷權開先例。一三八一年，「航海法案」問世，欲藉此將英格蘭的進出口貿易限制在只能由以英格蘭人為船東、船員的船隻經手，無奈成效不彰。而在十七、十八世紀的跨大西洋帝國中趨於完善的商業排他體制，其核心內容在這航海法案中已具備。

後來的帝國建造者從中世紀決策者承繼到的，不只是一套法律、行政方面的權宜措施。從九〇〇年代起（說不定更早時），英格蘭國王便宣稱擁有對整個不列顛群島的「最高王權」（high kingship）。懺悔者愛德華（Edward the Confessor）自稱 rex totius Britianniae（全不列顛之王）。[12]「諾曼世紀」（1066-1154）代表英格蘭海權衰落的一段插曲，但從十二世紀晚期起，英格蘭以行動強力確立其對愛爾蘭（一一七二年，亨利二世在愛爾蘭就任「愛爾蘭領主」）和威爾斯（愛德華一世征服威爾斯並在該地建造城堡）的管轄權，且幾次欲將蘇格蘭納入支配，可惜不如對前兩地的行動那麼成功。從與愛爾蘭境內強橫的英格蘭移居者（和本土愛爾蘭人）的鬥爭中，從將英格蘭移居者安置於威爾斯（移居者召募自東英吉利且獲授予地方自治特權）一事中，[13]可看到日後殖民地開拓行動的兩難和策略。這種英格蘭擴張模式，同時揭露了英格蘭人「文明」（civility）觀，與不列顛「邊陲地區」盛行的文明觀，兩者涇渭分明的對抗（英格蘭人眼中的文明，意指條理井然且平和之社會特質）。英格蘭模式意味著由小巧村落組成而人口眾多的鄉間；由封建領主領地、公共田、種植作物的農業構成的大地；受地主階層和其教會盟友支配的廣大農民；由城鎮、市場、定期市集構成的網絡；使社會得以達成某種社會流動的活躍土地市場；最重要的，一個促成天下太平、建立城鎮、課稅、促進貿易的君主國。[14]反觀在愛爾蘭和威爾斯，社會體制不同於此。這兩個社會是以親屬為中心的社會，效忠對象不是國王，而是親屬和宗族領袖。它們屬移動、畜牧社會，不定於一地，不種作物，財產觀不嚴謹，未形諸法律。不同宗族間的衝突（某些英格蘭觀察家眼中牧牛經濟體必有的結果），助長掠奪和蓄奴。城鎮不多且城鎮與城鎮間相隔遙遠；錢幣缺乏。教養較差。大半時間騎在牲畜上的牧民，用餐不需要餐桌，沒有社交上的繁文縟節。他們的宗族文化沒有英格蘭牧師加諸堂區的嚴格社會規矩，鼓勵試婚、離婚、承認非婚生子。在英格蘭觀察家眼中，這些是沒有法律、紊亂、惡棍充斥的社會，政治生活在這樣的社會淪為索取保護費之事。要有所秩序和進步，只能靠外力強制。絕不可讓在愛爾蘭的英格蘭人「在地化」，於是有一三六六年吉爾肯尼法（Statute of Kilkenny）的出爐。該法禁止多項行為，包括禁留愛爾蘭式髮型。將文化優勢與帝國統治等同為一的有力觀念，誕生於英國本土附近。

中世紀英格蘭人的野心，當然未局限於不列顛群島。諾曼王朝和金雀花王朝的成立，帶來對歐陸的領土興趣和聲索。諾曼第於一二〇四年落入法蘭西國王之手。但英格蘭國王仍認為，位於普瓦圖（Poitou）、阿基坦（Aquitaine）境內今日法國西南部的大片地區歸他們所有，從出口葡萄酒的加斯科涅（Gascony）地區和該地區首府波爾多得到大筆稅收：光是加斯科涅葡萄酒稅的收入，就和英格蘭關稅收入總和一樣多。英格蘭在布列塔尼境內多處派兵駐守，布列塔尼位於通往加斯科涅海上航路的戰略地位，預示了五百年後埃及位於通往印度之海上航路的戰略地位。[15]然而英格蘭王朝在歐陸的統治，對英格蘭帝國願景的影響，不同於他們在愛爾蘭、威爾斯的統治經驗對帝國願景的影響。原因之一是英格蘭國王（身為阿基坦公爵），必須向法蘭西國王正式輸誠效忠，才得以確保其在當地的權威（從而限縮了創造新建制的空間）；原因之二是英格蘭對「文明」的主張，在有著高度組織化的政府和繁榮商業經濟的富裕附屬地裡，徒具意義；但最主要的原因，乃是到一四五三年，英格蘭人已大抵被趕出歐陸，只剩加來這塊飛地。

此事發生的時間，不管有多出於偶然，事後觀之，意義非常重大。那意味著在下一個世紀，英格蘭的目標和野心大幅擴大之際，英格蘭的擴張是向著群島、向著海上，而非向著大陸。事實上，西班牙、法蘭西兩國的大一統，成為王朝制國家，以及奧地利、西班牙兩國的家族結盟（兩國均由哈布斯堡家族統治），致使英格蘭人在歐洲處於守勢。從英王亨利八世因個人婚姻問題與羅馬教廷起爭執的時期起，圍繞著英格蘭的宗教立場引發的危機，經瑪麗女王在位時期（1553-1558）天主教勢力的「復辟」，再到一五五八年後，伊莉莎白一世在位時，新教在英格蘭牢牢站穩腳跟，英格蘭與腓力二世的西班牙（當時歐洲最強大的海洋國家）因而似乎為敵，再再促使英格蘭的不安全感益發強烈。亨利八世以激烈行動申明其宗教自主權一事，催發出一五三三年上訴限制條例（Appeals

Act）中，英格蘭是個帝國，從而毋須向其他世間統治者效忠的主張。英格蘭從此一味擔心，英格蘭式新教會被人以政變從內部推翻，或被人以入侵自外部推翻（一五八八年，西班牙無敵艦隊來犯的目的），且這憂心久久未消。英格蘭人民必須時時提防天主教勢力入主英格蘭，以免落入專制統治、迫害、英格蘭臣服於西班牙（後來法蘭西）的險境，而這需要日漸成為愛國心和新教英格蘭認同誕生的泉源。一七〇七年，英格蘭和蘇格蘭兩國國會合併，這一需要有助於淡化英格蘭人、蘇格蘭人彼此的反感，使彼此共有「不列顛特質」（Britishness）的感覺開始滋生。[16]在英國稱霸全球、國力臻於巔峰的維多利亞女王時代，這一需要依舊足以激發民眾的憂患意識，助長傳教熱情。但這因素再怎麼有威力，也只是形塑伊莉莎白一世時代，英格蘭人之帝國願景的因素之一。

同樣重要的因素，則約一五六〇年後日益擴大的地緣戰略安全認知。對外敵入侵的憂心，使英格蘭人意識到，控制英格蘭與低地國（西班牙人入侵時最可能的跳板）間的英吉利海峽和愛爾蘭海、控制西面海域（Western Approaches，從大西洋進入愛爾蘭海、英吉利海峽的海上門戶）等攸關國家安全。到了一五六〇年，已有一支「女王的海軍」問世，並有行政體系來維持該海軍，提供軍需。[17]一五八八年擊敗西班牙無敵艦隊，英格蘭因而有了短暫的喘息空間。一五九〇年代，伊莉莎白一世的政府出兵尼德蘭和布列塔尼，以先發制人阻止西班牙再度來犯。蘇格蘭的宗教改革減輕了英格蘭人遭外敵從北方來犯的憂心。只是愛爾蘭境內新教宗教改革的明顯失敗、佩爾地區（the Pale，都柏林周邊據認安全的區域）的易攻難守、愛爾蘭可能成為從後門入侵英格蘭的行動基地一事，致使伊莉莎白一世的大臣日益驚恐。一五六〇年代至一五八〇年代，英格蘭在愛爾蘭的駐軍從一千五百人逐步成長為超過八千人。[18]一五九〇年代，英格蘭政府斷然決定發動大規模的征服戰爭，決定按照英格蘭的構想改造蓋爾愛爾蘭（Gaelic Ireland）。在此，一如在歐洲，付出了高昂代價才獲致成功，且成果未能久持。但英格蘭所得到的「教訓」——英格蘭的安全取決於動用海軍積極監視西北歐和有效控制愛爾蘭全島——已牢牢烙印在倫敦政府的戰略看法裡，且直到第二次世界大戰結束後仍牢不可破。

影響同樣重大的第三個因素，乃是英格蘭兜了更大一圈轉向海洋一事。誠如大家所常談到的，比起葡萄牙人、西班牙人、法蘭西人，英格蘭人較晚才投入大西洋探險、征服事業。英格蘭人受到商業災難的刺激而走上這條路。布里斯托商人將布料、穀物運到波爾多，換取加斯科涅的葡萄酒，再運到英格蘭，藉此大發利市，未想一四五三年英格蘭在加斯科涅的統治瓦解，中斷了葡萄酒貿易，迫使他們把目光轉向南邊，轉向葡萄牙和西班牙。在這裡，他們吸收到葡萄牙、西班牙航海家藉以遠航至加勒比海、西非的新航海知識。布里斯托水手開始尋找位於大西洋某處的「巴西島」（大概是紐芬蘭）。約翰·卡博特（John Cabot），地位猶如哥倫的熱那亞人，受聘尋找北大西洋中一處「新發現的土地」（newfound land）。布里斯托人原在冰島漁場捕魚，因不敵漢撒同盟競爭，已被逐出該漁場。[19]尋找這「新發現的土地」，或許是為了替補冰島漁場。但一五五〇年代起，英格蘭西南部諸郡的海員和支持他們的經商人士，利用新航海知識挑戰稱霸大西洋的葡萄牙人、西班牙人。一五六二年，約翰·霍金斯（John Hawkins）來到西非沿岸購買奴隸，再運到西屬美洲出售。他的親戚暨門生法蘭西斯·德雷克（Francis Drake）在西屬美洲諸港採用霍金斯以武力逼迫買賣的手法，劫掠到大筆財物。[20]英格蘭政府大臣「不贊同」此舉，但也駁斥西班牙、葡萄牙所謂一四九四年教皇的「捐贈」已使大西洋為他們兩國所平分，他國不得介入的主張。英格蘭大臣和其宣傳者堅持海洋自由論（mare liberum）：「因此，海洋與貿易，根據自然法和國際法，為公有之物，教皇和西班牙人都不得禁止其他國家傳播、參與這法則。」[21]英格蘭人把自己想像成竭力欲闖入西班牙人、葡萄牙人、荷蘭人和（後來）中國人封閉貿易體系的外人，並搬出「海洋自由」作為他們的最高原則，而這作為成為英國帝國主義最持久不墜的元素之一，其影響直到二十世紀仍未消。

這個時代有意打造帝國的傑出之士，乃是人稱「一意孤行之外人」[22]的沃爾特・羅利（Walter Raleigh, 1554-1618）。他騎士般的風範和寫詩的才華，促成他成為伊莉莎白一世的宮廷寵臣，獲賜予官位、收入、地產作為獎賞。羅利是德文郡紳士階層的一員，對他來說，英格蘭與西班牙的海上衝突和伊莉莎白一世在愛爾蘭面對的亂局，提供了大發橫財的機會。羅利的同母異父兄長韓福瑞・吉爾伯特（Humphrey Gilbert），一五七〇年代帶兵平定愛爾蘭境內叛亂，手段尤為殘酷。經此一役，吉爾伯特闖出名氣，青雲直上。他深信可找到一條通往中國的西北航道，贊成在美洲建立殖民地，以紓解英格蘭的貧窮。一五八三年，他航行到紐芬蘭，以伊莉莎白一世發予的特許狀，宣稱後來稱作聖約翰斯（St John's）的該地港灣和附近地區為英格蘭所有。吉爾伯特於返航途中失蹤後，羅利接掌他的志業。就是在他的鼓吹下，理查・哈克呂特（Richard Hakluyt）於一五八四年寫下《論向西方殖民》（*Discourse of Western Planting*），也就是闡明英格蘭海外帝國主義的第一份重大宣言。[23]該書反駁西班牙對北美洲的領土主張，譴責西班牙人對待美洲印第安人的殘酷，鼓吹以有系統的殖民，解決本國失業、人口過剩、商業衰退等問題。他主張，「我們在歐洲、非洲、亞洲那些危險舊貿易所買賣的所有大宗商品……可能在不久之後變得微不足道……若與位於北緯三十至六十度之間的那一部分美洲所擁有的大宗商品（相比的話）。」目標應該是引進未加工產品、輸出成品，「本國大量窮人因此有工作……由於有許多產品在加工後輸出，在未加工狀況進口，窮人就沒必要再像現在這樣偷竊、挨餓或乞討……」[24]一如吉爾伯特，羅利曾在愛爾蘭經歷過行伍生涯和在美洲的冒險體驗。在愛爾蘭，他獲授予來自沒收土地的大筆地產。他從倫敦商人手中募得資金，在當時最傑出數學家暨天文學家湯瑪斯・哈里奧特（Thomas Hariot）協助下，羅利於一五八五、一五八七年兩度派船遠赴今卡羅來納州沿岸的勞諾克（Roanoke），以該地作為貿易基地，他也命令他們攻擊每年經由佛里羅達海峽載運金銀返國的西班牙船隊。因為羅利與伊莉莎白一世宮廷中的許多大臣一樣，相信切斷西班牙的金銀供給，乃是削弱西班牙在歐洲霸權地位——和減輕對新教英格蘭所構成之威脅——的重要手段。「使歐洲所有國家陷入危險、不安者，是他的印度黃金」，他如此評論腓力二世。[25]

十六世紀末期，英格蘭人仍未踏進帝國之門。他們想在勞諾克建立殖民地，結果以慘敗收場。相較於西班牙在墨西哥、祕魯富產白銀的帝國，或相較於以「黃金臥亞」為首府的葡屬印度（Estado da India），英格蘭人在海外擴張上毫無建樹。荷蘭人已搶在他們之先拿下東印度（East Indies）的香料群島，後來的發展顯示，荷蘭人的東印度公司將是以倫敦為總部的東印度公司難纏的對手。相反的大西洋另一頭獲取財富的遠景，此時已根植於英格蘭人的想像裡。他們有雄心，有資助海外冒險的商業資源，而且手中的商業資源愈來愈豐沛。擊敗西班牙無敵艦隊那年，理查·哈克呂特已著手撰寫《英格蘭人……主要的航海術》（*Principall Navigations... of the English People*），並於隔年出版。接著，他在一五九八至一六〇〇年完成大作《英格蘭人主要的航海術、航行、交通和發現》（*The Principal Navigations, Voyages, Traffiques and Discoveries of the English Nation*），以頌揚英格蘭輝煌的海上成就。一五八八年擊敗西班牙無敵艦隊，哈克呂特、羅利所謂西班牙在美洲的地位並非堅不可破的主張就此得到支持。一五九〇年代的戰爭和掠奪，助長更多挑戰西班牙的舉動，包括一五九五年羅利本人冒險前往他所謂「又大、又富、又美之圭亞那帝國」的活動。這趟冒險也是無功而返。但在一六〇七年，某總部設在倫敦的企業聯合組織，在美洲建立了一座橋頭堡。這座橋頭堡初建時看似隨時可能不保，卻憑著勉強足夠的毅力和補給捱過困境，未像當初在勞諾克的那些英格蘭人一樣覆沒。這就是維吉尼亞殖民地。

至一七一三年為止的漫長百年，英格蘭、蘇格蘭、愛爾蘭陷入革命與戰爭。這時期結束時，英格蘭人已改變了他們在歐洲境內和境外的地位。在國內，他們已達成一個看似不穩，卻捱過安妮女王在位時（1702-1714）的激烈政黨鬥爭的憲政協議。[26]伊莉莎白一世未能完成的征服愛爾蘭大業，一六九〇年後大舉開展，且終於實現。與蘇格蘭的聯合（不久後受到一七一五年「詹姆斯二世追隨者叛亂」考驗的一場聯合），使不列顛本土不致出現二王並立的局面。西班牙王位繼承戰爭（1702-1713），確立了英格蘭海上、陸上強國地位，從此在西地中海擁有兩處海軍基地（直布羅陀和米諾卡島）。這場戰爭結束時，英格蘭從和約中取得把奴隸賣進西屬美洲的權利（asiento），終於打破美洲大陸的貿易鎖國狀態。英格蘭人還取得自己的「種植園」、「商館」帝國：遍布北美洲沿岸和加勒比海群島的殖民地；黎凡特公司、東印度公司在伊茲米爾、阿勒頗、巴斯拉、阿巴斯港、蘇拉特、孟買、馬德拉斯、加爾各答的兵站和飛地。他們控制了紐芬蘭岸外大淺灘（Grand Banks）處的大部漁場。他們的哈德遜灣毛皮貿易與法國人的毛皮貿易分庭抗禮。他們投入奴隸買賣甚深，甚至已開始在中國廣州購買茶葉。

擴張並沒有什麼帝國願景在背後推動。但參與者都同意：擴張的目的在使英格蘭更富有。冒險遠赴遠東、印度的商人會發現新市場。在美洲創建殖民地將創造新市場。來自東方的異國商品可轉賣給歐洲顧客，且有利可圖。將產自殖民地的農產品進口精煉，會提升國內就業率，增加農產品的價值，提供有價值的出口商品，讓商人和航運業者都獲利。但在如何才能最順利獲致這美好願景上，開始出現意見不合。黎凡特、東印度兩公司的商人（其中一些人同時屬於兩公司）主張，若沒有壟斷權，貿易成本和風險將使他們的貿易無利可圖。這圈子以外的人則痛斥這只圖一己之私的主張，質疑國王無權給予特別關照。其中最具殺傷力的批評，將矛頭指向東印度公司，指責它所進口的商品，只能透過出口金銀塊才能買進，因而減少國內錢幣供應，進而減少需求。私人獲利，卻讓大眾受害。最有力的辯護主張則是指出，從印度帶進來的商品將轉出口至歐洲，其間價格成長的幅度，用來支應運往東方購買該商品的白銀成本還綽綽有餘。到了十七世紀晚期，這轉口貿易原則已牢不可破。

提倡這一觀點且解釋得最透徹的人，或許是布里斯托商人約翰・凱里（John Cary, 1650?-1720?）。在其《論英格蘭國與其貿易、窮人、稅的關係》（*Essay on the State of England in Relation to its Trade, its Poor and its Taxes*, 1695）中，凱里強調種植園在創造就業與貿易上的價值。

> 因為我把英格蘭和其全部的種植園當作一個大身體，把那些種植園當作屬於它的許多腿臂或郡，因此，當我們盡情享用它們栽種出的成果時，我們可以說，就是在享用自己土地的果實，而我們把這些果實賣給鄰國換取白銀，或換取得用錢才能購的大宗商品，此舉帶給全民第二利潤……在海外設立種植園的首要用意，乃是讓英格蘭人得以更順利維持內部的商業和貿易，主要獲利則歸於中央……[27]

凱里接著解釋道，但如果要讓中央成為最大獲利者，一如當時多數人所認為的，就得將殖民地貿易納入管理——英格蘭航運業者將因而首先獲益。在一六九六年，革命後政權正面臨財務、軍事危機之際，航海法（Navigation Laws）得到補強。規定嚴格（但執行寬鬆）的一套制度開始施行，以使加勒比海和美洲殖民地的未加工產品必得先運到英國，且不管最終要運至哪個市場，都務必由英國船運送。英國將發展為大西洋世界的最大轉口貿易中心，變得既富且強。[28]

「轉口貿易帝國主義」自一六八八年光榮革命起，成為主流觀點，直到一七七〇、八〇年代的重大美洲危機爆發方才式微。它掩蓋了殖民事務上的意見分歧，也掩蓋了紛然雜陳的種種帝國認定，並實質上表示，唯一值得擁有的帝國，是其大宗商品盡皆出口至英國，然後轉出口，以讓其商人獲利、收入增加的帝國。它將一道束縛強加在殖民地經濟體上，而巴貝多的種植園主和信仰新教的英格蘭裔愛爾蘭人都對此束縛深惡痛絕，斥之為侵犯自由之舉：巴貝多行政長官不服道：「自由貿易是所有殖民地的命脈。」[29]英國本土支持此觀點者，希望敲開西班牙的美洲帝國，但因為得在歐洲表現得明智審慎而無法放手一搏。作為政治信條，它既正式承認移居者、種植園主的自治權，也間歇性的確立英國議會的自主立法權，而後一觀點受到殖民地議會的激烈抵抗。本土的英格蘭人也未將移居者、種植園主熱情吹捧為英勇的帝國建造者。一名走訪巴貝多（當時英格蘭最有價值的殖民地）的英格蘭人於一六五五年論道，「這座島是英格蘭棄置垃圾的糞堆，垃圾指的是流氓、妓女和諸如此類的人……」[30]來自巴貝多的觀點，可想而知，必然不同於此：「我們的血管裡流著英國血，我們的心裡跳動著英格蘭人的精神。」當地一名愛國者如此嚴正表示。[31]海運貿易帝國是自由的祕鑰——「英國人絕不會是奴隸」——這個意識形態性主張，因而與非洲奴隸買賣和蓄奴制是該帝國真正的成長引擎這坦然的認知並列，卻不致令人備感矛盾。「沒有非洲貿易，就沒有黑人；沒有黑人，就沒有糖、薑、靛藍之類商品；沒有糖之類的商品，就沒有島嶼；沒有島嶼，就沒有大陸；沒有大陸，就沒有貿易，」丹尼爾·笛福（Daniel Defoe）於一七一三年如此說道。[32]倫敦未抑制種植園主引進更多奴隸的要求，反而否決殖民地議會（唯恐奴隸造反）欲限制奴隸流入的作為。[33]

就印度的情況來說，轉口貿易帝國主義完全無意於征服或統治，其中道理很清楚，以行動征服或統治太不切實際，且荒謬至極。一六九四年，輝格黨控制的眾議院廢除東印度公司的壟斷權，被該公司總經理喬賽亞·柴爾德（Josiah Child）斥為「連自己私事都幾乎處理不好的一些無知鄉紳的胡鬧」，[34]但該公司未因失去壟斷權而垮掉，而且已在約十四年前吸併其對手「新公司」（New Company）。自由貿易原則敗於東印度公司之手，意味著一種認知，認知到英格蘭在亞洲的貿易「不同」於他地貿易。那裡沒有海軍保護該貿易，沒有工具來保護其免受不友善統治者侵犯，沒有法庭提供仲裁。該公司得自力更生，並自行承擔管理費用：它重武裝的「大貨船」、它的要塞和守備部隊、它在當地的商業管理階層，都需要錢來維持。要合資投資人如此持續不斷注入資金得付出代價，那就是禁止外人和撿現成者參與英格蘭、印度間的長距離貿易。直到這世紀下半葉才為人注意的是，這印度「例外」創造出勢力甚大、有自我主張的新利益集團，而且大到不能倒，遠到無法控制，變成強大新帝國的中心。

為舊帝國創造的新帝國？

英國的大西洋帝國，雖有種種內在矛盾，卻仍有可能被視為一個統一體。其（白種）居民（身為「生來自由的英格蘭人」），原都享有選出代表在自己的殖民地議會裡為自己發聲的權利。他們必須效忠英國國王，享有英國使其不受任何外來威脅的保護。他們必須遵守英國議會為帝國貿易通過的法律。至少就理論上來說，他們在帝國經濟裡的地位，乃是在商業排他時代發達致富的保障。在這個「英國」世界裡，把奴隸視為財產，就能讓人對有龐大奴隸人口這個令人尷尬的事實視而不見。這是愛德蒙．勃克（Edmund Burke）譽之為「諸族群之偉大政治聯合」的帝國，[35]也是他反對倫敦欲對自治殖民地施行直接稅（印花稅）的錯誤之舉時，極欲捍衛的帝國。一場重大的移民叛亂，在英國於歐洲的對手積極援助下，毀掉帝國大半。而就在帝國瓦解之際，一個對英國世界地位的新「全球」觀於焉成形。新的征服計畫、新的帝國信條、新的統治機器，不久後隨之問世。

事實上，失去北美十三殖民地並未預示大英帝國勢力的猛然瓦解，反之是該帝國規模與雄心巨幅擴張的前奏。瓦解西班牙的美洲帝國及其對貿易的控制，仍是最大獲益：該帝國盛產白銀的殖民地，此時看來仍前景大好。英國人已於一七六二年拿下哈瓦那（西班牙在加勒比海的「直布羅陀」），但為了締結和約，又不情不願的將其歸還西班牙。不過，庫克對太平洋的探索（始於一七六九年），表明他們決心挑戰西班牙壟斷太平洋的主張，決心在傳說中的南方陸地（terra australis）尋找新市場和新貿易。最大的野心，莫過於欲打開中國門戶。一七八八年將澳洲博塔尼灣（Botany Bay）闢建為遠離本土的監獄一事，至少有一部分係希望開闢一條「自南方」通往中國海路的心態所促成。四年後的一七九二年，由大使出身的馬嘎爾尼勛爵率領的高規格代表團，奉派到北京，以與中國建立外交關係和完全打開中國的通商門戶。至少就這一次來說，英國人得到否定的回覆。但從一七九三年對法國開戰起，只要有機會往全球進一步擴張，英國人都不放過。他們從荷蘭人手中奪走南非好望角和錫蘭，以強化他們對通往印度之海路的掌控，然後從法國人手中奪下模里西斯。西班牙與法國的結盟，一七九六年招來失去千里達的懲罰。英國從印度派出的一支遠征軍占領爪哇島，奪走荷蘭海外帝國皇冠上的珍珠。葡萄牙王擔心法國人來犯而將王廷遷到巴西時，為得到英國的保護，葡萄牙王付出將巴西向英國企業開放門戶的代價。英國人甚至試圖於一八〇七年「解放」西班牙人統治的布宜諾斯艾利斯，結果慘敗收場。一八一五年，英國人吐出他們嘴裡的部分戰利品（最重要者是為協助扶立新尼德蘭王國對抗法國在歐洲的侵略而吐出的爪哇），但拿破崙戰爭的結果促使英國人的帝國觀急速重整。

最根本的修正（因為它是幾乎其他所有修正的根本），乃是體認到從此之後，他們的轉口貿易帝國主義無法在全球格局下施行，且若沒有像此前那樣投入龐大經費於防守，帝國主義大抵上已無以為繼。其真正基礎是海上霸權的取得。英國與其歐洲境內對手（主要是法國、西班牙、荷蘭）之間粗略的海上均勢已被推翻。一八〇五年，納爾遜在特拉法爾加海戰的勝利，意味著這時沒有任何歐洲強權有力量將英國排除於世上其他地方的市場之外。競逐獲利的重商主義時代，只准帝國內部人士參與的封閉貿易區時代已然結束。其中最大的帝國——西班牙的美洲帝國，已逐漸崩解。英國人不只可自視為帝國的轉口貿易中心，還可自視為世上許多地方的轉口貿易中心。這是規模和胸中天地的驚人擴大，需要一段時間的思量才能理解的擴大。它鞏固了他們著手應對亞、非兩地的貿易、政治時所抱持的高昂自信（乃至傲慢），但它與自多事之秋的一七七〇年代起，即漸漸降臨在他們頭上的第二個新發現一起到來。

這就是被羅伯特·克萊夫（Robert Clive）口中的印度「革命」——一七五七年，東印度公司征服孟加拉——所開啟的遠景。該公司擔心法國人的陰謀，擔心當地統治者會將公司完全趕出印度的最富裕市場，因而有此舉動，而它之所以有此擔憂，源於一七五六年加爾各答遭到的攻擊和關押英國人的惡名昭彰加爾各答「黑洞」。但英國境內的初步反應，乃是驚愕、厭惡於那些所謂的「內博布」（nabob）——一七五〇至一七九〇年，在印度處於統治階層藉權牟私的時代裡，瞬間成為大富的職員——所賺到的驚人橫財。該公司後來在戰場上失利、瀕臨破產（造成倫敦金融危機之虞）、約束當地職員莽撞冒險作風的需要（當時人所覺得），清楚點出英國政府有必要施予更強的控制。勃克對孟加拉總督華倫・黑斯廷斯（Warren Hastings）的著名抨擊，[36]特別點出濫權枉法的行徑，而此濫權枉法顯示當地的行政改革勢在必行，特別是藉此可使東印度公司徵得更多稅收。於是，倫敦接掌東印度公司的「政治」部分（至少在理論上說是如此），包括有權選派孟加拉總督。英國政府召募新一批官員，治理公司征服的各地區。這些官員完全不介入商業活動，且絕對不以印度人和歐亞混血兒充任。一七九三年後，英國一直擔心法國會提供與公司為敵的印度人關鍵援助（拿破崙一七九八年占領埃及似乎正表明這一目的），因為這揮之不去的憂心，原被視為法律蕩然、可能危害道德與財政之「蠻荒東方」的印度，獲「平反」為價值無可限量的帝國資產。對面臨法國支配歐洲而處境艱困的倫敦政府來說，東印度公司的海陸軍成為不可或缺的資源。倫敦政府的戰略思維變成全球性和盎格魯—印度的——直到二次大戰結束後仍未消失的一種習性。在中產階級（特別是蘇格蘭中產階級）眼中，赴印度擔任行政官員是極其體面的就業機會。從商業上來說，由於體認到印度對中國的鴉片輸出將使英國在東方的貿易額爆增，東方有望成為前景無可比擬的區域，而印度即成為英國人在這區域大展身手的樞紐。直接統治印度和向被統治的印度人收稅，已成為由倫敦運籌帷幄的新興世界體系裡，不可或缺的一環。

於是，到了十九世紀初期，英國人已開始試行三種帝國願景和三種不同的帝國。他們已取得一個新的征服帝國，特別是在印度的征服帝國，且已開始為位在印度的帝國逐步打造以開明改革和無私託管統治為內涵的新意識形態。此意識形態建立在以下主張：英國的控制帶來「撥亂反正」，提供了脫離迷信、掠奪、暴力，邁向有秩序、陽光普照之高地的出路。將這意識形態闡述得最透徹者，可說是曾在印度擔任最高階司法官員的政治人物暨史學家湯瑪斯·麥考利（Thomas Macaulay）。他表示，該公司的統治「開啟了一個偉大、令人驚歎的過程」，即是使毀於「專制統治之所有弊病和無政府狀態之弊病」的「腐爛社會得以重建」。[37] 而將這意識形態闡述得最為精妙的哲學家，則是自由主義大思想家約翰·穆勒（John Stuart Mill），他替英國在印度的專制統治辯解，宣稱那是改善該地社會、文化的唯一可靠辦法。[38] 其論點主張，在停滯不前或退化的社會裡，需要有不受當地惰性包袱拖累的外力注入，才得以進步。還有與此相差無幾的諸多論點，為英國在一七九〇年後取得的許多「小印度」施行的威權統治辯護。舊大西洋模式的代議制政體，不適用於欠缺生來自由之英格蘭人傳統的其他民族；若將這體制授予（通常）居人口極少數的白人，他們會予以濫用，引生麻煩。不如讓會向倫敦負責的官員獨攬行政權，相對較理想。

與法國或德國不同的是，英國沒有行之已久的官僚威權傳統，然而由兢兢業業為殖民地無知民眾服務的開明官員來治理帝國的想法，竟會出現在英國，就顯得很不尋常。這想法出現的時機，正逢與邊沁（Jeremy Bentham, 1748-1832）密不可分的功利主義哲學興起。這哲學理論構思如何藉由有系統的運用至關重要的準則——法律或建制應為最多數人造最大幸福——來打造理想社會。有一批深受這原則影響的行政專家，將成為改變的推手。邊沁的影響可見於維多利亞時代初期英國的一連串行政改革。但它其實在約一七九〇年後於印度創立的「文官統治機關」裡真正獲得確立。[39]在此，它與更悠久的準軍事性貴族家長主義傳統混合，且常與後一傳統相牴觸。這傳統的立場遠更保守，且不信任改變計畫。但在十九世紀的許多時候，功利主義深印在英國治下印度的官方意識形態裡（該政府的年度報告名為《印度的道德、物質進步》），其主張改變費時且不知何時才完成，主張需要開明外人來治理一事，此刻比以往更顯而易見，主張當地人的不妥協使「強硬」對策不可或缺，藉此化解當地人的拒斥和失敗心態（一八五七年印度大叛亂的明顯影響）。[40]這帝國主義信條，在維多利亞時代晚期轉而較悲觀，且有很大一部分存續到一九五〇、六〇年代去殖民化時期。

由招募自英國且習於高高在上姿態的僑居官員治理的帝國，不可能和傑佛遜及其友人於一七七〇年代所痛斥的「第一個」大英帝國不同。然那個舊的半自治帝國此時並未消失。它在加拿大倖存下來，且在澳洲、紐西蘭的移居者族群裡重新現身。一八三〇、四〇年代，它受到龐大壓力，尤以在魁北克至為嚴重。在該地，宗教性、種族性的反感，激化政治摩擦（詳見第八章）。在英國的激進人士圈裡，有人想出解決辦法：該給予移居者西敏式「問責政府」（responsible government，向當地議會負責的政府），行政權由行政長官轉移給由民選議員組成的內閣。到了一八四〇年代晚期，這已得到倫敦的帝國政府務實採用，將其視為雖不理想，至少比其他任何選項可取的出路，儘管當時仍普遍認為，附屬地與脫離自立之間的任何折衷辦法都不可能持久：這些殖民地不久就會和北美十三殖民地一樣走自己的路。事實上，在母土和移居者社會，都突然出現嶄新且引人注意的帝國願景。它頌揚某些人眼中，英國人在殖民開拓新土地上獨有的本事，宣稱帝國促成進步且在道德上站得住腳。移居者將不被視為「瑕疵品」或廢品，反而該珍視與移居者的這層關係，把移居者社會視為新「更大不列顛」（Greater Britain）的組成部分。「一八六六、一八六七年，我追隨英格蘭繞行世界一圈」，激進派政治人物查爾斯·迪爾克（Charles Dilke）如此描述他的世界之旅。[41] 歷史學家詹姆斯·佛魯德（James Anthony Froude）聲稱，在「舊英格蘭」正變得喧鬧、倚賴工業、墮落之際，移居者社會重現了穩定的、農業的英格蘭所具有的那些現已佚失的自耕農美德。[42] 在極富影響力且非常暢銷的一八八三年著作《英格蘭的擴張》（*The Expansion of England*）中，作者劍橋大學教授約翰·席利（John Robert Seeley）將移居者國家描寫為英格蘭的自然延伸。二十年後，約瑟夫·張伯倫（Joseph Chamberlain）開始大力鼓吹成立帝國聯邦，以使那些國家不致脫離英國。就連不接受其政治方案者都承認，更大不列顛是英國的真正帝國。多數澳洲人、紐西蘭人、說英語的加拿大和南非人，都持這觀點。但他們所想像的帝國，是由伙伴、平起平坐者組成的帝國，而非由依賴者、臣民組成的帝國。

但對許多維多利亞時代的人來說，對英國最有利且帶來最大道德回報的帝國，其實是第三種帝國。亞當・斯密歌頌自由貿易的著作《國富論》（1776），勾勒出這種帝國的輪廓。在「自由貿易的帝國」（非亞當・斯密所用詞語）裡，規則是多餘的，或應該是多餘的。自由貿易關係將使觀念得以自由流動。想當然耳，不同的經濟體也將和而為不同的文化體，世上最富裕、最複雜、最多元的文化，將其建制和價值觀，連同其製造品，一起輸出。維多利亞時代倡論自由貿易的大將理察・科布登（Richard Cobden）嚴正表示，「從我們土地出去的每一包貨品，都含有智慧和有益思想的種子，給某個較無見識之族群的成員……我們的汽船……和我們的神奇鐵路，乃是我們開明建制的廣告和證明文件。」[43]商業、文化上的吸引力，將使英國成為合作性大聯邦的中心，向英國本土和其海外伙伴預示和平、繁榮的到來。自由貿易論者認為，相對的，在印度見識到的統治型帝國，是浪費寶貴資源的、暴力的，如同緊抓權力不放的過時貴族，好鬥卻終歸徒勞。這是份令人心動的說明書且持之有故、言之成理[44]。支持自由貿易理念者，大力支持自由勞動理念，支持對奴隸買賣、蓄奴的抨擊。它是英國「軟實力」的意識形態矛尖，鼓勵英國人以解放者自居，鼓勵他們打開「封閉」社會，釋放那些社會的人民，使其成為生產者和消費者，也是讓一八三九至一八四二年第一次鴉片戰爭侵華行動合理化的主要依據。但一如這場戰爭所揭露的，理察・科布登所謂自由貿易的理想將贏得普世支持的看法太過樂觀。他的政治死對頭帕默斯頓勛爵（Lord Palmerston）認為，如果自由貿易遭到抵拒，誰都看得出，英國人該著手強迫對方接受自由貿易，以造福所有人，特別是造福英國人自己。他以一貫的生動文筆寫道，「從某個角度而言，或許不該以砲彈來遂行貿易，但另一方面，沒有安定，貿易不可能興旺，而沒有武力保護，安定往往不可得。」[45]

統治型帝國有利於自由貿易這個大目標，這觀點難以反駁。畢竟，將印度強行打開，使其成為蘭開夏郡和該郡所生產之大量紡織品之最大市場者，便是帝國。一九一四年時，英國輿論仍認為自由貿易是英國繁榮的至要憑藉。但那時，民眾已普遍認同，自由貿易四面受敵，在幾乎已被西方五強和正在摸索強權之路的日本瓜分的世界裡，英國難以捍衛其的龐大利益。在吉卜林的悲觀詩作〈曲終人散〉（Recessional, 1897）中，日益衰敗的大不列顛凝望著深淵。具影響力的地理學家哈爾福德・麥金德（Halford Mackinder），在六年後發出較為冷靜的宣告，言明世局已變，曾使英國稱霸世界的制海權，不再是支配世界的關鍵。如今，將廣大空間、資源、人力統合為一者是鐵路。自哥倫布時代以來，歐亞大陸的「心臟地帶」將首度足以支配世上各大陸塊，使海權變得無足輕重[46]。一九〇五年，俄羅斯敗於日本之手，似乎讓英國人誤以為當下可高枕無憂，未料一九一八年，當德國征服俄羅斯，使日後希特勒所追求的支配歐洲夢想有可能完全實現時，麥金德想像的大英帝國已是強弩之末的景象，有幾個月時間，更是真實得令人惶恐。一九四〇年六月，這想像景象，以更駭人的形態，重現英國人腦海。

異議逆流

喬納森・史威夫特（Jonathan Swift）的帝國觀則是一貫的毫不留情：

一幫海盜被暴風雨推著走，不知往何處去，最後有個男孩從中桅發現陸地；他們上岸搶劫掠奪；看到沒有傷人之意的民族，並受到親切的款待；他們替這地方取了新名字；為國王正式占有此地；他們立起一根腐爛的木板或一塊石頭作紀念碑；殺了二、三十名土著，另外強行帶走兩人作為樣本，而後返國，罪行因而得到原諒。新領土在此問世，那是神權所授予；派船過去……土著被趕走或消滅；他們的君主遭折磨，以找出黃金；各種不人道、貪婪行徑一再得到許可；土地散發其居民之血的腥臭味；在如此高潔的遠征行動中用到的這幫可惡屠夫，乃是被派去使崇拜偶像的野蠻民族皈依主，使他們文明開化的一支現代殖民團。[47]

當然，幾乎時時都有人拒斥追求富、強、威望的帝國願景，拒斥包裝那些願景的道德高調。在美洲殖民開拓時的暴力行徑激起良心不安，特別是因為英格蘭人曾大談西班牙帝國主義的變態殘酷（所謂的「黑色傳說」），以合理化他們本身「較溫和」的作風。人們急欲擬出最適切的道德說詞來辯解，出於他們心中有不安的體認在作祟：體認到種植園（聽來無害的字眼）的運行涉及到迫使人流離失所。這股不安久久未消，原因之一是道德說詞再怎麼理想，都始終含糊不清，且一再被令人不樂見的殖民地真實狀況消息推翻。以下問題引發的長期爭執，更強化這份不安：英國的擴張是否該藉由博取好感和納入的作為來吸收其他民族，還是該將他們視為格格不入、無法同化的過時殘餘，並將他們拒於門外；納入作為是否得經過一段漫長（無明確期限？）的臣服期，再給予他們平等地位才妥當。誠如後面會提到的，傳教士特別困惑於這問題。但他們也深信，只要是歐洲的擴張勢力（和其掠奪成性的白人）鞭長莫及，而無法嚴密控制之處，（酗酒和性剝削所導致的）社會退化和暴力都到處可見。原住民「天真」之性的消失，是帝國招致的道德重債，深深加重基督教救贖的重擔。要還清這重債，需要極嚴厲的道德訓導。

但對大部分不願受惑於帝國未來遠景的人來說，被征服者的命運並非他們最看重的事。他們的不信任，有一部分源於對海外英國人的厭惡。本土英國人始終懷疑殖民地的財富乃是不義之財。內博布人和西印度群島的種植園主受懷疑的程度不相上下。相當多的英國人一想到種植園主如何利用他們奴隸的身體（特別是女奴身體），就憤慨不已。[48]如此無法無天的恣意妄為，例如內博布人的放肆，意味著道德淪喪。隨著內博布人和種植園主返國，這腐敗的道德會像病毒般散播。事實上，對此最清楚有力的批評，乃出於一種憂心，憂心帝國會扭曲英國內政或使內政脫軌。勃克痛批內博布在印度枉法惡行的大作，利用了對返國「東印度人」會用錢買到議員席位和權力的憂心，藉此強化他的論點。理察·科布登抨擊英國在印度的統治時，則援引其貴族階層利用這恩庇帝國執意抓住權力的主張。科布登說，印度把英國吸進它終歸徒勞的擴張戰爭和過時的對抗（在此指與俄羅斯的對抗）中，從而攪亂歐洲的和平，延遲自由貿易與改革的勝利之日到來。[49]與他同屬激進派陣營的牛津大學教授戈德溫·史密斯（Goldwin Smith）則示警道，在印度駐軍以防範一八五七至一八五八年印度反英暴動再生，已令英國兵力吃緊，將迫使英國採徵兵制，建立一支龐大的「常備軍」，而那是英國人普遍無法容忍的事。[50]霍布森的《帝國主義研究》（1902）是一九一四年前最具說服力的反帝國著作，把金融家形容成操縱帝國擴張的幕後推手，把總督與行政長官發動的戰爭（例如在南非的戰爭）視為他們欲以侵略行動轉移世人注意力，藉以阻止社會改革的詭計，從而使科布登的觀點有了符合當下時代的意涵。帝國把英國人的儲蓄轉投到海外：有朝一日，英國終得為本土消費如此嚴重不足和此事導致的財富分配扭曲付出代價，而帝國一味推遲這一天的到來。在霍布森眼中，一如在科布登眼中，最有力的反帝國理由，乃是帝國充當了反動勢力的靠山，更是本土政治、社會進步的障礙。這不滿久久未消。在一九五〇、六〇年代帝國行將入土之時，仍有人將帝國斥為戰後英國社會現代化的阻力。

但在此應指出的是，這些批評帝國者始終只能得到極少數人支持。他們的所作所為，在於針砭時弊，戳痛人的良心，而非提倡另一個可行的方針。此外，他們鮮少反對英國擴張本身：只反對他們眼中為某個局部利益服務或阻礙英國本身社會需要的擴張形式。一八四三年，理察．科布登在眾議院向全場議員表示，「他和任何人一樣急切希望英格蘭人擴散到全世界。」[51]就連霍布森都認為英國的殖民地是「有益的民族擴張」：英國人的民主建制和平等精神是值得效法的榜樣。科布登主義者期盼全球自由貿易的到來，認為代議制政體亦隨之出現。英國的反帝國主義者認為，他們的民族主義友人會把自由主義英國視為他們的典範和盟友。對批評帝國者來說，一如對多數帝國主義狂熱者來說，以解放者、保護者、改造者、（某些人口中的）歐洲以外世界的福音傳道者身分，居中領導世界，乃是英國的天定命運。他們眼中的大英帝國是最恢宏的想像帝國，壽命最長且捱過多次挫敗仍屹立不搖的想像帝國。

第二章 接觸

在腦海中想像帝國是一回事，打造帝國則是另一回事。有意建造帝國者所提的主張，認為在異國土地建造勢力乃簡單易懂的假象，讓人以為只需切合實際的技能和某種程度的意志力就能達到。事實上，令人驚訝的是，直到晚近，史學家仍普遍樂於重談此觀點，好似入侵者的成功是必然之事。事後回顧，我們可看出，只要帝國仍是當下彰明較著的事實，仍是未來的可能面貌，帝國便深深影響人們對過去的看法。但有種或許可稱作「入侵者勝利主義」（通常偽裝為「邊疆史」）的傳統，在美國這個世上最富強的移居者社會裡，卻得到最廣泛的認可，且持續最久。[1]

乍看之下，建立「殖民地」（永久占領他人一塊土地，同時仍與母國或宗主國保持持續的聯繫），與著手和所知甚少、與之原沒有持續接觸或在該地沒有慣有的買賣中間人的遙遠市場貿易，有一根本差異。於是，我們或許認為以下這兩件幾乎同時進行的冒險活動並非一樣：一六〇七年起殖民維吉尼亞一事和東印度公司試圖在印度西岸設立一「商館」（兼作倉庫與住所的機構）一事。但若更仔細觀察，差異便消失。原因之一是殖民地的開拓最初未必是為了農業墾殖，更可能是為了通商。抵達該地者，未必有久留之意。同樣真切的是，在可能被闢為僑居者的貿易站，而非移居者貿易站的地方，這些外國人與當地強國或組織完善之國家的交往，從一開始被就賦予這些外國人某些「殖民」性質。他們可能覺得，必須保留鮮明的「團體」身分以及自身內部的規範和等級體制。他們可能會需要某些防禦工具，以免遭掠奪或擾亂，即使防禦工具的規模不大。他們也可能會覺得，當地傳統和他們本身的偏好助長居住區的區隔，助長區隔商館與本土住民聚落。[2]

不論接觸目的為何，一開始都遵循類似的模式，且帶給入侵他地的英格蘭人相似的難題。他們得事先決定如何與當地居民打交道，希望當地的政治制度和貿易需求如他們所猜測。他們得選出最理想的地點，做為初次登岸、建立灘頭堡之處。一上岸，他們就得盡快熟悉周邊環境，想辦法掌控該地會帶來危害的事物。除非帶了一大船的糧食過去，或有方便的食物供應來源，在作物生長季結束之前，他們會需要當地人的援助，才能強化糧食配給，以免餓死（在博塔尼灣，即使在一七八八年建立罪犯流放地的二十年後，饑荒仍是一再出現的威脅）。不管入侵的目的是否以通商為主，入侵者得與當地人談好交易條件，而這是很棘手的談判，且如後面會提到的，很容易就會談判破裂。他們得決定與當地人的關係要建立在何種政治形態之下，這一政治形態該如何象徵性的呈現。他們得為協議的達成和爭執的解決找到合用的方案，這意味著得花些心思了解當地人的世界觀、意識形態、政治結構以及精神生活。他們得接受為適應此刻他們所置身的自然環境和物質文化而做的改變，即使只是為了成本、便利、健康的考量。一般來講，他們的灘頭堡聚落，沒有女人或只有寥寥可數的女人，為了尋求性伴侶，他們離開灘頭堡。但他們調整飲食和衣著、休閒活動，私人道德觀或接受新的親戚關係時，得考慮到需要保有同志的信任，維繫與他們休戚與共的關係，保住岌岌可危的認同，並據此權衡改變的利弊得失——以免同志打道回府。最後，除非有指望得到來自母土的大規模增援，他們得在自身與當地的關係裡求取平衡，希望任何騷亂都不會威脅到他們的利益或安全。

即使接觸的難題沒有地域之分，我們還是可以從英國人解決那些難題的作為中，觀察到兩種大致不同的接觸模式。一六〇〇至一七五〇年間，英國人在大西洋和亞洲建立了一連串橋頭堡。到了十八世紀初期，他們已創造出一個「英格蘭的大西洋」，即以種植園和定居地為基礎且彼此聯繫的帝國體系。[3]與此同時，在亞洲，他們仍是海上通商民族，在數個地方有相當零星的商館。他們對當地統治者之權力的挑戰似乎無效，以致貿易倚賴那些統治者的善意。印度境內的一場革命，使英國在十八世紀後半葉擁有一個次大陸帝國，而這場革命並非全是他們一手促成。但這個帝國大不同於他們已在英格蘭的大西洋裡打造的那個帝國：靠征服得來、統治掛帥的帝國，但遠比後一帝國更倚賴當地的代理人和盟友，且在英國移居者和移民眼中，遠不如後一帝國來得吸引人。早期的接觸模式就此投下長長的陰影。

大西洋邊疆

十七世紀晚期，英格蘭人已在一個呈大圓弧形的動線上忙碌著（一七〇七年英格蘭與蘇格蘭兩國國會合併之前，蘇格蘭人大抵無緣參與這活動）。這個大圓弧一端起於西非的甘比亞和「奴隸海岸」（今貝寧），經英屬加勒比海地區的巴貝多、牙買加，到北美大陸上的南、北卡羅來納州、乞沙比克、新英格蘭，最北至有著廣闊鱈魚場的紐芬蘭。加勒比海地區是這整條動線的樞紐。英格蘭人彷彿被磁石吸引般引到該地。大西洋擴張行動晚於西班牙人的英格蘭人，希望在這地區的島嶼上或其附近的大陸上，如已在無意中找到金銀寶藏的西班牙人那般得到同樣的收穫。羅利遠赴今日委內瑞拉境內的奧利諾科河探察，用意即在此。他們除了決意找到屬於自己的金銀寶藏，也決定偷襲有船隊護送、運送金銀塊返國的西班牙船，並盡可能截走船上金銀。加勒比海的特殊地理形勢，致使這種勾當值得一試。

關鍵在於如何進入該地區。哥倫布以行動說明前往該地區的方法之後，從歐洲抵達西印度群島變得相當容易，且無疑比頂著盛行西風直直橫越大西洋容易得多。從歐洲出航的船隻，來到亞速群島或馬德拉群島區域後，乘著貿易風，往往（五或六星期）就會抵達加勒比海東沿的向風群島、背風群島（或小安地列斯群島）。西班牙人當初來時，根本看不上這些小島和巴貝多島，繼續往前挺進，來到伊斯帕尼奧拉島和古巴島，然後從古巴島渡海到墨西哥探險。如果說墨西哥的銀和（往北運到巴拿馬再轉運歐洲的）西屬秘魯的銀激起英格蘭人的貪念，加勒比海的地理形勢則決定了英格蘭人的手段。面對西班牙的要塞網和其在當地的強大海軍，英格蘭人不可能在中美洲大陸近旁建立基地。好似反映他們之實力較弱似的，他們的第一批永久殖民地設在遙遠的邊陲，即一六二四年設於聖基茨島（St Kitts）的殖民地和一六二七年的巴貝多殖民地。這兩個地方都不是攔截運銀船隊的理想地點，因為較受青睞的返歐航道穿過古巴與佛羅里達之間的佛羅里達海峽（船隻到了該海峽可乘著墨西哥灣流航行），然後沿著北美大陸海岸往北、往東行，最後藉盛行西風之力航向歐洲。佛羅里達海峽有哈瓦那扼守，那是西班牙的最大要塞，由西班牙人用心擇址興建，用以保護返國海上航路裡最重要也最難守的一段。

因此，英格蘭人幾乎是後來才意識到北美大陸。吉爾伯特和羅利都夢想在美洲建立一殖民地。只是羅利選擇在今北卡羅來納州的勞諾克島，乃是出於較精確仔細的盤算。它距南邊西班牙的佛羅里達部隊駐地剛好夠遠，不必擔心遭該部隊攻擊，卻或許仍可作為出發洗劫西班牙船隊的基地。[4]一六〇七年詹姆斯敦（Jamestown）的選址，反映了需防範西班牙人來犯的同樣考量（其距海岸頗遠），且可能反映了欲掠奪西班牙返國船隊的期待。英格蘭人也把對「加勒比海」的期望和在該地區的經驗，帶到他們的大陸冒險事業上。[5]他們對自己所需要的是何種殖民地和認為會在該地碰到哪種民族，有自己的看法，而這看法的形成，受到前述期望和經驗很大的影響。事實上，第一趟前往詹姆斯敦的遠航，在東加勒比海地區逗留了一個月，才繼續啟程前往乞沙比克。由於該地區風系的制約，加勒比海實質上仍是前往美洲的門戶。加勒比海地區的英格蘭殖民地，建立年代大部分晚於維吉尼亞和一六二〇年清教徒前輩移民（Pilgrim Fathers）建立的普利

帆船時代的風系與交通

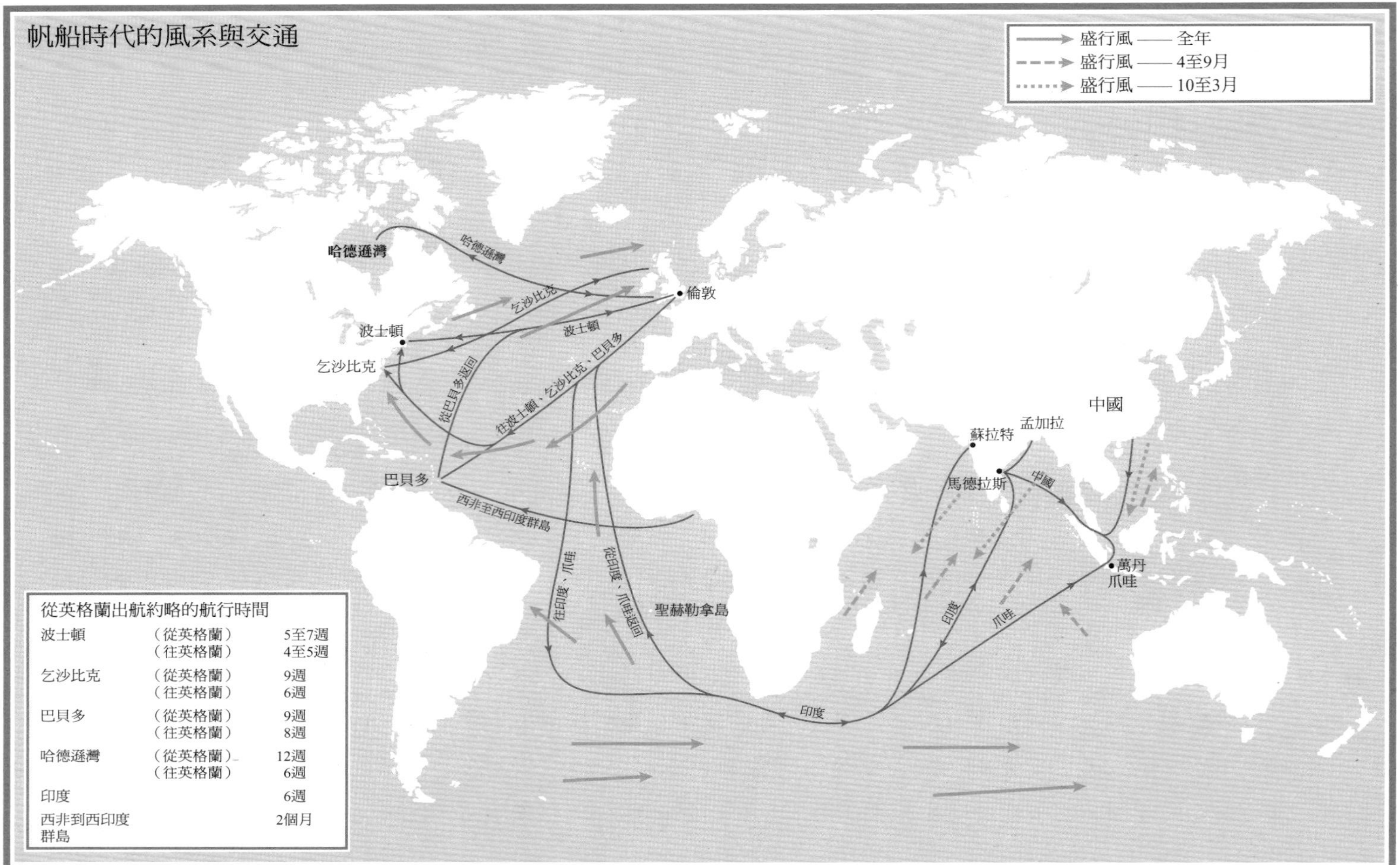

從英格蘭出航約略的航行時間

波士頓	（從英格蘭）	5至7週
	（往英格蘭）	4至5週
乞沙比克	（從英格蘭）	9週
	（往英格蘭）	6週
巴貝多	（從英格蘭）	9週
	（往英格蘭）	8週
哈德遜灣	（從英格蘭）	12週
	（往英格蘭）	6週
印度		6週
西非到西印度群島		2個月

茅斯殖民地，但它們的地位迅即趕上較早建立的這兩個殖民地，吸引來更多移民，預示了更龐大的財富。十七世紀時，約二十一萬人從不列顛群島移到加勒比海地區；約十七萬五千人移到乞沙比克、中殖民地（middle colonies，今紐約、德拉瓦、紐澤西、賓夕法尼亞四州）、新英格蘭。事實上，英格蘭人在南、北卡羅來納州北美東岸建立的第三個橋頭堡（繼乞沙比克、新英格蘭之後），其實是「英屬」巴貝多島、背風群島的分支。

英屬加勒比海地區是頗怪異的一種邊疆區。英格蘭人在此遇到名為加勒比人（Caribs）的原住民，而由於西班牙人的種種說法，加勒比人的形象這時已被抹黑。十七世紀初期一份受歡迎的英格蘭人記述，稱他們沉迷於雞姦、亂倫、通姦、食人肉的行為，提醒人與他們接觸時絕不可掉以輕心。[6]事實上，西班牙人之所以未征服東加勒比海諸島，也就是英格蘭人開始開拓殖民地的那些島嶼，原因之一是加勒比人的反抗。一如其他美洲原住民族，加勒比人因對歐亞、非洲的疾病不具免疫力，幾遭滅族：他們的人數從一四九二至一七〇〇年減少可能九成。而在聖露西亞、聖文森、巴布達（Barbuda）、安提瓜（Antigua）諸島，他們的確是難以對付的敵人，不是趕走英格蘭人就是殺害英格蘭人種植園主。英格蘭人於一六七五年入侵加勒比人的最大據點多米尼克島（Dominica），屠殺島上居民，但島民從未停止反抗，因為加勒比人不願成為奴工或不願放棄土地。[7]在一六五五年取得牙買加之前，巴貝多是英格蘭最有價值的殖民地，而或許英格蘭人該感到慶幸的，巴貝多島上沒有加勒比人，事實上他們初次登上該島時，島上毫無人煙。

有加勒比人反抗的邊疆區，不是英格蘭人所遇過的唯一邊疆區，卻或許是他們所遇過最棘手的邊疆區。英國人在加勒比海首度體驗到熱帶環境和該環境的種種危險與新奇事物，這令英格蘭人深深著迷。英格蘭醫生暨植物學家漢斯・史隆爵士（Hans Sloane, 1660-1753），由於擔任牙買加行政長官的醫學顧問，因而展開他在該地區的事業（然行政長官不久後就死去，他擔任此職期間甚短）。史隆蒐集並精心分類的大量植物和其他樣本，以及他皇皇兩巨冊對牙買加的描述，使他聲名大噪，成為當時最偉大科學家暨收藏家之一和皇家學會的主要人物之一。其他來到此地區的英格蘭人，也表現出欲蒐集、記錄牙買加異國環境產物的類似衝勁，無疑反映了當時英格蘭人的興趣。[8]但影響他們最直接者，乃是對他們健康的威脅。對前去該地區的英格蘭人來說，加勒比海地區是疾病與死亡率的新邊疆。瘧疾、黃熱病、登革熱（全是透過蚊子傳播的病），與傷寒、斑疹傷寒，搶著要他們倒下。白痢、血痢這兩種痢疾，奪取他們性命的效率同樣高。還有會導致癱瘓的「乾腹痛」，只是那是自己招來的病痛，喝用鉛鍋蒸餾的蘭姆酒所致。

面對這些駭人的疾病，英格蘭人幾乎束手無策。學識豐富的特拉法姆（Trapham）醫生，於一六七九年出版了《論牙買加島的衛生狀況》（*Discourse of the State of Health in the Island of Jamaica*）。一如當時許多醫生，他恪守體液掛帥的醫學理論，將健康的崩壞視為四種體液（血液、黏液、膽汁、憂鬱液）失衡所致。燒灼、放血、通腸是最受推崇的療法，但如果它們治了病，那也是透過將病人殺死達成。英格蘭人懷抱著發財夢大批前來，大批死去：一七〇〇至一七五〇年來到牙買加的歐洲人高達五萬，到一七五二年時，在該地活著的歐洲人只有一萬。[9]他們漸漸改造住屋，以減少熱氣、濕氣的影響，在某些例子裡，則改變日常飲食和衣著。而為適應環境所做的最大改變（財力足夠者才做得起的改變），乃是不久居，其作法是到歐洲度長假，前往較北邊的大陸上充電，最重要的，盡快退休回英格蘭，把事業交給代理人或親人主持。

對（不久後將有蘇格蘭人、愛爾蘭人、猶太人前來助陣的）英格蘭人來說，加勒比海地區也是科技的邊疆。在十七世紀中葉，他們領會到糖的生產將帶來的好處時，他們得學習糖生產方面的技術性細節，畢竟糖的生產並非易事，據說他們通常從在巴西拓荒的荷蘭人那兒習得這方面的知識。製糖廠是種植園存在的最重要理由，帶來對甘蔗、勞力、燃料的無情需求。糖是促使英屬加勒比海成為有錢人的邊疆的推手，因為購買甘蔗園或為甘蔗園籌措資金（甘蔗園高度倚賴貸款）需要極高的資金成本，沒錢的人玩不起。在以糖作為加勒比海島嶼（特別是巴貝多）的主要作物的同時，原本的白種契約工也迅速被黑奴取代，此一轉變帶來了另一個重大後果：導致英屬加勒比海成為「文明」的邊疆，在這個邊疆裡，英格蘭人（後來的英國人）對種族與奴隸工的看法遭到無情改造，以迎合當地的私利。非洲黑奴被視為財產，黑奴主人有權利將他們的勞動成果納為己有，脫逃的黑奴因而犯下非比尋常的偷竊罪。法律認為奴隸具有人的意志力（必得承認的一點，因為奴隸的確會叛亂），就此來說，奴隸被認為具有犯罪能力。事實上，為將蓄奴制和藉以保住蓄奴制的野蠻壓制性機構合理化所提出的基本理由，乃是奴隸本身無法抹除的野蠻本性。這一論點同時主張，野蠻本性乃是奴隸之非洲出身的產物。[10]一六八八年的巴貝多奴隸法，宣稱黑人「天性野蠻、原始、殘暴……完全沒資格受（白種）本國法律、習俗、慣例的指導。」[11]蓄奴制所激起的一個重要議題，是該不該管制奴隸主對女奴和其身體的所有權和她們所生的小孩具有何種社會、法律地位。已有人提出一有力的論點，直指對女奴的性剝削（在某例子裡有一百三十多名女奴遭到糟蹋），是白種男人對奴隸身體支配的刻意表現。[12]

隨著奴隸增加（一六六〇年在巴貝多，一六七〇年在牙買加，一六八〇年代在背風群島，奴隸人數已超過白人），[13]白人開始擔心奴隸騷亂、叛亂，這種擔心屬於這些島嶼社會的「內部邊疆」。然這些社會的情勢為何仍緊繃、不安定，這不過是原因之一。變化無常的氣候、具威脅性的發病率、債務負擔、榮枯取決於遙遠市場和價格、為邊界和土地所有權生起的爭吵和訴訟（突然且常有的死亡更加劇這方面的爭吵和訴訟），皆是使這些島嶼處於焦慮、不安穩社會實驗狀態的因素。來過這些島嶼的英國人，以輕蔑口吻指出，經過百餘年，白人社會的風氣仍是俗氣的物質至上主義，而這或許在某種程度上（如果不計較本土長大的英國人那種宗主國人民的優越感的話），反映了有閒階級偏愛在英格蘭休閒的事實。除了內部邊疆的身、心不安全感，在英屬牙買加境內，還有一外部邊疆。逃亡黑奴（Maroon）避難於這外部邊疆之外，是征討的目標。而隱隱然籠罩整個地區的威脅，則是外人入侵的風險。英屬加勒比海地區構成一地緣政治斷層線的一段，西班牙、法國、英國（更別提荷蘭和丹麥）的利益和野心在這裡相互對抗，鮮有寧日。這些拓殖土地者緊緊相依，休戚與共，一旦母國或他們的加勒比海後院發生危機，引來外敵乘船來犯，傷害他們的對外貿易，甚至說不定取他們而代之，他們事先不可能指望有什麼預警。歐洲本土均勢的外交規則，阻止加勒比海土地歸屬大洗牌（英國於一七六二年耗費龐大人力、物力拿下哈瓦那，卻受迫於這一外交規則，將其歸還西班牙），但從一五六〇年代英格蘭劫掠者來到加勒比海起，這地區就是歐洲各國人征服、掠奪、行使暴力的場域，直到一八一五年為止：一段悲情的歷史。

一條臍帶把英屬加勒比海地區與另一個大西洋邊疆——西非沿岸，繫在一塊。在此，英格蘭人也是較晚進場者。葡萄牙人率先抵達，荷蘭人繼之。英格蘭商船船長約翰・霍金斯於一五六〇年代來到這處海岸，買了一些奴隸。他駕著名字取得並不妥當的「耶穌號」航向西印度群島，希望把奴隸賣給西班牙人。但這時，英格蘭人參與奴隸買賣還不深：「我們是不從事這類大宗商品買賣的民族，我們本國人之間也不買賣這類商品。」一六二〇年，有人向甘比亞河上的英格蘭商人理察・喬布森（Richard Jobson）兜售奴隸時，喬布森如此說。[14]吸引他們前來且使他們繼續前來者，乃是黃金和象牙、蜂蠟、染料木、胡椒之類熱帶產品。而真正的改變，則是隨著巴貝多島大幅轉向擁抱糖和奴隸而產生。到了一七六二年，擁有特許的壟斷企業皇家非洲公司，已著手建造一連串商館，以處理該處海岸之黑奴的出口事宜。即使如此，該公司仍業務仍以其他大宗商品為主，其要塞（例如今迦納境內著名的開普海岸要塞）的主要目標，乃是保護黃金貿易，防止歐洲海盜掠奪。[15]

對英格蘭人來說，西非是經商、航海的邊疆：該處看不到會成為加勒比海地區那種種植園或殖民地的跡象。這出於幾個原因。來往西非的海上航道較容易航行，然加勒比海仍是大西洋航行與貿易的十字路口（風系和西班牙在美洲大陸的白銀帝國所致）。其次，西非供應熱帶產品，且是惡名昭彰的奴隸資源庫，卻缺乏使英格蘭人和其他歐洲人得以在加勒比海地區（和美洲其他地方）創建種植園體系的條件。首先，那個體系需有易於抵達海邊且供應充足的可耕地。再者，且同樣重要的，那些土地必須是可讓歐洲人（就此來說是英格蘭人）將其獨特的財產觀強加於其上的土地。財產所有權乃是在商業信貸與債務的迷宮裡通行無阻的憑藉，它使所有人得以借到錢，藉這筆錢去買地或開闢土地、買進勞力或支付勞動工資，而不致在將作物運往遙遠市場出售時餓死。它同時吸取投資資金，促進擴張。在加勒比海，儘管有加勒比人的反抗，取得土地、強制施行財產制，相對容易。西非則不是這麼回事。

西非諸社會的人民穿越撒哈拉沙漠以和中東、北非貿易已有很長歷史，而中東、北非正是伊斯蘭勢力和宗教的源頭。基於此以及其他因素，來到這裡的歐洲人，碰到的不是散落各地的原始部落，而是高度組織化的國家，包括阿善提（Ashanti，今迦納境內）、阿拉達（Allada）、達荷美、貝寧、奧尤（Oyo，今奈及利亞境內）。[16]要他們臣服於歐洲人的支配或屈服於入侵，是不可能的事。加勒比海地區的種植園主或許會把他們的非洲奴隸斥為野蠻、殘暴，反觀西非的英格蘭人，對非洲人就尊敬多了。而他們這麼做當然有其理由，因為他們的貿易取決於當地統治者的善意，如果惹得統治者不悅，貿易可能遭斷然叫停。

因此，非洲人的實力決定了在西非接觸的條件，西非的地理形勢更強化這一態勢。除開少數例外，這段海岸極不利於從海上入侵。沙洲和激浪迫使歐洲船無法近岸：要上岸，只能靠當地船民。在沿海某些區域，英格蘭人的要塞和商館（例如開普海岸城堡）可從海上輕鬆抵達，但即便在這些地方，英格蘭人也無法從附近內陸的統治者手中奪走對該內陸地區的支配權，也沒什麼誘因鼓勵他們如此一試。事實上，要塞中的英格蘭人少得可憐：原因之一是氣候和疾病，另一個原因則是英格蘭人從西非能得到的好處有限。今貝寧境內的維達港（Ouidah 或 Whydah），乃是當年奴隸買賣的最大中心，而在這裡，這模式特別清楚。維達港位在沿岸潟湖之後，距海有段距離，英格蘭商人要到維達，得先登上海岸，穿過潟湖。他們得從更西邊的黃金海岸召募獨木舟船伕協助他們上岸。在維達，他們的「要塞」被限在該城邊緣，要塞有土牆、土木工事、火炮，乃至有一道護城河（蚊子無疑得其所哉），然這些設施是為了防禦他們的法國鄰居和對手，而非當地的非洲人。事實上，若未能扼控登陸地點（他們欲建造海濱據點但受阻），這要塞的二十名白人和他們的百名奴隸幫手，可能很快就餓得開門投降。它其實是座臨時安置所，安置他們在位於內陸的首都薩維（Savi）買到的奴隸，並待下艘奴隸船來時再運走，而安置在那裡的奴隸通常在六百至八百人之間。[17]

一直到十八世紀晚期，仍沒什麼跡象顯示，這一薄弱的駐在勢力和它對非洲統治者不得不的尊敬，會有多大的改變。晚至一七一四年，維達當地英格蘭要塞的司令在與法國人爭吵後，被當地統治者驅逐出境。就非洲人的立場來說，英格蘭人的存在可以容忍，因為他們有利於對外通商，卻又不構成政治威脅，其中主要原因或許在於奴隸買賣本身。若是別種通商模式，說不定會助長當地商人階級的興起，而這一商人階級與英格蘭人的關係和他們的商業利益，可能遲早招來統治精英的反感。但相對的，奴隸買賣強化那些有錢買進透過戰爭或強制手段抓來的新奴隸者的權力：亦即有助於西非強大國家的興起，促使這些國家更有能力抵抗外來入侵。事實上，直到奴隸買賣遭廢除（對英國人來說是一八〇七年）後，英國人才找到將西非內陸地區納入控制的動機和（更晚時）手段。一七五〇年時，這般的遠景似乎只是一小撮「沿海航行者」最不羈的夢想。

在北美大陸上，英格蘭人（和英國人）才不知不覺陷入與原住民和當地本土環境最激烈且最漫長的交手。一五八五年遠赴勞諾克之行，出師不利：一五九〇年救援船回到勞諾克時，留在該地的英格蘭人已全部消失無蹤，他們的遭遇至今仍是個謎。一六〇七年，在詹姆斯敦，第二次嘗試建立殖民地，差點災難收場。儘管此次經過詳盡策畫，吸取了先前在加勒比海和勞諾克的經驗，誠如考古證據所顯示，配備格外周全，帶了大量工具和醫療裝置，仍不免陷入這樣的險境。這一次的領導者約翰·史密斯船長，是個閱歷豐富的軍人，母國給他的指示也經過縝密的思考——要他們往上游走，以避開西班牙人的攻擊，但要時時留心海岸動態；別觸怒土著，也絕不要讓他們帶走你的火器，不要讓他們看出你有多少病號；新拓殖民地的街道務必筆直，以免開槍時射擊線受阻；避開林木濃密的區域，選擇理想地點做買賣。事實上，史密斯所收到的指示表明，為這趟冒險活動出資的維吉尼亞公司，未把這新殖民地設想為農業性定居地。他們希望史密斯找到礦物（金銀夢難消），與印第安人做買賣，此外，他們也要他尋找「通往另一個海」的航道。因他們和當時許多人一樣，深信「亞美利加」是塊狹長的陸塊（或許從他們所知道的中美洲推斷而來），深信一旦翻越分水嶺，就會迅即下到另一邊的海岸。維吉尼亞將是前往那些重要目的地（東印度地方和中國）的中繼補給站。[18]為何第一批詹姆斯敦遠征隊的隊員裡，斯文的紳士（而非工人或工匠）占了如此大比例（似乎占了約一半），這一預期心態或許是原因之一。那或許也說明了為何完全沒有女人同行。

儘管經過縝密策畫，這一殖民地初闢的頭幾十年，幾乎處處事與願違。選在詹姆斯敦建立殖民地，在於其接近深水（而對船隻航行安全）、易於防守、有充沛飲水供應的優勢。英格蘭人甚至以為能捕到大量漁獲，使他們除了向印第安人購買食物，亦能在糧食取得多一分保障。未想詹姆斯敦竟成了生態上的死亡陷阱——幾個月內就有半數登陸者死亡。主要原因似乎是該地位於淡水、鹹水交會處，丟入河中的廢棄物未被沖入大海。英格蘭人飲用了自己造成的污水，丟掉性命。至於漁獲，實際捕撈後發現少得驚人，就連野味都難以獵得。「維吉尼亞」陷入五年乾旱（1607-1612）和「小冰河期」，前者導到糧食和淡水供應減少，後者則帶來一六〇七至一六〇八年的酷寒。這裡也是瘴癘之地。一六〇九至一六一〇年那個挨餓的冬天，殖民地的居民死亡殆盡。[19]

在這樣的情勢下與印第安人打交道，天時地利都不盡理想。在這方面，英格蘭也經過縝密的規畫。他們預期印第安人會是高度組織化的群體且熱中通商。他們知道印第安人很看重銅，便帶了大量的銅過來。[20]他們推測不久後就會近鄰失和，希望與更遙遠而可能成為有利盟友的族群結交。這一連串有關該殖民地未來發展的認定，全背離現實。英格蘭人在乞沙比克灣周邊遇到的政治單位，乃是「威望商品掛帥的酋邦」[21]（prestige-goods chiefdom），不但獲史密斯贈予一套紅布、一隻格雷伊獵犬、一頂帽子的波瓦坦部落聯盟首領，還透過將威望商品分配給其追隨者，取得他的權威。他可能曾打算利用其與英格蘭人的關係強化其作為中間人的地位：拿食物換取他們帶來的銅，將銅轉賣給內陸的族群。英格蘭人寄望這種互蒙其利的前景帶來穩定的關係，但事實表明，這個願望幾乎立即就破滅。

摩擦的根源之一，乃是印第安人犯下微不足道的偷竊罪後，英格蘭人的反應。英格蘭人來自階層嚴明的社會，在那社會裡，財產神聖不可侵犯，所有權的紛爭循制式化的法律、法院途徑解決。最微不足道的偷竊，可能遭到毫不留情的處罰。這些開拓殖民地者服從這一殘暴體制，且不斷被（他們牧師等人）告知它是敬畏上帝、有秩序之社群的基礎，以致難以接受較寬鬆的財產觀。從印第安人的角度看，他們的行為具侵略性，乃至不符道德，但他們不可能理解此點。他們收到禮物，卻未有相應的回報。他們不斷倚賴印第安人取得食物一事，更加劇這些緊張。在食物全面短缺的時期，向波瓦坦人強索食物「貢品」，必然引發麻煩，尤以在地區性乾旱和饑荒時期為然。更雪上加霜的是，他們與印第安人的貿易失去了表達善意的的大部分作用。拓殖者把大量商品輸入當地市場，使他們在印第安人眼中的價值迅速貶值。史密斯抱怨道，他們「輸入的大宗商品多到超過這些野蠻人所需」。[22]而且他們允許私人買賣，打破了波瓦坦首領對他們所兜售之威望商品的分配權。[23]

結果就是使不請自來的英格蘭人和在非自願下當起東道主的當地人之間隱伏的敵意白熱化。波瓦坦首領原以為（或者說我們可以推斷他這麼以為），英格蘭人會一直處於依賴狀態，即使只是在糧食的取得上依賴他，也以為他們用商品付款會壯大自己的權力。他把他們當成有用的輔助者，而英格蘭人也決意使他依賴於他們。英格蘭人有增無減，已開始把女人送過來。他們幾無意與印第安人通婚（原因之一或許是通婚未讓他們得以控制印第安人勞力或土地）。[24]他們不再是窩居一隅的小撮商人，反倒開始自種作物。他們和鄰近部落共謀對付波瓦坦首領。一六二二年，詹姆斯敦建立十五年後，他決心掃除這股日益惱人的勢力。波瓦坦人向英格蘭人開戰，殺死一千兩百名移居者的四分之一多（日後英方的記述竟稱此為「叛亂」，一副他們是在向合法統治當局反抗一樣）。可惜這時才動手已太遲。英格蘭人捱過這波衝擊，反過來施以凶殘的報復。事實上，這場戰爭標誌著一個轉捩點，維吉尼亞自此漸漸轉變為定居型殖民地，並結束了土地可以共享的觀念。對此，行政長官法蘭西斯・懷亞特（Francis Wyatt）表達得再清楚不過。他嚴正表示，「我們的首要之務乃是把這些野蠻人趕走，以便取得免費的牧場，豢養更多的牛、豬之類……比起和他們和平相處、與他們結盟，肅清我們周遭的異教徒，會好上千百倍，他們再怎麼說都只是我們的心腹大患……」。[25]隔離與拒於門外，將成為未來英格蘭人處事準則。與此同時，這座殖民地已開始發展其菸草種植業（用從千里達帶來的植物）：第一批運出的菸草於一六一四年銷售。一六一九年，第一批奴隸抵達。從接觸到建立殖民地，只花了十餘年時間。

然而，這不過是個灘頭堡：前方還有廣大內陸。印第安人被迫後退。從北邊的新英格蘭（第一批英格蘭人於一六二〇年抵達該地），到南邊的南、北卡羅來納（一六七〇年代首度有英格蘭人定居該地），在距海幾乎只有一百六十公里的內陸，有一個「印第安邊疆」倖存。在南卡羅來納，一七〇〇年時只有五千名英格蘭人，大部分住在首府查爾斯頓（Charleston）方圓僅數公里處。[26]英格蘭人雖有增無減（且這時還有威爾斯人、愛爾蘭人、蘇格蘭人、德國人——賓夕法尼亞的德裔——加入壯大其陣營），實力卻還不足以將印第安人逼退到山脈的另一邊。到了十七世紀晚期，印第安人已懂得利用英國人、法國人兩者日益升高的地緣政治對立，營造對自己有利的形勢：一六九〇年代法國人大批來到密西西比河下游，代表法國欲將北美大陸內陸劃為勢力範圍，將英國人阻絕在其外的野心，走到一個重大的新階段。[27]到了一七一七年，法國的先遣部隊已來到阿拉巴馬。[28]有位英國官員抱怨道，「保住我們與法國人之間的均勢，乃是現今處理印第安政治事務的最高指導原則。」[29]英國擴張的壓力也已促成更多易洛魁（Iroquois）模式的印第安部落聯盟問世（例如克里克聯盟），甚至催生出印第安人認同感：一七二六年某場印第安人聚會嚴正表示，「我們是共聚一堂的紅人。」[30]他們的防禦措施不只這些。印第安人是毛皮和鹿皮的供應者——喬治亞州薩凡納（Savannah）河邊，以美國高爾夫大師賽的舉辦地點而最為今人所知的奧古斯塔（Augusta），就是當年最大的鹿皮貿易中心——因而是英國人有價值的伙伴。而他們的森林聚居地是很有力的安全屏障。美洲的森林雖具有引人無限懷想的魅力，卻充滿凶險。沒有專業的嚮導帶領，闖入者很快就會迷路。沼澤和小河不斷阻撓闖入者前進。一年中大部分時間，行走於森林中得隨身帶著所有糧食，也可能因險惡的氣候延宕行程，陷入幾乎要命的險境。經驗豐富的邊疆區居民康拉德·維瑟（Conrad Weiser），一七三七年曾經歷過一趟苦不堪言的森林之行，在旅程接近尾聲時，他覺得「好似從地獄逃出來一般」。[31]

因此，在移居者已牢牢掌控沿海低地將近百年後，移居者仍不得不將印第安人和「印第安人居住區」視為殖民地生活不變的一部分。移居者往所謂的「後方」（Back Parts）斷斷續續拓居，尤以在賓夕法尼亞最為快速。在該地，一七〇一年時約有白人兩萬，四十年後白人人口數就增加了四倍；[32]而在由強大的易洛魁部落聯盟支配河邊腹地的紐約，則幾乎沒有白人。邊疆戰爭暗暗鬱積、爆發、沉寂；有一部分最慘烈的邊疆戰爭發生於南卡羅來納，白人在該地出兵擄人為奴，迫使沿海諸部落滅族。[33]但在邊界沿線的許多地方，雙方努力欲藉由磋商或仲裁平息不可避免的摩擦。[34]印第安人的物質文化，包括他們的狩獵習慣、作物（特別是玉米、菜豆、南瓜）、樺樹皮獨木舟、雪鞋、莫卡辛鞋（通常用鹿皮製的無後跟軟牙鞋）、鹿皮裝、煙斗，讓拓殖者受用不少。拓殖者行走於森林中或貿易小徑上時，極倚賴印第安人嚮導。混雜語，例如德拉瓦混雜語（Delaware jargon），迅速發展出來，以利雙方交談。[35]而與印第安人打交道時，英格蘭人不得不採納冗長乏味的印第安人外交禮儀：大批民眾與會（反映了在去集中化的世界裡取得共識的需要）；交換禮物；沒完沒了的講話；用「貝殼串珠」，而不用（印第安人所不信任的）紙和文字記錄條款。

這勉強稱得上平衡，但不是穩定的平衡。[36]歐洲人（除了英格蘭人，還有西班牙人、法國人、荷蘭人）入侵北美，為拓殖者和印第安人雙方創造了一個新世界。[37]這一入侵帶給印第安人劇增的可買賣商品，他們得以豐富儀式和典禮的內容，包括有更多的手工製品可陪葬。鐵刃武器和工具，還有接下來出現的火器，乃是引進美洲的重要新物品之一。據考古資料，到了十七世紀中期，印第安人所用的工具和物品，已有一半仰賴與白人的買賣取得。[38]事實上，他們堅持訂製商品，以符合他們的習慣和喜好，例如超輕滑膛槍，然而他們能拿來交易的貨物，通常是鹿皮和毛皮，則愈來愈少。一旦沒了這些商品，他們所擁有的，就只剩土地。他們的兵力縮減更為急劇：據認天花於一七三八年奪走徹羅基人（Cherokee）一半人口。拓殖者愛喝成癮的烈酒（有人計算過，他們通常一天喝七小杯烈酒）[39]，則是腐蝕身心的進口品：拓殖者有社會上、生理上、乃至飲食上的適應機制，減輕烈酒在移居者社會裡的衝擊，印第安人卻沒有這樣的機制。雖有很長時間被迫並存於一地，印第安社會和移居者社會也沒有真正的思想交會。兩者的自然觀（一者是物質性且功利主義的，另一者是充斥著幽靈和過去事件），仍各成一體，互不相干。移居者極厭惡森林，想將它毀掉。在合作的表象下，彼此厭惡甚深。在移居者社會裡，不管是窮人還是富人，都一心想取得更多土地，以便闢為農田或進行投機買賣牟利；抗拒這種掛著義行幌子的私利，就是政治死亡。因此，追根究柢，印第安人與移居者間的平衡，乃是地緣政治上的平衡。這一平衡的維繫，取決於印第安人能否挑動爭奪北美大陸支配權的諸勢力相鬥從中得利。當英國人於一七五九年九月拿下魁北克，在接下來的巴黎條約中將法國人逐出北美大陸內陸時，他們對印第安人發動了（令他們自己後來驚愕的）正面攻擊。不到百年，這一作為就把北美由「位於兩洋之間」的大地，變成「白人的國度」。

亞洲的邊疆

海上亞洲的世界與西元約一七〇〇年時英國人已非常熟稔的北大西洋世界大相逕庭，然其範圍大上許多：從莫三比克到日本的遼闊水世界；也遠上許多：從英格蘭出航，乘著順風，六或七星期可到巴貝多，而從英格蘭到印度的航程，很少短於四個月，動輒六個月。大西洋一年到頭都可橫越（只是舒適、安全程度隨年中不同時期而有異）。英格蘭人要到印度，得趕上五至十月間的西南季風，才能從好望角乘著這風往東北航行抵達目的地。如果想返國，得等東北季風吹起：十一月至四月間這風會把他帶回好望角。行程所花的時間和費用，使人難以頻頻往來這兩地（但很有權勢、地位的人士例外），因而加深距離感和差異感。在大西洋地區的英國種植園，英國人能找到英國特色鮮明的群體，只有在西非例外。在加勒比海地區的英國奴隸殖民地，英國人或許類似一支（病弱的）駐軍，至少體制、法律、財產都是他們的。在美洲大陸和島嶼上，一七〇〇年時已有約二十五萬英國人。反觀在海上亞洲的沿岸，有英國人的地方，人數可能是以數十計，僅在極少數地方以數百人計。從英國過來加入他們行列的女人少之又少。一七五〇年之前，印度境內的英國人大概不會超過四千或五千，可能還更少。在他們的小小飛地裡，他們在美洲拓殖的同胞已迅速生出的那種天定命運感，大概只會讓他們覺得荒謬。統率部隊威脅或恫嚇周遭的當地統治者，對他們來說，乃是天方夜譚。在西方的大西洋世界，英國人是定居者或種植園主、開拓殖民地者和靠土地生活者；在東方，英國人是過客、邊緣人。

他們所進入之國家的強大，更凸顯他們地位的卑微。在整個海上亞洲，通商需要得到亞洲朝廷和其代理人的同意（正式同意或默然同意）。在紅海和波斯灣，那指的是奧圖曼帝國和波斯的薩法維王朝統治者。在西印度和孟加拉，那指的是德里的蒙兀兒皇帝，儘管到了十七世紀晚期，與孟買後方內陸造反的馬拉塔聯盟（Maratha confederation）交好也有助於通商。在東南印度，那指的是遭蒙兀兒人入侵推翻前的高康達蘇丹國（Sultanate of Golkonda）。在孟加拉灣的對岸，以今日曼谷上游處的大城（Ayudhya）為都城的泰人王國暹邏，從十六世紀晚期直到十八世紀中葉支配東南亞大陸：[40]要想與該地通商，就該討好該王國統治者。在東亞，即便明清改朝換代帶來漫長動亂，特別是在華南，但沒有當地官員的許可，沒有歐洲人敢在中國大陸做買賣。日本的「開放世紀」於一六四〇年代嘎然而止。此後，只有荷蘭人獲准保留位於出島（長崎港中小島）上的一座商館。

對英格蘭人來說，不只是博取亞洲君王與大臣的好感就可成事（這些君王與大臣幾乎毫不掩飾對這些粗魯多毛野蠻人的輕蔑，而後來英國人所表現出的傲慢，可能因先前難堪的屈從記憶而激化）。英格蘭人同時遭遇一批重商主義對手的激烈競爭。他們進入印度的腳步晚於葡萄牙人，希望利用印尼群島的胡椒、香料貿易發財，卻受挫於荷蘭東印度公司的阻撓：該公司武器更精良、組織更完善、財力更雄厚。以布列塔尼的洛里昂（Lorient，即L'Orient，意為「東方」）為總部所在的法國東印度公司，一六七三年起成為英格蘭人在孟加拉金德訥格爾（Chandernagore）的強勁對手，一六九九年起成為他們在南印度本地治里（Pondicherry）的強勁對手。位於通往印度之海路上的模里西斯島，一七一五年遭法國奪走。在亞洲內部的貿易裡，有大批亞洲本土商人來往於在歐洲船到來之前數百年就存在的貿易路線上。除了中國人，還有東非境內的阿拉伯、史瓦希利（Swahili）商人、來自南阿拉伯半島的哈德拉毛人（Hadramis）、來自蘇拉特的印度人、來自西里伯斯島（Celebes）的布吉人（Bugis），並同操持了印度洋、孟加拉灣、南中國海的大部貿易。[41]在這些群體中，貿易成就受到最多歐洲人嫉羨者，乃是總部設在薩法維王朝伊斯法罕城（Isfahan）新焦勒法區（New Julfa）的亞美尼亞人。誠如後面會提到的，位於亞洲的英格蘭人急於將自己的前途與這一傑出的經商群體網絡的前途掛鉤。

為打進這個世界，並從該地的貿易中牟利，英格蘭商人已合組為一個共有的企業。每次東航，他們都募集「投資資金」，以購買貨物，支付租船費。根據一六〇〇年十二月國王授予的特許狀，他們的東印度公司有權壟斷英格蘭與東方之間的商品直接貿易。為執行他們在當地的業務，倫敦的公司董事派出商船「押運員」和「代理人」，負責從船上，或從他們打算在任何前景看好之地設立的商館，與當地人通商。這些派到當地的人不久後就不得不學習大量新知。他們得懂亞洲的海上航線和其複雜的沿海地理，得懂亞洲的季候、洋流、風。為避免觸怒當地人，他們得懂欲討好的統治者的宮廷禮儀和外交程序。對於亞洲大國內部和亞洲諸大國之間可能左右他們未來禍福的政治劇變、地緣政治劇變，他們不能視而不見。他們得對所置身之文化體的宗教和宇宙論有所了解，以免激起義憤、驅逐、乃至更糟的事。他們在這過程中學得一混種語，那語言源自波斯與中國之間的廣大海上世界所共通的語言，諸如Topass（傭兵，通常是基督徒，可能是土耳其語top-chi〔炮手〕的訛誤）、bafta（某種白棉布，源自意為編織的波斯語）、cooly（苦力，大概源自泰米爾語koli）、cot（幼兒床，源自印第語，經葡萄牙語傳入）、curry（咖哩，源自葡萄牙語）、godown（倉庫，源自泰米爾語）、kedgeree（以米飯為材料且多油的一道菜，源自印第語）、shroff（錢幣兌換商，源自阿拉伯語sarraf）之類單詞，一七〇〇年前便流行於印度境內英格蘭人之間。[42]身為位於遼闊文明國度邊緣極渺小的群體，他們感受到充滿魅力的統治者、包容一切宗教、深奧之哲學磁吸般的力量。在這個世界，他們比較像是侏儒，而非主子。

英格蘭人所認識的亞洲，是一連串的沿海地帶：波斯灣的阿拉伯、波斯沿岸；西印度的古吉拉特（Gujarat）；今印度泰米爾納德省（Tamil Nadu）的科羅曼德爾（Coromandel）沿海地區；作為進入孟加拉之門戶的胡格利（Hooghly）河三角洲；丹那沙林（Tenasserim）沿海地區（通往暹邏的捷徑）；印度尼西亞群島裡數不清的海岸；華南沿海地區，以及非常短暫的，日本西部沿海地區。最初他們非常倚賴對手的專門技術：跟隨葡萄牙人、荷蘭人，一路航行做買賣。英國東印度公司頭幾次遠航，以爪哇島的萬丹為目的地，英格蘭人希望在此處切斷荷蘭人的香料貿易。直到一六〇八年的第三次遠航，他們才到印度。一六一三年，他們在長崎附近的平戶和暹邏各設了一處商館。但這兩處商館發展都不順利，位於平戶的商館十年後就放棄。他們創立了許多互通聲息的貿易據點，以利用香料群島（特別是摩碌加群島）的資源。他們數次欲打開中國門戶，並於一六三七年第一次抵達廣州，以砲火互轟收場，直到一七〇〇年，才獲准每年一次到廈門、廣州通商。這時，勢力日益壯大的荷蘭東印度公司已幾乎把他們趕出印尼群島；英格蘭人只能死守住蘇門答臘西岸的一處立足點。英國東印度公司漸漸退回印度，而此舉並非出於有意的安排，而是形勢使然。[43]

古吉拉特的蘇拉特是該公司在印度的第一處商館。它是北印度的最大港，對亞格拉與德里的蒙兀兒資本家、對前去麥加朝覲的印度穆斯林來說，都是如此。英格蘭人獲蒙兀兒皇帝允許通商，但那是在一六一二年底英格蘭人於蘇瓦里小灣（Swally Hole，蘇拉特的深水泊地）擊敗葡萄牙人的一支船隊後才獲得。英格蘭人獲准設立一處商館，以供居住、通商之用，但條件非常嚴苛：他們不能買屋置產，商館也不得近河。原因之一是他們想要的地點靠近清真寺，「而我們的人對著牆粗魯的撒尿，做其他齷齪的事，特別令穆斯林不悅。」[44]或許同樣有力的因素，乃是擔心英格蘭人會把此處闢為他們下船可輕鬆抵達的要塞。這座英格蘭商館占地甚廣（甚至有土耳其浴室），且一如其他歐洲人，英格蘭人獲准設立墓地這個基本設施。在蘇瓦里小灣泊地，有碼頭和倉庫，但直到十七世紀中葉，留在那裡的英格蘭人仍住在海灘上的帳篷裡。[45]短暫、容忍、監視乃是他們在該地生活的寫照。

一到蘇拉特，該公司代理人迅即往更遠處探索。一六一四年，他們派了兩個自己人走陸路經坎達哈到伊斯法罕的波斯阿巴斯國王（Shah Abbas）的王廷。阿巴斯表示，願讓英格蘭人自由通商，或許希望聯合英格蘭人一起對付勢力最強的葡萄牙人和葡萄牙人用以扼守波斯灣入口的大要塞兼商業中心荷姆茲（Hormuz）。英格蘭人欣然接受，一六二二年英、波聯軍夷平荷姆茲。英格蘭人得到的回報，乃是在該王國的新港市阿巴斯港（Bandar Abbas），即英格蘭人口中的岡布龍

（Gombroon），有了一處商館，該港關稅收入一半歸英格蘭人。絲織品是波斯的最大出口商品，也是吸引英格蘭人前來通商的主因。但對英格蘭人來說，生活艱苦，氣候惡劣，水質不佳，死亡率高（一六一七至一六五二年每年可能達四分之一）又沒什麼消遣。去過那裡的約翰・佛萊爾（John Fryer）說，「岡布龍和地獄之間只隔著一塊一英吋厚的松木板。」[46] 痢疾、肝炎、瘧疾、霍亂、乃至鼠疫，時時在側。喝酒和玩女人——用該公司的話，「棕櫚酒、亞力酒、女人」——是英格蘭人主要的休閒活動（城裡的妓女住在敞開著門的草屋裡），而在該公司眼中，這兩者是身體敗壞的主要原因。該公司在距港頗遠處有自己的鄉間別墅和花園，那裡環境較涼爽。只是與港務長（shahbandar）的關係經常陷入緊張。在某次的鬥毆中，六名英格蘭人遇害。[47] 而在波斯灣，一如在東方其他任何地方，英格蘭人苦苦追趕無所不在的荷蘭人擴張腳步。

該公司人員和船隻在印度海岸線四處尋找市場和可交易的商品。一六四〇年代，他們來到孟加拉，此時，面朝孟加拉灣的科羅曼德爾沿岸已成為他們主要的貿易活動區：用該公司用語來說，這是「the Coast」和「the Bay」。一六一七年時，他們已在該公司位於默蘇利柏德姆（Masulipatam）的商業中心設了一處商館。然後，一六三九年，為從統治者手中得到更優越的條件，他們把總部搬到更北邊約三百公里處的馬德拉斯帕特南（Madraspatnam）。不久後，該地名稱簡化為馬德拉德（如今則稱作清奈）。從那之後直到一七五〇年代晚期，羅伯特・克萊夫展開英國征服孟加拉的大業之際，馬德拉斯的聖喬治堡（Fort St George）一直是該公司在印度次大陸最重要的據點。

克萊夫第一次從英國來到馬德拉斯，共耗時四個月（一七四三年來此，則花掉一年多時間，因船在巴西擱淺，在該地耽擱了很長時間）。[48]這位旅人寫下第一次見到馬德拉斯的印象：「往船的左邊望去，你會見到一脈長而低矮的陸地，聳立在暗沉、翻騰的藍色大海上。」不久可見到聖母堂的尖塔。「然後聖喬治堡接著映入眼簾，眼前是蓋得很密的房子，以及北邊不遠處一大片低矮、雜亂的深色建築……」。[49]沒有碼頭或突碼頭，船停在距岸約三公里的遠處，乘客和船貨由特別的騎浪艇（masela），穿過凶險的激浪，送上海灘。初來乍到者，從海灘往上走，左手邊會看到有城牆環繞的白城（White Town）和城中緊挨在一塊的平頂磚屋、護城河、開合橋——亦即聖喬治堡——前方則可看到黑城（White Town），印度人城區。在黑城裡也可見到葡萄牙人、亞美尼亞人的房產和事業（「娛樂屋」）。[50]該公司以一年約四百英鎊的租金租得的土地，沿著海岸綿延八公里，往內陸延伸一點六公里；釋出這塊租借地，需要行政長官的允許。它南邊相接的，就是頗有歷史的葡萄牙人移居地聖多美（São Tomé），即據說十二使徒之一的聖多馬殉道之地。馬德拉斯的「創建者」法蘭西斯·戴伊（Francis Day）會來這裡，葡萄牙人主動表示歡迎，乃是原因之一。

馬德拉德創建不到五十年，就有約三十萬人擠進該公司的這處采邑。[51]英格蘭人少得可憐。六十年後，據估計英格蘭平民只有一一四人：二十七名該公司職員、二十九名獲該公司允許定居該地的「自由民」、三十九名水手、十一名寡婦和八個「姑娘」。駐軍成長到四百人左右。[52]該公司職員（階層分明的一群人，從最高階的行政長官和顧問委員會，到「資深」、「資淺」商人，到剛來的「文書」），骨子裡再怎麼排外，依舊歡迎英格蘭民間商人前來（理論上，這些商人只能從事亞洲境內貿易）。他們從倫敦帶來的資本，擴大了可取得的借貸資金。他們往往就此定居下來，因而賦予白城居民較久居性的一面。事實上，馬德拉斯比較像是殖民地（即使是最小規模的殖民地），不若渴望回家之僑民的海外據點，甚至有些英格蘭人一住數代。[53]但除開城裡的印度人，馬德拉斯的居民並非全是英國人，甚至不是以英國人居多。該城的大族包括來自聖多美的葡萄牙家族，卡瓦柳什家族（Carvalhos）和瑪德羅家族（Madeiros），英格蘭人與他們通婚。該城裡還有被與附近高康達的鑽石貿易吸引來的猶太人，達派瓦（Da Paiva）、羅德里格斯（Rodrigues）、多波爾托（Do Porto）、豐塞卡（Fonseca）。他們絕非賤民，反倒社會地位很高：葬禮有該公司派駐當地的長官和顧問委員會成員出席。該公司熱中於吸引亞美尼亞人到其轄下的移民聚居地。一六八八年的一份正式協議，承諾他們在該公司的領土上擁有和英格蘭人一樣的權利，搭乘該公司船旅行的權利，擔任公職的權利。該公司會出資為他們建教堂。「他們是單純、無害的人……穩重、節儉，對印度的所有大宗商品和地方都非常了解。」有無上權力的該公司董事長喬賽亞·柴爾德（Josiah Child）爵士如此嚴正表示。[54]

這個多民族雜處的歐洲人社會如何適應在南亞的生活？為此所體現的主要作為之一，是保留英格蘭生活方式。火腿、牛舌、乳酪、奶油從英格蘭帶過來，且愚蠢的裝進小鉛盒裡。耗費在英格蘭衣服和進口葡萄酒上的開銷很大（「設拉子」葡萄酒從波斯經阿巴斯港運進來）。[55]宗教仍是英格蘭特質的指標，且一名英國國教會神職人員的存在、每天兩次的禱告、聖母堂的建造，強化了這一特質。但在其他方面，英格蘭人配合當地氣候和風土而有所讓步。他們的窗戶裡用藤簾，而不用玻璃。他們比在國內時遠更勤於梳洗，但用意主要是為了涼爽而非身體乾淨。他們開始習慣於一天至少有部分時間穿所謂的「摩爾服」，即穆斯林所愛穿的寬鬆短上衣、寬大長褲、拖鞋（後來該公司職員被禁止如此穿著），儘管上教堂禮拜時仍得穿歐洲服。可結婚女性人數少，導致養情婦的情形非常普遍。在這同時，無聊、焦慮、炎熱三者的結合，加劇其他不良的習性。男女菸癮都很重（約一七〇〇年後愛水煙管更甚於煙斗），[56]且都嚼檳榔（以致齒變髒且需要痰盂）。酒的消耗驚人並帶來不可避免的後果（官方宣導一次勿喝超過半品脫的白蘭地）。爭吵處處可見。結婚、生子之事明顯少於死亡埋葬之事。事實上，葬禮肯定是最常見的社交活動之一。

在其他方面，英格蘭人也幾乎無法忽略他們在南亞飛地的孤立和脆弱。為安撫轄下的葡萄牙籍子民，他們以當時國內無法想像的方式容忍天主教。他們得管理已湧入黑城的大批印度人，意味著必須透過當地的「法律人」（adhikari）來仲裁糾紛，維持秩序，且為表示尊重當地人的觀念，得避免動用死刑，儘管在當時的英格蘭，死刑大概是稀鬆平常的事。在馬德拉斯的該公司法院裡，允許以印度教的方式宣誓。[57]一六八八年，該公司有更進一步的作為。為更便於向其印度籍居民徵稅，該公司創立了以十三名高級市政官組合而成的市政委員會：三名英格蘭人、三名葡萄牙人、七名「摩爾人和真圖人」（moors and gentoos，即穆斯林和印度教徒）。[58]而揮之不去的隱憂，則是附近印度統治者的干預威脅或更嚴重的威脅。英格蘭人小心翼翼維持與陸上大國高康達蘇丹國交好，避免不時傳來的封鎖威脅。一六八八年，得知馬拉塔人可能來犯，他們大為驚惶。蒙兀兒皇帝奧朗則布（Aurangzeb）討平高康達時，他們在馬德拉斯舉辦巴結該皇帝的公開慶祝活動，把服從對象轉為他的封臣海德拉巴藩王（Nizam of Hyderabad）和卡納蒂克太守（Nawab of the Carnatic），並為後者在馬德拉斯建造一座府邸。但十七世紀晚期黑城本身的防禦工事，說明馬德拉斯時時擔心動蕩的鄰邦突然來犯。

或許就是此朝不保夕的心理，促使馬德拉斯瀰漫著拚命賺錢的氣氛。不管該公司如何三令五申，其職員和民間商人仍私自把貨運回英國，仍私自從事亞洲境內貿易，牟取私利。事實上，該公司容忍這一作為，儘管偶爾心血來潮試圖落實公司規定，都徒勞無功。該公司派駐馬德拉斯的行政長官中，有兩位就靠這兩種方式致富。伊萊休·耶魯（Elihu Yale）生於麻塞諸塞的波士頓，一六七二年來到馬德拉斯，一六八七年當上馬德拉斯行政長官。他將猶太裔鑽石商人達派瓦的遺孀納為情婦，兩人一起經營生意，私人貿易觸角遠及菲律賓。一六九九年返鄉時，已能過起氣派的生活，能大做善事——捐資行善的對象，包括康乃狄克紐哈芬一地一座當時還沒沒無聞的學院（後來以他的姓取名為耶魯學院），以及福音傳道會（Society of the Propagation of the Gospel，派傳教士到馬德拉斯的英國國教會傳教機構）。[59]外號「鑽石」的湯瑪斯·皮特（Thomas "Diamond" Pitt）更是惡名昭彰。他是英格蘭多塞特郡布蘭德福德（Blandford）教區長之子，一六七三年，由於蔑視該公司壟斷地位，便以「非法自營商」（interloper）的身分來到印度。十年後返鄉時，已有錢買地置產，躋身國會議員。一六九〇年代中期，與該公司化敵為友之後，以馬德拉斯行政長官的身分光榮返回印度。他告訴國內某通訊員，「我閒暇時通常勤於園藝、種花草。」[60] 一七〇二年，他以兩萬英鎊的高價買下著名的皮特鑽：一七一七年該鑽以十二萬五千英鎊賣給法國攝政王一事，有助於日後皮特家的飛黃騰達。湯瑪斯的孫子查塔姆伯爵（Earl of Chatham）威廉·皮特於一七五七至一七六〇年間擔任陸軍部長，曾孫「小皮特」則當上首相。[61]

英格蘭人在馬德拉斯（和印度）的活動模式，一七四〇年代遭到粗暴且意想不到的改變。僅十餘年時間，該公司的業務就不再以貿易為主，反倒以戰爭和外交為主軸。它募兵建軍，派兵出征。在德里的蒙兀兒皇帝已名存實亡之際，它在印度次大陸的諸統治者間合縱連橫，並開始取得廣大地區的收稅權，有時則是出兵援助某統治者所得到的回報。要在該公司爬到高層，有賴戰功（例如克萊夫），或替該公司籌措資金，以滿足其軍事、行政需求。如此驚人的轉變何以致之？

歐洲境內一場衝突，啟動此一轉變。一七四四年英法兩國為了奧地利的王位繼承問題（和進而為了歐洲境內的均勢）而兵戎相向時，敵對之勢迅即擴延到美洲和印度。法國人看準英國在孟加拉灣海上兵力的薄弱，從他們位於本地治里的飛地出擊，一七四六年拿下馬德拉斯。英國人在附近的聖大衛堡（Fort St David）死守，而法屬印度總督狄普萊（Dupleix），受阻於憤怒、痛恨法國人的阿爾果德太守（Nawab of Arcot，英屬馬德拉斯的盟友和靠山），無法殲滅英國人。一七四八年和平降臨，英國人拿回馬德拉斯。但南印度仍在進行一場未宣之戰。雙方從母國召來更多兵力。英國東印度公司派出將近兩千人，包括五百名瑞士傭兵，兵力是戰前馬德拉斯駐軍的十倍。藉由向其盟友威脅、賄賂、承諾提供軍援，竭力阻止了法國人提升其對南印度最大國海德拉巴藩國的影響力。未想就在這一努力來到最重要關頭時，該公司在孟加拉的利益面臨驚人的新危機。[62]

一七五六年，孟加拉太守（Nawab of Bengal）將該公司趕離它位於加爾各答的要塞和商館，加之該公司某些職員的遇害、被囚所帶來重大打擊，危及英國勢力在印度的存亡。失去在胡格利的貿易，則讓該公司受到毀滅性打擊。孟加拉已成為該公司最有價值的細棉布來源，細棉布運到歐洲脫手的利潤，占該公司獲利一半以上。只是該公司對這一侵犯行為的反擊，說明了自短暫失去馬德拉斯後的十年來，其行事已有多大的改變。這時它有軍隊可用，而且有了克萊夫這位出色的指揮官。克萊夫不只善於行軍作戰，還善於使計用謀，找出取勝所不可或缺的印度盟友和部隊，使他們不生二心。將馬德拉斯改造為受英國控制，擁有軍隊、稅收、外交本事的政權，乃是欲返回孟加拉的最重要先決條件。接下來的一連串發展更令人震驚。克萊夫在普拉西（Plassey）擊潰孟加拉太守的軍隊（事前先誘降了他的主要部屬）[63]之後不到十年，該公司就控制了該省的稅收。有了這第二個大型橋頭堡在手，印度最富裕的地區隨之落入該公司之手。四十年後，該公司的人坐鎮德里統治全印。商人的邊疆區，位於沿海且隨時可能不保的商人據點，轉而變成一個帝國。

從接觸到占有

一七五〇、六〇年代在北美、南亞發生的事，當然只是前者的移居者帝國和後者的東印度公司帝國最後勝利的序曲。當時沒人能預見到際遇與戰爭的驚人轉折：創造出美利堅共和國，然後使該共和國得以於一八〇三年拿下北美廣大內陸（所謂的「路易斯安那購置地」）的轉折；[64] 或使東印度公司得以在一八一八年時稱霸南亞的轉折。與此同時，有廣闊的「接觸區」——美國「邊疆」、印度「農村地區」（mofussil）——包圍這些日益擴張的政治力量橋頭堡。事實上，只要是有英國（或其他歐洲）商人、移民、傳教士進入新地區之處，都可見到這類接觸區：在南非洲、澳洲、紐西蘭、乃至一八四〇年代起的中國境內。在這些尚未被提出主權聲索的「中間地」[65]（例如一八四〇年前的紐西蘭）裡，或主權聲索再怎麼有力都只是有名無實的「中間地」裡，充當法律的，則是被強行修正過或靠私人協議修正過的該地習俗。沒有哪個群體有力量（或往往有動機）趕走其他群體，將該地納歸自己統治。在此，帝國強硬的那一面——征服、支配、拒於門外、隔開——還未到位。

至少在某些外來者眼中，這是個為所欲為的時代，令人懷念的時代。一八三三年，從塔斯馬尼亞來到紐西蘭北島的都柏林教授之孫佛雷德里克．曼寧（Frederick Maning）寫道：「啊！我第一次來到紐西蘭時的那些美好時光，我們將永遠無緣再見。」、「那是行政長官尚未問世，還沒有法律、司法之類東西的時代。」[66] 曼寧很懷念那個時代，那時，寥寥可數的pakeha（白種人）

商人被毛利人當成寶一樣，因為稀少而被看重，一名白種商人的價值「大約相當於滑膛槍的二十倍」；[67]他也遺憾在遭白人併吞和白人移居後的改變。十八世紀晚期，在印度為當地統治者效力的歐洲人，例如在海德拉巴的米歇爾．雷蒙（Michel Raymond）或在奧德（Awadh）的克羅德．馬丹（Claude Martin），同樣以軍人或「掮客」的身分受到重視，並得到豐厚的賞賜。[68]這些「中間地」逐步（有時非常緩慢的逐步）被吞併，反映了帝國建造者能以何種規模和速度從他們的橋頭堡往外開疆拓土，他們從母國得到人力、資金的增援，或（通常且）徵用當地的資源和人力遂行這任務。

接觸區留給隨後到來的帝國時代一項遺產，有時甚至是極豐厚的遺產。它們已創造出混種文化和混合了不同民族的人民。這些文化在殖民地社會的混合語、混種語、方言裡倖存下來，也在地名裡倖存下來。看一眼紐西蘭地圖，地圖上的毛利地名和英國地名一樣多，但你大概想不到一九一四年時毛利人占全紐西蘭人口幾乎不到百分之五。它們也具體倖存於「穆拉托人」（mulatto，黑人與白人的第一代混血兒或有黑白血統者）、「黑種英國人」、「歐亞混血兒」、「梅蒂人」（métis，白人與印第安人的混血兒）、「開普有色人種」身上，即殖民地種族隔離政策施行之前異族通婚的後代身上。[69]或許它們也以記憶的形式倖存下來，那是對於在接觸尚未讓位給占有的時代，生活可如何過、財富可如何積攢的記憶。

第三章　占有

一八六一年八月六日，拉各斯（Lagos）島成為英國領地（該島如今是奈及利亞最大城拉各斯的一部分）。隔天英國領事報告，「昨天」，

無數民眾聚集在領事館四周目睹此事，下午一點，（拉各斯）國王在七響禮炮聲中從停泊在近旁的普羅米修斯號上岸。與他的四名主要首領簽署條約後，他們由人陪同來到已在外面立起的旗杆處；（割讓）宣言宣讀，英國國旗展開，二十一響禮炮發出；來自教會學校的一隊孩童唱了英國國歌……最後在普羅米修斯船上設宴，（國王）多塞莫和他的部分主要部屬，還有該地幾乎所有歐洲人，皆受邀參加。[1]

割讓條約的第一條簡短扼要：

我，多塞莫，在我顧問委員會的同意和建議下，將這港口和拉各斯島，連同所有權利、利潤、領土、附帶的物品，永遠轉移……轉讓，確認，給大不列顛女王、她的繼承人、後繼者……直接、完全、絕對的管轄和統治……自願的、徹底的、完全的、絕對的……

多塞莫本人保住國王頭銜，英國當局承諾給予他養老金。但事實表明，他在條約上簽字並非出於自願。隔天他抱怨道，普羅米修斯號的「艦長逼我簽字，如果不簽，他會砲轟拉各斯島，讓它在一眨眼間灰飛煙滅……」。[2]

在此約九十年前，在澳洲東北角，約克角附近的某座島上，上演了大不相同的一幕。「船載艇和高低桅小帆船，載著船長和諸位紳士，上岸查看這個地方，從某座小山上看了海岸。」庫克船長於一七七〇年八月二十二日的航海日誌上寫道。「六點，代表國王陛下占有這地方，納歸他旗下；當場小型武器齊射數次，歡呼三次，大船上歡呼回應。」[3]除了庫克一行人，沒人在場目睹這一重大的歷史性場面（但有些未被他們看到的「印度人」——庫克口中的澳洲原住民——可能目睹了，因為這天更早時，有人看到這些「印度人」的「煙」），而且沒人質疑庫克「對整個名叫新南威爾斯的……東海岸，和位在這沿海地區上的所有海灣、港口、河川」[4]的領土主張。庫克自信尚未有其他歐洲強權發現澳洲這一側，且同樣自信（對後世影響重大的自信）當地沒有他必須尊重其統治地位的酋長或國王，於是輕鬆自在的離開。東澳（在無人知曉下）成為英國的領地。

更有意思的作為，則是已占有香港這座島嶼殖民地的英國人，於一八六〇年吞併隔著港灣與香港島相對的九龍半島時所進行的儀式。英國駐廣州領事巴夏禮，把用紙包著的一塊土交給中國官員，然後由他們交還給英國人，象徵土地的轉讓。然後，割讓聲明朗讀，英國國旗升起，鳴放禮炮。在為「舊英格蘭」歡呼三次，再為「女王」歡呼三次，再次鳴炮後，整個儀式結束：九龍歸英國所有（但有防禦工事的「九龍寨城」不在此列，英國談判人員急於談定，令人費解的忽略掉這一塊）。[5]

前述這類簡陋的儀式，象徵性說明了帝國擴張的關鍵作為：併吞領土。併吞將地位模糊的勢力區、利益區轉化為英國國王的正式領地。從此之後，不管它們如何令人頭疼或多無利可圖，都不可輕易放棄。倫敦也得就新取得的領土如何治理做出指示（有時鉅細靡遺的指示）。倫敦得決定該給予新的「子民」和原統治他們的那些人何種身分地位。倫敦得決定讓他們擁有何種法律，決定是否該尊重他們對財產、懲罰、宗教習俗的看法。不久，倫敦就不得不制定外來移民向當地人買地得遵守的條件，就他們是否該和當地人遵守一樣的體制做出明確指示。這沒有一體適用的標準方案。雖然粗略來說有幾種殖民地統治方式，但幾乎每個新取得的土地都有其特殊的歷史，需要因地制宜的作法。時間和地點都很有關係。有時，當地似乎沒有統治者把入侵者趕走或打斷他們沒意義的占有宣言。有時，就像多塞莫國王，統治者可能被粗暴推到一旁，領養老金頤養天年。有時，例如祖魯國王凱奇瓦尤（Cetswayo），成了階下囚，慘遭流放。而通常，每一次的吞併背後，都有英國國內某個特殊的利益團體（民間或官方的利益團體）在推動，極力遊說當局將這土地納入帝國：當地任何的新體制都得合他們的意。吞併條件和吞併行動本身一樣重要。

領事麥克羅斯基（McCroskey）和庫克船長所演的戲，說明了吞併所能蘊涵之意義的駁雜。拉各斯島的割讓，有一倫敦所清楚說明的目的：藉由更嚴密控制西非港口來打壓奴隸買賣。雖然西非的統治者承諾驅逐奴隸販子，英國人卻認為仍有奴隸販子潛伏該地區，且未受到懲罰。這一割讓僅限於拉各斯島，大陸內陸不是倫敦的目標。麥克羅斯基的指示，乃是逼多塞莫簽約，以讓英國人在對方自願割讓下取得拉各斯，而非用武力強奪。多塞莫的國王身分和對本土居民的管轄權將獲保留（至少表面上是如此）。庫克的作法完全不同於此。他所接到的指令含糊不清。那些指令鼓勵他將還未有其他歐洲強權造訪而可能有助於英國未來在南太平洋海上利益的土地納為英國領土。按照指令，庫克該先徵得當地人的同意再吞併他們的土地。但等到他登上後來稱作波澤熏島（Possession Island）的島嶼時，他深信當地原住民分布太稀疏零散，沒有永久性的聚居地，因而沒有統治者可與他締結條約，他原打算吞併的土地也就是無主之地。當然，不能根據一次登臨某遼闊大陸海岸的偶然舉動，就率性得出這樣全面性的結論。事實上，庫克對他為喬治國王所納入的領土的本質，了解少得可憐。他所舉行的小小儀式，充斥可笑之處。不妨想像有批西非漁民被暴風雨吹到冰島，上岸後沒見到一個人影，就將歐洲吞併為達荷美的領土。但庫克深信沒有定居居民一事，帶來重大影響。它成為被人信之不移的事。一八一九年英國法律官員說，新南威爾斯（庫克所命名）非「透過征服或割讓取得，而是……當成荒涼、無人居之地占有，後來我國人民前去殖民。」[6]在英國法律眼中，澳洲是空無人居之地。從法律上講，它的原住民不存在。這所帶來的後果和義涵，我們後面會探討。

這兩個事例還凸顯了另一個重大差異。自十五世紀起，歐洲諸國已認知到，除了透過王朝繼承，還有兩種方式可讓他們正當擴大領土。第一個方式是所謂的「發現」。未被「基督徒君主」聲稱為其所有，未有歐洲人造訪過，或未有歐洲人留下蒞臨痕跡的海外國家（歐亞之外的國家），都可正當的據為己有。事實上，那或許意味著與其他基督徒君主達成某種協議以避免紛爭。該如何對待原住民和他們統治者這問題，則被擱到一旁。第二個方式大不同於前一方式，適用於歐洲、大部分亞洲地區、非洲境內有歐洲人眼中堪稱國家之政治組織的地方。在有國家存在的地方，只有透過割讓、征服的其中一種方式使他們臣服。割讓通常明訂於條約裡（例如與多塞莫簽的條約），且條約明訂哪些權利轉讓給新主子。藉以取得協議且往往不光明正大的手段，未出現於條約中或未影響條約的「合法性」（條約受其他歐洲國家認可的資格）。征服較費事且通常成本高上許多。大體上，英國人，一如其他歐洲人的帝國，偏愛強制性的割讓，更甚於直接派兵遠赴異地讓對方臣服這種帶風險的作法。但理論上來講，征服是最理想的。它消除當地所有權利，使被征服人民的生死完全倚賴握有他們生殺大權的征服者的善意。把發現、割讓、征服當成對待所有民族時依循的原則或許太牽強，但它們不單單是法律擬制（legal fiction），誠如後面會提到的，它們也左右了占有的條件和那些條件帶來的所有結果。

但占有終究由個人或群體來執行一事，反映了他們自身偏見、希望、野心的影響。那些想透過吞併合法占有土地者的動機和政府為何願意讓他們為所欲為的理由，攸關對大英帝國締造方式的理解。對那些看準占有後的前景而急欲乘機分一杯羹者來說、對那些被迫成為占有者子民者來說，占有代表何種義涵，並非總是很清楚——有時，誠如我們已看到的，後者是在不知情下，當然更別提在他們同意下，成為被占有者的子民。占有的結果（雖然大多被說成是撥亂反正）往往是一團混亂的局面，充斥著茫然心情、矛盾情緒、未完成的計畫。帝國建造始終是個時時在進展的工程，就像一棟擴建的屋舍，其設計圖、其建造者、乃至所用的建材，都不斷在變。

動機

第一個待解開的謎題是，英國的擴張為何需要吞併行動所體現的那種正式的主權延伸？今人很容易忘記，英國的帝國建造在很大程度上出自民間創業家之手，而非國家或「國王」（Crown，就英國來說行政當局的通稱）之手。一五八五年，英格蘭欲在北美大陸的勞諾克建立殖民地的頭幾次嘗試，原是沃爾特・羅利爵士和其伙伴的私人冒險活動。結果卻以災難收場：糧食短缺後被安排在勞諾克留守的那批人從此人間蒸發，未留下任何痕跡，大概是遭厭惡他們存在的印第安人殺害。下一次的冒險活動發生於詹姆斯敦，雖然如願建立殖民地，卻隨時可能不保。它由維吉尼亞公司創建，而該公司的支持者包括索爾茲伯里伯爵（Earl of Salisbury）和「倫敦城」要人湯瑪斯・史密斯（Thomas Smythe），以及其他商人、貴族。該公司於一六二四年破產，但此後直到十七世紀結束，仍有公司或個別「領主」（proprietor，英王特許獨占某塊殖民地者）繼續籌辦殖民活動。普利茅斯公司（一六二〇）和新英格蘭公司（一六三〇年更名麻塞諸塞公司）推動「北方殖民地」的移民拓殖。乞沙比克的馬里蘭，則由信奉天主教的貴族巴爾的摩勛爵喬治．卡爾佛特（George Calvert）爵士於一六三四年創建。賓夕法尼亞是威廉．潘（William Penn）所創建，其父親是改信貴格會的艦隊司令。南、北卡羅來納於一六七〇年由一組八名領主拓殖，其中包括沙夫茨伯里勛爵（Lord Shaftesbury，約翰．洛克的贊助人）和克拉倫登勛爵（Lord Clarendon，查理二世最親信的顧問）。

這一模式並非只見於美洲大陸或十七世紀。在後來成為英屬西印度群島的諸島中，小安地列斯群島——巴貝多、聖基茨、尼維斯（Nevis）、蒙塞拉特（Montserrat）——被由卡萊爾伯爵（Earl of Carlisle）、威廉．科爾滕（William Courteen）爵士分別領軍而彼此相對立的兩家英格蘭聯合企業看中。庫爾滕也是「倫敦城」商人，先後對近東和印度的貿易感興趣。一五八八年創立的幾內亞公司（Guniea Company），代表開發西非貿易方面的第一個嘗試，並於一六七二年變成皇家非洲公司（Royal African Company），當時的主要業務是奴隸買賣，而其在甘比亞河邊的要塞和位在今迦納境內開普海岸（Cape Coast）的要塞，乃是英國之西非帝國的開端。兩世紀後，皇家尼日公司（Royal Niger Company）、不列顛東非公司（Imperial British East African Company）、塞昔爾．羅茲的不列顛南非公司（British South Africa Company）則是私人帝國主義的工具，而這些公司拖著背後的倫敦政府走，心裡對此有著程度不一的不情願。紐西蘭起初是紐西蘭公司所主導的英國人拓殖區，一八四〇年，倫敦才勉為其難將它吞併。位於印度的不列顛帝國後來成為英國最大殖民地，最初是個「由進入東印度地方貿易……的商人組成的公司」。一七五七年於孟加拉打了激烈的普拉西戰役後，該公司猛然轉型為殖民政府。但一個世紀後的一八五八年，北印度發生大叛亂（印度反英暴動）的浩劫之後，印度自此不再是受公司統治之地。

私人的帝國建造作為得憑藉倫敦的金主出資才得以遂行（即使只有最初是如此），且一律是帶有投機性的，既有風險，也有不確定性，而風險可估量，不確定性難卜。[7]投資人希望藉由撐過風險、控制不確定性以賺大錢。為此，他們壟斷高價值大宗商品市場，或廉價（甚至說不定不花一毛錢）買進土地，再賣給他們所召募的移民。還有其他動機。普利茅斯和麻塞諸塞的建立，係作為受壓迫英格蘭清教徒的避難所，一如馬里蘭作為天主教徒的避難所，較晚建立的喬治亞，係為在母國毫無前途的窮人而設。在十九世紀的東非，不列顛東非公司除了想通商獲利，也有意使當地人改信基督教：該公司的蘇格蘭籍創辦人，受到大衛·李文斯頓（David Livingstone）「基督教、商業、文明」準則的啟發。羅茲的不列顛南非公司，意圖從南邊包圍布耳（Boer）共和國，將那些共和國強塞入一個全英國人的南非。在這些例子裡，某種形式的占有有其需要。就連貿易公司，例如在印度或西非的貿易公司，都想擁有一安穩的基地，讓貨物和人員在該地安全無虞，不致受到當地人掠奪或歐洲對手攻擊。東印度公司透過談判取得在馬德拉斯和加爾各答設立築有防禦工事之商館的權利（由蒙兀兒皇帝敕令授予該權利），而在這之前，在蘇拉特也取得同樣的權利（在蘇拉特，商人共用一屋，吃睡在一塊，一如舊式的牛津學院，住在裡面者外出過夜得經允許）。在以設立移居地為目的的地方，公司和「領主」得買地或奪取土地，得將當地人排除在外，並提供移入者穩固的土地所有權。從政治上而言，只要當地統治者無意或無力將外人趕走，對範圍明確的土地占有權，也可能是對付那些統治者的有利武器。占有權代表有意久居，而非只是過客。這樣一來，要吸引當地勞力和技術為己所有，例如被吸引到該公司之飛地（馬德拉斯和加爾各答的「黑城」）的印度本地商人和工匠，就容易得多。那甚至可能使該公司得以募集組成一支小軍隊，而且使英國人得以在處理本國人內部事務時運用自己的法律。[8]

然而，這些私人帝國主義者為何向倫敦政府求取「特許狀」和「專利特許證」？畢竟他們照理不想受外來控制，厭惡來自母國政府的干預。他們自視為當地政治活動最佳的裁判：他們在當地的人會知道如何處理當地任何難題。但在特許狀和專利特許證裡，他們得承認母國政府對他們在當地的活動有最高的管轄權。他們或許是私人帝國主義者，但在法律上他們也成為帝國的代理人：大不列顛的君權，像一把大傘，涵蓋他們在當地所擁有的東西。因此，當詹姆斯一世於一六二三年同意給予喬治・卡爾佛特爵士在紐芬蘭設立一殖民地的專利特許證時（後來的發展表明這一拓殖行動勝算不大），卡爾佛特承認他如同在英格蘭一般受國王管轄，而卡爾佛特承諾，如果國王蒞臨他的殖民地（儘管可能性微乎其微），他會提供一匹白馬當國王座騎一事，正象徵性說明他這一承認立場。[9]一六〇六年的維吉尼亞特許狀，保留了國王制訂該殖民地政府形式的權利，以及在倫敦派任具有監督權之該殖民地顧問委員會（council）成員的權利。凡是移居該地者，都將仍是他的子民。[10]就連傾向自行其事的麻塞諸塞公司都承認倚賴王國政府，承認自身法律不可與英格蘭通行的法律相忤。[11]

此一接受從屬地位的意願，不自立門戶、建立獨立「共和國」的心理，源於四個直到十九世紀晚期之後才式微的有力約束性因素。第一個是外交援助（和或許軍事援助）的需要。在歐洲的國際政治圈，領土主張得由政府確認才算數：民間的帝國建造者需要政府的背書以排除外國對手。羅茲的「先鋒縱隊」（Pioneer Column）挺進今日辛巴威境內時，靠著索爾茲伯里勛爵發出的最後通牒——威脅斷絕關係（乃至可能動用海軍施壓），才阻止競逐此地的葡萄牙人質疑他的領土主張。在亞洲（特別是在印度和中國）的英國商人，面臨當地統治者以他們只是商人而不把他們放在眼裡的情況時，也傾向有本國國王使者當靠山。第二個因素，且是同樣重要的因素，是需要保護自身利益，使免遭來自本國的「非法自營商」侵犯權益。費心取得特許狀或專利特許證，主要是為了確保對某塊土地或某特定貿易關係的獨占權。詹姆斯一世發予維吉尼亞公司的特許狀寫道，「我的其他任何子民，都不得……在他們的後面或背面種植或居住。」[12] 獨占權是這類投機性風險事業得以獲利的關鍵：凡是高明的投資人，都不會接受別人分一杯羹。「領主」和合夥人把許多時間耗費在擊退其他的領土聲索者上。為此，他們得搬出官方支持（如有必要的話，在法庭上如此做），來擊退任何挑戰者——需要幾乎時時留意宮廷或政界裡不同勢力的消長才能辦到。政治風向的轉變，可能導致他們的專利特許證遭取消，使他們任人宰割。

這一保護自身在母國境內地位的需要，讓人體認到，貿易與開拓殖民地的成敗主要取決於國內的資金、人力多寡。但也是出於其他動機——即第三個因素：殖民地的開創者得在他們所招募的移居者和職員一出英格蘭後，就對他們有管轄權。沒有來自母國政府的授權，他們沒有管轄權：沒有權利執行他們所締結的合同；沒有合法的手段阻止他們所帶出去的人主張土地為他們自己所有，或阻止他們逃得無影無蹤；沒有制定當地規則或懲罰違反那些規則者的法定權力。[13]沒有某種治外法權，在英格蘭將人綁在一塊的那些約束、義務或建立在合同上的承諾，將隨著踏進無主之地而完全瓦解。當然，理論上，治外法權可能被以殘暴方式強制施行，但這麼做笨拙、代價高且大概徒勞。那也會使開創者所最急於網羅的正派人士卻步。因此，第四個原因，乃是若沒有確保他們能夠保有自身已享有的公民權，特別是財產權和個人自由權，要召募移居者和職員會難上許多。維吉尼亞特許狀寫道，「凡是……將在前述其中任一殖民地……居住者，連同他們的每個小孩……都將擁有、享有自由民和生來就是本國子民者的所有特權、公民權、豁免權……猶如他們居住、出生於我們英格蘭國度一般……」。[14]

但我們應該把這個論點轉一百八十度觀之。為何英格蘭王國政府和後來的英國政府會擔負起將英國統治權擴及遙遠異地的負擔和風險？畢竟此舉始終有可能將他們捲入與對立強權的衝突，危及他們在國外的威望和在本土的安全。從伊莉莎白一世在位起，直到大英帝國瓦解和帝國瓦解之後，這一憂心幾乎可以說無時不存在。更糟糕的是，如果當地的英國人自己招來麻煩，無論他們的行動多有欠考慮，都很難與他們畫清界線，無論他們多罪有應得，都很難不管他們死活，任由他們遭原住民消滅。將統治權擴及那些地方的好處之一，或許是能在這些桀傲不馴的冒險家還沒惹出大麻煩時，輕易控制住他們，至少理論上來說是如此。從十七世紀直到二十世紀，倫敦往往就是這麼看待其許多（即使不是所有）移居者後代。在一八五七年東印度公司政府差點覆滅於印度反英暴動後，英國政府終於在一八五八年確立其對該公司印度帝國的統治權。但誠如後面會了解的，統治權不等於控制。

早期的動機之一是，冀望從中發筆橫財。都鐸、斯圖亞特王朝的君王，必定在其所授予的特許狀、專利特許證裡表明，一旦找到貴重金屬，其中五分之一歸他們所有。[15]從西班牙的美洲帝國源源流入西班牙的大量白銀，促使這樣的冀望看來並非奢望。但不久後，這一牟利動機就摻雜了更為精明的政府利益考量。伊莉莎白一世之所以同意給予東印度地方的商人特許狀，是出於擔心與「東印度群島」（今印尼）極有利可圖的貿易遭荷蘭人獨占（這些商人無疑也在旁敲邊鼓，助長這種憂心）。為何女王和其大臣把這件事看得如此重要？因為貿易滋養國家，提供國家大量稅收，這觀念已是老生常談。商品通過海關繳納的稅，是最容易徵得的稅。貿易攸關國家強大的看法，此時也漸漸成為眾所認同的觀念。當時的思想家主張，貿易出超是貿易的主要目的，因為商品交易以金或銀為支付工具，出口多於進口代表流入的金銀多於流出的金銀（這是在找到自己銀礦——如西班牙人所做的那般——之外，唯一能增加本國金銀儲量的辦法）。龐大的金銀儲量使國家繁榮且安全。那意味著國內有充足的錢幣在流通，而錢幣是大部分正常交易所不可或缺：沒有錢幣，貿易就停擺。金銀也提供了戰爭基金，提供了在尚不知「戰時經濟」（war economy）為何物的前工業時代，迅速購得武器或雇到傭兵的資金。但如何達到出超？大部分觀察家主張，最有勝算的辦法，是找到能在歐洲脫手賺得高利潤的外地大宗商品：香料、印度織物、中國瓷器和絲織品，以及來自西方殖民地的毛皮、菸草、糖。[16]

國家對通商的興趣，於是成為以行動確立統治權的主要動機之一，或者說使政府必須「管理」貿易的主要因素之一。不能讓拓殖冒險家想把自家產品運到哪裡就運到哪裡。一六五〇年代起的一連串法律——航海法（Navigation Acts）——規定，他們得先將有價值的產品（即enumerated products，只准出口到英格蘭的產品）運到英國港口（在此繳納關稅），然後再轉出口。而且運貨到英國時必須用英國船，英國船上必須以英國人為船員，因為船和船員在戰時都是國家資產，龐大的商船隊是海軍致勝的關鍵。這麼做意在使貿易利潤大部分流到英國，殖民地的生產者除了從英國供應商購買所需的商品之外，幾乎別無選擇。到了十八世紀中期，政府、貿易、統治權的行使，三者已盤根錯結在一龐大的既得利益裡。就倫敦政府而言，它希望東印度公司獨占貿易的壯大能夠提供借款。到了一七七〇年代，憂心它垮台而導致倫敦城的其他商業活動停擺，已成為英國政府制定印度政策時的最重要考量因素之一。

除了追求獲利、國家強大這個因素，還有兩個存在更久且近乎本能的傾向。首先，英國政府，不管是君主制政府，還是代議制政府，都極不願放棄他們要求子民忠誠的權利。這或許反映了統治者的強大與權威源自對人的掌控這一古老的認定：人力，而非土地，才是權力的真正來源。因此，把勞動力和生產潛力收歸自己控制，不再任由他們所應效忠的統治者支配，就是一種背叛，甚至叛國行為。於是，統治權的擴大，一部分是為了保住國家主張其人民的體力和技能（國家最寶貴的資產）歸其所有的權利。其次，特別是在近代之前，統治者對較富有的子民欲在國外建立基地的舉動非常不放心，深怕它們成為叛民的避難所和入侵的跳板。英格蘭與愛爾蘭產生瓜葛，肇始於奉命守衛英格蘭、威爾斯交界地區的大貴族、外號勁弓（Strongbow）的彭布魯克伯爵（Earl of Pembroke），受邀統領愛爾蘭派系戰爭中的其中一方之時。沒有哪位英格蘭國王能容許如此有力的人物建立涵蓋愛爾蘭與威爾斯的領地。一一七一年，英格蘭國王亨利二世發兵入侵愛爾蘭，隔年，在教皇支持下，取得愛爾蘭領地（Lordship of Ireland）。只要有機會執行「勁弓規則」（忠誠義務不能因出國而甩除），英格蘭政府都不願錯過。[17]於是而有我們已注意到的這條規定，即凡是以移民或移居者身分被帶出國者，仍屬於國王的子民。於是而有一八〇一年在「印度人酋長號官司」（Case of the Indian Chief）中定下的規則：住在印度的英國人（和其他歐洲人），即使住在法理上仍由蒙兀兒皇帝管轄的地方，仍是英國子民。該判決主張，「在世界的東部地區，即使只是設了一座商館的地方，不論何處，在那些機構的庇護和保護下貿易的歐洲人，都被認為該根據他們生活、通商時管轄他們的組織，來認定他們的國籍。」[18]當不滿於英國人統治的布耳人於一八三〇年代遷出開普殖民地（Cape Colony）時，英國人主張一切沒變：不管他們喜不喜歡，他們仍是英國子民。一八三六年的好望角懲罰條例（Cape of Good Hope Punishment Act），將英國治安官的管轄權擴大適用於遠至南緯二十五度（今普勒托利亞北邊約八十公里處）境內的「英國子民」。誠如某史學家所譏諷道，「那是需要一個團的軍隊才得以落實的條例。」[19]母國政府最不樂見的是，民間個人從當地土著手中直接取得新發現的土地。幾乎從在美洲開拓殖民地之初，母國政府就主張，此事只能透過具有給予「土地所有權」之法定權力的獲授權機構來進行。他們推斷，只要非經這類機構取得土地，都必然引發麻煩。在把合法管理財產視為秩序之衡量基準的政府體制裡，較不符正統的觀點不免驚世駭俗。

最後，在對外擴張上，政府當然並非總是任由私人帝國主義者帶頭。事實上，帝國的領土有很大一部分是由國家動用官方力量直接取得，包括牙買加（1655）、紐約（1664）、加拿大許多地方（1763）、東澳洲（1770-1788）、千里達（1797）、開普殖民地、斯里蘭卡、模里西斯（1815）、香港（1842）、肯亞（1895）。在這些事例裡，可見多種推力共同運作。其中有些地方或許可視為基於大不相同的理由而開打的戰爭戰利品。由於擁有海上優勢，英國政府希望透過奪取敵人的殖民地，打斷敵人貿易，來懲罰敵人。「重商主義者」邏輯暗示這將增加國家財富。即使在「自由貿易」已取代重商主義，成為最高的商業意識形態，香港之類地理位置良好的港口，仍有助於迫使惱人的外國人以及其不順從統治者接受開放性經濟。但最主要的，往往是戰略上的考量。倫敦斷定必須將加拿大，而非盛產糖的瓜德羅普島（Guadeloupe），拿在手裡，因為法國控制魁北克和該地區的河邊腹地，對英屬美洲威脅太大。同樣的道理也適用於扼控通往印度、東方之海路的好望角。在此，英國人擔心荷蘭人會把該地讓給雄心勃勃的拿破崙（或同樣危險的接班人），因而一八一五年和平終於降臨時，英國人決定不把該地歸還荷蘭。藉由控有模里西斯和斯里蘭卡，英國人使印度洋成為「英國內海」超過一世紀。這些都是透過割讓或征服，而非透過移居，取得的殖民地。如何治理，把占有轉化為統治，成為當下得解決的問題。

治理

最初，英格蘭國王授予美洲、西印度群島種植園創辦人特許狀和專利特許證時，對當地政府該如何組成一事沒什麼興趣。但不久國王就發現，該讓移居者享有某種代議制政府。早在一六一九年，即初次踏上詹姆斯敦土地的二十年後，便舉行了維吉尼亞議會選舉：十六歲以上的男性移居者有投票權。一六四一年，國王發給該地行政長官的指令中，清楚指示要召開「眾議院議員」（burgess）大會。[20]一六六八年，巴貝多的移居者利用相對抗「領主」間的衝突擴張自身權益，確立他們形同自治的權利。一六九一年（一六八八年光榮革命後）所頒布的修正版麻塞諸塞特許狀，要求該地施行已成定居型殖民地的標準建制模式：由殖民地民選議會成立政府，加上由英國君主委任成立的「顧問委員會」以及從英國派來並向國王和國王的大臣負責的行政長官。[21]事實上，到了一七〇〇年，母國政府欲施行更直接統治的努力（例如要求凡是殖民地議會通過的法律，都應是母國政府率先提出的法律，欲藉此達成更直接的統治），已因為受挫而漸漸收手：移居者的反抗太堅決。一七二二年，作為殖民地事務監督機構的倫敦樞密院概述了對殖民地法制的立場：「……如果有無人居住的新土地為英格蘭子民所發現，由於法律是每個子民與生俱來的權利，因此，不管他們去了哪裡，法律便被帶到哪裡，亦即這類新發現的土地就要受英格蘭的法律支配。」[22]最終令人反感之處，在於「矛盾」（repugnancy）原則，即殖民地法律不得與英格蘭法律相牴觸的原則。但從現實的角度看，（在沒有權威性的「法律報告」流通下）很難知道英格蘭普通法的現狀為何。英格蘭議會制定的法律，有哪些意在運用於殖民地，也不容易判定。樞密院採取了務實看法：「這類土地為英格蘭人所進住後，英格蘭議會制定的法律，若未指出適用的外國殖民地，對它們便不具約束力。」[23]事實上，從那之後直到那場最後激化為美國革命的大危機為止，倫敦對殖民地的治理干預甚少，只有在貿易事務上例外，畢竟與母國議會議員所代表之利益團體有利害關係的，仍是貿易。

在並非靠取得特許狀的私人帝國主義者和追隨者占有來取得，而是透過征服或割讓取得的領土上，情況則比較複雜。征服與割讓兩者，理論上是截然不同的兩回事，卻都透過某種協議（後來被塞進條約正文裡的「投降條件」）確立。協議的要旨，就是限制（有時相當大幅的限制）對受征服人民施行新統治制度的權力。就一七五九至一七六〇年被英國人拿下、並於一七六三年的巴黎條約中由法國割讓給英國的魁北克來說，便在危險時期帶來懷疑和混亂。英國人雖承諾尊重法裔加拿大人保留其天主教信仰的權利，但第一任行政長官所接獲的指令，卻要他引進「英格蘭的法律」，按照英屬美洲的標準模式設立議會。不過英格蘭境內的天主教徒無法擔任陪審員，也無法當議員，加上英格蘭法律，特別是財產方面的法律，大不同於盛行於魁北克的法國法律，一旦執行這指令，該省內占人口極少數以英語為主的新教徒（可能是兩百名新來者）將擁有驚人權力：居多數的受征服人民（約六萬名法裔加拿大人）可能被逼造反。待倫敦完全了解這問題時，魁北克緊接在南邊蠢蠢欲動的北美十三殖民地之後叛亂的可能性，已迫使英國當局意識到找出新解決辦法已是刻不容緩。一七七四年的魁北克法案（Quebec Act）大膽處理這棘手問題。它否定了居少數的英裔實行英格蘭法律和建制的主張，允許行政長官拋開宗教因素，挑選該殖民地立法機構的成員，允許他維持該地的財產法。從憲法的角度來看，這是革命性的改變，為此後英國所將取得而其境內毫無英國移居者或頂多只有極少數英國移居者的許多領地，立下了遵循的模式。在同年（一七七四年Campbell v. Hall訴訟案）的某個重要判決中，法官裁定，在這類案件中，「英格蘭人……仍留在當地時，不享有與當地人不同的基本權利。」[24]一七九五年英國人取得開普殖民地時，行政長官只奉命維持「該移居地舊政府統治時存在的法律和建制。」[25]

因此，事實上，在帝國的極大部分地區，占有絕不代表接下來必會推行英國式的治理。不論是基於條約的約束，或是出於避免引發當地太嚴重反抗的務實考量，英國人承認，有必要保持他們發現該地時當地的行政制度、法律，儘管往往是在他們亂無章法的躋身當地政治舞台過程中，引發一段衝突、不確定的時期之後，才承認此必要。例如在斯里蘭卡，那意味著先試行附近馬德拉斯境內所用的行政制度，然後將其廢除；給予內陸的康提（Kandy）王國形同自治的地位，再將該地與原來荷蘭勢力最強的「沿海」省分重新統合為一。一八四〇年，也就是英國征服斯里蘭卡將近五十年後，該島上一名英國官員相當懊喪的論道：「要說有什麼法律是完全不受質疑的，或要去哪裡找這樣的法律，實在很難：有羅馬荷蘭法——舊習慣法——有當地法律——針對印度人和穆斯林而設的不同法典，有在內陸地區的康提法律。其中許多法律，最高法院的法官完全無從了解。」[26]在後來被稱作「直轄殖民地」（Crown colony）的那些地區，大概也不時聽到類似的抱怨。在此，占有頂多是個進行中的工程。

或許，在愛爾蘭和印度，占有形同什麼這個疑問，最令人困惑也最複雜。英格蘭國王或許在一二〇〇年前就已取得「愛爾蘭領地」，但除了在幾大港口或都柏林附近腹地內，在愛爾蘭其他地方實行英格蘭法律和習慣法的可能性都不高；要規勸來愛爾蘭的英格蘭人勿與當地人通婚，勿「在地化」，很難。[27]十六世紀伊莉莎白一世的征服行動，意在使英格蘭國王成為愛爾蘭永遠的最高統治者，使任何愛爾蘭權貴或首領從此效忠於英格蘭國王。[28]可惜征服行動受阻而未能完成，並在下一個世紀裡，英格蘭境內的內戰和革命使愛爾蘭的反抗勢力得以乘機發動兩場反對新教英格蘭統治的大叛亂。一六九〇年七月一日，信仰新教的威廉三世在愛爾蘭博因河之役（Battle of the Boyne）的勝利，似乎解決了這問題——在某種程度上，的確如此。天主教徒沒資格擁有選舉權，不得擔任公職，而許多為天主教徒詹姆斯二世（這場戰役中威廉三世的對手）打仗的人，土地則遭沒收。[29]只是仍未解決的，還是愛爾蘭究竟是與大不列顛共有一個國王但自成一體的王國，抑或是受英格蘭（後來英國）議會擺布的英國領地。一七一九年，在西敏寺通過的宣告性法案嚴正且清楚表達了對此問題的看法：「……愛爾蘭王國原來是、現在是、按理也應該是，隸屬且依賴大不列顛王國，被不可分割的統一、併入該王國……國王陛下，在參議院……眾議院……同意下，有絕對的權力和權威制定法律和成文法……約束愛爾蘭王國。」[30]內閣發言人表示，愛爾蘭居民若非「本土愛爾蘭人」，從而是受征服民族，就是來自英國的拓殖者。[31]不管是其中哪一類人，都要服從英國議會。駐守愛爾蘭的新教軍隊不敢抱怨，儘管其領導階層極力減少來自倫敦的干預。但六十年後，在大英帝國因美洲境內叛亂而陷入危機之際，他們逼英國議會宣布放棄其最高統治地位，承認愛爾蘭為英國國王底下自成一體的諸王國之一。經歷（天主教徒）叛亂的創痛、法國的一次入侵以及一場英勇的反貪腐運動，由愛爾蘭新教徒地主組成的議員終於在一八〇〇年自廢武功，廢除自己的議會，同意愛爾蘭與英國合併。而誠如大家所知，事情並未就此結束。

一七五七年時，東印度公司已透過正當方式，而非透過印度統治者的賜予，握有位在孟買和馬德拉斯（今清奈）的要塞（該公司以一年一千兩百印度金幣、合約四百英鎊的價錢租借了馬德拉斯），但該公司真正開始往據地稱雄的強權轉變，始於在孟加拉普拉西之役的勝利。一七六五年，該公司取得孟加拉的迪瓦尼權（diwani），即藉由向德里的蒙兀兒皇帝上繳固定費用所換來在該地徵稅的權利。該公司在實質上成為東印度許多地方的統治者。憑藉以武力為後盾的侵略性外交，該公司的控制觸角沿著恆河往上游擴張，從馬德拉斯往內陸擴張，從而在內陸與國力日盛的邁索爾（Mysore）國經歷了數場戰爭。該公司在印度次大陸所扮演角色的這一重大轉變，激起一連串有關其角色定位的疑問。英國政府，即該公司賴以對抗其他大國的靠山，要求對當地職員有更多控制權，擔心過度擴張會導致該公司財務垮掉。一如今日銀行，該公司大到不能倒：它若破產，英國財政將跟著被拖垮。於是，一連串措施出爐，最終促成一七八四年印度法（India Act）的問世。根據該法，東印度公司為其孟買、馬德拉斯、孟加拉這三大「管區」制定的印度經費，及其對外政策和軍事政策、印度總督的人選等，將受到控制局（Board of Control）和一名內閣閣員的規制。這一制度沿用到一八五八年該公司遭廢除，倫敦總公司和控制局合併為由印度事務大臣領導的印度事務部（India Office）為止。

但印度何時成為「英屬印度」？占有意味著什麼？非寥寥幾語便說得清楚。早在一七五七年，英國政府就明令，凡是該公司征服的土地，都自動成為該王國領土的一部分。只是該公司大部分領土屬於蒙兀兒皇帝賜予的封地，該公司得為此納貢。雖於一七七二年停止納貢，卻是在一八〇〇年後，其才確立自身為所統治地區的最高統治者。即便如此，該公司在印度次大陸上的權力，仍有很大一部分取決於其與印度諸地統治者締結的條約。這些統治者是盟友，抑或是子民？不說清楚，對該公司有利。然後還有法律問題。在一七七四年一樁惡名昭彰的官司中，南達·庫瑪爾（Nanda Kumar）犯下製造偽幣罪被處死。但話說回來，他該接受刑罰嚴酷的英格蘭法律制裁，還是受刑罰較溫和的當地法律？該公司高級職員高聲批評，將當地社會所無法理解的規定和刑罰強加其上的不公不義（和危險）。法律必須法典化，但得尊重當地習慣法和習俗，且必須尊重穆斯林與印度教徒習俗上的差異。針對課稅和財產，針對宗教，也出現同樣的爭議。英國人強烈反對封建式土地所有制（所有土地都是統治者所有，在向統治者付出服務或金錢的條件下，才得以持有土地），而極力支持個人化財產。抱持此一看法的人主張，這是獲致「改善」的祕訣。然如此激進的改變，在現實上完全不可行，更可能激起大規模農村暴動。於是，英國人在孟加拉試行小幅度改革，在印度其他許多地方則保留既有的土地持有制度。該公司還早早就決定，避免讓當地人覺得他們擁護基督教或提倡改信基督教。一八一三年，該公司特許狀到期更新時，連讓基督教傳教士進入其領土一事，都花了好一番工夫才迫使該公司同意。毋庸置疑的，某些英國官員懷有強烈的福音派神學觀念（該公司勉為其難的禁止殉夫自焚習俗，這或許是原因之一），但該公司在印度某些最有權、最有影響力的職員，痛斥干預印度政治習慣和不讓印度人享有真正管轄權的作為。湯瑪斯．孟羅（Thomas Munro）爵士於一八二四年說，「我們政府的最大缺點是革新」，[32]「我擔心會有某個直性子的英格蘭人……堅持要把印度人改造成盎格魯─撒克遜人。」[33]

印度的遼闊、左右該公司在印度次大陸不同地區之政策的不同客觀需求、印度不同地方習俗上的差異，意味著英國人的統治沒有一體適用的模式，意味著晚至一八五七年大叛亂發生時，英國人仍覺得其所統治的子民難以捉摸。結果就是帶來無比的困惑。一八三〇年，孟加拉首席法官曾抱怨道：

不管是在英國國王最高統治權的……真正本質上，還是在法律對英國議會之依賴性的真正本質上，不管是在東印度公司的政治權利上，還是在該公司的財產權上，乃至在數千萬當地人可以與完全治理他們的政治當局保持何種關係上，都沒有統一且明確的見解……英格蘭議會特別針對印度通過了一些法案，而其他法案到底是全部的或局部的適用於印度，或是完全不適用印度，卻未有定論。有適用性……又更模糊費解的英格蘭普通法和憲法；有伊斯蘭律法和習慣法；有印度法律、習慣法和聖典；有國王的特許狀和專利特許證；有歷任英國政府的規定……國王的條約；有印度政府的條約；此外還有根據……歐洲諸國法律得出的推斷……[34]

簡而言之，印度是個自成一體的世界。但那有什麼關係？對英國人來說，最要緊的是占有印度，將其他所有強權拒於印度大門之外，並使印度當地的統治者除了與英國人往來之外，沒有其他的對外關係。誠如我們在後面幾章會提到的，他們最終體悟到的，是占有所賦予的正面力量有不可逾越的局限。英國人可向印度人課稅，以維持有利於英國人統治的龐大軍隊。英國人可讓自家生產的紡織品長驅直入印度市場，不讓印度的紡織品生產者享有關稅保護。但統治印度不能觸犯當地民意（一八五七年的大叛亂促使英國人再度學到這教訓），小心翼翼打造一混和型的政治制度，變得勢在必行。英屬印度所代表的意義和英國占有所隱藏的義涵，兩者間的緊繃關係，將永遠不會消失。

占有土地

最高統治權和占有都是抽象概念，而且誠如適才已了解的，儘管法律上有讓律師大為頭痛的不明確之處（或許這是現實世界的正常狀態），英國的統治地位是足以占據、征服、課稅、開戰、締和的。殖民地是靠征服取得，還是靠移民定居形成，以及割讓是何時發生，的確影響個人的權利和土地所有權（這問題為何闖入法庭，從而闖入我們的歷史，正出於這原因）。但對更多上許多的人來說，更重要的是，從他們生計、個人財產，以及最重要的，從他們的土地所有權來看，占有意味著什麼。在印度、緬甸等附屬地，這不是無關緊要的小問題。在這些地方，英國的統治為買賣土地或剝奪土地持有者的土地以償還債務或違約損失之事引進新的法定方法：此舉的結果有時令人恐慌。[35]但在英國的亞洲附屬地，除了相對較少數的例外（例如白人在印度和斯里蘭卡所擁有的茶葉、靛藍屬植物的種植園，以及後來在馬來亞的橡膠種植園），並未有當地居民土地大規模轉讓給移居者之事情，在西非也沒有。只是在大英帝國其他地方的多處（北美洲、澳洲、紐西蘭、英國統治的南非、中非、東非），情況與此相反，當地人土地遭大面積大量剝奪。在這些地方，英國人的占有變得千真萬確，其影響清楚可見。然在這些地方有什麼變化，那變化如何發生？最高統治權（律師口中的 imperium）和土地的取得（所謂的 dominium）之間有何關聯？

奧利佛．克倫威爾（Oliver Cromwell）於一六五五年說，「在亞美利加，最完美的占有權，建立在以下事實之上：人已在那裡建立殖民地，且不是定居在無人居住的地方，就是已得到當地居民同意（如果有居民的話）的地方；或者至少在那些居民的土地上某些蠻荒、未開墾，而他們的人數又不足以將其遍布、改善的地方定居；因為上帝創造大地供人使用，命令人遍布大地……」[36]事實上，拓殖北美洲的第一個世紀期間，倫敦歷任政府對於他們所頒的特許狀、專利特許證，對當地原住民和原住民之土地所有權所具有的意義，表現出或許令人吃驚的漠不關心。早期某些特許狀，誠如克倫威爾的話語中所間接表示的，似乎授予特許狀的領受人處理土地的權利，但這未准許他們從原住民手中強行奪走土地。那些特許狀似乎認為，與印第安人打交道時，應把他們視為自成一體的族群，儘管對於他們仍保有「獨立主權」到何種程度，並未清楚交待。

就原住民財產權來說，沒有定於一尊的觀點。[37]克倫威爾的權威意見含有三個相互矛盾的觀點：移入沒人居住的地方最理想；不然，取得「同意」（暗指購買）是正確的行事之道；若是將當地居民無意願或缺乏工具改善的土地據為己有，也是自古即有的定則。事實上，有些具影響力的觀察家認為，凡是未受到積極開墾的土地，人人皆可據為己有。哲學家約翰．洛克就表達了這樣的看法，主張只有在人的勞動與土地相結合時，才有所有權可言，如果居民居無定所、游牧或以狩獵採集維生，就不適用這條件。

十六至二十世紀之間，英格蘭人（後來的英國人）以五種方式從原住民手中取得土地。就拓殖亞美利加來說，時間上最晚近的先例，乃是都鐸王朝拓殖愛爾蘭。在愛爾蘭，拓殖的動機十足政治性：欲將愛爾蘭各氏族與造反權貴重新納入英格蘭國王（與英格蘭人）的管轄。方法是將英格蘭移居者「安插」到不靖的區域，在該地劃設英格蘭式的郡。遭指控叛亂的愛爾蘭人，其土地則遭沒收。只要他們歸順，便（在支付一定金額後）歸還三分之一土地，剩下的三分之二土地則授予「接管員」（undertaker），條件是接管員得從英格蘭（就北愛爾蘭來說，則是從蘇格蘭），引進能夠改良土壤、願意充任駐軍的移居者，且這些移居者絕對不可和愛爾蘭人通婚。[38]因此獲授予土地者，包括沃爾特．羅利爵士，他在沃特福德（Waterford）、科克（Cork）、蒂珀雷利（Tipperary）三郡得到約四萬英畝地——王侯級的私人土地。當然，事情的進展並非全然順利。面對這一掠奪，愛爾蘭人的反抗非常激烈，怨恨久久未消。他們往往是在刀尖下被迫撤離家園。有些移居者遠遠談不上是正派之人：當時有人哀嘆道，「有來自英格蘭的……叛徒、殺人犯、小偷、詐騙者、騙子……帶著別人老婆私奔者……離婚者、生活放蕩者、破產者……天主教徒、清教徒。」[39]在愛爾蘭，土地的取得，是一場血腥（且代價高昂）征服戰爭的一部分，而這場戰爭的真正目的，是防止愛爾蘭成為外敵入侵新教英格蘭的基地。光是為了這個理由，英格蘭政府就樂於為必要的動武付出代價。在亞美利加諸殖民地，情況大不相同。

印第安人分布稀疏（歐洲人所帶來的疾病，造成印第安人相繼大量死亡，導致其分布更為疏落），意味著在後來成為十三殖民地的那些區域裡，有許多地區可逕行據為己有而不致遭遇反抗，但在印第安部落的聚居區，有許多地方明顯為耕種者（早期歐洲人遊記裡描述了玉米田和豆園）和獵人所占據。儘管有些移居者和他們的國內支持者大談他們對印第安人所忽略之土地的「所有權」，卻沒什麼力量去「落實」此一權利，而拓殖者也發現，買下土地，比強奪土地，更容易且更安全。晚近有份專題性學術著作指出，「從緬因到喬治亞，取得印第安人土地的一般方法乃是購買。」[40]印第安人往往樂於出售土地一事，當然有助於歐洲人取得土地；而賣地的收益，可用來購買包括火器和烈酒等商品，且他們渴求這些商品。土地有時是他們欲取得移居者支持、對付敵對部落，所必須付出的代價。一旦有移居者進住，移居者的活動立即毀了附近的印第安人獵場，獵場即失去其價值。移居者人數增加，迅速超越已遭外來疾病消滅殆盡的印第安居民的人數，賣地的壓力愈來愈大。武力和詐欺無疑扮演很吃重的角色，但在北美大陸的均勢仍繫於英、法人的勢力平衡之際，締結條約和購買仍是拓殖者賴以增加手中土地的主要手段。

因此，英國人承認，印第安人，用當時的話說，是「土著所有人」（native proprietor）。個別移居者能直接買地，且情況的確如此。但要確立土地為自己所有（以防杜其他有意購買者染指），其所有權必須向殖民地政府登記在案。在大部分殖民地，都立法防止人在未經政府許可下直接買地，當局有時要求賣地時必須有印第安人地主和官方的土地測量員在場。在這一制度下，到了一七五〇年，阿帕拉契山脈以東的土地已有大片地區易手，且具有政治影響力的土地投機客同時竭力要求當局允許他們往更西邊買地，或已暗渡陳倉。沒想到接著情勢急轉直下。七年戰爭期間（1756-1763），印第安人對英國人的敵意之深，對法國人的支持之大，說明了他們如何憂心於英國移居者進一步的西進。英國人的西進已把失去土地的印第安部落驅趕到他們鄰近部落的土地上。七年戰爭結束，英國政府占有密西西比河以東的廣大中西部地區，英國政府決定不再捲入新一輪的邊疆戰爭裡，而北方龐蒂亞克族（Pontiac）叛亂和南方徹羅基戰爭（Cherokee War）的爆發，使他們更決意依循此政策。一七六三年的皇家宣言（Royal Proclamation）意在大刀闊斧解決這問題。該宣言表示，「在購買印第安人土地上，已出現重大的詐欺、欺騙惡行，嚴重危害我們的利益，令印第安人大為不滿。」[41] 為此，英國政府下猛藥，不再授予移居者購買阿帕拉契山脈以西土地的許可證。所有私人交易，不管交易者是移居者還是個別印第安人，都在禁止之列。此後，欲購買土地，只有透過政府出面購買和透過與印第安部落締結條約一途。

這一突如其來的禁令令移居者怒不可遏。對包括華盛頓、傑佛遜在內的某些人來說，投機性買地生意攸關自身利害。禁令一出，代表外來者與原住民之間的土地易手方式有了重大轉變。一七八三年後，英國政府不再能控制日後成為美國的那大片地區裡的土地購買之事。美國聯邦政府支持私人不得買地原則，後來卻樂於充當移居者（和投機客）滿足土地欲的工具。在大英帝國，這一宣言在法律上帶來深遠影響。它成為移居者買地所要遵守的標準原則，而英國人也注意到美國境內一道重要的法律判決。在 Johnson v. M'Intosh（1823）一案中，由哪一方打贏官司，取決於一樁私人買地行為本身是否合法。最高法院重申一七六三年皇家宣言的原則，但在一著名的法官意見中，首席法官約翰・馬歇爾（John Marshall）加上三個重要條件。他說，美國人承繼了英國的「發現」權——他們對這塊大陸的聲索權。此一權利未賦予移居者對印第安人土地的所有權，但的確主張印第安人無權將土地賣給其他任何人。第二，馬歇爾糾正了印第安人是「所有人」的看法：應該說他們具「占有」權。第三，他們缺乏文明，因而不具想把自己的土地賣給誰就賣給誰的權利（移居者所行使的權利）。印第安人「打獵為生」，「隨著獵物逃進較濃密、較連綿不斷的森林裡，印第安人跟著進去」，[42]馬歇爾認同一古老且極具爭議性的對印第安人社會的看法。一位英國官員則語帶挖苦的說，他畢竟是美國人。[43]

這則宣言和馬歇爾的權威意見，為白人拓殖紐西蘭創造了條件。到了一八三〇年代，以雪梨為基地的商人和傳教士已開始向毛利人部落和酋長買地，該年代末，倫敦政府面臨紐西蘭公司所提出的大規模移居計畫，便提出一新模式。私人買地將不予承認。移入紐西蘭的英國人，只能買先前政府（即非個人）從毛利族群手中買進的土地。但英國人認為，馬歇爾那三大條件中的其中一條不適用於眼前的情況。他們不會根據發現權主張紐西蘭為他們所有：毛利人非打獵為生，而是個文明開化、從事耕種的民族。[44]他們是「土地的所有人和最高統治者」。這代表的義涵甚巨。紐西蘭成為英國的領土，不是透過發現或征服，而是透過一八四〇年懷唐伊條約（Treaty of Waitangi）的割讓。毛利人獲保證可「完整使用和不受干擾的占有」他們的土地、森林、漁場，保證他們的身分是所有人（proprietor），而非占有人（occupant），儘管他們如果想賣，一定得賣給英國國王。[45]實際上的情況與這一理想狀況稍有牴觸。毛利人急著賣，英國人急著買，加上詐欺、投機、種族敵對的推波助瀾，引發一連串戰爭，及至該世紀末期，似已難逃滅絕命運的原住民，只保有條約前他們所擁有土地的一小部分。[46]但誠如紐西蘭的晚近歷史所表明的，一八四〇年所訂下的占有規則，（或許令人意外的）關係重大。它們為毛利人自覺意識的驚人復甦打下了基礎。這一復甦以該條約所保障，促使毛利人據以如願索得巨額賠償的那些權利為基礎。對懷唐伊條款的援引，改造了今日紐西蘭。

另兩個例子，情況不同於此。在非洲境內只是有白人移居者入住的地區，白人移居者幾乎是大剌剌漠視原住民的產權。從（當時受荷蘭人統治的）開普殖民地往北擴延的最早期白人聚居區，占據了原住民科伊科伊人（Khoikhoi）的土地。科伊科伊人是人數不多且逐漸減少的民族，曾與布希曼狩獵採集者打了慘烈的一仗。[47]從一八三〇年代英國人在東部邊疆遭遇分布較稠密的科薩人（Xhosa）起，英國人在衝突結束時通常採取的作法，乃是就白人、黑人間的土地分配，尋求與部落首領達成協議，以降低日後再起武裝衝突的可能。於是，雖然締結條約，但與在懷唐伊的情況不同的，白人移居者未承認非洲人為所有人。英國當局反倒透過征服或割讓，有效控制土地，將其分割為黑人的「居住區」（location）和白人的「贈予地」（land grant）。[48]英國入主開普殖民地後被迫往外遷徙的更早期白人移居者，即所謂的阿非利卡人（Afrikaner），也採行類似的作為：他們的部隊用武力奪取土地，分給自己人，把原住民納為奴工。[49]一八九〇年，占據今辛巴威的塞昔爾．羅茲的特許公司，沿用這一傳統作法，把大片土地分配給「先鋒縱隊」的成員和該公司股東。當恩德比利人（Ndebele）反抗運動於一八九三年戰爭後遭弭平時，合法性的疑問即被土地所有權已隨著「征服」全部轉移給英國國王這一主張打消（因為征服必然始終是為英國國王而為）。英國國王的土地專員確認羅茲所已授予的土地有效，[50]儘管該公司後來被迫增加留給非洲人的土地面積。約莫同時，在新成立的東非受保護國（East African Protectorate，今肯亞），馬賽族牧民被逐離後來成為白人高地（White Highlands）的那個地區。鼓勵白人移居該地區的英國人，把該地區分割為眾多「贈予地」賜予新來的白人移居者。

然而最令人震驚的發展，則出現在澳洲。在非洲，形同強占的作為，創造出白人移居者財產，但原住民的存在或他們的占有權，無可爭議。有疑問之處，主要在他們該擁有什麼土地（一九一三年時南非境內的最低限度持有量），以及非洲土地是否該仍由部落或宗族集體擁有，還是該成為個人財產。在澳洲，庫克船長的影響難以動搖。誠如先前已提過的，他那個未見到哪個人表示土地為其所有的概括性聲明，被信以為真。澳洲是個空蕩蕩、荒涼、無人居住的無主之地。於是，一七八八年英國人開始占有時，英國官員可根據自認適當的方式分配土地。直到英國官員試圖限制移民聚居地靠內陸一側的界限，試圖要那些從政府處取得土地、而非花錢買得土地的牧羊場主，為這一特權付出更多回報時，才出現真正的意見不合。在某些地區，原住民反抗甚烈，而他們的反抗造成一法律難題。有人提出極其有力的論點，主張原住民既受英國法律管轄，就該為暴力或偷竊行為受罰，只是反對聲浪甚大。原住民分布於遠在白人聚居區之外的廣大內陸，要對他們施行英國法律，幾乎不可能。而如果可將原住民送上英國法庭受審，那他們不是也可在英國法庭裡打官司？他們有權持有財產？他們能對偷竊自身財產者提起訴訟？此一旦成真，白人聚居區的法律基礎可能會開始瓦解。一八四一年，西澳大利亞的行政長官就表達了這一觀點。他論道，那將「對英國國王認為持有這地方之土地一事，構成矛盾的反對。」[51]當有群來自塔斯馬尼亞島的白人，從原住民部落手中買下今墨爾本周邊的土地時，類似的問題再起。此交易迅即被以禁止私人買地為理由駁回。駁回背後有一更深層的考量，如果原住民可賣地，那地就肯定是他們的；一旦承認地是他們的，其他許多人可能會跟著出來爭取。支撐殖民地的那層法律薄冰，將完全裂解。一如大部分法律原則，「無主之地」說的真正優越之處，在於它符合澳洲社會最有勢力族群——入侵的白人移居者——的利益。[52]

占有與帝國

並非各種形態的帝國都需要「最高統治權」（imperium）定義下的占有。歷來的帝國，大部分既擁有正式控制的範圍，也擁有影響力範圍（即非正式支配範圍）和「結盟」（委婉說法）的附屬國。十九世紀，英國人在世上許多地區施行這種形態的帝國：在拉丁美洲、中東、（某一時期的）西非、東南亞、中國。方法因地而異，不一而足。在埃及，英國的影響力依賴駐軍和皇家海軍掌控東地中海與紅海（通往尼羅河三角洲和開羅的兩大海上門戶）來確保。在中國沿海地區，靠武力獲取的「不平等條約」，使英國商人（和大部分其他西方人）在通商口岸不受中國官方管轄，沿海地區和水道則有無所不在的英國砲艇巡行。嚴格來講，英國在中國只有一處領地，即一八四二年和一八六一年永久割讓給英國的香港兩個部分，維多利亞和九龍（今日香港的其他地區，過去只是租借給英國政府）。但在拉丁美洲，情況大不相同。在此，英國人擁有許多財產，但大部分屬於商業性質的財產（例如銀行）、商業性地產（包括農場、牧場）、公用事業（例如電車軌道或供水系統）[53]。最重要的，到了一九〇〇年，英國人已擁有從阿根廷的大西部（Gran Oeste）或極有利可圖的聖保羅，通往委內瑞拉境內較無價值之玻利瓦爾（Bolivar）的鐵道。這些英國財產由「倫敦城」裡的商業機構管理，而非由英國政府管理。到了一九一三年，它們已占有英國龐大海外財富的將近四分之一，而大英帝國能經歷兩場世界大戰倖存下來，龐大海外財富是功臣之一。

但為何不將這類有價值的財產轉化為「真正」的占有物？答案有二。如果目的是獲利，似乎就沒必要，因為當地政治人物樂見靠他們的英國人脈獲致的貿易成長，至少在拉丁美洲是如此。此外，占有也是不划算的舉動。在當地反抗勢力薄弱且英國人不必擔心具份量的對手來競逐的地方，吞併其實不難。倘使不真正占有之外的另一條路是沒完沒了、成本高昂的戰爭，那真正的占有或許就是唯一萬全之道：主張奪下北美大陸之「新法蘭西」一地者所持的論點。打贏戰爭後，那說不定是附帶的好處。只是到了十九世紀中葉時，英國人已認為如果可以的話，「透過協議吞併」較理想（在熱帶非洲地區所採的模式）。靠有限的海陸兵力，要征服拉丁美洲無異緣木求魚：當時的英國人，特別是「倫敦城」裡的英國人，大概會覺得這一想法荒謬、離譜。在中國（和日本），當地反抗力量的強大，導致征服之舉只會是徒勞且危險。一八八二年，遭英國人占領的埃及，似乎是例外。值得注意的是，儘管埃及在地緣戰略上極其重要，英國人並未吞併埃及，且多年來擔心其在埃及的支配地位引發強烈民怨。英國人對外仍維持那令人難堪的謊言：只是「暫時占領」。

其所導致的結果，就是標有紅色區塊代表英國領地的那些大地圖，並非了解帝國實質的有用憑藉（過去如此，現在也是如此）。墨卡脫投影地圖上的紅色區塊，有許多區域是沙漠或荒地：真正有價值的區域，只有河川、海路和（後來的）鐵路沿線的狹長地帶。誠如我們剛剛已了解的，有些最重要的占有物，並不在那紅色區塊之中。有句話說，先占有者，「在法律上占了九成勝算」。但到了十九世紀晚期，實際占有的，遠不及帝國的九成版圖。

第四章 定居

一九〇九年，柯曾勛爵（Lord Curzon）曾抱怨道，「英格蘭人談到或想到大英帝國時，很容易略過印度，只想到由我們同種男女所建立和以我們同種男女為主要居民的那些殖民地。」[1]從印度總督之職退下的柯曾深信，「爭奪亞洲」將決定英國的帝國前途，並深信占有印度將是大英帝國未來榮枯的關鍵。但他很清楚，在英國國內同胞心目中，真正重要的帝國，乃是由加拿大、澳洲、紐西蘭和（定位較不明確的）南非組成的移民帝國。許多「帝國主義者」主張，從這些後來成為四個白人自治領的殖民地，英國才得以汲取到與新興世界性強權（德、俄、美）在人力、資源上爭勝所需的額外力量。正是這種希望心理，助長激發了鼓吹關稅改革和「帝國一體」（imperial unity）的運動，也就是一九〇三年後約瑟夫·張伯倫（Joseph Chamberlain）藉以振奮保守黨（和使該黨分裂）的運動。他欲將諸定居型殖民地納入一個共有議會和行政機關的「帝國聯邦」的恢宏構想未得到什麼進展，但欲使「諸不列顛國」（British nations，支持張伯倫理念者和加拿大人、澳洲人、紐西蘭人使用的詞語）更緊密聯合的夢想，直到進入二十世紀許久以後，仍是「帝國概念」（imperial idea）的關鍵主題。

若在柯曾發表這篇演說之前的約二十五年，他的主張大概會讓人覺得突兀。那時，英國輿論似乎對英國人外移的結果漠不關心。劍橋大學歷史學教授約翰·席利（John Robert Seeley）於一八八三年出版《英格蘭的擴張》（*The Expansion of England*）時，痛斥英國人未能理解此事的重要性，認為那正鮮明反映了當時人的閉鎖島民心態。他主張，他所謂的「英格蘭人大外移」（席利筆下的「英格蘭」、「英格蘭人」，指的是「英國」、「英國人」），乃是「近代英格蘭歷史上的大事」。[2]但此事即使被注意到，也只是被視為簡單且必然而不值得特別探討的事：「正好擁有世上最多剩餘人口和最強海上力量的國家，對空蕩蕩國度所進行未遭到反對的占領。」[3]至於如何發生，為何發生，並未激起人們一探究竟。他急切呼籲國內的英國人承認他們與海外的英國人共有一個「更大不列顛」，彼此血肉相連。而帝國一體運動和張伯倫的宏大計畫，就受到這主張的啟發。「帝國聯邦」構想不久後就無人聞問，但席利的影響卻在從左至右的各種政治派別均抱持的以下認定中久久未消：認定海外「擴張」是英國的「天定命運」，認定有一牢不可破的紐帶連結母國與其諸個前定居型殖民地。

無論是否認同席利的天職說，英國人的外移，在大英帝國的建造或「不列顛世界」（該帝國核心）的建造上，無疑扮演了吃重角色。從一八一五至一九一四年，總計兩千兩百多萬人離開不列顛群島遠赴海外，比同一時期從其他任何歐洲國家或亞洲國家離開的人數都多。當然我們不能只看表象。一八一五年後離開不列顛群島者，有三分之二前往美國，而非前往大英帝國轄下的國度。或許有三分之一的外移者回來，其中有些人後來又外移或採行「連續性遷徙」（serial migration）的固定模式（史學界才剛開始探索的一種遷徙模式）。而英國人（通常包含來自愛爾蘭之移民的一個族群）並非「英屬」國家裡的唯一移民。其他歐洲人，特別是來自德國、斯堪地納維亞的歐洲人，也取道英國外移。十九世紀晚期，在紐西蘭北島，可以看到來自今克羅埃西亞沿海地帶的達爾馬提亞人在挖貝殼杉樹膠。烏克蘭人被召募到加拿大大草原定居，或許是認為他們會適應該地的寒冷氣候。一八〇〇年前，約一千萬非洲人被押上船，橫越大西洋，到美洲做奴工。其中有很大比例的非洲人前往英屬殖民地，直到一八〇七年該地禁止輸入黑奴為止。來自印度的移民，千里迢迢來到英國的熱帶殖民地（例如斐濟、馬來亞、緬甸或千里達）充當種植園工人，或到貫穿肯亞的烏干達鐵路工地上當鐵路「挖土工」，往往在條件嚴苛的勞動契約下前往。但他們也來到「白人的國度」（通常是政治性的指稱，而非地理性的描述），而在那些地方，他們的存在，一如華人的存在，不管人數多麼的少，都令白人生起自己地盤會遭偷偷占領的猜忌，因而發出將他們驅逐的呼聲。

因此，遷徙和定居，以及對所謂「空蕩蕩國度」的實質占領，構成大英帝國建造行動上不可或缺的一部分。這是最持久且往往最殘酷的一種拓殖。但誠如席利所暗示，這種拓殖毫無「簡單」或「必然」之處。事實上，愈是仔細檢視，愈讓人感到費解、複雜，即使只把眼光放在英國人的遷徙上亦然。移民的移動並非出於本能。除非是被判流放的罪犯，他們的遷徙（在某種程度上）出於自主的選擇。他們也得選擇去處，或得由支付他們運費者為他們選擇去處。事實上，需要透過誘因、仔細考量、某種複雜的組織，才能將移民帶到他或她自己選擇或他人替他或她選擇的應許之地。也不是到了目的地，事情就底定。抵達目的地後，定居才開始。移民得找地，或找其他工作，以養活自己和家人。他們進入的世界，乃是已被先來者拿走一切或已被先來者竭盡所能搜括過的世界。他們得適應粗野的邊疆社會和那些社會的統治精英。他們得學會用最簡陋的工具操控自然環境，且在最佳的狀況下，那都是與他們原所置身者只有表面相似的自然環境。他們得生產穀物、羊毛或黃金之類的商品作物，以脫離勉強溫飽的日子，並將他們位於荒野的工作營地改造為活力旺盛的經濟體，改造為足以吸引更多移民前來的地方。誠如後面會看到的，並非人人就此一帆風順。

決定出走

在一八一五年後那場大遷徙出現之前許久，自英國本土遷徙海外就已是行之有年的習慣。最早的目的地是愛爾蘭。從一五五〇年代起，倫敦政府就鼓勵英格蘭人移民愛爾蘭，定居於從叛亂的愛爾蘭領主和氏族手中沒收的土地。到了十六世紀末期，在南愛爾蘭的芒斯特（Munster），已有四千多移居者，而在都柏林周邊的倫斯特（Leinster）省，移居者數量可能也差不多。[4]一六〇〇年，來自英格蘭、蘇格蘭的移民大量湧入北愛爾蘭。到了一六四〇年代，可能已有十萬人從大不列顛島定居愛爾蘭，人數遠多於至那時為止橫越大西洋者。[5]一六九〇年七月，博因河戰役結束，奧倫治的威廉收復愛爾蘭之後，又有多達八萬人移入北愛爾蘭。[6]當然，到這時候，橫越大西洋的遷徙人數，已遠超越移入愛爾蘭的人數。一七〇〇年時，已有將近四十萬人遠渡重洋到亞美利加，[7]其中大部分不是前往大陸上氣候溫和的殖民地，而是前往加勒比海地區濕熱的種植園（他們在該地區的死亡率當然遠高於前者）。逃過死神魔掌的移居者，可能有二十三萬，其中約五萬人乃是捱過加勒比海的熱帶氣候倖存者。事實上，據某些估計數據，十七世紀期間可能有百萬人離開不列顛群島，其中英格蘭人占七成：這一人數占母國人口的比例，高於兩個世紀前那場大外移所占的比例。[8]

他們為何出走？答案之一或許在於十七世紀期間衝擊不列顛群島各地的極不穩定情勢。十七世紀是內戰、叛亂、殘酷壓迫的年代。對清教徒和天主教徒來說，遷徙都是逃離險境的出路。外移到新英格蘭地區者，多是同情人民困境的商人和鄉紳的召募，或透過神職人員的組織，其中有些神職人員帶著自己的會眾遷徙。但對最大多數的移居者來說，影響他們外移的最大因素肯定是經濟機會。失業、通貨膨脹、經濟蕭條和與「小冰河期」氣候改變有密切關係的作物歉收，可能催化出走的動力。其中許多外移者，原本可能無意久居異地，例如前往維吉尼亞的第一批移居者，肯定就抱持這種心態。維吉尼亞的闢建，原是計畫作為貿易型殖民地，而非農業型殖民地。橫越大西洋者，大部分是單身男子，且目的地是加勒比海地區那些生產菸草、糖、黃金，予人迅速致富或高工資憧憬的「欣欣向榮」地方。值得注意的是，一七〇〇年，英國情勢改善，非洲黑奴把白人勞工擠出蔗糖生產業之後，外移人潮消退。[9]一七六〇年英國經濟蕭條，北愛爾蘭土地供應吃緊，同時因七年戰爭使亞美利加諸殖民地廣受注意之後，外移風潮再起。從一七六〇年至美國革命導致移入人潮陡然停擺的一七七五年為止，有十二萬五千人橫越大西洋流入美洲，平均而言，是前幾十年的三倍之多，而其中以蘇格蘭人和新教愛爾蘭人居多。[10]

在那場為時逾二十年的世界戰爭於一八一五年結束後，人民大外移再現。一八三二年，一年離開的人數首度超過十萬。一八四〇、五〇年代，愛爾蘭境內可怕的饑荒將外移人數推高到驚人水平：一八四一至一八五〇年一百七十萬人離開；一八五三至一八六〇年間又有一百六十萬人離開；一八六一至一八七〇年則有將近兩百萬人離開。[11]一八五三年以及一八五四年，各有超過百分之一的人口外移。一八五〇、六〇年代，來自愛爾蘭的移民仍是最主要的外移者；一八七〇年後，英格蘭人取而代之。[12]一八七〇年代晚期，外移總數略減，但一八八〇年至該世紀結束，每一年外移人口通常超過二十萬，從未低於十四萬。然後到一九一四年為止，外移人口爆增，超過三百萬人離開不列顛群島，光是一九一三年就將近四十萬人。或許同樣引人注目的，乃是外移地點的轉變。一八九〇年代，大部分英國移民仍前往美國；一九〇〇年後，他們選擇大英帝國的領地。在這幾年，超過百萬的移民從英國前往加拿大。[13]

數股力量在推、拉這群龐大的移動人口。大部分是經濟性力量，而愛爾蘭的大饑荒則說明了人口加諸土地的龐大壓力。愛爾蘭本就有許多貧瘠土地，靠著馬鈴薯的驚人產量，暫時掩蓋住土地承受人口壓力的捉襟見肘，但馬鈴薯疫病爆發後，問題即陡現。這場大饑荒降臨前，愛爾蘭的外移人口便逐年劇增，一八一五至一八四五年間有一百五十萬人離開此島。在蘇格蘭的高地和島嶼，將佃農逐離家園的「清空」（removal，即後來所謂的clearance）[14]運動，使倚賴貧瘠土地勉強溫飽的農民受害。他們面臨急欲將他們的「領土性帝國」轉化為可長可久之事業的大地主，例如薩瑟蘭公爵（Duke of Sutherland）。一八一五年後，以及一八三〇、四〇年代，英國經濟猛然陷入蕭條。對許多有專門技能的工人，尤其是織工，來說，這場經濟蕭條帶來的失業，其實是「結構性」失業：棉與羊毛的織布機問世，迫使他們的專門技能變得一無是處。此後直到該世紀結束，許多專技行業逐漸漸工業化，男男女女失業或面臨工資陡降（從而地位陡降）的威脅。隨著英國進口愈來愈多糧食，特別是穀物，許多農村地區（不只蘇格蘭、愛爾蘭的農村地區）開始顯得「無足輕重」。惡劣天氣、瘠土或道路不良，加劇北德文（North Devon）和奇爾滕丘陵（Chilterns）等許多地區的貧困；小麥價格不敵美國產品競爭而崩盤，老「穀倉」（英格蘭南部、東部的穀物盛產地）的農工因而淪為窮人。

人口大量外移，並非只因這些經濟壓力的作祟，也不可能只因這些壓力就造成人口大量外移。在世界其他地區，即使是在人口加諸土地的壓力不是更高，卻也和在英國一樣高的歐洲，人口外移出現較晚或人數較少。英國人（和愛爾蘭人）之所以如此習於外移，意識形態是原因之一。從十八世紀晚期起，英國的主流民意轉向自由貿易。有地精英和商貿精英追求快速致富，為此，他們之樂於嘗試各種可能辦法，並非此時才有的現象：伊莉莎白一世時代的貴族，即投資於海上劫掠、開拓殖民地、新奇商品貿易，以及開礦、排乾土地以開闢新生地。但在十八世紀晚期之前，英國人普遍認為國內的製造業和農業該受保護，以免受到來自國外的競爭。事實上，亞

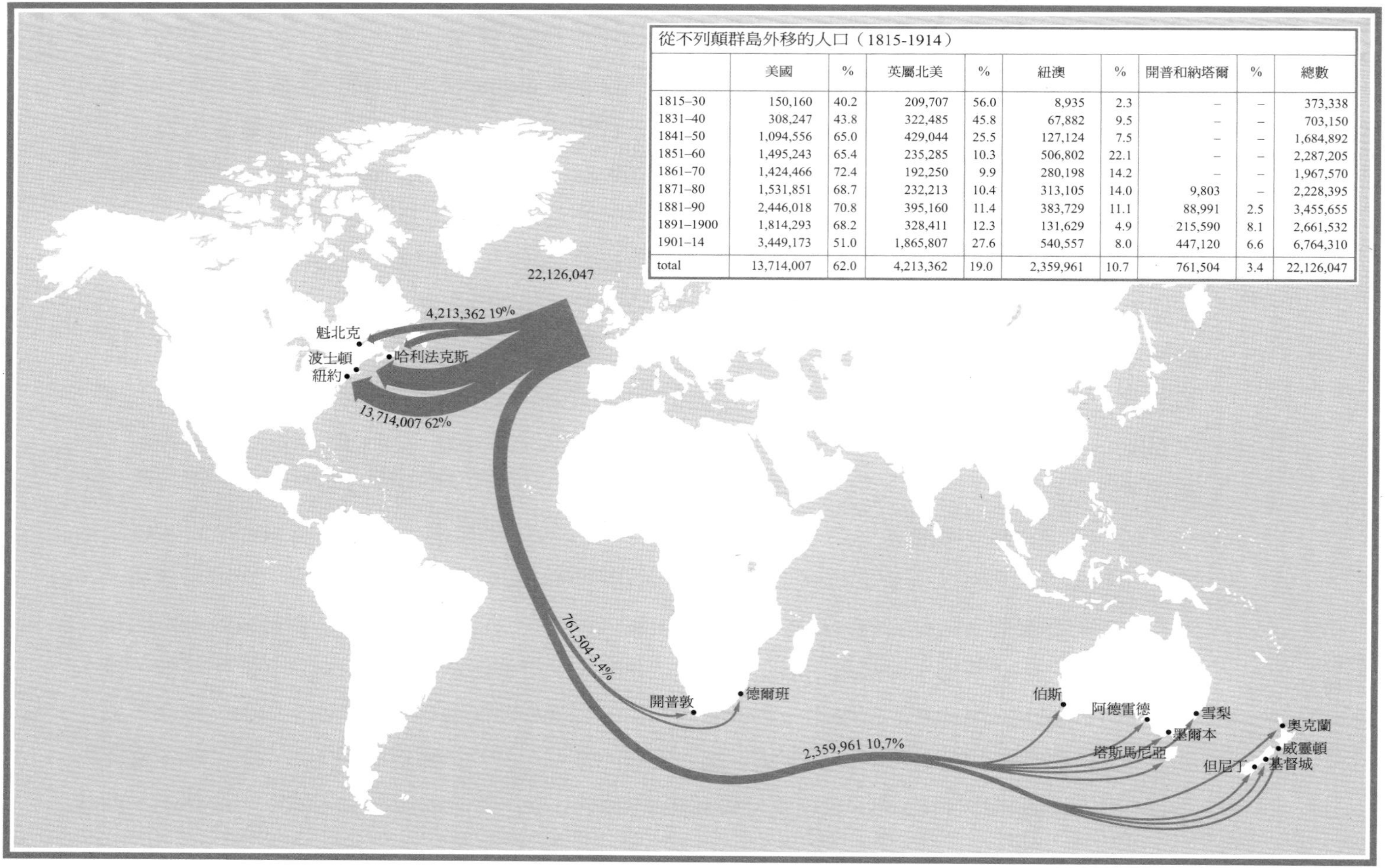

從不列顛群島外移的人口（1815-1914）

	美國	%	英屬北美	%	紐澳	%	開普和納塔爾	%	總數
1815–30	150,160	40.2	209,707	56.0	8,935	2.3	–	–	373,338
1831–40	308,247	43.8	322,485	45.8	67,882	9.5	–	–	703,150
1841–50	1,094,556	65.0	429,044	25.5	127,124	7.5	–	–	1,684,892
1851–60	1,495,243	65.4	235,285	10.3	506,802	22.1	–	–	2,287,205
1861–70	1,424,466	72.4	192,250	9.9	280,198	14.2	–	–	1,967,570
1871–80	1,531,851	68.7	232,213	10.4	313,105	14.0	9,803	–	2,228,395
1881–90	2,446,018	70.8	395,160	11.4	383,729	11.1	88,991	2.5	3,455,655
1891–1900	1,814,293	68.2	328,411	12.3	131,629	4.9	215,590	8.1	2,661,532
1901–14	3,449,173	51.0	1,865,807	27.6	540,557	8.0	447,120	6.6	6,764,310
total	13,714,007	62.0	4,213,362	19.0	2,359,961	10.7	761,504	3.4	22,126,047

當．斯密《國富論》（1776）中闡述的那個計畫，要在七十多年後，隨著穀物的自由貿易（一八四六）和「航海法」的廢除（1854）才得到完全落實。在那之前許久，製造業者即可隨意施行新的工作條件，而官方則明令禁止組成工會，或為大規模鐵路工程清除障礙，光是在倫敦，就有數千名住在鐵路預定線上的居民遭官方強制遷走。「進步」意識形態把經濟「改善」視為必須追求的目標，把幾乎所有社會成本都視為必要之惡。任何干預經濟法則的舉動，都被視為徒勞或更糟糕的事。愛爾蘭人貧困問題只有靠大規模人口外移才能解決（儘管最好不要外移至英格蘭）一說，成為英格蘭經濟學界的正統觀點。[15] 一些人認為，隨著土地可自由出售和土地持有的集中，愛爾蘭的農業或許終於變得有利可圖，激進的自由貿易論者理察．科布登就抱持這觀點。直到愛爾蘭的大量外移潮大大消退後，推動耕者有其田的看法才開始得勢，而哲學家兼經濟學家約翰．穆勒就是早期提倡此論者之一。[16]

但還有一個意識形態促進人口外移，不是精英人士的意識形態，而是人民大眾的意識形態。這時，有影響力的人，大多已認同英國主要是個工商業國家（採行穀物自由貿易背後的前提），但在英格蘭、威爾斯、蘇格蘭、愛爾蘭的其他人民，仍抱持著截然不同的一套信念。「公平」工資觀和認為該尊敬專技工作的觀念，助長對「工業性」工作和「工廠懲罰規定」的怨恨。更為根深柢固的觀念則是將地產理想化的觀念，認為人都有權利耕種一塊土地，而那塊土地即使不是主要的收入來源，也可當作年老、陷入困境時生活的保障。要求得到「小塊農園」（allotment），供都市工人遠離塵囂勞動休閒之用，乃是憲章運動者（即 Chartists，一八三〇、四〇年代的大規模勞動階級抗議運動）發出的呼聲之一。[17]就連從英國城鎮移到海外者，都才脫離鄉村生活二、三十年，且有時擁有公有地或林地的所有權。若說移民是因經濟困頓或更糟的困境而被迫出走，他們也因免費或廉價土地的吸引而被拉出去。亞美利加、紐澳境內那些爭取移居者的地方，祭出這樣的土地來吸引更多人移入。定居紐西蘭的移民說明移民的獲益時，最常提到的就是篤定可擁有一小塊農園。[18]

想離開或必須離開是一回事，去到某處則是另一回事。如何遷徙？對某些人來說，在這件事情上幾乎沒有選擇餘地。一七八三年至一八六八年，十六萬左右的罪犯被流放至海外流刑地，幾乎全流放至澳洲，且通常服固定刑期後才獲釋成為「自由之人」。[19]在愛爾蘭、蘇格蘭兩地的部分地區，想趕走名下土地上的居民以騰出土地他用的地主，則「協助」那些人外移。[20]地質學家阿奇博爾德．蓋基（Archibald Geikie）目睹斯凱（Skye）島上某個小村落的人，一臉無奈被趕上駛往加拿大的船。[21]但如此離開的人不多：大饑荒時，可能有更多的人願意接受地主給的船費，而即使在這期間，都只有不到百分之四的外移民是靠地主給的船費出去。[22]更重要的，乃是政府召募移民，派遣到政府認可的地方。一七四九年，倫敦登廣告徵求人民移居到對付法國人的一個重要前沿基地，即後來的哈利法克斯（Halifax Nova Scotia）。英國政府承諾給予免費土地、免繳稅、十二個月的配給，結果有兩千五百人前來應徵。[23]一八一五年後，英國政府動用軍事預算，將移民從蘇格蘭送到加拿大，以守住聖羅倫斯河和渥太華河之間具戰略價值的三角地帶，以防美國人入侵。[24]一八一九年，擔心社會因經濟蕭條惡化而動蕩不安，英國政府突然決定出資在南非設立移居地：八萬人申請，五千人中選。[25]更為長期性的作法，則是成立殖民地土地與外移委員會（Colonial Land and Emigration Commission）。這一機構用澳洲賣地的收益，資助人民外移的交通費，從一八四〇年至一八七二年其出資助三十四萬人外移，占了移居到帝國轄下諸地的人口總數四分之一多。[26]

但外移到英國殖民地的定居型殖民地者，大部分都不是政府所送過去，而是有另外三個「代理人」扮演了極重要角色。第一個是「土地公司」。這些公司在亞美利加諸殖民地一直很活躍，一八一五年後冒出更多。加拿大公司、英屬美洲公司（British American Company）、南澳大利亞公司、紐西蘭公司，還有其他許多同性質的公司，以從殖民地政府手中廉價買得土地或得到贈予地為營運目標，然後將地轉賣給英國境內投資人和有意外移者，且通常以有職業和從事某種耕種為條件來篩選買家。這些公司本身則大登廣告，宣傳它們名下那些未開發土地的發展前景，並透過熱情移居者和旅人之口介紹那些土地的迷人、肥沃之處。第二，誰都看得出，外移是一門令商人和船東心動的生意。一八三〇年，英格蘭德文郡畢德福德（Bideford）的生意人湯瑪斯．錢特（Thomas Chanter）刊登廣告，說他旗下四艘船「適合闔家搭乘，會以平實費用將乘客載到愛德華王子島、布雷頓角（Cape Breton）島、新斯科夏、新不倫瑞克。」七十四名乘客，來自北德文、康沃爾的農民、工人、機修工」和他們的家眷，搭上第一艘船出發。[27]用船載出國，再從加拿大的魁北克或濱海省（Maritimes）載木材回國，怎麼算都非常划算。第三，外移者並非全是受他人召募而離開。外移協會瞬間暴增，以提供意見和相關知識，有時則親自籌辦外移活動。[28]一七七三年，蘇格蘭亞美利加農民公司（Scots American Company of Farmers）於克萊德河下游流域成立。該公司的一百零五名客戶（包含小農和工匠），僅支付了不算太高的費用，以支應在亞美利亞買地的開銷和一支先頭隊伍赴該地選址的花費。[29]

對許多有意外移者來說，最大的問題是費用。十九世紀中葉，航渡大西洋的船費要三或四英鎊，攜家帶眷出去，費用則數倍於此。對移居海外的愛爾蘭人而言，總費用往往超過一個家庭的年收入。要支應這筆開銷，原本最常見的辦法是當契約工，尤以單身漢為然。有意外移者出賣勞力給商人或船長四或五年，後者則同意載他到亞美利加某港口。一六〇〇年代中期之前，此一作法很普遍。[30]雙方簽訂合同。船抵亞美利加時，船長再將他的契據拍賣給出價最高者。男女移民站在碼頭邊，買賣雙方就他們的勞力價錢討價還價，最終談定。一八〇〇年後，簽約召募白人移民的事漸漸消失。另一套制度順勢興起，移民因而得以用「業主隊」（proprietary party）一員的身分遠赴異地。業主隊的領隊通常以極漂亮的價格標得數大片土地，條件是得帶許多人移居那些土地。他們登廣告招人，包攬他們的旅費，可能還替「移居者」安排好抵達約定之地的一應事宜。說到為遠赴海外之事籌錢，十九世紀最流行的作法，乃是家庭自己籌錢。家庭成員集資，送一名最健壯、最能擔當此重任者先過去。那人一安居落戶賺了錢，即把接親人過來所需的旅費匯回去，或從附近的船東手中購得船票。有位名叫瑪麗·達根（Mary Duggan）的女子，因此在寄給妹妹的信中附上讓她從愛爾蘭坐船過來所需的四英鎊旅費。信中，瑪麗要她妹妹抵達魁北克時告訴外移事務代理人她沒錢到她位於金士頓的姊姊家；屆時對方會給她車票，還有一些配給食品。[31]

若非民眾對移民的事有深入的認識和強烈的興趣，移民「生意」大概不可能做得起來。英國社會充斥著有關移民前景的「消息」。早在一六二〇、三〇年代，就有大量劇作、宣傳小冊子、小販沿街叫賣的小本故事書頌揚移居海外的好處和獲利。神職人員受雇宣講有助於推動移居海外活動的布道詞：約翰·唐恩（John Donne）就為維吉尼亞公司做了一次這樣的布道。[32]到了十八世紀中期，推動海外移民的圖書資料，包含了貌似真實的地圖：哈利法克斯的地圖刻意減少森林面積，略去野生動物，不提印第安人。[33]十九世紀，有許多說明外移風險、哄騙人外移、指導人如何外移、提供不實資訊的「外移指南」問世。移民者得盡己所能釐清實情：於是，可能倚賴寄回的家書，儘管就連這類信都可能是心存提防的公司所偽造。但或許最重要的是，到了一八四〇、五〇年代大規模外移的時代來臨之際，本土的英國人已是個遷徙、移居的民族：從一地區到另一地區，從村到鎮，從英國各地到首府倫敦。遷徙原肇始於英國本土境內。

抵達

對大多數移民家庭來說，抵達目的地，而非抵達前的旅程，才是最重要的。他們或許運氣好，平安無事抵達目的地。一八六〇年代之前，橫越大西洋者大多搭帆船過去：從歐洲航行到遙遠異地的用煤成本和南向航線的便利，推遲了前往更遙遠的澳洲、紐西蘭時捨帆船就汽船的轉變。從歐洲搭帆船往西橫越大西洋，通常要六個星期。到紐澳則可能要花上四個月或更久。北大西洋冬天的海相是出名的惡劣。若取道聖羅倫斯河進入加拿大的主要路線，十一月下旬到四月因冰封而斷絕。取道咆哮西風帶（從好望角往正東方，靠強勁西風讓船高速行駛，抵達澳洲南端的海上航路），即便船桅或船帆安然無恙，這段航程中的咆哮西風和濤天巨浪都能把人嚇得永生難忘。[34]一八四二年搭帆船前往紐西蘭的一名醫生記載道，「風很強，海上波濤洶湧」，「船搖晃顛簸得很厲害，舷側進了很多水」，幾天後，「主上桅帆報銷；凌晨兩點主帆裂掉。」[35]終於抵達目的地時，他們所登臨的港口，往往只是一小群緊挨著的房子和倉庫，例如一八四〇年代的威靈頓或墨爾本，或一八五〇年代的但尼丁，或是許多蘇格蘭人所前往的新斯科夏或新不倫瑞克（New Brunswick）境內的任何小港口。一八二〇年被送到開普殖民地的移民，得橫越波浪翻湧的阿爾戈阿灣（Algoa Bay，後來的伊莉莎白港）上岸。抵達魁北克（繼續前往今安大略者的主要轉運點）或雪梨之類大港鎮，都不過是前往最後目的地的第一站。但許多人在此盤桓，以籌措接下來的旅費。找工作賺錢的迫切需求，或者也許是想盡快將家人接過來的想法，促使他們覺得在這城市裡幹活賺錢，比冒險進入內陸更為穩妥。諸多港鎮的急速成長（一八五〇年魁北克市與蒙特婁的人口加總已達十萬），助長這一趨勢。在澳洲，這一趨勢更為明顯：往內陸所需交通費的高昂、內陸農村的低勞力需求、大量出口羊毛加工、打包的需求，使諸殖民地的首府成長速度遠高於人口稀疏的腹地。[36]

對那些繼續往內陸移動的移民來說，最要緊的是取得土地使用權：取得以優厚條件買下農場的權利。他們可能希望靠這農場勉力養活自己，然後慢慢生產出多餘農產品以出售換取現金。事實上，在所有定居型殖民地裡，土地是唯一要關注的大事：所有政治都是某種形態的土地政治。這不足為奇，因為土地是殖民地裡最有價值的資產，殖民地稅收的來源，私人致富的最快捷憑藉。因土地取得、索求土地者間的土地分配、以及（最後）土地的重新分配而起的政治鬥爭，肯定會變得激烈。

所有定居型殖民地的殖民地當局，都熱中於利用來自英國的移民盡快補滿他們轄下領土的未開發區，至少理論上是如此。理由不難看出。清除森林或灌木林，並改闢為農地，將使殖民地得以自給。我們不能把這視為理所當然而不加細究。早期的美洲殖民地，有餓死的危險。在一七八八年於博塔尼灣開基立業二十年後，新南威爾斯仍遠稱不上是「糧食供應無虞」之地。新南威爾斯行政長官（和曾是著名邦蒂號船長的）威廉・布萊（William Bligh），曾於一八〇六年告訴舉薦他擔任此職的約瑟夫・班克斯（Joseph Banks）爵士，[37] 小麥收成非常差，可望有一船米會送來，他也已從中國另外訂了一船米，但其他糧食都不會及時送來，配給即將吃緊。新定居地的移民所希望的，乃是生產供外銷的糧食，或維持一批生產木材或羊毛之類可脫手出口品的殖民地勞動力。這類大宗出口商品，攸關殖民地能否擺脫停滯或更糟的困境。它們將吸引來自母國的投資，引來控制資本者的注意（甚至到場），增加金錢的流通。有利可圖的貿易將吸引更多移民前來，開闢更多土地，生產更多作物。土地出售將增加政府收入，政府得以借到更多錢來開鑿運河（如在加拿大），改善道路或建造鐵路，最後走上日益繁榮的良性循環之路。對移居者來說，經濟繁榮和財務獨立將使他們更有理由要求建立「問責政府」：擺脫倫敦對他們內部事務的控制。

當然，情況不若前述的這麼簡單。從原住民手中取得土地，才是第一個要克服的難關。誠如第三章討論過的，在美洲諸殖民地，這主要透過購買來達成。在後來成為加拿大的那塊地方（嚴格來說，一八六七年前稱之為「英屬北美」），無論購買或原住民割讓，俱是常見模式。在今日加拿大的安大略省和大西洋濱新斯科夏省、新不倫瑞克省，殖民時代前的人口本就不多，然後又因疾病或內戰的摧殘而更少。在澳洲，原住民對土地所有權的要求遭到徹底漠視，儘管白人移居腳步緩慢、原住民人口的相對較少（據某份非常粗略的估計，一七七〇年代有一百萬人與移民有「接觸」）、土地的遼闊，因而在一八三〇、四〇年代之前未能清楚看出此事（但在塔斯馬尼亞例外）。在南非，從英國移入的人口向來不多，直到一八九〇年代盛期才改觀，而在這裡，不管是在開普殖民地和納塔爾的英國統治區，抑或是在遷出原居地的阿非利卡人於奧倫治河以北建立的諸共和國，征服與割讓都是慣用的作法。真正的例外是紐西蘭。在這裡，特別是在北島（住在南島的毛利人可能只有五千，占英國吞併紐西蘭時毛利人總數的百分之五），毛利人的土地權在直到該世紀結束仍未走完的漫長過程中，不是被買走，就是利用詭計被剝奪掉。

但誰拿到土地？往往是關係好、人脈廣的少數人。愛德華王子島（今加拿大大西洋諸省之一）於一七六三年後成為英國領地時，該島由六十七名申請官方贈予地的在外地主瓜分；直到一八九五年，最後一名在外地主的土地所有權才被人買走。在有許多親英分子於美國獨立戰爭後避難於此的上加拿大（今安大略省），英國政府給了一般移居者免費的贈予地，但授予高地位親英分子、軍官、官員的贈予地，面積更大上許多，每筆贈予的土地廣達五千英畝。一八二〇年，距該殖民地首府不遠的某個行政區，約六成的可用土地屬於這類在外地主（包括完成該地土地測量而得到其中百分之五土地的土地測量員）所有，將近三成留作英國國王和神職人員保留地，以支應政府和英國國教會的開銷。只有一成二的地（位於最不受青睞的地區），留供出售給新來的移居者。五十年後，在外地主的土地，仍有很大一部分是未開墾的森林。[38]在該殖民地的另一個地區，英裔愛爾蘭軍官塔爾博特上校（Colonel Talbot），因從英國召募來數百移居者，獲得約六萬五千英畝的土地作為回報。到了一八三〇年代

上加拿大（安大略省）境內的一個湖畔行政區
呈現未開墾土地的範圍（這類土地通常屬在外地主所有）

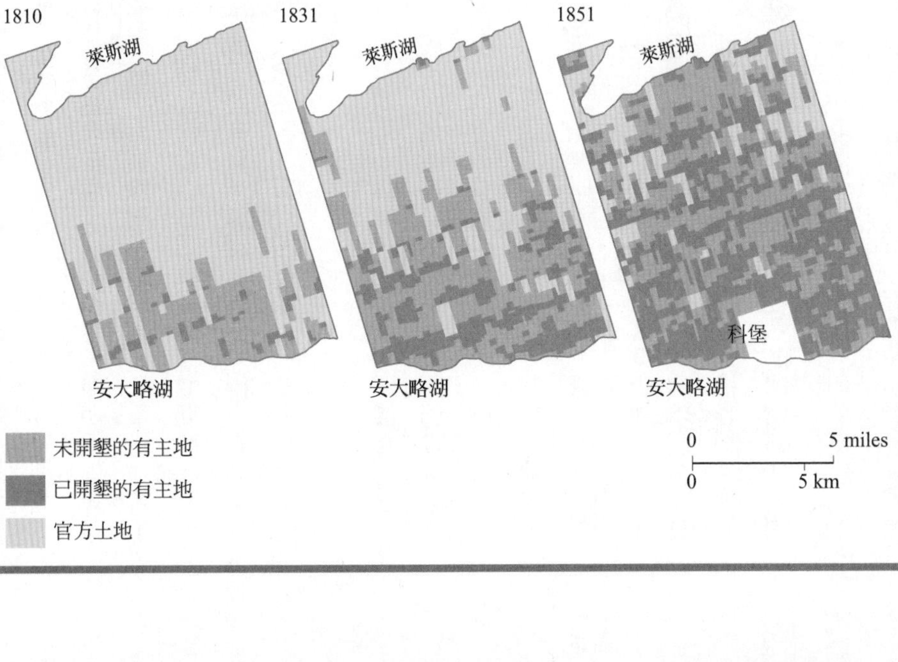

晚期，由於政府幾乎不管，他竟控制了廣達約五十萬英畝的移民聚居地。[39]該殖民地政府把名下許多保留地賣給一家大型土地公司——加拿大公司（Canada Company），以換取一筆不受民選議會審查的年收入。[40]只是賣掉或贈予的大片土地，仍無人占用。[41]廢除贈予土地制，並重新規畫土地為家戶適用的面積單位，並以設定底價的方式拍賣，這類的轉變以非常緩慢的速度漸進，及至改採後一方式時，已有許多土地屬於在外地主所有。因此，雖有數千移居者的確取得自有的家庭農場，晚至一八四八年仍有數千移居者（可能占所有農民的四成三）為佃農，[42]另外數千上萬的移居者則是無地的工人。

澳洲的情況與此有某些相似之處。新南威爾斯是犯人流犯地，設有一個旨在提供糧食的官方農場。但從一開始，這裡就有人數不多的一群「自由」居民，包括官員、新南威爾斯部隊（該殖民地小型守備部隊）軍官、一些商人和移居者。這個殖民地的行政長官有權以贈予土地的方式酬賞服務（在金錢付諸闕如的地方，這是現成好用的工具）。移居者照理得種作物，為殖民地提供糧食，但不久他們就任由牲畜在可供耕種的土地（包括獲贈予和非贈予的土地）上隨意走動。對駐在雪梨的行政長官來說，這特別令人惱火。他們希望受贈土地者定期耕種，以表明他們有心提高土地的價值；他們也決意防止未付費擅自占用土地的惡習，以免殖民地擴大，加重本已捉襟見肘的財政負擔。短期間內出爐的一堆新規定，廢除了土地贈予制，改採設定底價的拍賣制。倫敦的目標是建立一小而精實、井然有序的殖民地，且這殖民地裡有一處由技術純熟的農業移居者密集耕種的區域。結果未如願。

英國政府面臨的真正難題，乃是行政長官管不了那些擅自占用土地者。一名擅自占用土地者說，他們「只是在追隨所有最有影響力、最不凡之拓殖者的腳步，不管在哪裡，都可看到那些拓殖者的牧牛場、牧羊場旁邊有著討人厭的擅自占用土地者，且那些牧場的所有權同樣不清不楚」。[43]換句話說，他所表達的是，每個人都在這麼幹。禁止擅自占用土地一事，違逆了這股追逐私利的風潮，成功機會微乎其微。行政長官大概很想阻止腓力浦港（Port Phillip）地區（今維多利亞省）突遭來自塔斯馬尼亞島的一群人占領。但誠如倫敦某人所懊喪指出的，「面對任何龐大一群人的優勢意向，法律不可避免的無力阻擋」。[44]倫敦最妥當的作為，則是利用售地所得補貼免費移民澳洲，取代流放的罪犯勞動力（罪犯流放東澳之事將於一八四〇年終止）。可惜英國政府無法阻止土地大面積售予投機的獵地人，也無法抗拒擅自占用土地者要政府廉價出售大片土地放牧執照的要求。一八五〇年後的淘金熱引來新一波移入潮，為想擁有小塊農場者和那些靠象徵性的微薄租金而租得的無邊無際牧場且維持羊毛生意的「牧羊大王」之間的爭鬥搭好了舞台。這時該殖民地的收入已變成倚賴羊毛的出口，誰勝誰敗，也就可想而知。

不管土地如何分配，在土地可賣給移入的農民之前，都要經過一至關重要的階段：得先有可靠的地圖，才能把土地分給新主人，因而必須測量土地。土地測量員是拓殖過程中的無名英雄（有時則是無名惡棍）。他們是每個定居型殖民地和其他殖民地裡的雜役型人物，承攬各種差事。[45]他們的第一件差事是填補地圖上的空白。在加拿大、澳洲、紐西蘭、南非所取的地圖往往是再粗略不過的簡圖。一八五五年約翰・湯姆森（John Turnbull Thomson）抵達但尼丁時，紐西蘭南島奧塔哥（Otago）地區內陸是杳無人煙的未知之地。第一份精確的開普地區地圖，得等到一八七六年才問世。[46]土地測量員也被寄予重望——即將他們所踏查過的土地潛能標示出來，尋找穿過高山的隘口，建議最理想的闢路路線。他們遇到原住民，有時因此喪命，因為原住民認為，他們在替前來占領的白人打頭陣，而原住民會如此認為有其充分理由。有些土地測量員是熱中調查、採集植物者或熱中實地考察當地文化者；有些人用速寫或繪畫記錄旅途所見所聞或寫下札記抒發旅遊途中的省思。[47]這樣的工作通常是備嘗艱辛。約翰・湯姆森說，「這位上校測量員穿著棉亞麻混紡粗布長褲和藍襯衫，戴巴拿馬帽，腳穿釘有平頭釘的靴子……隨身帶了百樣東西：小刀、針、單筒望遠鏡、火柴、紙、墨、線、紐扣」，還有不可少的筆記本。他以每小時約五公里的固定速度穿過沼澤地和小溪，靠「未發酵的硬麵包」、「鹹牛肉乾」、「大量茶葉」過活。[48]

土地測量員最好是從事測量的專業人士，對數學具某種程度的精熟則是基本要求。對許多年輕男子來說，土地測量提供了報酬豐富的冒險和投機致富的機會。裝備很簡單。[49]經緯儀，也就是結合了指南針和單筒望遠鏡而能往前往後翻轉的儀器，使測量員得以在他能確定位置的兩個可見點之間畫一條直線。在幾名司鍊員協助下，測量員使用一條二十公尺長的測量鍊測量這條直線的長度：這是很辛苦的一個過程，往往得拿刀劈砍穿越灌木叢、砍倒樹木、每隔二十公尺在地面標下記號。完成基線且將基線畫在地圖上後，測量員便可開始記錄其他地貌，將土地分割為數個行政單位：區（township）、小區（land block）、段（lot）。土地測量員是移居地景觀的真正締造者。他在地圖上和地上所畫的線成為道路和邊界。這些線替森林和灌木林加上整齊的棋盤狀布局，如同「帶有矩形圖案的被子」，與中世紀英國人拓殖行動所創造的遠更凌亂景觀大異其趣。土地測量員也是城區規畫師，構想出一模一樣的塊段和筆直街道，落實於城鎮。土地測量員選擇地名，有時丟掉舊地名，換上新且較體面的名稱，或憑著對家鄉山川的記憶取名。

殖民地政府為何急於測量轄下土地，原因不難看出：土地不測量，地就賣不了，因為有意購地者一想到得自己花錢找人測量土地，就打退堂鼓。但不管土地測量多有效率（也不管許多測量多沒效率），這並不保證移民者就此事業順利。購得土地後，新來的移民可能會覺得距離馬路太遠，僻處於樹林裡，將商品運到馬路會很費勁。[50]他所買的地可能鬆軟潮濕帶酸性，或多岩石，土壤淺薄；在安大略東部，往往就是如此。一八二〇年代被帶到開普殖民地的移居者，厭惡他們所得到的農場，只要能拋棄，大部分都立即棄之不顧。如果清理土地的進度慢、花費高，農民可能不得不去尋找開拓馬路或鑿運河的工作。經土地測量劃出且受到大肆吹捧的「區」，一旦貿易活動過其門而不入，則可能面臨凋敝、垮掉。萬一作物歉收，農民可能揹債，甚至可能入獄；經濟蕭條的一八三〇年代，加拿大就有許多農民落得此下場。[51]鄰居也可能很不好相處。酗烈酒、兩性分布失衡、艱苦的生活條件、爭奪工作機會，都易讓人火氣上升。若再加上族群、宗教方面的敵對（天主教徒與新教徒的敵對、法國人、愛爾蘭人與蘇爾蘭人間的敵對），逞凶施暴也就很容易發生。[52]

從新普利茅斯（New Plymouth）的早期歷史可看出情況可能變得多糟。它位在紐西蘭北島西岸，如今是個宜居的城鎮，有座一流的博物館。新普利茅斯為普利茅斯公司所擘畫，一八四〇年由一群來自英格蘭西南部諸郡的地主和商人創建。他們的動機頗複雜，有些人甚至與幾年前成立的紐西蘭公司有關係。這家公司的創立，源於有批人想從毛利人手裡買下土地，藉以在南北島建立殖民地。其誕生得歸功於愛爾華．威克費爾德（Edward Gibbon Wakefield）富領袖魅力（和或許病態）的性格啟發（他曾因劫持一名十五歲的女繼承人而入獄三年，病態之說由此而來）。[53] 威克費爾德主張，開拓殖民地為英國欲繁榮市場、欲成為有力的資本供應者和消耗者所不可或缺，主張英國人是「天生」的拓殖者。但他也深信，殖民地必須有周全規畫，以免墮入完全不生產可供出口產品的自給型社會。殖民地所面臨的最大威脅，乃是一旦土地太廉價，沒有人會願意替別人做事，寧可去弄塊小地養活自己和家人。有資本的人，沒有人會來這種停滯的「農民」社會。沒有社會領袖，它會變得髒亂。解決之道是規畫和價格。殖民地必須精心規畫，賦予城鎮和生活設施，以吸引有錢人進駐。最重要的是，土地必須以「夠高」的價格出售，屆時買地者將不得不想辦法把它賺回來：將有強烈誘因促使他們雇用欲使土地發揮生產力所必需的勞動力。阮囊羞澀的移民，必須工作數年才買得起地。勞力與資本相輔相成，將創造利潤和進步。[54]

威克費爾德的想法深深打動了數個有志於拓殖事業的群體。他們承諾創立一個條理井然且將由受過教育、有閒的人士主導其風氣的世界。他們吸引到那些深信只有經過規畫的殖民地才能使原住民免遭歐洲移居者的貪婪、殘暴傷害者一同奮鬥（使原住民免於這類傷害是一八三〇年代晚期社會大眾關注的主要事項之一）。他們將為原住民保留土地；至於原住民皈依基督教、投身貿易一事，可能受到仔細的規範。利他助人也不會是無報酬的義舉。威克費爾德的構想讓那些在殖民地買了地但人待在國內者，得以在頗豐厚利潤下將地承租出去或賣掉。藉由從毛利人手中便宜買得土地然後脫手，這公司因此有了資金來支付移民工（殖民地勞動力）來此的旅費。

普利茅斯公司的創辦人贊同威克費爾德的構想，這麼做似乎可以解決德文、康沃爾兩郡部分地區的貧困問題。第一批移居者包含康沃爾郡大地主威廉·莫爾斯沃思（William Molesworth）爵士召募的工人。莫爾斯沃思為該公司董事，大力鼓吹「殖民地改革」。[55]該公司承包了一艘船，並於一八四〇年十一月船啟航駛向紐西蘭。只是移居者真正要去的地方，仍未決定。由於沒有自己的地，普利茅斯公司已從母公司紐西蘭公司那兒買下約五萬英畝土地的所有權。該公司先派經驗豐富的土地測量員佛雷德里克·卡林頓（Frederick Carrington）前往挑選理想地點，替移居者準備好移居者的相關事宜。卡林頓於一八四〇年十二月抵達面積不大的尼可森港區（township of Port Nicholson，今威靈頓），並向該公司代理人認領土地。他未稍作休息，便立即上船巡行附近海岸，以尋找港口和可耕種的平原。新普利茅斯的條件並非最理想，然權衡諸多利弊得失後，此處相對適當。它有許多吸引人之處。以庫克取名為埃格蒙特山（Mount Egmont，今塔拉納基山〔Mount Taranaki〕）的那座圓錐狀大山為中心，遼闊平坦的平原向四周延伸。在卡林頓登岸所在的舒格洛夫（Sugar Loaf）岩附近，森林較不濃密。周遭的毛利人不多，而他所見到的毛利人，都「悲慘至極」。[56]紐西蘭公司聲稱已買下這塊土地。這裡沒有不怕暴風雨侵襲的良好登岸地點，但其他可選擇的地點可耕地太少。卡林頓決定就是此處。

這裡百廢待舉。靠著他帶來的一小批工人，他開始放火燒蕨，清理土地。得播種，得畫「區」。卡林頓集合當地毛利人，說明他們的土地如今屬他所有。「然後我在地上畫出一塊塊方格，」他在日記裡寫道，「讓他們了解他們所保有土地的價值，他們得知後非常高興。」[57]他凝望森林，想像森林中的木材將帶來的獲利。然後，三月三十日，第一批移民抵達。新普利茅斯建立。

不久，情況開始不對勁。當時，卡林頓初抵尼可森港，立即雇用名叫巴雷特（Barrett）的海濱流浪漢當助手。巴雷特來自英格蘭的羅澤海日（Rotherhithe），移居澳洲，之後越過塔斯曼海，來到當時是新南威爾斯沿海邊疆區的紐西蘭。他以捕鯨為業，在塔拉納基成家，然後當上紐西蘭公司的雜差工役和通譯。卡林頓要巴雷特擔任他與新普利茅斯毛利人之間的中間人。沒料到巴雷特突然宣稱該公司土地有許多其實是他和他的（毛利族）小孩所有。[58]或許受了他的慫恿，其他毛利人開始抱怨紐西蘭公司把這塊土地賣給他，但他們從未把這塊土地賣給該公司（後來卡林頓推斷，這一主張九成是真的）。[59]在這同時，這個小殖民地的前景開始烏雲罩頂。事實表明，缺乏港口是個嚴重缺陷。每樣東西都得用該公司的捕鯨小艇載上岸，費時且費成本。到訪的船隻很少。該公司的新普利茅斯代理人訴苦道，「除開偶爾的機緣所賜，我們與世上任何地方毫無聯繫。」[60]在這點上很在意別人批評的卡林頓聲稱，塔拉納基是「這個國度的樂園」、「大穀倉」。[61]不管真相為何，農業要發展起來，沒有捷徑，只能一步一步來。更糟糕的是，塔拉納基

1860年白人在紐西蘭的聚居區域

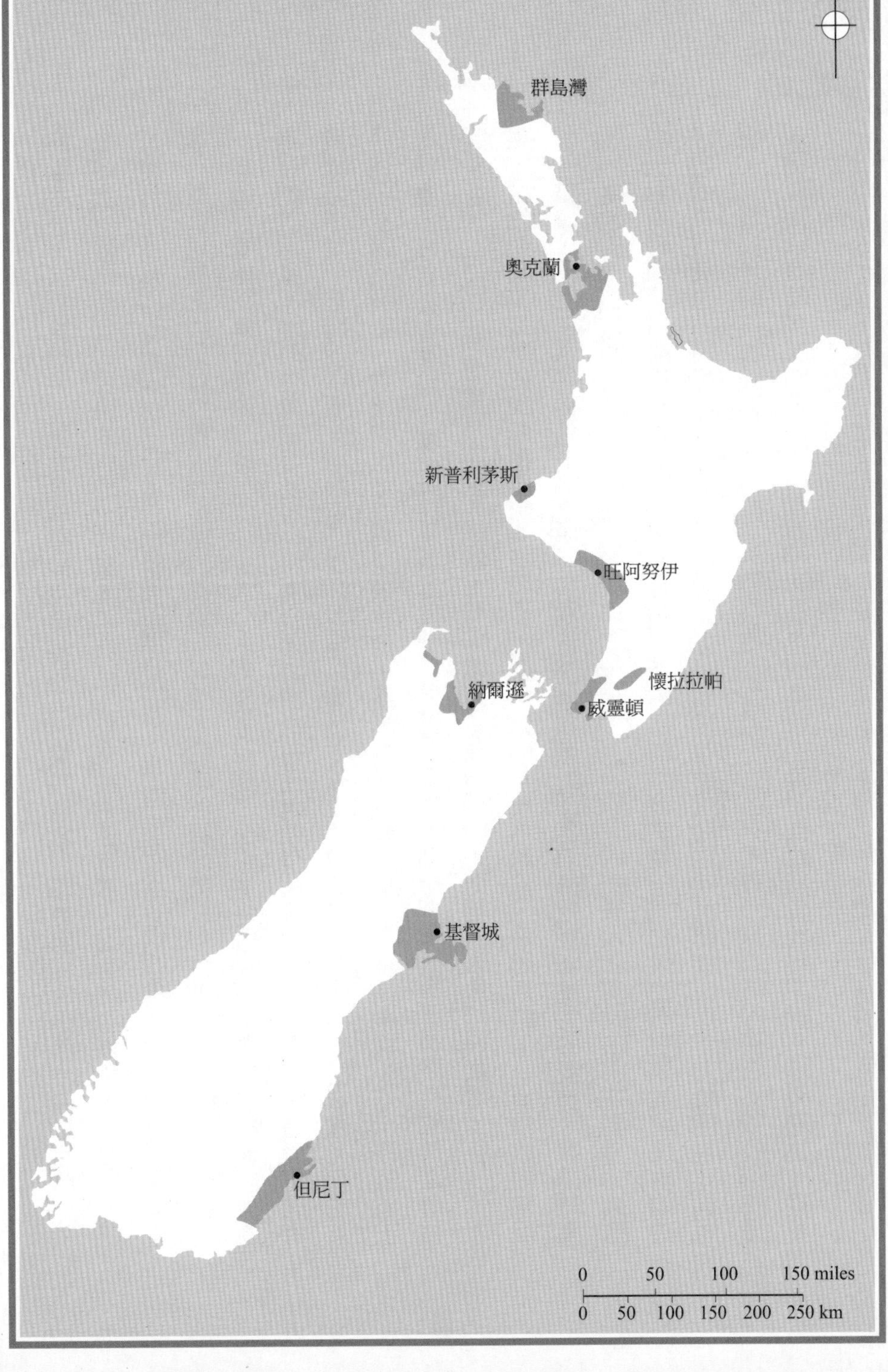

的灌木林不適合養綿羊，而養綿羊是解決澳洲和紐西蘭其他地方經濟困境的出路。要把他們已開墾的土地轉化為有利可圖的農地，乃至養活自己，看來都希望渺茫，因而這些拓殖者的存在，只是徒然在消耗而非挹注該公司本已拮据的資源。第一年還未結束，普利茅斯公司的銀行家就破產，該公司被迫與對維持新普利茅斯的存續意向並不明確的紐西蘭公司合併。

情況毫無好轉。英國政府已於一八四〇年併吞紐西蘭，卻視這些白人拓殖者為幾無異於製造麻煩的討厭鬼。他們會驚動毛利人，引發代價高昂的殖民地戰爭。倫敦的解決之道，是對移居者買地之事施予嚴密的限制。紐西蘭公司的土地所有權主張受到帶著猜疑心態的嚴格審查，且在某些例子裡遭到駁回。對渴求土地的移居者來說，這等於是宣判死刑。卡林頓嚴肅表示，沒有新土地供應，沒有人會來紐西蘭，已待在那裡的人會離開。雪上加霜的是，新普利茅斯位於懷塔拉（Waitara）河沿岸的最優質土地，成為毛利人激烈爭奪的標的，毛利人人數開始劇增。移居者發現，當地明顯不見原住民的蹤影，乃是一八二〇、三〇年代毛利人「滑膛槍戰爭」造成的短期現象。當時，某些部落拜洋槍引入之賜，對鄰近部落和敵對部落取得短暫卻重大的優勢。戰爭結束後，當地人獲釋返回家園以收回他們的土地。[62]不久，移居者與毛利人之間發生武裝衝突。英國本土對新普利茅斯開始興趣缺缺。人在普利茅斯的那些董事哀嘆道，如果沒有吹捧該殖民地的美好的信寄回英國，別想召募到更多人前去（有一本描述該殖民地且語調歡快到令人起疑的著作問世，可惜問世時已經太遲）。[63]該公司的代理人提醒道，若沒有具有資金的人挹注，該公司將得承擔雇用所有移民工的費用。而移民工若拿不到優厚工資，會放棄新普利茅斯，轉而前往工資更好的地方。一切工作，測量土地和其他一切，都會停擺。

但到了這殖民地成立第三年時，那已變得無關緊要。來自毛利人的壓力升高。「毛利人企圖把情況變成危機，」該代理人忿忿說道。他認為，在「有原住民和移居者發生爭執的其他國度」怎麼對付原住民，眼下就該怎麼對付毛利人。應有人出來「翦除」毛利人酋長蒂勞帕拉哈（Te Rauparaha）；成事之後，陪審團不會把那人判定有罪。[64]在這同時，該殖民地裡的失業工匠開始向紐西蘭公司索討工作，揚言拆掉該公司代理人的房子遊廊和圍籬。幾個月後，有報告指出，毛利人正在建造要塞（pa）。就連買了地的移居者都不願付買地錢，擔心毛利人的反抗會導致投入的錢泡湯。對新普利茅斯的投資，該公司不再奢望回本。這殖民地勉力苦撐，隨時可能不保，而在塔拉納基，白人與毛利人爆發衝突的可能則升高。到了一八五〇年代中期，移居者已需要守備部隊和木堡來自衛。[65]一八六〇年三月，第一場塔拉納基戰爭爆發。新普利茅斯和塔拉納基受阻於戰爭和經濟蕭條而陷入停滯，第一批移民所夢想的繁榮未來，得等到一八八〇年代中期才得以展開。[66]扭轉局面者是鐵路和冷藏技術。一如紐西蘭其他地區，塔拉納基成為靠將乳製品和肉運往英國本土出售發達致富的小農之地。

適應

無論到哪裡，移居者都得改變其生活模式，以適應他們所進入的世界。北美洲、澳洲、紐西蘭、開普殖民地或許具有溫帶氣候土地，但對於習於西北歐農業環境的歐洲人來說，其自然環境還是帶來棘手的挑戰。北美洲東部的濃密森林是危險重重的蠻荒之地，有熊、豹、狼出沒其間。移居者用各式各樣的手持工具來面對這蠻荒之地：斧、鋸、錘、槍、小刀。樹是他們的敵人。事實上，直到十九世紀中期，移居者仍普遍相信，除掉覆蓋大地的樹木，會使氣候變得較暖，北美寒冬將不再那麼凶惡。然清除林地上的林木非常費力。當時的記述顯示，一個男子花上大半年，可能只清除出一英畝多一點的土地。[67]靠一己之力的移居者，將需要辛苦大半輩子，才能開闢出一塊可用的農場。沒有動力鋸可用來伐木，沒有機器可用來將木頭拖走或加工成木材出售。在澳洲，來自歐洲的第一批移居者發覺自己置身於特別陌生的環境：脫皮而不落葉的樹；沒有刺的蜜蜂；有囊袋的哺乳動物；黑天鵝和白鷗。[68]那也是個嚴酷、需要花心思應付的環境。澳洲土壤貧瘠不肥沃，留不住水，缺乏植物養分和微量元素。降雨量變化極大。[69]早期拓殖者以為在內陸會找到大內陸海，結果根本沒有：這裡沒有像北美中西部那樣可開闢為無數農場的廣大內陸，只有乾旱、空無人煙的「死寂之心」（dead heart）。在紐西蘭，北島許多地方為濃密森林所覆蓋，其丘陵地形使走陸路比走海路更不便，沿海地帶各孤立白人移居地間的往來因而通常倚賴海路。在南非，遼闊乾旱的卡魯地區（Karoo），橫亙在「往北的道路」上，遷徙的阿非利卡人被迫往東方邊疆推進，從而造成他們與科薩人衝突。

移居者所入侵的土地，當然並非完全原始、無人類斧鑿痕跡的土地。在北美洲東部，美洲原住民已根據自己的農業需求改造過林地環境。有些地方林木稀疏，狀如公園，乃是因為原住民定期燒林以清出空地種植作物，或藉此引來大型獵物出沒。[70]早期移居者接收原住民離去後留下的農地，採用他們部分日常食物。在早期的紐西蘭，移居者發展最順遂的地方，為可找到草地放羊的地方（新普利茅斯的不幸，就是沒有草地）。證據顯示，有很多草地是西元約一〇〇〇年時，來到紐西蘭的毛利人清除森林後所留下。[71]這方面最引人注目的例子出現於澳洲。第一批白人移居者所承繼的自然環境，是已經歷過可能六萬年的人類居住改造過的自然環境。從東南亞跨海而來的原住民拓殖者定居澳洲後，使林相變稀疏，並定期放火燒草地，以促進植物幼株成長，藉此引來小型獵物。有位早期探險家論道，「若非有這一簡單過程，澳洲的森林大概會具有如紐西蘭或北美洲那樣濃密的叢林。」[72]一如紐西蘭的毛利人，他們將大型動物獵殺至絕種，從而造就出擅自占用土地的白人移居者所樂見的遼闊牧草地，以及讓歐洲人的綿羊得以安心徜徉其間，不必擔心被掠食動物獵殺或別種食草動物爭食的廣闊草原。

但適應新找到的自然環境，只是移居者異鄉闖蕩經歷的一部分。他們無意採用原住民的生活方式，打算盡可能照自己原有的方式過活。當地的生態系統通常因此受害，結果往往是場災難。歐洲人放任其牛豬在美洲森林裡吃草，成為入侵原住民部落之農地與獵場的先鋒部隊。[73]土地便宜，人工昂貴，以致移居者沒什麼意願細心照料土地。他們未將森林完全清除，反倒常將樹木「環狀剝皮」（燒掉樹幹），在殘樁之間播種。收成時，農民盡可能收割，然後棄地而去，到別處開墾播種，留下地力耗盡、受侵蝕的大地。[74]在澳洲，歐洲牲畜的入境，迅即將當地鬆散的表土壓結實，壓垮原生種禾草，土地變得光禿禿。令第一批歐洲移居者驚歎的美麗原生草地，存活幾乎不到六十年，然後牲群不得不移到他處。在紐西蘭，移居者的急於求成，帶來令人震驚的後果。據說一盒火柴是移居者的首要工具。他們放火燒森林，往灰燼裡撒草籽，以創造新的牧草地，接著迅即讓綿羊上場，以抑制灌木生長——這作法被稱作「嚼食蕨類植物」（fern-grinding）。綿羊的腳、鬆散的土壤、丘陵地形、強風、豪雨，造成水土嚴重流失。診治、修補得等到二十世紀。移居者也決意改造大地景觀，使其類似於家鄉所見。到了十九世紀，他們已開始以近乎工業生產的規模做這件事。在遼闊的紐西蘭土地，撒上歐洲禾草的種子。在澳洲，移居者迅即相信原生動植物是沒用的殘遺，必須代之以來自更豐饒環境的動植物。「適應新環境協會」（acclimitization society）迅即大量冒出，以引進多種據認「有用」的外來物種（包括兔子和駱駝），以及鳴禽、園藝花卉、裝飾用灌木和樹木；而這兩者都造成生態浩劫。[75]事實表明，歐洲動植物（更別提歐洲的雜草和害蟲）的拓殖，比人類更為成功，特別是在整年都是生長季且欠缺原生對手的地方。[76]今日來到紐西蘭的英國人，可能遇見如下的奇怪標牌：「危險：黑刺莓。」[77]這樣的警語絕非無的放矢。黑刺莓生長太繁密，綿羊一旦不小心被其可怕的灌叢困住，即因無法脫身而致死。有位自然學界的先驅說，黑刺莓是道路開到哪裡，它就跟著到哪裡的「可怕行者」。[78]

傷害有很大一部分未被當時人看到，或者只在環境無法負荷時才顯露出來。移居者社會具有將拓殖過程較有害的部分（操之過急的占據有時脆弱的環境）視而不見的強烈傾向。為吸引資金和人（更多投資和移居者）前來，「正面」形象不可或缺。《澳洲無限》（*Australia Unlimited*）

是一九〇六年問世的典型華而不實出版品。凡是對證據提出疑問，或如地理學家葛里菲思・泰勒（Griffith Taylor）那樣，指出澳洲乾旱氣候的鐵般事實者，都成了過街老鼠。泰勒不久後便離開澳洲前往加拿大。[79]另一方面，在移居者社會裡，漸漸生出自身社會永世長存、獨具一格的心態。到了一八七〇年代，知識界已開始流行將加拿大稱作「北方種族後裔居住的北方國度……一個健康、吃苦耐勞、道德高尚的種族。」[80]澳洲人和紐西蘭人編出類似的神話，自稱是「更優秀的不列顛人」，比宗主國的不列顛人更健壯、更吃苦耐勞、更健康。隨著移居地人口更為稠密，愛鄉之情取代了更早期移居者對單調乏味景色的訴苦。當地的景致有了「特色」，成為「別具一格」之地。[81]澳洲的灌木地帶，一如加拿大北部，變成浪漫之地，成為加拿大「七人團」（Group of Seven）之類藝術家的創作題材，國家認同的象徵。[82]

排外

在新國度裡塑造本土認同，有其較醜陋的一面。英裔移居者社會一方面（面對母國那一面）開放，另一方面卻緊閉大門。遇到原住民質疑其土地所有權主張，他們的本能反應是買下土地或將他們趕走，若有必要，則將之消滅。在這些白人國度裡，原住民沒有生存餘地，或在最好的情況下，淪落邊陲，慢慢滅絕（一般人對他們文化和族群的下場的看法）。[83]在加拿大、澳洲、紐西蘭，儘管所受到的對待差異甚大，原住民都不得不屈服。到了一九一四年，他們已是白人占領故事的注腳，只有在紐西蘭不是如此。在紐西蘭，毛利人的頑強反抗促使毛利人在北島高地保有一大塊地區，保有重要的政治權：議會保留了四席給毛利人。南非的情況又不一樣。在那裡，移居者以消滅為手段，逐走桑族（即布須曼人）狩獵採集者。但用來對付科薩人、祖魯人和其他以畜牧為生（也種穀物）的民族，這些辦法就無效。他們人數太多、勢力太牢固，非但趕不走，在白人眼中甚而太有用，不能敢走。在（發現黃金之前）因為貧困而吸引不到歐洲人大量移入的地方（英國人始終少於在當地出生的「荷蘭人」），黑人土地和黑人勞力同樣寶貴。因此，移居者改以其他方式將原住民排除在外。南非黑人（大部分）被奪走土地，淪為農奴。他們被關在黑人居住區，被迫靠勞力過活，被明令排除在白人的南非之外。他們無所不在，卻在文化上和心理上隱形不見。[84]

白人移居者也時時在擔心另一個外部威脅，即來自亞洲的移民悄悄入侵。華人於一八五〇年代初期澳洲淘金熱時來到，約十年後，紐西蘭發現黃金時，有些華人進一步移到紐西蘭，還有些越過太平洋（或從加州北上）來到英屬哥倫比亞，先到該地區的產金區，並於一八八〇年代投入建造加拿大太平洋鐵路（從東西兩端同時動工，在洛磯山脈接合的跨大陸鐵路）。印度人以契約工的身分被帶到南非的納塔爾種甘蔗。英國人、布耳人戰爭（1899-1902）後，華人被帶到南非的蘭德（Rand）高地重啟金礦開採。在這些例子裡，白人移居者族群對外來族群愈來愈敵視。白種工人認為，工資低廉的「有色」人種勞工會壓低他們的工資，搶走飯碗：經濟蕭條時，例如在一八九〇年代的澳洲，這一憂心升到最高點。白人店主痛惡印度人搶生意。這一赤裸裸的自私自利心態，受到一更複雜的情緒推波助瀾。十九世紀晚期，澳洲、紐西蘭、加拿大白人移居者的建國事業，已開始強調精神改革和宗教改革、嚴謹的社會戒律、民主平等原則。外人和「偏差分子」、惡棍和游手好閒者，不再受歡迎。現代社會需要秩序和進步。自然而然的，在這一新社會階段，華人或印度人被認為是非法闖入者、危及民心的團結一致，令人不快的想起粗陋、粗俗的過去。[85]於是，到了一九一四年，在白澳洲、白紐西蘭、白加拿大以及（有點諷刺的）在白南非，都已立法禁止華人和印度人移入。[86]

移居是個充滿疑慮、前途未卜、令人不安的過程。有時，留下令人難忘創痛的遷徙經驗不過是開端。取得土地、開發土地、重造大地景觀、落戶紮根、將所有對手拒於門外，都是讓人一刻不能懈怠的事：照良心做事會讓人付出高昂代價，疑慮則可能要人命。移居者社會強硬的種族歧視立場，既是傲慢的產物，也是恐懼與焦慮不安的產物。這立場反映了得不斷前進，以免一旦停滯下來，一切努力就會化為泡影的壓力，幾乎無時不在的壓力。「不增加人口就等著滅亡」（populate or perish），成為某個移居者社會裡的政治口號，而作為民粹主義箴言，它適用在所有移居者社會上。

第五章　訴諸戰爭

殖民地戰爭

一九〇二年十二月，倫敦陸軍部列出「一八五七至一八九九年英國的主要戰爭」，即從克里米亞戰爭（1854-1856）結束，到南非戰爭（1899-1902）爆發之前，十九世紀下半葉兩場大戰之間，英國打過的主要戰爭。陸軍部共列出十六場，但其中某些戰爭涵蓋了數場戰役，而且誠如其標題所表明的，動用英軍不到三或四千人的較小規模衝突，例如在肯亞、烏干達、奈及利亞、南非的東開普、一八七〇年的加拿大西部（Canadian West）的衝突，均未列入其中。即使如此，這份列表說明了英國在那四十餘年期間征戰規模的驚人[1]：一八五六至一八五七年在波斯；在印度（一八五七至一八五九年的大叛亂）；在中國（一八五八至一八六〇年的第二次鴉片戰爭）；一八六〇至一八六六年在紐西蘭；一八六七至一八六八年在衣索匹亞；在西非（一八七三至一八七四年的阿善提戰爭）；在阿富汗（一八七八至一八八〇年的第二次阿富汗戰爭）；一八七九年在祖魯蘭（Zululand）；在川斯瓦爾（一八八〇至一八八一年的第一次布耳戰爭）；一八八八年在埃及；一八八四至一八八五年在蘇丹；一八八五至一八八六年在緬甸；一八九五年在印度西北部邊疆地帶的吉特拉爾（Chitral）；在「馬塔畢利」（Matabili，一八九六年今辛巴威境內的馬紹拿戰爭）；一八九七至一八九八年在印度西北邊疆地帶的蒂拉赫（Tirah）；一八九六至一八九八年的第二次蘇丹戰爭。如果把一六〇〇年後英國人在愛爾蘭、北美洲、加勒比海地區、南美洲、中東、南非與西非、印度、斯里蘭卡、東南亞打過的殖民地戰爭都納入，很難不教人覺得英國人主要透過鮮血（其中有部分是他們自己的血）建立帝國霸業。

誠如文後所提，這一觀點有必須修正之處，但不容否認的，大體上，有組織的暴力行動是英國擴張的重要手段之一。在北美大陸，定居型殖民地的壯大，有賴於北美原住民人口的持續消滅，而原住民人口的消滅，一則靠英國人對他們的直接用武，一則因為英國與法國、西班牙的衝突（以一七五九至一七六〇年征服新法蘭西收場）。[2]英屬加勒比海地區，靠對殖民對手國發動戰爭，靠對零星分布的原住民和叛亂或脫逃的奴隸動武，以擴大範圍。在澳洲和紐西蘭，面對大不相同的對手，英國人訴諸武力來擴大移民聚居區，壓制反抗勢力。[3]在南非，英國人對東開普和納塔爾的恩古尼（Nguni）族群打了一場百年戰爭，在今辛巴威境內建立了一個征服國家。[4]一八九九至一九〇二年的南非戰爭，意在打破阿非利卡人勢力，且的確大體上壓住該股勢力，直到約一九五〇年代為止。[5]在非洲，英國殖民當局利用軍事勝利的獲益穩固統治地位：在西非戰勝阿善提人（Ashanti）和約魯巴人（Joruba），[6]在東非戰勝基庫尤人（Kikuyu）、羅人

（Luo）和大湖區烏干達的幾個較小的王國。[7]英國人在中國境內享有的多種特權和其在香港的據點，靠一八三九至一八四二年和一八五六至一八六〇年的兩場戰爭取得。一八八二年九月泰勒凱比爾（Tel el-Kebir）之役的勝利，英國人取得對埃及和埃及的重要運河的掌控（1882-1956），替二十世紀英國的稱霸中東奠下基礎。印度的情況也一樣。在孟加拉的普拉西（1757）和伯格薩爾（Buxar, 1764），在南印度的塞林伽巴丹（Seringapatam, 1799）和阿瑟耶（Assaye, 1803），一八四六年在旁遮普的阿利瓦爾（Aliwal）和索布拉翁（Sobraon），英國人憑藉動武和無情（但一點也不輕鬆）消滅競爭者，建立起其對印度的統治。[8]一八〇〇年前，位於印度的（超過十五萬人）英國人，握有兵力名列世界前矛的一支正規軍。[9]

支撐英國擴張的動武，有一些當然是在帝國政權掌控之外發生，或在違逆帝國政治領袖的意願下發生。移居者和貿易商、探險家和冒險家、當地盟友和侍從者，看準殖民權威的薄弱而動武，或先發制人以阻止殖民地官員做出他們所不喜的決定。強勢的殖民地行政長官，例如南非的約翰·佛雷爾（Bartle Frere）、紐西蘭的喬治·葛雷（George Grey），策畫邊疆戰爭，同時試圖讓倫敦相信他們一心只想採取守勢。諸多暴力行動並非出現在正規戰役裡，而是出現在小衝突、襲掠、報復、警察作為裡，那是無情、不間斷、低強度、直到將原住民趕走或納為農奴才停止的戰爭。這類暴力有時出現於「白人」打擊「黑人」的行動中。但兩方皆有非歐洲人參與的衝突更為常見。北美洲的英國人利用原住民盟友，打擊法國人和其他北美原住民（而法國人也在做同樣的事）。在非洲，英國軍隊通常是小股白人部隊，搭配龐大的黑人盟友部隊、隨軍商販隊伍。一八九九至一九〇二年的南非戰爭是個明顯的例外，但即使是這場戰爭，雙方都召募非洲人從事戰鬥和包括刺探敵情、傳遞信息之類的非戰鬥工作。[10] 東印度公司用以征服印度的軍隊，兵員大部是本土印度兵，而在這些印度兵眼中，替該公司效命，就和替印度統治者打仗一樣光榮。[11] 紐西蘭白人（pakeha）攻擊毛利人反抗勢力時，其部隊的基本組成部分之一是庫帕帕（kupapa），即效忠於英國政府、得到英國政府寵信的毛利人部落。[12]

殖民地戰爭的形態並非一成不變。對母國的英國人來說，代價最大的一種，乃是與歐洲對手國交手的殖民地戰爭，有時那是歐洲境內主戰爭的附屬戰爭。而最常見的一類殖民地戰爭是較局部性的，例如陸軍部列出的那些戰爭。這些局部性衝突，彼此差異也頗大。有些或許可歸類為不折不扣的征服之戰，以祖魯蘭或緬甸或馬赫迪主義政權下的蘇丹之類本土國家為征服對象，或以基庫尤人或毛利人之類沒有國家的民族為對象。但戰爭發生的時空大環境，通常較不明確。暴力往往爆發於征服許久以後，透露出征服只完成局部或根本是未竟之功。當名義上的統治轉變為實際干預或移居者占領土地時，被征服的人民便起事叛亂。因此，殖民地戰爭既有可能是以征服為目的，也同樣有可能是反統治（或「平亂」）戰爭。一八五七至一八五九年的印度大叛亂，就屬後者。[13] 英國人參與這類戰爭，以控制、遏制半被征服民族，或確立半被征服民族的居住區，而半被征服民族參與這類戰爭，則是為了在盡可能失去獨立地位後搶回政治、文化或經濟上的自治地位。在極端狀況下，這類衝突可能近似於滅族戰爭，在十九世紀初期的塔斯馬尼亞，就出現了這樣的結果（即使並非英國人的本意）。然而，殖民地戰爭並非全以亞洲人、非洲人、北美原住民為攻打對象。從英國人的觀點來看，最危險的衝突是與白人移居者的衝突。白人移居者通常裝備精良、組織完整且情報靈通，特別是對英國本身的軍備弱勢瞭若指掌。一七七五至一七八三年的北美移居者叛亂，更是得到英國的歐洲對手國施予重要援手，加上叛軍本身的持久力和戰力，奉派來平亂的英國部隊根本不是對手。英國得動用一萬名正規軍和一支忠貞的英裔加拿大人民兵部隊，才平定一八三七至一八三八年的法裔加拿大人叛亂。一八九九至一九〇二年擊敗南非境內兩個阿非利卡人小共和國的戰爭，使得英國軍力受到最嚴厲考驗，英國人因此普遍為英軍顯而易見的缺點感到憂心。

只要是戰爭，不管如何局部性，都要求兩方（或多方）拿起武器交手，而非求和、屈服或放棄自己的戰爭目的。通常，不妨說，這類有組織的暴力活動，在以下兩種條件下，似乎是可接受的風險活動：當結果難料，雙方都沒有必勝把握時；或當捨戰求和似乎威脅性更大時。當然，和、戰選擇從不是這麼簡單的事，必然因各種偶然性因素而變得複雜。最關鍵的偶然性因素是信息的供應。信息是判斷風險高低的依據，而一方或雙方所能取得的信息可能零星、不實或已過時，可能由帶有圖利自己之居心或對實情了解淺薄者所提供。信息永遠會受到消息來源和傳送兩者的影響而有所偏差。再者同樣重要的，則是統治者和將領，或地位較低的參與者，所必須賴以解讀所得信息的專業顧問。但建議和評估意見也會受到未道出的認定、個人目的、無知或偏見的影響而出現偏差。除此之外，在何處做出決定，會有很大的差別。在沒有強而有力中心存在的地區，或未能實質掌控的地區，未經授權的擅自行動可能引發規模大上許多的衝突。一場微不足道的群架（吉卜林所謂的「邊境站的一場混戰」）、一樁「緊急追捕疑犯」的案子、一個帶挑釁意味的手勢，都可能引爆衝突。就連最老練的政府，都可能躲不過這些危險（如今仍是）。在殖民地的環境裡，它們所帶來的風險肯定很高。

非外交性的關係

問題癥結之一在於外交行為規則和規則背後的思維，在世界不同地方並非一致——不一致也是理之必然。就外交角度來看，歐洲是個具有獨特習性且曲高和寡的世界。首先，自文藝復興時期或更早時，歐洲諸國就已互派大使常駐。最能幹的大使源源不斷送回報告：威尼斯大使所寫的詳細英格蘭情勢報告，一直是後世史家的寶貴一手資料。第二，共同遵守的外交禮節（包括語言和禮儀的細微差異），提供了一套讓人得以不斷監測兩國關係之冷熱變化的細膩信號。第三，從十七世紀中期起，歐洲諸國就已承認，凡是歐洲國家體系裡的正式成員，都享有主權地位：本國內政不受他國干涉，有權以獨立的自治單位存在。[14]

當然，這三者無一足以約束世襲君主和專制君主的野心，無一足以阻止波蘭（歐洲國土最大國家之一）遭接連三次的瓜分（1771-1795）而亡國，無一足以維繫歐洲和平。歐洲體制的主要優點，在於情報的不斷流動，在於規範承平時期對待外國人之方式的準則，在於大部分國家對其對外關係的嚴格中央控管。到了十八世紀中期，甚至可能更早時，歐洲人已愈來愈把這一地區性的模式，視為評判其他人（非歐洲人）行為的完美典型，且覺得歐洲以外的人均不合這標準。具有受承認的明確邊界、對這邊界內的土地行有效控制，保護外國人和外國財產，用「文明」方法來維持治安和懲罰，成為文明國家的標準，一國若想和歐洲諸國平起平坐，就得符合這標準。可想而知，世上許多統治者因此被納入「野蠻」一類。[15]這未阻止歐洲人基於各蒙其利的考量與他們締結條約，或一如一八一五年後在非洲各地所見的，未阻止歐洲人爭取當地人支持禁止奴隸買賣。但這的確表示，要不要尊重「野蠻」統治者的邊界、獨立、乃至他們的財產，端視他們的「良好行為」或願意接受通商而定。帕默斯頓勛爵（Lord Palmerston）思忖西非問題時說，「從某個角度來看，或許不該以砲彈來遂行貿易，但另一方面，沒有安定，貿易不可能興盛，而沒有武力保護，安定往往不可得。就禁止奴隸買賣和推動合法貿易來說，占領拉各斯或許是非常有利且重要的一步。」[16]誠如先前提過的，拉各斯一如預期遭到吞併。維多利亞時代的英國人承認非洲統治者的最高統治權時，依據的是一時的利害考量，而非權利。

但在世界其他地方，野蠻這個分類，用處就不大。在十八世紀的歐洲，中國的形象正與野蠻相反。中國製造歐洲人極其看重的奢侈品，當然不可能屬於野蠻一類，而且某些評論家認為，相較歐洲的貴族統治，中國條理井然的士大夫統治更勝一籌。與中國交往所碰到的問題，在於中國自認天朝上國，英國（和歐洲）乃蠻夷之邦，地位在中國之下。一七九三年，倫敦派外交界老手馬嘎爾尼勛爵赴華，以說服清朝皇帝接受常駐使節。馬嘎爾尼到了北京晉見皇帝時，清廷要他雙膝跪地行三跪九叩之禮，令他大為驚駭。[17]經過氣氛火爆的討論，中國官員接受折衷方案：馬嘎爾尼單膝跪地，而就我們所知，避掉了叩頭之禮。然而，觀念的差異遠不只在晉見的禮節上。馬嘎爾尼力陳使節常駐北京的必要。「我告訴他（一名中國高官），歐洲諸國通常讓大使常駐彼此王廷，以培養彼此友好之情，防止誤解。」[18]對方卻回憶，「在中國情況不同，中國從不派使節到外國」，來京的外國使節，只准待四十天。這一輕蔑的回應，乃是井然有序之天朝世界觀的外在體現。中國人對歐洲有所了解，不然不會在聽聞當時法國情勢的變化時感到驚恐。但他們視歐洲人為「外夷」，為他們所知甚少且不在意的遙遠民族。中國人的文明世界（其實是東亞）由藩屬組成，藩屬承認中國和中國天子的最高地位。[19]中國人不培養相互友好之交，反倒偏愛將他們與歐洲的通商往來納入嚴格監管。這一自十八世紀初期開始施行的通商制度，規定所有外商只能造訪一港（廣州），只能與「行」（官府認可的一批本國商人）交易，活動範圍只限於設在河中島上的商館，貿易季一結束就得離開廣州。[20]

馬嘎爾尼把中國比擬為「一艘老舊、不牢固的……戰船」，即便如此，他仍主張勿攻打中國，以免危害英國自身利益。萬一中國瓦解（「絕非不可能的事」），英國在亞洲的利益可能受到重創，特別是可能受害於沙俄的擴張。[21]但約四十年後，勉強穩住的中英關係開始瓦解。隨著中國通商門戶洞開（東印度公司於一八三三年失去其對華貿易的壟斷權），愈來愈多英國商人湧入中國販賣鴉片（在中國肯定有銷路的洋貨）。中國官府下令禁止鴉片進口，然後在一八三九年四月沒收、銷毀洋商的鴉片存貨，英國人隨之以攻擊清軍戰船做為回應。而引發英國人侵華，掀起一八三九至一八四二年第一次鴉片戰爭的因素，除了洋商要求英國政府出面促使清廷廢除鴉片進口禁令，兩個世界觀之間無可彌合的鴻溝，也是同樣重要的因素。[22]「我們已給了中國人一番痛擊，讓他們有所警惕，」帕默斯頓勛爵於數年後回憶道。「但我們必須徹頭徹尾阻止他們不把我們平等看待。」[23]諷刺的是，追求平等待遇，卻促成「不平等條約」，一八四二年的中英南京條約為此後中國所受的諸多不平等條約開啟先河。根據這份條約，英國商人在通商口岸租界裡不受中國官府管轄，香港割讓給英國，並將中國對英國商品課徵的關稅限定在最低的百分之五。[24]此後直到十九世紀結束，英國人（和其他歐洲人）的存在和不斷欲擴大他們經商、傳教活動的作為，成為長期（儘管通常只在局部地區）摩擦的來源和此後另外兩場戰爭的潛因。[25]但英國人抗拒住瓜分中國或征服中國的誘惑。倫敦認為，「一個印度就夠了。」但或許英國人也覺得，中國以統一國家的形式存世如此之久，要以殖民形式將其征服根本不可能，著名國際法學者馬騰斯（F. F. Martens）就這麼認為。[26]結果，英國人把希望擺在改革中國法律、財政制度上，希望中國打開大門，讓更多鐵路和貿易進駐。中國的主權地位或許已傷痕累累，殘破不堪，但要讓中國保住這地位，即使中國處於託管狀態下亦然。印度的情況則不同。

英國人於一六〇〇年後以商人，而非征服者的身分，前往印度。經商要順遂，得博取當地統治者的好感，最重要的，博取德里蒙兀兒皇帝的好感。不管私底下做何感想，東印度公司的行政人員著意表現出對皇帝應有的尊敬。皇帝的代表登門拜訪時，他們一身蒙兀兒廷臣的穿著，以表明他們是「他的」人。[27]一七〇〇年前，唯一一次試圖違逆他，結果招來災禍。該公司於一六八八至一六八九年開啟戰端，派軍隊前去強化其在印度的地位，結果該公司的蘇拉特商館被關閉，孟買遭封鎖。最後，遵照皇帝所定的條件，該公司才得以和蒙兀兒言和。[28]一七五七年克萊夫在孟加拉打贏的普拉西那一役，源於蒙兀兒皇權的衰落和該省穆斯林總督的奪權企圖。即使在打贏此役和後來在伯格薩爾又打了勝仗，克萊夫仍非常不願意改變該公司的從屬地位，不願意否定蒙兀兒皇帝的最高統治者地位。他主張，若是反向而為，將招致其他歐洲強權的猜疑。英國本土的政治人物也非常擔心該公司擴張過度而破產（從而使「倫敦城」受到波及）。為控制該公司在印度的治理而推出的一七八四年印度法直率表明，「在印度實行征服和擴大統治範圍的計畫，乃是與我國之意向、榮譽、政策相忤的作為。」[29]面對蒙兀兒皇權衰落後其他強大的「後繼國家」（例如海德拉巴、邁索爾、馬拉塔聯盟），該公司的政策是維持「均勢」。[30]只是隨著拿破崙崛起，隨著他於一七九八年興兵入侵埃及，隨著法國人伸援提普蘇丹（**Tipu Sultan**）一事有可能成真，局勢完全改觀。提普蘇丹是精悍的邁索爾統治者，英國不共戴天的仇敵。英國人決意組織聯盟對付他。英國印度總督韋爾茲利勛爵（**Lord Wellesley**），即日後的威靈頓公爵亞瑟·韋爾茲利（**Arthur Wellesley**）之兄，否認外界有關該公司打算擴張的說法，力陳該公司的目的只是防止外國強敵入侵（或許該公司其實就是入侵的外敵）。邁索爾遭入侵，提普於一七九九年該國都城保衛戰中遇害。法國的威脅消退（法國人被趕出埃及）。然印度境內，和平並未降臨。

擊敗邁索爾加劇了馬拉塔聯盟諸國和東印度公司之間互有的敵意。雙方都想控制仍「受印度各階層人民，特別是受……穆斯林」尊崇的德里傀儡蒙兀兒皇帝。[31]英國人擔心印度境內出現一不利於他們的聯盟，也就是擔心馬拉塔聯盟和錫克人（旁遮普也是蒙兀兒帝國衰落後繼起的國家）、北印度境內其他好戰民族結盟。於是，一連串戰爭席捲中印度、北印度，直到一八一八年馬拉塔徹底潰敗，戰火才止息（旁遮普錫克人直到一八四九年才失去其獨立地位）。這之後，英國人才開始自認為是印度的「最高統治者」，有權廢立各地王公，不過仍不敢太猖狂。[32]英國在印度的地位得自蒙兀兒人對該公司的一項賜予，亦即英國人不敢公開否認的事實。「德里國王」（這時英國人對蒙兀兒皇帝的稱呼）派知識界巨擘拉姆・莫罕・羅伊（Ram Mohan Roy）出使倫敦，向英國政府陳訴該公司的治理不當，東印度公司因而大為難堪。直到一八三五年前，東印度公司所發行的貨幣都印著印度蒙兀兒皇帝的頭像。一八五七年大叛亂帶來的創傷，才迫使英國政府決定一勞永逸解決印度問題。末代皇帝巴哈杜爾沙（Bahadur Shah）捲入這場暴亂，以叛亂罪名受審，流放緬甸，一八六二年死於該地。[33]一八五八年印度政府法（Government of India Act）廢除東印度公司，廓除所有含糊曖昧之處。該法陳述，「印度將由女王陛下治理，奉女王陛下之名治理。」英國女王從此成為印度的最高統治者。

於是，英國人在印度展現了多種姿態。基於審慎行事的考量，他們保留了舊治理機構的大部分部門，儘管他們對其稅務體系的榨取更為嚴苛。他們在將法律編集成典時，曾徵詢印度教、伊斯蘭教學者的意見。許多英籍高級職員懷有強烈的宣揚福音情操，但東印度公司統治印度時，在宗教上採中立立場，對各宗教一視同仁。征服戰爭期間，他們努力替自己營造南亞次大陸諸多本土勢力之一的形象，而非外來入侵者，急於博得蒙兀兒皇帝的好感。在這種種作為中，他們著意將印度視為另一個世界，而非野蠻未開化地區。但他們的思維涵蓋另一個面向：隨著支配地位日益穩固，英國愈來愈傾向於認為自身統治已使印度撥亂反正。他們愈來愈常動不動就談起印度社會那些讓歐洲人覺得最無趣的特點。他們擴張的動機，也不像東印度公司所喜歡佯稱的那樣，全然屬於防禦性質。東印度公司的職員自公司的擴張戰爭裡撈到大筆油水，而所隸屬的軍隊軍官搜刮戰利品和掠奪物，高級職員甚或把個人收入投入「代理行」（agency house），且代理行往往靠取得官方支持，對付它們的印度債權人以獲取利潤。[34]有一次，該公司在馬德拉斯的高級職員為行政長官不願派兵前往收取阿爾果德的統治者私下，所積欠的債務而大為光火，憤而發動政變，將他鋃鐺入獄（他後來就死於獄中）。在帝國的這一邊疆地區，公私利益往往難以區分。

「非正式」擴張對和平的威脅，遠更難以消弭，尤其在移居者人數眾多之際以及地區。在中國和印度，英國人人數較少，官方控制相當強，當地的反抗也相當強。但有許多地方，情況不同於此。新英格蘭地區的第一批移居者我行我素，視法紀如無物。清教徒前輩移民（Pilgrim Fathers）在職業軍人邁爾斯·史坦迪什（Myles Standish）帶領下上岸時，除了洗劫印第安人的墳墓和木屋，還湧入某印第安人穀倉自行搬走穀物（「天賜的發現」），幾個星期後又回去搬了一些穀物。[35]恐懼和饑餓使人草木皆兵，覺得到處都有人要不利於己。由於對周遭的印第安人所知甚少，他們很容易就受到操弄，殘酷的報復未曾傷害他們的印第安人。只有少數移居者有時間或意願了解住在附近的原住民：除了幾個意見常不受信任的中間人（通常是商人或傳教士），其他移居者完全不了解印第安人的價值觀、信仰、關注和恐懼的事物。除非自己的世界觀受到嚴重打擊，移居者沒什麼理由摒除他們對原住民之看法的種族、宗教、文化上的成見。相反的，他們具強烈的自利動機要他們抱持偏見，且如有必要，他們會以暴力手段表達偏見。因為在大多數的移居者社會，新財富主要來自取得土地。粗陋的農業方法、較有錢移居者的土地投機癮、人口壓力，創造出不計代價擴張的需求，而且是無法滿足的需求。土地供應不足的顧慮將驅走資本，導致殖民地停滯不前。由於失手的代價太大，從原住民手中購買（或奪取）土地時，往往伴隨著強制性、侵略性或威脅性的舉動。在解決紛爭上能讓雙方都滿意的邊疆法庭付諸闕如或不足，微不足道的犯法情事（例如偷竊或侵占）便輕易惡化為當地、乃至地區性的暴力事件。寃寃相報逼使彼此的反感始終不消，直到（有時很久以後）所有反抗瓦解為止。

結果就是從十七世紀到二十世紀初年，在大部分有移居者和原住民相對抗的地區，爆發了一連串「邊疆戰爭」。在一六七五至一六七六年的「腓力國王戰爭或梅塔科姆戰爭」中，新英格蘭地區的白人打垮該地區阿爾岡昆人（Algonquin）的反抗勢力，儘管魁北克法國人對阿貝納基族（Abenaki）部落的支持，使新英格蘭地區白人的北部邊疆在一七六〇年前一直動蕩不安。一七一五至一七一六年南卡羅來納的雅馬西戰爭（Yamasee War，該地白人鼓動印第安部落俘擄敵對部落的人為奴），以及一七一二至一七一三年北卡羅來納對付塔斯卡洛拉人（Tuscaroras）的戰爭，為白人清出可供占領的數大片區域，許多印第安人因而遭殺害或淪為奴隸。[36]在南非，繼布耳人之後入主該地區的英國人，從布耳人手中承繼了兩場漫長的邊疆戰爭，對象分別是位於開普殖民地北部乾燥內陸的桑人（又稱布須曼人）和該殖民地東邊的科薩人。對以狩獵採集為生的桑人來說，布耳人帶著火器、牛、綿羊來到他們地盤，他們自此失去賴以維生的野生動物和珍稀的水源。他們的反抗猛烈且往往造成死傷。[37]就科薩人來說，衝突的根源不同。布耳人與科薩人爭奪牧草地，因為雙方都以養牛為生。一七七〇年代晚期雙方交鋒，隨之為誰有權放牛吃草不斷起爭執，一方指控另一方偷牛，繼之出現報復行動。「邊疆地區」（非雙方都認可的邊界，而是彼此都闖入的區域）兩邊都缺乏足以有效管轄的統治當局，導致地方的協議很難切實履行。邊疆地區的布耳人，得不到來自開普敦殖民地政府的支持，曾憤而宣布獨立，只是不久後就取消。[38]倫敦也無意籌措資源（資金或武力）予以完全征服，直到這場衝突開打將近百年後才改變態度。

在遙遠的澳洲，可見到差不多一樣的模式。在此，誠如先前已提過的，闖入的英國人根本否認原住民的土地所有權。前五十年左右，入侵澳洲的行動，大體上只是建立灘頭堡，移居者的聚居區通常位於沿海，且面積相對較小。[39]原住民至多後退，種族衝突不大。但到了這一時期末期，綿羊畜牧業的快速成長和尋找新牧草地的作為，使白人開始大舉湧入更內陸地區。一如其他狩獵採集民族，澳洲原住民面臨野生動物逃至他處或被滅以及珍稀水源喪失的困境，憤而以打游擊方式反抗：偷竊、殺害綿羊、趕走或殺害牧羊人。白人則回以無比凶殘的報復。在新南威爾斯的米亞爾溪（Myall Creek），約二十五名原住民於一八三七年遭冷血殺害，數名白人因此罪行遭殖民地當局絞刑處死。由於此事和其他原因，諸多邊疆暴力事件此後未遭揭露。一八三〇年代晚期，白人開始移入吉普斯蘭（Gippsland），即澳洲維多利亞殖民地東南部一個林木覆蓋的美麗地區。不久後，他們即與庫爾奈族（Kurnai）原住民起衝突，一有自己人被殺，便殺對方報復。情勢很快惡化為更慘無人道的暴力行徑。一八四三年在沃里格爾溪（Warrigal Creek），白人包圍、殺害高達一百五十名庫爾奈族男女小孩。那之後到一八六〇年，庫爾奈族經過一連串集體屠殺，幾乎滅族（此類屠殺的證據，直到晚近才一點一滴重見天日）。[40]

若因此而認為移居者想怎樣就能怎樣，只要出手，原住民只有落敗的份，將背離事實。移居者的火力並非總是較強：澳洲原住民的不幸之處，在於還來不及與外界通商（且沒什麼商品可和外界進行買賣）之時，白人就大批到來，在還來不及取得槍枝之時，白人就拿槍對付他們。在美洲、紐西蘭和黑人非洲的許多地方，原住民在白人壯大之前，就能買到槍，並摸索如何使用槍打仗。從農民或商人圈子招來的移居白人民兵，在森林或灌木地帶不可能有好戰力。他們往往缺乏紀律，不願意犧牲性命，只要約定的服務期限一到就想回家。就連受過訓練而精於使槍、騎馬的布耳人部隊，對付科薩人和桑人都有勝有敗。乾旱的北方內陸和開普殖民地東邊疆地的濃密灌木林，也不利於他們施展他們已精擅的作戰方式。只有在遼闊無遮蔽的南非高原草原上，他們的火力、機動性和用遷徙馬車圍起的防禦營地，才得以占上風。對付祖魯人或對付有著高山、灌木林之川斯瓦爾東部的佩迪人（Pedi），他們的勝算就低很多。[41]當然，移居者受惠於他們的無形盟友疾病的殺傷力，受惠於不同原住民族間的內部對立。然受挫於頑強對手，可能是致使邊疆戰爭變得如此殘暴的原因之一。因為要取得勝利，似乎不能靠戰場上的勝利，而要靠完全消滅或趕走對方，或就南非來說，所依賴的則是將對方完全制服為順從的工人。於是，最後出現在二十世紀歐洲常見的恐怖、暴行、「總體戰」辦法，令人髮指的作法。

大英帝國的「小戰爭」

國內的英國人無法忽視這些殖民地戰爭，有時戰爭甚至令當時有著高尚情操的英國人備感厭煩且可恥。事實上，在一八一五年之前，英國的擴張和繁榮，在許多具影響力的人眼中，似乎是完全靠陸上、海上武力來達成。在重商主義列強（法國、西班牙、荷蘭、英國）激烈競爭的時代，「強權」與「繁榮」關係特別緊密。重商主義所提倡的，不是自由貿易，而是阻止外國人參與宗主國與其殖民地之間的貿易。英國人熱中於打破其對手國的貿易帝國，矛頭特別指向有著從佛羅里達到合恩角這片遼闊美洲領土的西班牙（西班牙將加利福尼亞納為殖民地，延遲到一七七〇年代才實現）。英國人也擔心，若不走侵略性擴張的路子，自己的貿易勢力範圍會遭包圍、困死，乃至完全喪失。因此，只要歐洲境內爆發戰爭，英國人就幾乎抑制不住在海外找戰利品的衝動。在海外，英國人能夠運用他們於一七〇〇年就已確立的一貫海上優勢，以彌補他們在陸上的相對弱勢，且（對倚賴議會支持的政府來說特別重要的）能訴諸愛國情緒或侵略主義來支持自己的行動。

基於這幾種理由，英國軍隊被派到許多遙遠異地。加勒比海地區是征戰頻仍之地，因為這些「產糖島」是殖民地財富的主要來源。克倫威爾於一六五五年派兵遠赴該地區，企圖從西班牙手中奪取牙買加。一七四一年，英國政府派了一支遠征軍，欲奪下位於卡塔赫納（Cartagena）的西班牙最大基地，結果以悲慘收場，一萬士兵有八成不久就病死。為保衛轄下的北美殖民地，英國人極欲拿下魁北克這座位於高崖上堅不可破的要塞。法國人靠魁北克扼控聖羅倫斯河和進入北美內陸的河邊通道。一七一一年，英國政府派了逾一萬兩千兵力的大軍前來奪取這一戰略要地，結果難堪收場。在聖羅倫斯河口附近遇暴風雨而失去部分船隻後，英軍諸指揮官就此喪失鬥志，罷兵離去。奧地利王位繼承戰爭期間，英國人總算打出較漂亮成績。當時，扼守聖羅倫斯灣的大要塞路易斯堡（Louisbourg），在一七四五年六月被來自新英格蘭地區的一支四千人殖民地民兵部隊拿下，只是後來根據艾克斯—拉—沙佩勒（Aix-la-Chapelle）和約歸還法國人。在這同時，法國東印度公司和英國東印度公司在印度搶奪盟友，試圖打斷對方的貿易，一七四六年，法國人奪走馬德拉斯。英國之後再次奪回該地，只是和平並未降臨，英國更在一七五四年首次派兵赴印度（在這之前，英國東印度公司一直倚賴其在當地組建的自家部隊，且在一七四八年得到在英國組建的數支「獨立連」和倫敦從海軍中隊抽調去支援的海軍陸戰隊增強其戰力）。42

一七五六年，七年戰爭的爆發是個轉捩點。接下來五十年，北美、加勒比海地區、印度境內的殖民地戰役，不再是主戰爭的附帶事件，而是英國人為其帝國存亡所打的世界大戰的一部分。事實上，在一七七五至一七八三年美國戰爭期間，更甚者，在一七九三至一八一五年所打的那些戰爭時，加勒比海地區與印度境內的鬥爭成敗，可說是與歐洲為敵，且在經濟、戰略上往往陷入苦戰的英國能否守住的關鍵。誠如後面其中一章將說明的，與對手拿破崙之間的漫長消耗戰，帶給英國兩次值得大書特書的勝利：一八〇五年特拉法爾加海戰的勝利和一八一五年盟軍在陸上的大勝。這些勝利讓英國在地緣政治上獲益甚大。英國海軍稱霸海上和戰後歐洲的均勢，英國從此擺脫前一世紀諸重商主義對手國的糾纏。當然，英國人仍不安於法國人和俄國人的意圖，特別是他們在東地中海的意圖，擔心他們掐住通往印度的陸上通道。一八六〇、七〇年代，沙俄的軍隊挺進至裡海以東後，英國人也時時在提防俄羅斯進逼印度。但在遼闊世界裡，英國軍隊可說是想打哪裡就打哪裡，好似「大洋是英國領地」（語出維多利亞時代某遊歷甚廣的英國人）。[43]英國軍隊有很大一部分分散於距母國數星期、乃至數月航程的殖民地小駐地。英國人派兵遠赴中國、衣索匹亞、西非、埃及，深信在當地只會遭遇零星抵抗。在十九世紀的多數時候，英國人能有把握的認定，面對歐洲境外的戰爭，只需派上小股軍隊即可，而且那些戰爭很快就會結束，成本相對低。

顯然印度是例外。就軍事角度來看，印度為既是包袱、又是資產的矛盾之地。一八四〇年，東印度公司擁有二十五萬兵力，為亞洲最大、最現代化的一支軍隊。但該公司也花錢在當地養了約二萬來自英國本土的部隊（一八四七年時超過三萬），以做為最後一道安全屏障。[44]印度兵譁變（一八五七年大叛亂的核心事件）逼使這一切改觀：英國不得不從本土派九萬士兵前來，以恢復對印度的掌控。騷亂平息後，英國決定將印度兵裁減一半，駐印英軍則增加為譁變前的三倍多。從此英國兵對印度兵的比例將是一比二：一發現譁變的跡象，就可立即消弭。這一安排的最大好處，乃是用印度納稅人的錢，供養做為大英帝國蘇伊士運河以東區域之戰略預備隊的將近一半英國兵力，因為這部分軍隊的一般開銷全由印度當地支應。最大缺點則是得源源不斷提供新兵補充兵員的損耗，因為在印度，死亡率仍然高得嚇人。英國軍隊的其他部隊因此兵員吃緊，為此長期抱怨。

原則上，英國人於一八六〇年後裁減掉三十多萬正規軍，其中三分之二是印度兵或駐紮印度的士兵。英國人喜歡把其餘約一半的兵力留在本土受訓，監看愛爾蘭，或防備歐洲情勢緊繃的不時之需。剩餘的兵力則分散到各殖民地駐地。英軍的戰術單位是戰鬥營（line battalion），每個營有三十名軍官以及約九百名士兵。營為駐地提供兵員，組成派赴海外的部隊。沒有參謀部。組成遠征軍時，指揮官從其門生或有志於戎馬生涯的應徵者中召募幕僚。指揮官預想到會在歐洲境外和邊疆環境作戰，因此運輸和後勤是他當下最關切的事項：將他的部隊運到戰區並確保部隊的補給不斷。一八五〇年前，大部分高階軍官年輕時，都曾參與當時所謂的一七九三至一八一五年的「大戰」（Great War）。那之後，僅少數高階軍官沒有在亞洲或非洲歷練過，或沒有在紐西蘭打過毛利人的經驗。抵達任務地點後，他們所面臨的最大挑戰，乃是決定作戰目標和戰術。在歐洲作戰，遊戲規則簡單明瞭。主權國戰敗即投降，締結新條約。對付非歐洲人的敵人，沒有什麼可視為理所當然。

一八九六年，查爾斯．科爾威爾（Charles Callwell）上校出版其經典著作《小戰爭的原則與實踐》（*Small Wars: Their Principles and Practice*），並在其中指出三種戰役：平亂戰役、征服與併吞戰役、「抹除羞辱、洗刷冤屈或推翻危險敵人」的戰役。[45]誠如科爾威爾所承認的，小型戰爭的難處，在於客觀環境差異極大。通則不盡可靠，但某些基本原則引人注目。他所謂的「民心效應」，「往往遠比有形成就重要」，「作戰行動有時被局限於造成正規作戰法則所不認同的破壞」——掩蓋在中國、阿善提、緬甸破壞房舍與作物、劫掠宮殿之舉的場面話。[46]可靠知識的欠缺、缺乏鐵公路之地的運輸難題、疾病所帶來的威脅，乃是使小型戰爭與眾不同的因素。與現代正規軍之間的作戰不同的是，「它們主要是背離常軌的戰役」。[47]後勤、情報和對民心效應（憤世嫉俗者可能稱之為「恐怖心理」）的著重，才是成功的關鍵。

事實上，在科爾威爾完成此書之前許久，英軍就已在其殖民地戰役中應用其理論。以「繩子」拴住作戰行動，決定其施展空間。「繩子」指的是與軍隊大本營聯繫的通信線路，大本營則是補給來源和萬一潰敗時的庇護所。通信線路得不計代價保護好。英軍有時切斷這聯繫以獲取更大的機動，但代價可能很高。拖著載有糧食、水、彈藥的長長輜重隊在後，使部隊行進緩如牛步，且一旦與敵交手，得撥出一大部分火力來守護輜重。一八八〇年七月，在阿富汗赫爾曼德（Helmand）河谷附近的邁旺德（Maiwand），英軍遭到重挫，一支英、印混成旅大敗，一千七百多人喪命，而這場大敗可說就是火力遭如此牽制住所致。為克服補給難題的辦法，就是使敵人盡可能與己交手，然後一擊便讓敵人倒地不起。這一作法背後的思維，既是軍事性的，也是心理性的。「對手一出現，我們立刻猛衝過去，這場戰役我們就勝券在握」，[48]威爾頓公爵如此指示。科爾威爾認為，「對付亞洲人時，就該主動出擊，靠氣勢嚇倒他們。」[49]一場徹底的挫敗，將使對方無心再戰。如果對手不肯屈服，作戰目標就該是對對方的威望和財產施予最大傷害：趕走統治者、摧毀其都城、搶走任何搬得走的財物。[50]

但（誠如後面會說明的）這說來容易，實際上並沒那麼簡單。就戰術層次，問題在於如何使較強的火力（英軍的一貫優勢）發揮作用。英軍善用縱隊陣形逼向敵人，以便以最快速度、最大氣勢逼近敵人，然後排成橫隊以發揮最強的齊射火力。這一戰法的風險在於，萬一橫隊遭敵人強行突破，己方將潰敗，一八七九年一月在南非的伊珊德列瓦納（Isandhlwana）之役就是一例。另一種戰法，即形成方陣，往往較受青睞，但那不是萬無一失。如果把部隊的軍需品和運輸工具擺在方陣裡保護，方陣可能膨脹到守不住的規模，且會有一群受驚嚇的牛被圈在方陣中。若把牛留在方陣外，牛可能成為敵人唾手可得的戰利品，未來以縱隊行進時將失去機動力。可想而知，方陣使任何一面的可用火力都降低，難以抵禦重擊。頭腦冷靜的對手可能把矛頭對準方陣的四角，因為內聚力最弱。利用方陣來對付敵人的強大火力或槍炮很危險。戰役指揮官得權衡敵我情勢：地形、他對敵人實力與裝備的了解、他的戰術對他所主要藉以蒐集情報、偵察敵情與敵打小衝突的當地輔助者（不管是白人移居者還是當地人）之忠誠與士氣的影響。指揮官通常會把手上的幾個英軍營留作突擊部隊，可能不動用，深信英軍營受過訓練的火力和白刃戰能打倒任何敵人。

與英軍對陣的一方又是如何？抵抗英國人入侵，必須拖延戰事。反之，英軍指揮官始終想速戰速決：他們知道倫敦沒什麼耐性，知道自己的前途在此一舉。對付英軍的最佳戰術是打游擊，以磨耗他們的決心，推高他們的成本。可惜僅少數本土統治者覺得這不難。他們擔心游擊戰會損及自己的政治權力，因為游擊戰從本質上而言，是講究獨立自主的。亞、非境內大多數本土國家也承受不住戰火的煎熬。失去收成和人力被調離糧食生產領域，可能導致經濟崩盤：沒有補給體系，反抗將撐不下去。就小國寡民來說，戰場上的人員損失難以填補：沒有醫療，傷者很快成為死者。槍往往能取得，但通常是老式、效率差的槍，加使用者技術不純熟，槍技並未能發揮應有的威力。英國人於一八七〇年代起使用速射步槍後，笨重且不可靠的加特林機槍（「加特林機槍卡彈，上校喪命」）[51]被馬克沁機槍取代，以及英國人能部署輕野戰砲（對付大部分非洲軍隊，殺傷力特別強的武器）之後，敵我火力的懸殊往往有如天壤，敵軍與英軍的死傷比例就此出現驚人的差距。一八九八年九月的奧姆杜爾曼（Omdurman）之役，基欽納（Kitchener）率領的英、埃混合部隊只死了四十八人，與他對戰的馬赫迪主義政權的軍隊死了至少萬人。

或許，沒有「典型的」殖民地戰爭可言，而且我們不該以為英國人始終能憑藉其訓練、科技精良的優勢取得優勢。在一七五〇年代的北美，他們嘗到「原始」土著在森林裡能消滅一縱隊英軍的慘痛教訓。一七五五年七月，布雷達克（Braddock）領軍欲攻下狄克訥要塞（Fort Duquesne，今匹茲堡），結果遭印第安人伏擊而慘敗：他一千兩百士兵有三分之二或死或傷，布雷達克本人也命喪此役。其原因在於，布雷達克未派人先偵察敵情，且部隊部署太緊密，加上疏於占領且行軍線周邊的高地。[52]在印度，英國人常面對訓練、火力和他們一樣精良的軍隊。東印度公司的軍隊能在野戰時固守、比敵人撐得更久，其所仰仗的是在補給問題上的周全考慮（威靈頓在這方面表現出過人本事，且這本事後來在歐洲大為發揮）。該公司的稅收，使它有雄厚財力聘任職業軍人，壓縮十八世紀晚期時印度境內各軍隊都已開始倚賴的所謂的「軍事勞力市場」。[53]在美國獨立戰爭中，英國人敗於叛軍在當地享有的廣大民心支持。當地的親英盟友，被殘酷的剝奪財產、恐怖主義行徑打垮。[54]第二次南非戰爭期間（1899-1902），英國人辛苦對抗行蹤飄忽的布耳人部隊，後者「悠游」於草原上，草原上的每處農場都可充當臨時基地。靠著將老百姓無情遷移和集中，且由於布耳人兵力薄弱，英國人才得以在一九〇二年五月取得莫名的勝利。讓英國軍隊陷入頹勢的，也不只是他們的白人敵人。背倚遼闊阿富汗的印度西北邊疆，像塊海綿吸走英國在印度的軍力。英國兩次入侵阿富汗（1838-1842, 1876-1880），先遭遇慘敗，然後施予較小規模攻擊報復，最後撤兵。面對能召集到可能多達五十萬戰士的邊疆部落，面對到處是高山、狹谷、陰暗狹徑的險惡地形，英國人倚賴圍堵手段：賄賂（或「補貼」）、外交、有時前逼、出兵征討，多管齊下——一九三〇年代某本陸軍手冊寫道，「給了懲罰，就停止用兵。」[55]殖民地戰爭的竅門在慎選敵人，至少那是竅門之一。

沃爾斯利將軍的戰爭

若更深入檢視維多利亞時代晚期的三場戰役，可更清楚看出英國打殖民地戰爭的方式和敵人對付他們的戰術。三場戰役都發生在非洲，但戰場地形大不相同：濃密森林、開闊草原、沙漠與河口三角洲。每場戰役都揭露補給與通信所扮演的關鍵角色：其中兩場的揭露是刻意而為，另一場則是勢所必然。在第三場戰役（一八七九年英國與祖魯人戰爭）中，擅打小型戰爭的沃爾斯利太晚抵達戰場而無法堅持其戰術，且此事絕非偶然。他以尖刻口吻論道，這場戰爭「在瘋狂中開打，在愚蠢中繼續進行。」沃爾斯利的主要職責，其實是逼對方接受懲罰性和約，一舉終結祖魯國的武力。

一八七三至一八七四年的阿善提戰爭，使得沃爾斯利揚名立萬。阿善提是西非國家，位於今迦納中部。它有組織完善的軍隊（戰時一名英國軍官論道，「有紀律、有指揮階層、受嚴密掌控」），[56]配備大量火器。阿善提統治者痛惡外國駐軍沿海地區（英國人占領了該地帶幾個老舊的要塞），時而以行動申明受英國保護的芳蒂人（Fante）部落由他們管轄。在其中一場最慘烈的衝突中，當時的英國行政長官向敵進軍，卻遭盟友背棄：他和麾下二十五名白人軍官遭殺害、砍頭。因此，一八七三年三月阿善提人再次入侵時，倫敦忐忑不安的注視情勢發展。阿善提人大敗反抗的芳蒂人，倫敦於是派來自巴貝多的一個黑人營、西印度團、一百名皇家海軍陸戰隊前去，結果大部分陸戰隊員染病。派去的部隊極力要求攻打阿善提首都庫瑪西（Kumasi），但倫敦一味搪塞，不願明確答覆，反而派少將加尼特·沃爾斯利（Garnet Wolseley）帶三十名「特勤軍官」過去。

沃爾斯利是維多利亞時代職業精神（professionalism）的典範。他是清教徒愛爾蘭人，父親也是陸軍軍官，在他七歲時去世。他打過對緬甸的戰爭（1852），曾服役於克里米亞（1854-1856）、印度反英暴動時的印度以及一八五八至一八六〇年第二次鴉片戰爭期間的中國與一八六〇年代初期美國戰爭恐慌期間的加拿大。他的《軍人口袋書》（*Soldier's Pocket Book*, 1869）是廣被運用的實用作戰手冊，說明了他對後勤事務了解的透徹。一八七〇至一八七一年，他奉派率兵遠赴馬尼托巴（Manitoba），並完成使命，成功化解印第安、法國混血兒對加拿大接管該地的反抗，展露了組織長才。[57]而在非洲黃金海岸出現令人頭痛的緊急情況時，他理所當然成為解決該問題的不二人選。

他原本的盤算為何，不盡清楚。然沃爾斯利本人幾可確定認為，要打敗阿善提，就得從母國調來英軍。他擬定周詳的計畫，以從各個最有戰力的戰鬥營裡抽調派人馬，組成一支最精銳部隊。內閣卻未答應。殖民地事務大臣金伯利勛爵（Lord Kimberley）轉告他，要他以「體面的和平」為目標。離英赴任時，沃爾斯利已安排好雇請獅子山的穆斯林戰士和從拉各斯買來的豪薩人（Hausa）為他在戰場上助陣。他那批特勤軍官（包括維多利亞時代晚期最優秀、最聰明的陸軍軍官），則要負責從沿海部落募集一支當地大軍，然後率領他們投入戰場。「性情好，好相處，有耐心，加上有堅定不移的目標和決心，最為重要。」沃爾斯利如此指示他們。一八七三年十月上旬抵達之際，首件要務便是安排英軍大本營開普海岸城堡（Cape Coast Castle）的防務，以防範僅數哩外的阿善提人來犯。但不久，沃爾斯利就從在阿巴克蘭帕（Abakrampa）混亂的戰鬥中看出，他底下那支被英國軍官在後面用棍子、雨傘擊打，驅趕上戰場的芳蒂人軍隊，根本不是阿善提人的對手。[58]在《泰晤士報》記者溫伍德·里德（Winwood Reade）挑剔挖苦的筆下，沃爾斯利呈現出有將無兵的「可笑景象」，攻擊阿善提人的行動以大敗收場，（他聲稱）他發現沃爾斯利迷失於灌木林裡，面朝不對的方向。[59]

與此同時，沃爾斯利已發了一則令英國政府不敢置之不理的信息回倫敦，其中提到若不派英軍過來，可能慘敗，英國將因此顏面無光。沃爾斯利的名望（和隨之而來受矚目的程度），迫使英國政府不得不正視他的看法。他的信息送達那一天，他所要求的兩個營就接到命令開拔，第三個營則準備好隨時出發。可惜條件嚴苛，只有為「至為重要」之事才能動用他們，或如果客觀情況能夠保證他們的軍事任務會迅即完成。甚至要「等到採取決定性行動的時刻已經到來」，[60]他們才會上岸。如此謹小慎微的心態，反映了先前已指出的軍隊兵員吃緊現象：英國在印度投入龐大駐軍所致。但這心態主要反映了在往往被稱作「白人墳墓」的地區染病的憂心。瘧疾、黃熱病、痢疾足以又快又狠消滅一支軍隊。沃爾斯利得用最短時間、最低代價打敗阿善提。

他已決定，要用「一場大勝的民心效應」，「永遠消滅（阿善提的）軍事威信」，最有效的辦法是摧毀其都城庫瑪西。[61]沃爾斯利的行事特色是規畫之後再動手。他明確規定麾下白人部隊的穿著：灰色花呢上裝和長褲（以防發燒、受寒）以及頭盔（防曬）。為了在濃密森林裡作戰，他們得持短步槍。一個星期發予萊姆汁四次：要升火以驅離「瘴氣」；行軍前要發予可可粉、餅乾、奎寧。沃爾斯利下令，「肚子覺得不舒服，立刻找醫生取藥。」[62]當務之急是為進攻庫瑪西的行動建好前進基地：一個供存放補給品和裝備且有一條公路與海岸相連的內陸補給站。並找來大批工人蓋公路、搬補給品，協助運送軍隊：每三個士兵要配一個搬運工，每位軍官要配一個搬運工。前置作業抵定，白人士兵才會上岸，遠征才會展開。

沃爾斯利的方法流於蠻幹，不過他有幸運之神眷顧。出於不明原因，阿善提軍隊撤退，或許是不堪疾病的肆虐，氣餒於久攻不下。沃爾斯利的芳蒂人盟友也變得意興闌珊。勞動力和情報都欠缺。沃爾斯利手上的地圖成了廢物：原計畫在平坦的沿海平原上鋪設一條輕軌鐵路，結果發現

1874年阿善提戰爭：沃爾斯利行軍到庫瑪西

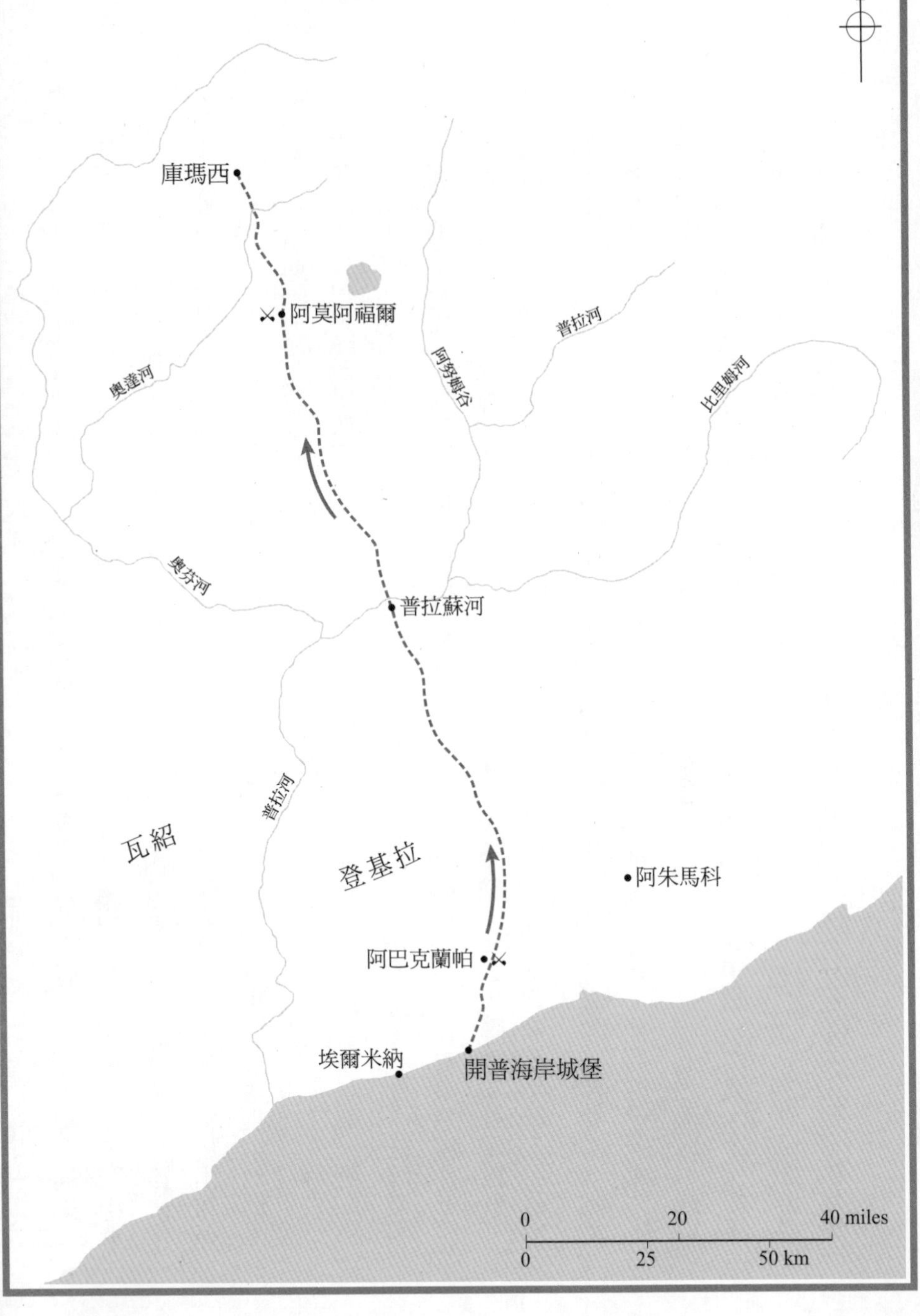

那裡是丘陵地。他的蒸汽牽引火車頭仍留在海灘。但他的「特勤軍官」未辱使命。「靠著賄賂，靠著承諾，靠著輕輕施加的威脅（肯定是委婉的說法）」，[63]他們蒐集到情報。如果搬運工開小差（里德表示，因為吃不飽、領不到工錢），[64]英國人就放火燒掉他們家鄉的村子以儆效尤。雖然花了頗長時間，特勤軍官還是糾集到受過軍事訓練的當地人，組成一支小部隊。然後，終於出兵進攻。一八七四年一月二十一日，英國人越過普拉胡（Prahu）河，進入阿善提。上級指示他們，「要冷靜，開槍要壓低，要慢，要準。」[65]

幸運之神繼續眷顧沃爾斯利。挺進十天後，在距庫瑪西數哩處遭遇阿善提軍隊反擊，雙方開戰了十二個小時。在濃密森林裡，阿善提的狙擊手神出鬼沒，遊走於英軍各編隊之間。沃爾斯利在寫給妻子的家書中說，「在印度或中國的平原上，至少看得到要對付的人，以寡擊眾沒什麼問題，但在這裡，這種無邊無際的森林裡，能見度只到百碼以內，令人提心吊膽。」[66]可能誤射友軍，通信則幾乎不可能。英國人組成一個移動的方陣，把火箭擺在四個角落。火力失衡是影響大局的重要因素。英國人有加特林機槍，但沒有動用。不過他們的史奈德（Snider）步槍給了他們很大優勢。阿善提人有火器，大部分是丹麥槍（Danegun），也就是滑膛槍。他們的子彈雖如雨點般射向英國人，導致高地營死傷四分之一，但（誠如里德所指出的）他們的彈丸太弱，只能造成輕傷：如果他們有史奈德步槍，「我們就慘了」。[67]在這場戰鬥中，英國人只損失六人，反觀英國人的壓低齊射，竟摧毀了阿善提人組成的任何戰鬥編隊。[68]幾天後，英國人進入幾乎人去樓空的庫瑪西，衝進有十二個院落和摩爾式正立面的宮殿。據里德針對一八四三年十月十七日戰事的詳載，他們發現宮殿裡面擺滿書籍、鐘、銀質餐具、波斯地毯和一份《泰晤士報》。然而，接下來他們怎麼辦？

只有一條路：盡快離開。沃爾斯利的幕僚長布雷肯貝里（Brackenbury）論道，「要進行可能再打一仗的任何軍事行動」，或去獵殺該國國王，「沒人願意」。[69]病號愈來愈多，補給品面臨短缺。沃爾斯利擔心，撤退到海岸的路線若拉得更長，將無法撤出傷兵和病號。二月六日天剛亮，在庫瑪西待上不過一天，英國人整備好掠奪物之後隨即拔營，並在城裡多處放火。十四天後，沃爾斯利回到海岸；三月四日時他已在海上。三月十四日，阿善提國王簽署條約，聲明放棄其對沿海地區的領土主張。他允諾自由貿易，通往庫瑪西的道路保持暢通，並用金沙賠款。沃爾斯利得勝而歸（他最了不起的成就是他的白人部隊死亡率保持在百分之一，那是空前的成就）。但這是場贏沒多少的勝利。未被消滅的阿善提人，來日又動干戈。

祖魯戰爭則是另一種情況。自一八四三年吞併納塔爾後，英國人一直提心吊膽活在祖魯國的陰影裡。當地白人勢力弱，無法打敗祖魯國，且倫敦也無意派兵增援。直至一八七〇年代晚期，情勢突然改觀。川斯瓦爾境內建制尚不完善的布耳國瀕臨瓦解：布耳國因攻打其東疆高山和灌木林裡的佩迪人慘敗而導致破產。英國人派代表團前去將其吞併，幾乎未遭抵抗。開普殖民地的行政長官受到英國政府和當地最倚重的顧問納塔爾官員昔奧斐勒斯．雪普史東（Theophilus Shepstone）的鼓舞，認為在整個南非施行單一政治制度，將該地林立雜亂且爭吵頻仍的黑人、白人諸國統合為一的時刻已經到來。[70]祖魯國似乎是最後一塊擋路的大石。祖魯國的武力建立在成年男子向國王貢獻勞役的徭役（amabutho）制度基礎上。成年男子按年齡別組成數個團，學習祖魯統治者已發展出的複雜戰法：使敵人接戰，然後從兩翼和後方予以包圍的「牛角」戰法。其成敗同樣取決於高明的偵察和關鍵時刻訓練有素且凶猛的長矛衝鋒——相當於沃爾斯利的「開槍要壓低……要準。」[71]英國人推斷，不消滅祖魯武力，這整個地區的和平發展就會遙遙無期，而專事土地投機生意的白人大力支持這看法。

開普殖民地的行政長官巴爾特·佛雷爾（Bartle Frere）認為機不可失，決定動手。當地已有一小支英國軍隊，因為先前在東開普爆發了另一場邊疆戰爭，而戰爭快結束時，那支軍隊被往北急調到納塔爾。英國人以一樁小小的挑釁為藉口，向祖國國王凱奇瓦尤發出最後通牒，要他解散他的徭役軍，一遭拒，英國人隨即揮兵入侵。佛雷爾和其指揮官切姆斯福勛爵（Lord Chelmsford）急於取勝，特別是倫敦未批准他的計畫，且他們需要造成既成事實。[72]於是切姆斯福流於躁進，未如沃爾斯利所始終主張的耐心做好萬全準備再行動，反倒命英軍兵分三路挺進祖魯蘭。其中一部陷入包圍，且因兵力太弱而無法突圍。位於北邊的第二路遭一支突然出現的祖魯戰士隊[73]重創。第三部越過圖蓋拉（Tugela）河，然後分成兩股。其中一股由切姆斯福率領，急速挺進以偵察敵情，其餘部隊在伊珊德列瓦納紮營。

然後，一八七九年一月二十二日，紮營部隊慘遭屠戮：一千七百人，包括英國正規軍、白人拓殖者、黑人，僅百人倖免於難。這是足以說明殖民地戰爭讓英國人吃盡苦頭的著名例子。他們

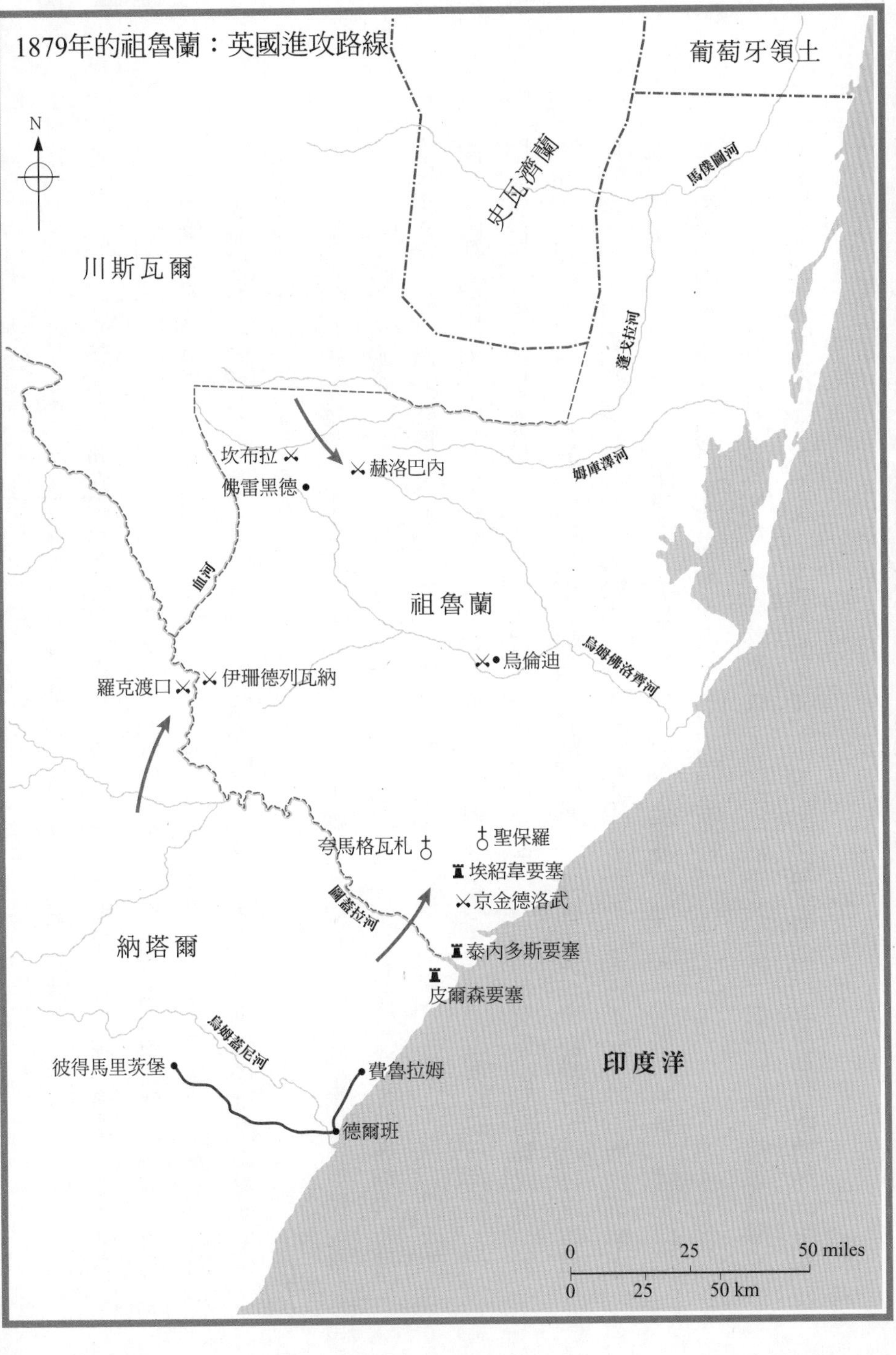
1879年的祖魯蘭：英國進攻路線
葡萄牙領土
史瓦濟蘭
馬僕圖河
川斯瓦爾
蓬戈拉河
坎布拉
赫洛巴內
佛雷黑德
姆庫澤河
血河
祖魯蘭
烏倫迪
烏姆佛洛齊河
羅克渡口
伊珊德列瓦納
聖保羅
夸馬格瓦札
埃紹韋要塞
京金德洛武
圖蓋拉河
納塔爾
泰內多斯要塞
皮爾森要塞
烏姆蓋尼河
彼得馬里茨堡
費魯拉姆
德爾班
印度洋
0
25
50 miles
0
25
50 km

的營地太大，無法有效防守，而且無法掌握確情報：直到最後一刻，都還不清楚有支祖魯大軍已迫在眉睫。由於沒什麼時間備戰且要防禦的範圍太廣，他們組成橫隊而非方陣，想靠火力來擊退進犯的祖魯人。但橫隊拉得太長太細，很快就不敵訓練有素的祖魯人攻勢而遭擊破，然後又受到來自側翼的攻擊。英國部隊立即分成數股，不得不與敵近身肉搏。只有運氣好的（或有馬的人）有幸逃過屠戮，因為祖魯人不留俘虜。如今，在該地形如坐獅的大山底下，這場戰鬥的遺址仍讓人詭異的想起當年的恐怖和慘狀。

伊珊德列瓦納的屠戮是場令人震驚的挫敗，創下維多利亞時代的英國軍隊在殖民地戰爭中一天內損失最多兵員的紀錄[74]，卻不是底定戰局的挫敗。兩個月後，在更北邊的坎布拉（Khambula），打過阿善提戰爭的伊夫林·伍德（Evelyn Wood），率領一支白人、黑人混成部隊，在陣地挖壕固守，痛殲來犯的祖魯軍隊，致使對方損失慘重[75]。英國人接著以四千兵力、十門野戰砲、兩挺加特林機槍進攻凱奇瓦尤位於烏倫迪（Ulundi）的都城。英軍小心翼翼組成一個方陣，在接下來七月四日展開的戰鬥中，擊退來犯的祖魯人（儘管贏得並不輕鬆）。祖魯武力自此一蹶不振。祖魯國接連幾次的人力損失（即使在伊珊德列瓦納之役亦損失甚大），無法填補。指揮體系瓦解。糧食告罄。凱奇瓦尤被俘並流放，祖魯王國就此分裂。令人不解的是，他為何不像阿善提人那樣，憑藉及時的撤退避開一場戰爭，卻執意開戰？

原因肯定在於三個因素的和合。與阿善提國王不同的，凱奇瓦尤除了挺身反擊，別無選擇。他知道屈服意味著自身權力不保：英國的最後通牒已表明此點。第二，他沒有外敵所無法深入的腹地或可據以進行游擊的腹地。祖魯蘭有許多地方是開闊的平原，而在那裡，英軍調動相對容易，英軍的騎兵隊可發揮其優勢（在阿善提境內英軍無馬可用）。第三，疾病雖仍令英國人困擾，但唯恐發生傳染病（促使沃爾斯利更急於後撤的原因）而不得不後撤的情況，遠不如在阿善提時那麼迫切。凱奇瓦尤沒有高明的後撤可當退路，而英國人一旦發覺情況不對，但可急撤回海岸。萬一被迫應戰，他能予敵重創：他殺死將近一千兩百名英國人和英國人在當地的許多本土盟軍，相較之下，在阿善提戰爭中，僅有寥寥可數的英國人喪命，只可惜由於現代步槍不多、人力有限、沒有補給體系，他無法造成讓英國人不得不屈服的損失。

切姆斯福在這場戰役中指揮無能，導致許多士兵白白喪命，令沃爾斯利非常光火，然等他趕到祖魯蘭，勝敗已定，切姆斯福依舊取得擊敗凱奇瓦尤的大功。三年後在埃及，沃爾斯利展現了他的能耐。格萊斯頓政府已（在國內沸沸揚揚的爭辯中）決定，必須把開羅民族主義政府拉下台。這個埃及政府是為抵抗外國干預埃及破產的財政而組成，其核心成員是會在財政「改革」中受創最大的軍方。英國政府做出如此決定，肇因於認為埃及政府威脅到蘇伊士運河（通往印度的捷徑）。出動海軍在亞歷山卓「示威」，未收到期望的效果，反而連累自己。炮擊未使埃及瓦解，反倒激使憤怒的暴民殺害一些歐洲人。英國政府已定好入侵計畫，一八八二年七月上旬命令下達。費了一番工夫，終於從本土和地中海諸基地湊集到兩萬五千人（按殖民地的標準看是支大軍）。有約七千人（英國兵和印度兵）奉命從印度開拔。沒有人認為輕易就可扳倒埃及。埃及的地形易守難攻；埃及軍隊是職業軍隊，武器精良；民族主義領袖阿拉比上校（Colonel Arabi）被認為極得民心。英國揮兵入侵，只要一場挫敗，就可能在政治上帶來不堪設想的後果：阿拉比的威望將上揚，各國可能施壓英國，要其撤兵。

而沃爾斯利就擅於解決這種難題。他已決定好要入侵何處，要如何快速拿下決定大局的勝利。地形是關鍵。在亞歷山卓（誰都看得出的埃及門戶）和開羅之間，坐落著尼羅河三角洲。八至十月尼羅河高水位期間，三角洲許多地方慘遭淹沒而沒入水裡，不利於部隊調動和快速移動。於是，沃爾斯利選擇在蘇伊士運河中途的運河邊城市伊斯梅利亞（Ismailia）上岸，來自印度的特遣隊可在此和他會合。選擇在此登陸的最大好處，除了較靠近開羅（只隔約一百二十公里），就是他的軍隊，特別是騎兵隊，能沿著地面堅實的沙漠邊緣挺進（如果今日從開羅到伊斯梅利亞，可從幹道上看見沙漠的白沙）。這裡還有條他希望好好利用的鐵路和一處淡水運河（珍貴資源）。只是沃爾斯利必須在阿拉比能出手阻撓前讓自己的軍隊上岸，並做好移動準備。他必須保護好淡水運河和鐵路，而且得在一與敵交手時，就將對手擊潰直到無力再起。[76]

沃爾斯利採用他的「阿善提」戰法：設立先頭補給基地，然後在基地儲備充足時，主力部隊移到該處。與此同時，阿拉比在泰勒凱比爾（Tel el-Kebir）設防，堵住通往開羅的公路。從八月底到九月上旬，英國人擊退對其前沿陣地的數次攻擊，然後大舉挺進。但他們遭遇在土木工事後面掘壕固守且兵力更大上許多的一支軍隊（可能三倍大但有許多「非正規軍」）。英軍在火力上將不具優勢，正面強攻則可能傷亡慘重。沃爾斯利的優勢主要在於軍隊紀律嚴明，士氣高昂。英國人於夜裡悄悄各就各位，很不簡單的成就。九月十三日拂曉，高地旅強攻埃及防禦工事，阿拉

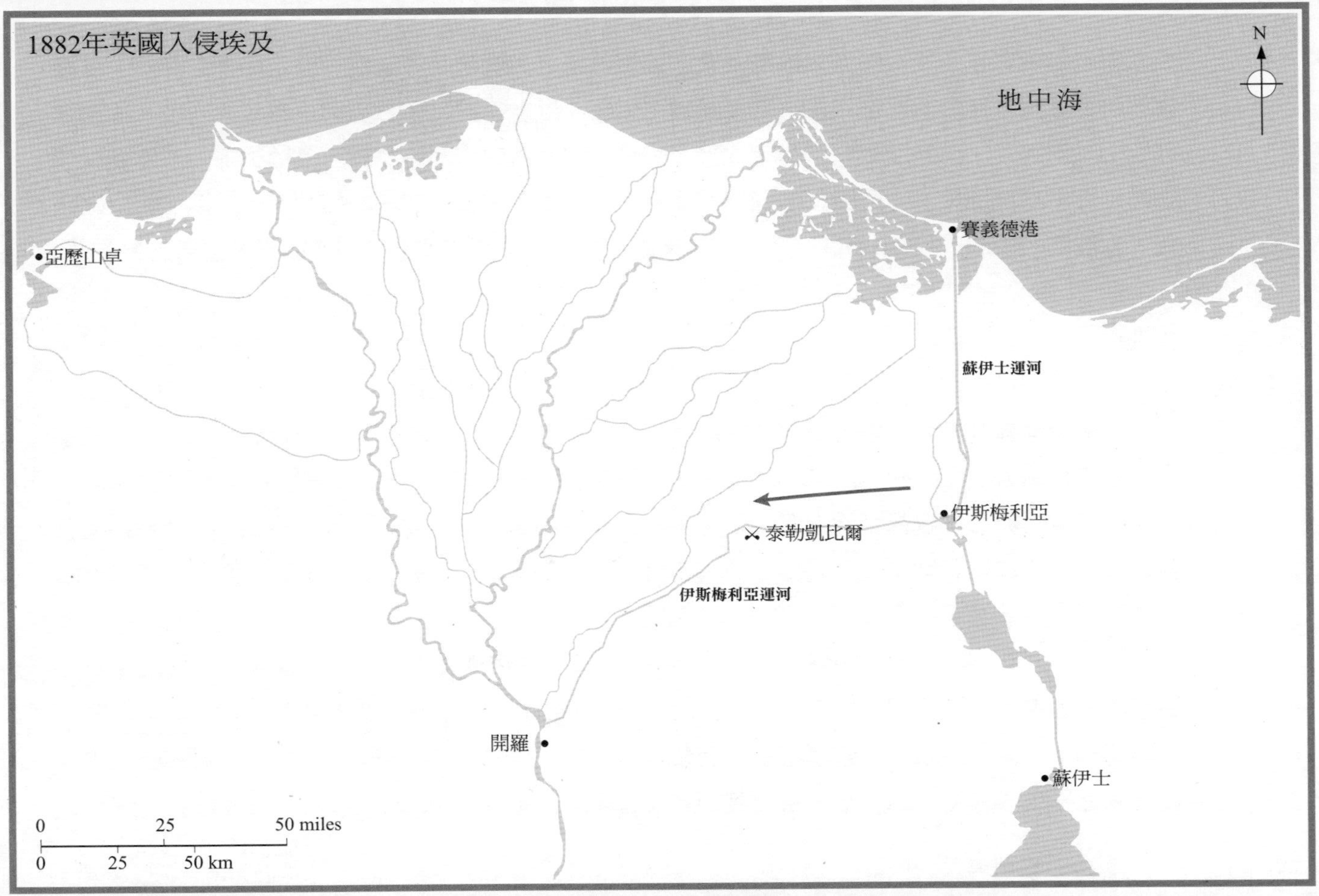
1882年英國入侵埃及
N
地中海
賽義德港
亞歷山卓
蘇伊士運河
伊斯梅利亞
泰勒凱比爾
伊斯梅利亞運河
開羅
蘇伊士
0
25
50 miles
0
25
50 km

比的軍隊奮勇抵抗，不久還是被擊潰；據說阿拉比被人從睡夢中叫醒時，他的部隊已潰逃。英國騎兵直奔開羅，阿拉比甚至來不及組織部隊反抗或（如沃爾斯利所擔心的）放火燒開羅，英國騎兵便已兵臨城下。開羅行政長官聽從英國人勸告，要守軍出城放下武器。十五日早上，英國人已控制該城。幾星期後，英國部隊已撤走大部。埃及之役，英國有五十七名官士兵戰死，三十人失蹤，約四百人受傷。[77]這是場驚人的勝利。關鍵在補給：集結足夠兵力並痛擊敵軍的憑仗。

結果

英國軍隊雖有種種弱點，遭逢多場挫敗，但事實表明，在受阻於一八九九至一九〇二年與布耳人的漫長爭戰之前，十九世紀的多數時候，英國軍隊是防禦、擴大帝國疆土的極有效工具。英國軍隊的成就，主要靠其在後勤上的縝密考量（威靈頓、沃爾斯利和其「接班人」，展現同樣的規畫、謹慎特質的基欽納勛爵，都是箇中高手），僅憑其能以驚人速度將部隊裝備就緒，便從印度或母國遣赴戰場。約一八七〇年後，則主要歸功於其相對落後軍隊享有的火力優勢，儘管（誠如前面已看到的）那並非向來決定性的優勢。在欠缺輪式車輛且必須靠搬運工運送機槍和機槍彈藥的地方（一挺馬克沁機槍得五人搬運），使用機槍的時機勢必再三斟酌。在一八九七年北奈及利亞的兩場各歷經兩天的戰鬥中，機槍只發射了三分鐘以節省彈藥。[78]機槍火力大概白白浪費掉不少：一名專家估算，在伊珊德列瓦納屠戮後不久的著名羅克渡口（Rorke’s Drift）圍城戰中，英國守軍發射了兩萬發子彈，殺死六百五十名祖魯人，也就是每三十多發子彈才殺死一名敵軍。[79]每一次勇猛的進攻，都表現出紀律、士氣和軍官不顧危險親冒矢石的作風。幾乎未曾停止過的軍事活動，造就出臨機應變的本事（在陌生的地形，這是絕對不可或缺的本事）。有些戰場則熟悉到令人厭煩：尤其是印度的西北邊疆和南非。

但英國軍隊並非獨力作戰。在印度周邊的廣大弧狀地帶，有不少重擔落在印度兵軍隊肩上：阿富汗戰爭的慘敗，他們受創最大。只要能強徵當地人充軍（例如在阿善提戰爭和祖魯戰爭中），英國人即強徵大批當地人，組成非正規營或土著特遣隊。他們的職責之一乃是為英國白人營開路，掃除障礙。官方的指令表明，「有配屬土著部隊時，一律應將其用於勘察可讓敵人藏身的灌木林或崎嶇地帶，然後方可命令歐洲部隊前進……」[80]強徵當地人組成輔助部隊，也是為了提供後勤所需的勞力。在有白人移居之地，就運用他們對當地的了解。或許最重要的，軍隊倚賴一無形的盟友。皇家海軍掌控大洋所提供的屏護和隨時可從母國派兵增援的保證，使英國軍力得以分散到驚人遼闊的地域。在亞洲，乃至在非洲，只有少數地方是英國旅所無法兵臨城下的。一八六七年，衣索匹亞皇帝抓到一些英國人當人質時，誰料想得到會有一萬兩千軍人從海邊深入內陸四百公里，入侵他位於馬格達拉（Magdala）的山中要塞？走投無路的他只有投降、自殺。[81]

然英國的軍事行動，有其較不常為人道出的另一面。英國擴張的暴力行動，有不少是局限於當地的、鮮為人知的、因千篇一律而顯得平凡無奇的。就連在動用到英國部隊的地方，都有許多暴力行動未受到注意或未列入官方紀錄。平民直接或間接的死傷，得不到什麼注意。但從今西烏干達境內的布紐羅（Bunyoro）王國所曾發生的事，可約略判斷出那些死傷所帶來的衝擊。[82]英國人於一八九四年入侵布紐羅，或許是為了強化他們在相鄰的布干達（Buganda）的政治影響力：與布干達結盟，成為他們在東非洲中部大湖區站穩腳跟的關鍵。入侵部隊係倉促組建：受到冒險行動吸引或寄望靠特勤薪資還債的少數英國軍官；一些蘇丹傭兵；由部落首領統率的大批瓦干達人（Waganda）；不可或缺的馬克沁機槍、霍奇基斯（Hotchkiss）機槍。布紐羅戰士的火力較差，他們的圍椿遭英軍從遠處砲轟，牛被搶走，村子遭焚毀。他們遭毒打、殺害，而英國人對此視而不見。然而他們的國王卡巴雷加（Kabarega）脫逃，反抗未斷。十年亂無章法的戰爭因而帶來浩劫。農村經濟遭粗暴破壞，帶來饑荒。農作物種植停擺。人民頻頻被迫搬遷，控制疾病滋生的衛生習慣就此瓦解：在這裡，一如在其他地方，戰爭是疾病的媒介。遺害久久未消。布紐羅民生凋敝，人口銳減，且人口恢復速度非常緩慢。[83]在如此脆弱的生態裡，帝國無遠弗屆的武力能在看不到或不知道誰或什麼受其打擊的情況下，造成嚴重傷害。

第六章 交通與貿易

英格蘭經濟學家暨廷臣撒繆爾·佛崔（Samuel Fortrey）於一六六三年寫道，「我認為，不該在國外開闢殖民地……除非是在能增加本國財富與貿易的地方……」[1]這似乎是再簡單不過的道理。要覓得殖民地得花錢，治理殖民地可能很花錢，守住殖民地則可能需要更多錢。除非可增加英國貿易量，否則沒道理去打造帝國。無利可圖的帝國，本身就是個矛盾。

事實上，這一常識性的看法，只是爭論的開端。自英國的海外帝國誕生（約一六〇〇年）到結束（約一九七〇年），當時的英國人在此帝國究竟具多少價值鮮少有一致看法。當時普遍認同，繁榮與國力息息相關，貿易創造財富，財富產生國力，國力是貿易的守護神，且應是貿易的推動者。在這一論點之外，共識便瓦解。最根本的疑問在於，就貿易層面而言，殖民地是否有特殊價值。誠如亞當·斯密所提問的，[2]刻意鼓勵「殖民地貿易」，同時犧牲附近有著更快航運、信貸周轉率的市場和那些市場所帶來的更多就業機會，是否划算？擁有殖民地增加了英國的貿易活動，或只是把商業活動轉移到特定方向？將殖民地的經濟活動局限於生產某些特定大宗商品，並規定那些商品只能銷售到英國（亞當．斯密在世時的規定），是否明智？如果這種商業模式所帶給殖民地的繁榮，不如反其道而行所可能促成的繁榮程度（合理的推定），此意味著殖民地向英國買的商品，肯定少於在它更富裕、更自由的情況下會買進的商品。而倘使控制殖民地的貿易，在最好的情況下都是適得其反，那麼英國建立帝國大業，且還得承擔為了維持該帝國而必須承擔的種種成本和風險，意義何在？——此即一七七六年，《國富論》出版那年，一個非常切題的疑問。

所有貿易都是好貿易一說，也不是容易理解的道理（至少不是人人都容易了解）。有些十七世紀觀察家（包括詹姆斯一世），深深懷疑菸草（維吉尼亞殖民地賴以保住經濟命脈的出口品）的道德危害。它會放鬆人的自我抑制能力，助長放蕩行為（煙管標誌一度是「紅燈區」的標記）。十八世紀，有人憂心從印度進口奢侈紡織品導致英國人的品味下降，助長「東方式」肉慾。中國瓷器和絲織品的大量湧入，使某些人擔心會出現視貪婪為正當且腐蝕社會凝聚力的過度消費文化。到了十八世紀晚期，英國從事西非奴隸買賣的規模之大，已激起道德反感。其中某些道德反感，發展成某些人對英國東印度公司在印度之掠奪方法的猛烈抨擊。英國人在海外（特別是在有帝國的強制手段或武力藏在後面伺機出手的帝國領土或準帝國領土）的商業活動，於十九世紀和那之後受到嚴厲的檢視。在中國販賣鴉片，在非洲販賣槍，在其他地方賣便宜烈酒；以便宜得可疑的價錢買進土地或採礦權（例如塞昔爾．羅茲的不列顛南非公司在今日辛巴威境內之所為）；靠強徵的民工建造鐵公路：這些作為不只激起人道主義者的憤怒，甚至激起深信如果貿易會帶來和平與文明，勢必以平和、文明的方法從事貿易者的憤怒。

在有關貿易的這些爭辯背後，隱伏著一組對英國本身更深層不安的衝擊。在某些地區，貿易的遂行被認為有賴於國家的作為（以行動確立帝國統治、吞併新土地、給予優惠和補助、或運用武力強行打開市場）。而只要是這樣的地方，都必然令人生起一個疑問：誰會是最大獲益者？誠如亞當．斯密所主張的，強迫殖民地只能將產品運到英國出售的貿易規定，是否只造福那些極力為這些規定遊說的商業利益團體？若真如此，那麼做為帝國基礎的重商主義制度，就只是讓少數人致富、讓許多人受害的手段。十九世紀中葉，自由貿易論大將理察．科布登把英國在印度的擴張，痛斥為讓身為社會累贅的貴族致富，卻可能危害世界和平（英國繁榮的真正保障）的計謀。[3]十九世紀末，有人發出類似的呼聲。激進的霍布森（J. A. Hobson）把英國（在非洲、東南亞和其他地方的）「熱帶」帝國的壯大，視為金融家的陰謀。倫敦那沒骨氣政府，被（腐敗）報界以及該報界在不諳內情的民眾裡鼓吹的「侵略主義」主張所驚嚇，已把數百萬納稅人的錢耗費在併吞新地區上，而其唯一的目的，乃是讓「倫敦城」的金融利益團體獲取大筆橫財。[4]在此，帝國的經濟活動同樣是場騙局：少數人獲利，多數人則受騙上當，失去了社會改革（喪失在愛國情緒的浪潮中）和和平自由貿易的真正繁榮。

這類批評有多切合事實或多悖離事實，都非此處討論的重點。反之，它們所反映的，是一種普遍的懷疑（僅止於激進人士），懷疑帝國和貿易不是天生的拍檔，懷疑運用政治力量實現貿易目標，始終是人脈廣的內部人士所促成。這必然引發更進一步的憂慮，憂慮帝國的利潤將使受到特別照顧的團體得以更有權勢或更穩固其權勢，促使他們得以改變社會、政治上的平衡，按照他們的想法改造道德、意識形態面貌。十八世紀晚期對內博布的這一抨擊，源於一種憂心，憂心那些從印度帶著龐大不義之財和東方道德觀（也就是不文明的道德觀）回國者，會用錢躋身有地貴族階級，成為新統治階層。所謂的「西印度群島人」，便是靠著產糖、蓄奴獲致利潤致富的在外種植園主和商人，並因此招來類似的反感。霍布森（和其他激進作家）的強烈批評文，利用了當時人擔心有批四海為家的財閥正在幕後操縱的心理爭取支持。約翰尼斯堡金礦的驚人財富（和靠金礦股票的投機買賣獲取的利潤），就是具體可見的證據。於是，順理成章的，有人主張以羅茲為首的南非「蘭德礦主」（Randlords，控制南非金礦、鑽石礦的實業家）和他們在「倫敦城」裡的友人，便是攻擊布耳人和該攻擊所激起代價高昂、讓英國臉面無光、沒完沒了戰爭的幕後推手。順著這思維，很容易就出現以下推斷：保護主義、徵兵、侵略性外交政策、軍國主義機器隨之出現，民主改革注定失敗。與這些激進反帝國主義者相抗衡者，則堅稱死守自由貿易立場（約一八五〇至一九三一年英國境內的主導原則），使英國陷入難以抵禦全球經濟意外變動之傷害的險境。事實上，在亞當．斯密之前許久和他離世許久以後，英國人辯論帝國與貿易議題時那種激昂情緒，很大一部分催發自一種覺察，對社會各階層的經濟安穩與海外貿易有著何等密不可分關係的覺察。

但對英國商人來說，他們最在意的，是做成貿易所需顧及的實際層面。一如所有生意人，他們的首要之急是找到市場（並保住市場）。這不只是打敗競爭者就行。進入市場是商人的第一要務，且往往是最艱難的要務。在約一八三〇年前的重商主義時代，英國商人遭明令禁止在大英帝國以外的海外帝國買賣。西班牙，一如英國，在其力所能及的時期，在美洲帝國所施行的排外主義政策，令英國商人埋怨不已。在半島戰爭中，葡萄牙需要英國助其對抗法國，才不得已向英國出口商開放殖民地市場。在世界其他地區，施行不同的禁令，但具同等效力。日本禁止英國人入境通商，直到一八五〇年代晚期方才解禁。除了寥寥幾位享有特權的荷蘭人，僅少數歐洲人冒險違抗日本鎖國政策（或得以活下來向人訴說他的冒險事蹟）。一八四〇年前，與中國通商的唯一合法管道是透過廣州港。在廣州的公行制度下，獲清廷授予外貿特權的商行與英國東印度公司的代理人交易，而貿易季一結束，所有洋商都得離開廣州（通常退到附近的葡萄牙殖民地澳門）。洋商不得與中國客戶直接交易或販售「未經批准」的商品。[5]南來北往於中國沿海的英國商人販售鴉片，嚴重觸犯中國的通商規定，並引發鴉片戰爭。即使在未碰到這類官方規定的地方，英國商人也可能極不受歡迎。當地既有的中間人利益團體，習於從進出口的交易中抽取利潤，把英國人的存在視為再明顯不過的威脅。在邦尼（Bonny）、卡拉巴爾（Calabar）之類尼日河三角洲港鎮，非洲商人用成群的戰鬥划艇（有些划艇配備火砲），阻止外國人溯河而上，阻止他們直接購買奴隸和（後來的）棕櫚油。他們於一八三二年殺害探險家理察．蘭德（Richard Lander）——大實業家麥葛雷格．萊爾德（Macgregor Laird）的合夥人——且大體上保住他們的支配地位，直到一八八〇年代為止。[6]

除了這些人為壁壘，商人還面臨多種障礙，特別是大自然所加諸的障礙。在蒸汽動力用於船舶（西方是一八三〇年後，蘇伊士運河以東是一八六〇年後）和陸上交通工具（時間差距類似）之前，商人的行動大體上受制於風和水。風與海流決定他們的去處和出發時間，從而間接決定了載運哪種貨有利可圖。河上航行的便利程度是另一個重要因素：遼闊的剛果河流域，有瀑布、急流掐住入海前的最後河段，致使其大部分地區與外界隔絕。從出海口往上到馬塔迪（Matadi）可行船，然後再經過長長一段，到史丹利湖（Stanley Pool，今金夏沙旁）才可再通舟楫。中間這一段，有賴於靠累人的步行銜接，長逾三百公里，得走上十九天，一八九〇年七月，約瑟夫・康拉德（Joseph Conrad）就走過一趟。[7]沒有鐵路或全天候通行的公路，只有奢侈品承擔得起長距離陸路運送的成本，除非可像奴隸或澳洲綿羊那樣一路趕著他們自己走到市場。但即使商人已不辭艱辛進入市場，也沒把握能把手上的貨輕鬆賣掉。較精明的商人用心關注客戶的需求和喜好。如果主力商品是布，就必須了解當地社會、宗教所認可的圖案和（特別是）顏色，以及哪種布料適合當地的氣候和時尚。東非探險家約瑟夫・湯姆森（Joseph Thomson）以有點煩躁的口吻寫道，「每個部落都必然有其自己的棉布種類，在珠子上有專屬的色調數量和顏色。」[8]除此之外者，都不受青睞。往往規模不大的市場，其本身的多樣性和影響人們喜好的文化傳統，使商人不得不去深入仔細了解：對他們來說，今日世界貿易那種大量生產、大眾市場辦法派不上用場。

商人不能只想著把從英國運去的貨物賣掉就好。生意要成功，有賴於雙向的買賣：找出回程貨，以填滿空下的貨艙，為客戶買下他們所要的商品。與拉丁美洲的貿易，因為沒有回程貨可運載，而在十九世紀上半葉式微。[9]願意冒險的商人則不斷搜尋可買的產品。一八二〇年代，金末和動物獠牙的魅力，把費爾威爾（Farewell）和金恩（King）這兩位前海軍軍官引到納塔爾海岸。從今日德爾班的所在地，他們派了一支忐忑不安的貿易代表團前去見祖魯國王夏卡（Shaka）。[10]商人可能必須等作物收成，或等到中意的產品從遙遠內陸拖到海邊。商人得評估在港口滯留以及蒐集滿船的貨載回國脫手，哪個較划算。一回到英國，他們透過已在倫敦形成的有組織市場（即「交易所」）或透過拍賣與商品交易會，把所買進的貨品脫手至大批發商，例如大糖商。他們希望推廣新奇外國商品的消費，例如藤黃（植物性染料）、阿拉伯樹膠、杜仲膠（用於製造電報纜線）、動物獠牙（十九世紀晚期一年輸入英國五百噸，河馬牙最優）、魚膠（從暖水魚的魚鰾抽取出的膠）、蟲膠，以及人們所熟悉且大量輸入英國的散裝商品的消費：糖、咖啡、茶葉、木材、原棉、羊毛、穀物。

但一如所有商人都知道的，闖入新市場和在舊市場獲利，無一不取決於海外貿易裡的那個不可見因素。讓他們享有優勢（和讓英國對大部分貿易國享有優勢）者，乃是低息信貸的供給。信貸是他們所有交易的潤滑劑。倫敦信貸的驚人充裕（因為約一八〇〇年後銀行體系調動各地儲蓄供倫敦城金融業者運用），使得信貸利息如此低，如此容易取得。長期信貸是打入遙遠市場所不可或缺。有了長期信貸，業者得以將商品運到海外，待收益寄回國內，或等收益以商品形式寄回，再於本國脫手——這整個交易從開始到結束可能花上兩年。它使英國商人愈來愈有能力預付款項給只有特定季節有收入，且供給他們重要回程貨的農民、種植園主、牧民、伐木業者、野生橡膠採集者、棕櫚油農。信貸是把這形形色色的多種生產者引入貿易網，且協助擴大貿易量的磁石（整個十九世紀到一九一三年為止，全球貿易量成長了約二十倍）。但信貸（或信貸失效）也是商人經濟活動裡風險最高的環節之一。有一連串危險可能讓商人賺不到錢，乃至無力清償債務。在貿易資訊欠缺或零星之地，商人得評估還款能力：即使在國內，商人仍耗費許多時間在籌措即期款或任何必須支付的錢款。[11]商人得用匯率不定且可能劇烈波動的多種貨幣交易。在一八六〇年代的加爾各答，仍流行用寶貝貝殼當貨幣：兩百五十六個寶貝貝殼值一盧比。[12]一八五二年前的緬甸，沒用貨幣：交易以經過秤重、檢驗真偽的金、銀、鉛付款。[13]商人的國內債權人可能在危機中垮掉，同時拖垮自己。商人自己的代理人和合夥人可能做了愚蠢的投機買賣（在價格易波動時這是始終存在的誘惑），把他突然毀了。在結束於一八一五年的那個漫長的戰爭世紀裡，如果商人的資產遭敵人沒收，他的市場突然關閉，他最可能獲利的風險事業可能以災難收場，名氣比丈夫還商的伊莉莎白・克里斯普的倒楣丈夫詹姆斯・克里斯普（James Crisp），就遇到這樣的下場。[14]即使在一八一五年後，較局部性的動亂，都可能危及商人的事業，乃至性命。

無論何時何地，商人都面臨兩個持續存在且會因距離和延宕而嚴重惡化的難題。第一個是不易獲得準確資訊，其中包括關於市場、關於價格、關於做生意對象的為人與還款能力的資訊。在約一八四〇年前的帆船時代以及，接下來的蒸汽時代，商人無不渴求消息。他們要求派駐當地的職員定期來信，迫不急待想收到信件。與多處的人保持通信聯繫，更是經商成功所不可或缺：約翰・格萊斯頓（John Gladstone，首相威廉・格萊斯頓的父親）的生意合夥人，在馬上奔波了一天後仍寫了二十封或更多信寄出，且覺得那很平常。[15]約翰・格萊斯頓於一七九一至一七九二年投身美國玉米的投機買賣時，走了兩萬兩千多公里路。[16]在國內和國外，商人聚在一塊閒聊、聽別人講，計算港口裡的船舶數目，為驚人傳言而顫抖，密切注意商界同僚的活動。他們組成商會以共同分享願意讓別人知道的資訊，建立列出農產品價格的「交易所」。一八五〇年代起，電報、海底電纜網的廣為鋪設，使人得以用前所未見的速度蒐集到重要的價格資訊：一八六六年鋪設了一條跨大西洋電纜；到了一八七〇年代，印度、東南亞，乃至澳洲，都與倫敦相連。即使如此，在「倫敦城」，一如在其他任何地方，許多商業情報依賴口耳傳播，就和此前一貫的作法沒大不同。

第二個大難題是信任，即經濟學家所謂的「委託人—代理人難題」。大部分商業交易需要生產者與消費者多次接觸才能完成。倫敦的商人需要可靠的海外代理人，以確保商品安全送達，並以合理價格賣出，收到錢款，辦妥回程貨。他派在當地的人得與另一長串的債務人、債權人、供應商和售貨員打交道，且往往是在不敢奢望有執法體制、語言障礙又高不可越的地方。[17]商人的代理人除了找當地土生土長的中間人——中國的買辦（comprador，此字源於葡萄牙語，反映了葡萄牙人更早來中國經商的事實）、印度的杜巴什（dubash，「雙語人」）——幫忙，幾乎別無選擇。這些中間人有人脈和權威來推動代理人的貿易，收取到期的應付款，安撫當地的統治者，不必靠他們與外人的關係，本身就是很有地位的人物。遠在本國的商人，對於詐欺、偷竊和濫用經費的事，幾乎束手無策。他的主要防範之道，乃是慎選合夥人和代理人，若能從自己家族裡找到人最好，不然就找姻親。往家族以外找人的話，則偏愛聘任與他屬於同一教派、有共同的倫理道德認同、且(最好)屬於同一會眾、在同一牧師底下的教友。同樣的道德或宗教背景，為用人的可靠提供了進一層的保障；因此，世界各地都可看到許多蘇格蘭人以自己同胞為合夥人。英國的貿易有很大比例透過商行來進行，而直到一九一四年，這些商行仍根據這些歷久不衰的原則召募職員。晚至一九三六年，中國著名的英資商行怡和洋行的老闆仍這麼說：

> 我無意冒犯「英格蘭東岸」(指劍橋)，但我真的覺得來自(英格蘭、蘇格蘭)邊界以北的人，最適合從事我們的例行業務……我非常希望保住這公司的蘇格蘭本質。
>
> 但我希望大家勿以為我已轉而反對劍橋大學的學生……我只是認為，這些學生必須有來自蘇格蘭的可靠可敬、堅持不懈之人輔助、支持。[18]

要腦筋好的，找劍橋，要可信賴的，找蘇格蘭，一名叫基斯威克(Keswick)的蘇格蘭人似乎這麼說。

來自牙買加的看法

一七九二年，牙買加議會的某個委員會論道，我們「不得不向下議院指出」

西印度群島的甘蔗種植賦予母國的特殊優勢……英屬西印度群島的產物，猶如從英國任一地方運到倫敦港的產物，都是國家財富的一部分……拓殖者每將一畝地闢為耕地，都讓母國的財富增加。[19]

身為牙買加議會成員的該地種植園主和商人，竟認為英屬加勒比群島，特別是牙買加，是英國全球貿易必不可少的中樞，但這也不能怪他們，因為大多數人若處在同樣環境下也會這麼認為。十八世紀後期，英屬加勒比群島對英國的出口額（主要是糖），占英國總進口額的三分之一。然後，加勒比群島的農產品轉出口歐洲：直到一八〇五年，該地區生產的咖啡已名列第一位。誠如該委員會所言的，糖的入口關稅很高，一年徵收達一百四十萬英鎊，占英國海關總稅收的三分之一左右，或許占政府歲入的十二分之一。[20]加勒比群島進口的英國產品，也高於歐洲以外的世界其他任何地方所進口的。一七七五年，該地區自英國的進口額，高於北美大陸自英國的進口額，遠高於亞洲自英國的進口額，兩倍於非洲自英國的進口額。[21]原因之一是該地區白人的驚人富裕。一七七〇至一七七五年，牙買加自由白人的平均淨資產是一千兩百英鎊，是北美大陸最富裕地區（維吉尼亞和南、北卡羅來納）平均淨資產的將近十倍，新英格蘭地區平均淨資產的將近四十倍。[22]

加勒比群島的富裕，建立在歐洲，特別是英國，對糖的無可饜足需求上。英國對該地區產品的消耗量，高居世界之冠，尤其是在對地區茶葉的消耗上。一七〇〇至一七九〇年，輸入英國的糖價格增加了三倍。接下來五十年裡又增加了兩倍。糖成為喝茶的調味品或改製為糖漿、果醬後，不久就成為生活匆忙的工業人的第一「便利食品」。[23]然英屬西印度群島也是英國整個大西洋貿易的樞紐。這地區對進口奴工的迫切需求（有些奴工在進口後再出口至附近西屬美洲），推動英國與西非的貿易（直到一八〇七年禁止蓄奴為止）。每年有數十艘為運送奴隸而特別設計建造的「幾內亞人號」（Guineaman）從英國出航，在歐洲或美洲蒐羅到可供換取奴隸的商品後，前往奴隸海岸，然後在該地可能待上一年。通常有較小的船隻（tender）陪同出航，它們載運奴隸，往返於大西洋兩岸數趟，直到運往非洲的易貨商品用完為止。[24]到了一七八〇、九〇年代，約有一成五的英國船舶用於奴隸買賣。[25]另一方面，加勒比海地區購買北美洲的食品原料，且使用新英格蘭地區的船舶，為北美大陸諸殖民地提供了可觀的收入；若非有這筆收入，這些殖民地從英國買進的商品會少上許多。加勒比海地區，特別是牙買加，也是英國出口商品據以非法輸入理論上不得輸入之西屬美洲帝國市場的基地。一八一三年，從英國運到該地區的商品，可能有一半轉出口至西屬美洲。[26]其中許多商品以金銀塊支付錢款。商人湯瑪斯·厄文（Thomas Irving）於一七八六年寫道，「個人認為，我們在這一貿易中每年收到高達百萬元，而這筆錢不只為我們在西印度的島嶼和我們在北美大陸的殖民地提供了流通媒介，更使英格蘭收到為數可觀的錢幣匯款。」[27]金銀塊送回倫敦，增強了英國的貨幣供給能力，而在錢幣短缺能使貿易停擺的時代，貨幣供給至為重要。[28]

到了十八世紀晚期，牙買加已是英國最大的產糖島，也是英國最興盛繁榮的產糖島。甘蔗園

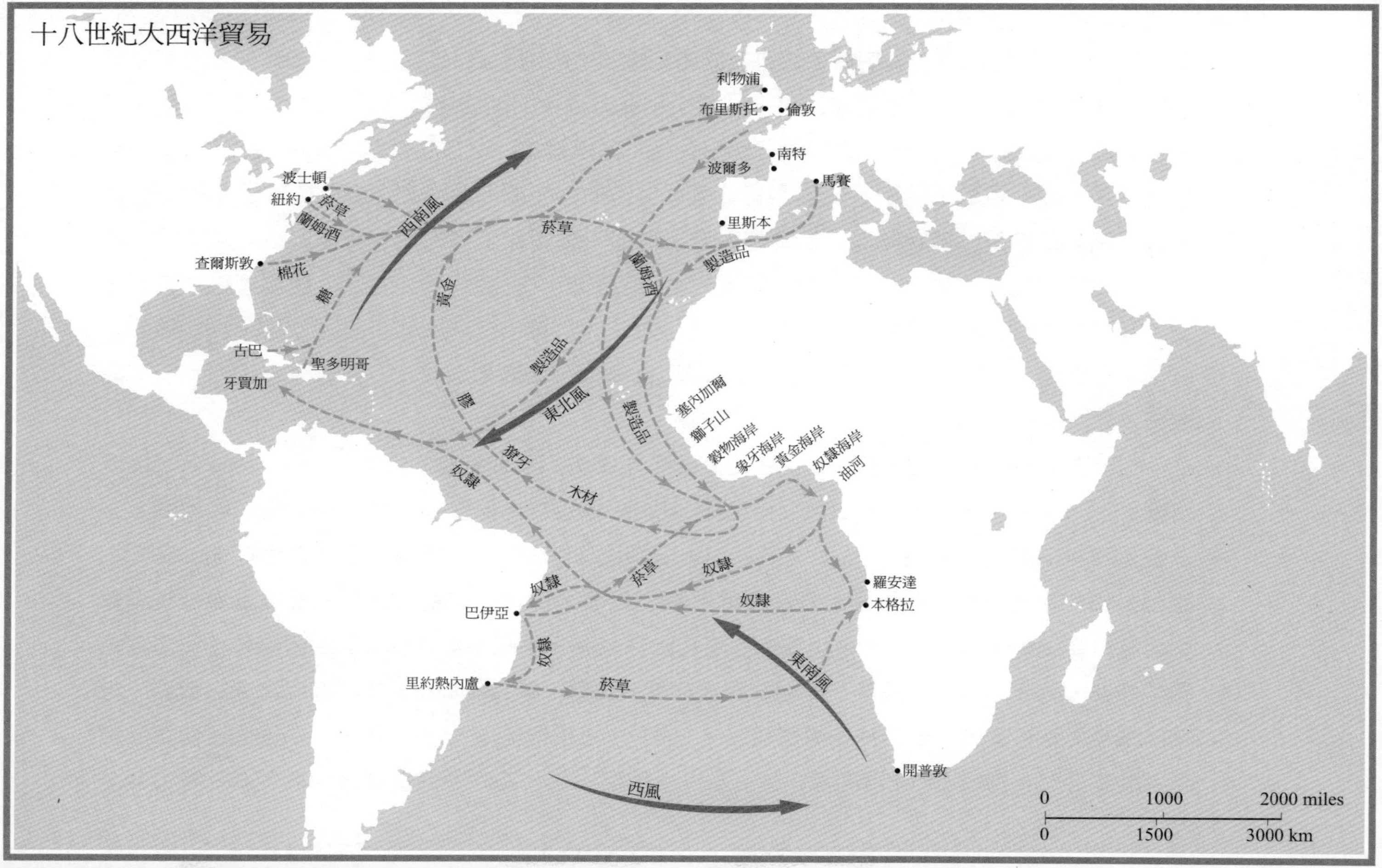
十八世紀大西洋貿易
利物浦
布里斯托
倫敦
南特
波爾多
馬賽
里斯本
波士頓
紐約
菸草
蘭姆酒
查爾斯敦
棉花
糖
西南風
菸草
黃金
蘭姆酒
製造品
古巴
聖多明哥
牙買加
製造品
膠
東北風
製造品
塞內加爾
獅子山
穀物海岸
象牙海岸
黃金海岸
奴隸海岸
油河
象牙
奴隸
木材
菸草
奴隸
奴隸
羅安達
本格拉
奴隸
巴伊亞
奴隸
里約熱內盧
菸草
東南風
開普敦
西風
0 1000 2000 miles
0 1500 3000 km

從一七三九年的四百二十九座暴增為四十年後的將近八百座。島上的奴隸從一七三〇年代的不到十萬，劇增為一八一〇年時的將近三十五萬，占英屬加勒比群島奴隸總數的將近一半。[29]晚至一八一七年，仍有超過三分之一奴隸是非洲出生。[30]該島的白人人口（兩萬五千），也高居該地區諸島之冠。島上的種植園主階級散發出經商有成的自信，更別說傲慢。他們怒不可遏的反駁英國議會對當地事務（包括蓄奴）的離譜干涉。英國下議院於一八二三年（廢奴法案通過的十年前）反蓄奴的決議，被牙買加議會斥為「毀滅性的東西……因為它，這個一度甚有價值的殖民地（此前一直被視為英國王冠上最耀眼明珠）居民，注定要被送上狂熱主義的祭壇，充當讓某些人息怒的牲品。」[31]一八三一至一八三二年的奴隸起義，被歸咎於這一干涉所激起的「邪惡亢奮情緒」。[32]

自牙買加往東航行兩星期（逆風而行的艱辛航程），即抵達英格蘭人於一六二四年（在聖基茨島）至一六三二年（在蒙塞拉特島）間開始拓殖的巴貝多和背風群島（聖基茨、安提瓜、尼維斯、蒙塞拉特諸島）。巴貝多（一六二七）原是英格蘭第一大產糖殖民地。蔗糖生產技術（甘蔗砍下後得盡快用榨汁機壓碎，以獲取最大量的蔗汁，然後再將蔗汁送至煮沸室加熱，以將糖結晶體與糖蜜殘餘物分離），或許是從巴西的荷蘭人手中引入。糖廠工作環境的艱苦（相較於英國的糖廠，即使不是一樣陰暗，可能也更為惡劣、更讓人難以忍受），以及在熱帶氣候種植、除草、砍收甘蔗的艱苦，使原本作為蔗園工人來源、來自英國的契約工，在十七世紀晚期時旋即被非洲黑奴取代。[33]早在牙買加成為帝國「明珠」之前許久，巴貝多便以驚人之勢成長，奪下此一頭銜。到了十八世紀初期，巴貝多已和英國建立起（就當時標準來說）快速且規律的聯繫。船隻從泰晤士河穿過英吉利海峽，往往頂著盛行西風，航程異常難辛，但從普利茅斯或法爾茅斯（Falmouth）出航，順利的話，八個多星期即可抵達該殖民地首府布里奇敦（Bridgetown），也就是說巴貝多比土耳其或當時所謂的「黎凡特」地區（今敘利亞、黎巴嫩）更近。船一抵達馬德拉群島，再乘著可靠的貿易風西航，不到六星期抵達巴貝多。馬德拉群島（Madeira）是這一航程中甚受青睞的停靠站，可買到西印度群島的種植園主愛喝的加度葡萄酒（madeira）。到了一七〇〇年，從英國駛往巴貝多島的船隻，一年已達百艘，而大西洋的風力模式，促使船隻一年到頭都能返航英國（航程約八至九星期），而與往來印度、受到印度洋上交替出現的季風支配的的航行大相逕庭。[34]就因為進抵容易，因為控制了巴貝多和背風群島，英國人才得以在一六五五年自西班牙手中奪走牙買加，得以在一八一五年前於加勒比海地區攻城掠地，征服多個地區：多米尼克、聖文森、格瑞那達、托巴哥（一七六三）；千里達（一七九七）；聖路西亞與屬於今圭亞那一部分的德梅拉拉（一八〇三）。

英屬西印度群島似乎比其他任何地方，更有力證明了貿易成就與其所帶來之財富有賴於帝國的建立（統治權的確立）。甘蔗園帶來龐大的利潤，但需要有穩定的信貸、資本供應，以便種植園主購置糖廠和機器，買進奴工，支應種植園每一季的運轉開銷，才得以順利運作。那意味著種植園主與他們在倫敦的代理人——例如曾是種植園主，後來退休到泰晤士河邊的氣派鄉間別墅居住的威廉·佛利曼（William Freeman）[35]——之間，意味著有錢的在外地主和他們在當地的人

——有時這類人本身便是大種植園主，例如賽門．泰勒（Simon Taylor）——之間密切且定期的接觸。[36]那意味著得隨時有訴諸英格蘭法律制度的打算，因為種植園主的成功和信貸往往取決於產權糾紛的裁定結果。或許最重要的，甘蔗園要興盛不輟，有賴於母國能提供的安全保障。由於島上白人與他們所養的眾多奴隸，人數差距懸殊（尤以在牙買加為最），帝國駐軍和渴望從母國得到的增援，乃是壓住頻頻滋事生亂的奴隸的最佳保障。一七九一年後的海地，革命性的政治主張推翻殖民地秩序，導致多個英屬島嶼也發生叛亂，種植園主自此慘痛體驗到一旦帝國撤掉守備，奴隸造反會在何等短的時間內變得不可收拾。[37]一七七六年，英屬西印度群島的種植園主不願跟著北美大陸上的奴隸殖民地（白人人口多上許多的殖民地）叛亂，絕非偶然。那也不只是鎮壓住奴隸的問題。從英屬諸島嶼創建之初到一八〇五年英國海軍靠特拉法爾加海戰在西方取得海上霸權為止，一如英國所施行的貿易排外規定，這些島嶼一直無法擺脫敵對大國所帶來的破壞和征服的威脅。七年戰爭期間（1756-1763），約一千四百名英國商人在西印度群島海域遭到來自馬提尼克島（Martinique）上法國基地的巡防艦拘捕。[38]一七七八年，英屬多米尼克遭法國遠征軍略奪。若沒有意志和力量保護自己最有價值的海外資產，英國人在大西洋經貿圈中，所占的獲利貿易比重將大幅縮減。

一七八〇年代之前和此後很長一段時間，僅少數人會質疑看來是任何人都能輕易理解的一個道理：要強才能富。當時最富裕的國家，都是已取得海外帝國且充分利用該帝國來壯大自己的國家。疏於監管殖民地經濟體，更甚者，讓殖民地經濟體落入別的強權之手，乃是背叛或愚蠢的行徑。這一觀點並非如後來自由貿易論者以對待《聖經》般（且往往所知淺薄）的熱忱搬出亞當・斯密的《國富論》（一七七六）時，他們所理解的那麼幼稚。其建立在以下的認知上：對於前工業時代發展機會的局限，抱持著似乎純然務實的現實主義心態，畢竟在那樣的時代，難以捉摸的天氣和受制於天氣的穀物產量，掌控了工資、生活水平和成長前景。

史學界老早就不再認為有一個脈絡一致的重商主義理論主宰一六五〇年代至一七八〇年代的經濟原則和政策。數百位作家針對貿易、改良、財富，發表了文章、論文、意見、宣傳小冊、對話錄，提出多種解決之道，強調不同的優先事項，且（多半）為相敵對的利益團體、壓力團體遊說。但在爭辯和尖刻言語背後，我們可看到數個有力的認定，且可證實為難以撼動的認定。第一個認定是對全球經濟基本上持悲觀立場的認知。當時人當然非常清楚從哥倫布、達伽馬時代以來歐洲商業活動的擴張。英格蘭的商業利益團體，懷著妒羨，更別提怨恨的心情，看待西屬美洲帝國的興起和荷蘭在亞洲貿易的成長。他們積極把握自身的大西洋地區殖民地的商業發展潛力。[39]與黎凡特地區和印度的貿易，從十七世紀中葉起愈來愈吃重，十八世紀中葉起，太平洋探索和中國的日益開放，帶來了新貿易世界的光明前景。但當時人一原則人料想不到貿易總量，更遑論生產總量，將會或可能會無限成長。[40]他們也認為消費需求的成長必然有其局限，不久將達到飽合點。

此一認定背後的道理很簡單。在蒸汽動力用於陸上運輸和紡織品、金屬製品的生產之前，大部分製造業的產量提升，在最好的情況下幅度似乎都不大。要生產更多商品，就要雇用更多工匠。如果他們的工資保持不變，或隨著對他們技能的需求升高而上漲，那麼他們所生產商品的價格就不可能下跌。於是，該看重的，轉而為消費者買得了多少東西。如果要消費者買更多，他們的實質工資或購買力則必須提升。而在實質工資或購買力提升之前，他們的基本生活開銷（特別是吃方面的開銷）得降低，才能挪出更多錢買更多東西。只是吃方面的開銷能降低嗎？今日，農化革命和種種集約耕種技術，大幅增加了食物原料的產量，且牲畜的飼養有想應幅度的成長。十八世紀中期，改良過的耕種、牲畜飼養方法得到普遍採用（且英格蘭農民的確實現生產量的成長），[41]但食物原料的供應量要超過待餵飽的人口數，似乎機率不大（經濟學家馬爾撒斯的主要論點）。事實上，隨著愈來愈貧瘠土地都不得不闢為耕地，相反情況似乎較有可能發生。最難以捉摸的，則是天氣對收成多寡的影響。捱過十七世紀「小冰河期」者抱持悲觀看法，實不足為奇，而饑荒的威脅在英國雖已降低，卻仍像幽靈般逗留在歐洲大陸上空。倚賴自歐洲進口的便宜穀物，似乎是不切實際的離譜想法，尤其是在戰爭世紀裡抱持這想法的話（一七〇〇至一八〇〇年英國有四十一年時間與歐洲一國或更多國兵戎相向）。

這所暗示的更大含意，乃是可用於貿易的產品總量無法大幅成長，（英國和全球）市場的規模都受制於或許可稱作是約束性環境因素的現況。就連主張分工、專門化、廣泛商業自由將使效率得以成長並促進貿易的亞當·斯密都承認，遲早（他傾向認為較晚），每個國家都會取得「在它土壤與氣候的本質和它相對於其他國家之位置的制約下，它所得以取得（和）因此不可能再增加的足額財富」，然後他樂觀補充道，「或許還沒有哪個國家曾達到如此程度的富裕」。[42]如果貿易額大體上不會變動（撇開從新打開門戶之國家意外增加的貿易額不談），那麼一國之得等於一國之失。於是盡可能把本國的商人和貨運業者掌握在自己手裡，在商業誘因付諸闕如的地方實施管制措施，便屬理之必然。事實上，所存在明顯可見的危險在於，若不執行有力的管制，即使是一次短暫的挫敗，都可能帶來長遠且致命的傷害。這一類似處於圍城的心態，取得另外兩個特別有力的認知加持。

第一個認知強調貿易失衡的危險。原因之一在於，進口過多被認為將剝奪國內就業機會，且可能造成人民貧困和社會動亂，也可能導致金銀塊外流，以彌補貿易逆差的差額。東印度公司出口白銀，以購買印度（英國毛織物銷路很差之地）的奢侈紡織品，引發強烈爭議。相對的，貿易順差使白銀流入本國。後來的作家把金銀塊是真財富這觀念嘲笑為「金銀通貨主義者」的謬論。然當時的人認為，金銀塊外流會減少流通的錢幣數量，時時擔心陷入這一險境。如果錢幣變得稀少，其真實價值會上揚，工資會縮水，就業率會下滑，國內貿易將萎縮。對這些情事的憂心，在殖民地更為強烈。[43]在危機或戰爭時期，金銀塊短缺情況變得更嚴重。在還不可能有人想到動員工業投入「軍用物資生產」的時代，政府需要現金來購買外國軍需品、雇用外籍傭兵、補助盟邦。因此，當時政府認為，貿易就該追求金銀塊的流入：與葡萄牙締結貿易條約的主要目的之一，乃是賺取葡國的巴西黃金。[44]

第二個縈繞心中的認知，既與貿易有關，也與航運有關。自中世紀起，每個時期的英格蘭、英國政府都強調必須維持一龐大的商船隊，一則作為擊退入侵威脅的輔助力量，一則充當（套用流行語來說）「海員的托兒所」，[45]培育戰時可強徵入伍且經驗豐富的海員。倫敦之所以阻止紐芬蘭發展成定居性殖民地，主張（用掉英國三分之一船舶的）鱈漁捕撈仍必須是遠洋而非近海活動，這是原因之一。有一官方報告嚴正表示，「絕不可讓在紐芬蘭的……陛下子民組成一殖民地，在該地……擁有……地產。」自一六六〇年航海法頒布起，英國就堅持凡，是從英國領地運至英國的貨物，都應使用以英國水手為船員的英國船運送，而這一堅持便是出於前述維持龐大商船隊的考量。極重視貿易發展的英國大臣利物浦勛爵（Lord Liverpool）說，「切記，不惜傷害本國貿易也要優先照顧航海利益，一直是許多世紀以來我國的主要政策。」[46]

基於此觀點，殖民地格外重要，但僅在某些條件下格外重要。產物與英國類似的殖民地（例如新英格蘭），即使協助那些最重要的殖民地存活，卻只具間接價值。真正可取的殖民地，為生產在歐洲有無法滿足之需求的熱帶商品（菸草、糖、咖啡、靛藍、米），且進口在歐洲較難銷售的製造品的殖民地。這些殖民地絕不可自行生產，也不可把當地產物直接賣給外國買家，不可購買外國製造品，不可使用外國船支。一旦遵守這些規定，這些殖民地就形同英國本土的擴延（如牙買加議會所論道的），在無意中擴大了英國的生產力，且成為改善貿易差額的寶貴工具。但若沒有商業控制機構（帝國存在的真正意義），牙買加、巴貝多或維吉尼亞之類遍布種植園的殖民地亦可促使英國的主要對手法國和荷蘭的航運、貿易獲益，一如英國人獲益。一七八三年，北美十三殖民地脫離英國，獨立而成美國，絲毫未阻止英美貿易的急速成長（儘管有人提出末日般的恐怖預言），但主張更大程度自由貿易的論點，在政界一直未有多大的進展，直到一八一五年後，和平且看似穩定的新時代來臨才改觀。

自由貿易與帝國

亞當．斯密所痛批為「重商主義制度」的概念，其實是數十年間生產者與商人所取得且被「國家安全」論點賦予正當性的種種保護措施和特權。到了一八二〇、三〇年代，這一制度已開始崩解。西印度群島勢力龐大的產糖利益團體沾上蓄奴的污名，並受到帝國內其他地區生產成本低上許多且運用「自由」勞力（相對較自由的勞力）的種植園園主挑戰。英國的奴隸買賣已廢除（一八〇七年明令禁止）；一八三四年起，廢除蓄奴制。舊貿易體制的第三大支柱，乃是壟斷英國與印度之間貿易的東印度公司。該公司惡名遠播的濫權行為和被拿破崙對英經濟封鎖而逐出歐洲的商人的憤怒，迫使英國政府於一八一三年撤銷該公司在印度的貿易壟斷權。二十年後，該公司失去從廣州進口茶葉生意（該公司獲利率最大的業務）的壟斷權。

這些重大改變的推手，乃是商人的反抗。一七九三至一八一五年的世界戰爭已摧毀英國幾個主要對手所建立的帝國，打開了此前封閉的殖民地市場大門。一八一五年後，英國商人的貿易範圍之廣和貿易之自由，都來到前所未有的程度。反對保護帝國貿易（即反對保護從帝國殖民地輸入英國的貨物）以及反對導致各種商品價格高居不下的高額關稅的聲浪，愈來愈高漲。一八一五年後，聲稱英國的安全和繁榮有賴於對殖民地貿易的特別待遇和嚴密管理航運和船員的主張，變得更難站得住腳。在戰後蕭條時期，危及英國穩定的更大威脅，乃是糧價高昂。糧價高昂致使人民怨聲載道，減少消費量，從而降低就業率，許多人被迫依賴已快支撐不住的「貧民救濟」制度過活。政府中的要員認同自由貿易主張的許多理念，卻也面臨鐵板一塊的保護主義勢力。[47]自由貿易論者把所謂的「穀物法」（除非小麥價升到高水平，否則禁止小麥進口），痛斥為將從中獲得最大好處的有地貴族（政治上勢力最大的階層）的濫權行為。更糟糕的是，限制便宜糧食進口被視為強加在快速壯大的製造業身上的雙重不公平負擔：工資因而無法隨糧價下降，從而使製造業者無法降低成本，且阻止也許會反過頭來出售穀物給英國的潛在外國顧客購買英國貨。這一觀點的最大提倡者是經濟學家李嘉圖，即「比較優勢」論點的發明者。[48]李嘉圖說，最明智的作法，乃是向以最低成本製造出你所需東西的那些人購買你所需的東西，把你所擁有的勞力、資本全投入在你最擅長的事物上。那將使貿易，還有「效用」（指歡樂和福祉），都得到最大限度的擴大。

於是，地緣政治（重商主義帝國的瓦解）和工業化兩者聯手，漸漸摧毀舊規則和作為那些舊規則之建造基礎的信念。但要經過一場巨大的政治危機，才將自由貿易的障礙廓清。工業生產方法，特別是將蒸汽動力用於紡紗和織布上，或許已賦予英國製造業者極大的成本優勢，但在一八三〇、四〇年代的蕭條環境裡，這一優勢似也可能導致他們的市場飽合，進而破產。削減成本和覓得新買家，比以往任何時期都更迫切。就連在一八四一年的選舉中為穀物法辯護的一八四一至一八四六年保守黨首相羅伯特．皮爾（Robert Peel），都承認有必要「再平衡」農場與工廠的利益。[49]然而摧毀保守派，打垮保護主義勢力，掃除穀物法，為一八五〇年代幾乎徹底廢除貿易限制一事的開路者，則是一八四五年愛爾蘭的饑荒大浩劫。這一浩劫與世界貿易的巨幅成長（不期然而然的）同時發生，英國大部分人自此確信自由貿易的確是英國繁榮的祕鑰。

轉而擁抱自由貿易後，帝國是否就成了多餘的累贅？在西方世界，答案或許是「差一點，但終究沒有。」到了十九世紀中葉，英屬西印度群島的對外貿易已大不如前，被巴西、古巴、爪哇之類生產成本更低的產糖地甩在後面。美國已成為英國最大的貿易伙伴（十九世紀英國來自美國的進口額通常多於其與亞洲的貿易總額）。美國的蓄奴南部生產原棉，供應蘭開夏郡的紡織廠，而該地紡織廠所生產的棉布，乃是一九一四年前英國最大、最值錢的出口品。美國人購買英國紡織品和金屬製品，以抑制要他們施行自由貿易的壓力。美國「舊東北地區」（費城與波士頓之間，以紐約為中心的商業、製造業地區），既是英國的對手，也是英國的伙伴，與倫敦、利物浦有密切連結。事實上，利物浦靠與美國的貿易維持不墜。囊括四分之三棉花貿易額的最大棉花貿易商行為美國商行，即由北愛爾蘭僑民亞歷山大・布朗（Alexander Brown）創建的布朗兄弟（Brown Brothers）。[50]到了一八一〇年，該商行已在利物浦設置分行，由布朗的英國親戚掌理，負責管理運至該城的棉花並賣掉從棉花賺得的匯票。一八六三年，有鑑於公司棉花生意財務業務的重要，布朗・席普利（Brown Shipley）商行獲確立成為「倫敦城」裡的招商銀行，並成為美國貿易融資領域最大的銀行之一，且與霸菱銀行分庭抗禮。霸菱銀行的業務也有很大比重來自大西洋彼岸。一八〇三年，拿破崙把法國對北美廣大西部內陸的所有權賣給美國時，便是由霸菱銀行辦妥美國購地資金的借貸事宜。一八四六年，英美皆主張「奧勒岡地區」（Oregon country）為己所有時，被派去化解危機者，乃是霸菱人艾什伯頓勛爵（Lord Ashburton）。從商人的觀點來看，大英帝國在北美洲的殘餘勢力所激起的反感、美國人對以英國為大本營的反蓄奴運動的痛恨、英美在加勒比海和中美洲久久未消除的對抗（說來諷刺，美國人懷疑英國人意圖染指古巴），[51]使帝國成為貿易的妨礙，而非助力。

在南美洲，情況不同，但非全然不同。由於打開了巴西與前西屬美洲諸殖民地的大門，已有英國商人迅速湧入南美洲。只是花了一段時間，才處理好回程貿易，化解當地政治人物和企業家的猜疑。一八四〇年代晚期，英國動用海軍施壓阿根廷政府時，英國商人反而請求撤兵，因為英國此舉已帶來嚴重傷害。南美諸國之所以願意開放通商，不是基於英國的堅持，而是基於當地人自身利害的考量：有力地主想為產物尋找市場，關稅收入可望增強國力。[52]凡是能讓英國商人取得當地產物運到歐洲的地方，英國商人都想辦法進入以取得一席之地。在祕魯，安東尼・吉布斯（Anthony Gibbs）的商行拿到將鳥糞運至英國當肥料販售而極有利可圖的特許權。在巴西（仍是個奴隸國），他們進軍巴伊亞（Bahia）和伯南布哥（Pernambuco）兩地的蔗糖貿易。一八六〇、七〇年代，咖啡貿易蓬勃發展之際，總部設在里約熱內盧的強史東斯（Johnstons）的商行，近乎完全把持了該貿易，而連接沿海和咖啡產地的聖保羅鐵路公司，[53]老闆則是英國人。在阿根廷和烏拉圭，設於布宜諾斯艾利斯和蒙特維多（Montevideo）的英國商行，控制了獸皮、醃肉出口貿易的大宗。[54]一八七〇、八〇年代，此地區的經濟（有賴於冷凍肉和穀物）起飛時，英國人已占好絕佳位置，提供了貿易成長所需的銀行、保險公司、鐵路投資等。

英國的海上武力（帝國的主要武器）並非全然無關緊要，至少有助於令歐洲欲重振西班牙帝國的計畫遭到挫敗。[55]但一般而言，南美諸國有傳承自殖民時期的法律建制，有推動市場資本主義和支持開放性經濟的政治意志。英國商人能占有特殊的一席之地，必須歸因於當地諸經濟體信貸與資本的不足和有關價格、市場、信用評級之商業資訊的欠缺（這些資訊攸關經商的成敗）。英國商人能取得海外資金和各地資訊，促使他們比當地的競爭同業遠更強健，更有能耐安然度過大宗商品貿易的崩盤與危機。

在我們的第三個例子加拿大中，帝國則顯得重要得多。作為英國在美洲帝國拆解後的殘餘，英屬北美倚賴其與帝國的關聯來生存。創造出該地自成一體的北方經濟商人（以在蘇格蘭出生者或蘇格蘭後裔居多），需要英國援助以免遭其南邊更富裕的鄰國予以商業性吞併（直接征服）。他們因其生產的木材和穀物而在英國市場裡享有帝國優惠（impire preference）待遇，直到英國人採行自由貿易後才失去此優惠。倫敦擔心，如果美國人進犯加拿大（在一八六〇年代晚期之前一再浮現的隱憂），英國得增援在該地的駐軍，因此願意為一條跨地區鐵路的投資作保，從而促進了在一八六七至一八七三年，英屬北美諸殖民地同意組成加拿大聯邦後，促使加拿大成為政治實體和經濟實體的那條鐵路骨幹的發展。[56]倫敦也控制了蒙特婁（加拿大最大都市）一地商人寄望作為經濟救星的廣大內陸：位於五大湖區的另一邊，遼闊且（大體上）無人居住的西北地區。[57]一八六九年之前，這裡是哈德遜公司的領地。該公司於一六六〇年便從英國國王手中取得壟斷該地區貿易的特許狀，而歷任英國政府在該公司聲稱此地為其所有的主張受到美國質疑時，均予以力挺。[58]待這塊遼闊土地廉價出售給加拿大聯邦以及不列顛哥倫比亞這個英國殖民地加入該聯邦後，加拿大方於一八六七年後成為真正橫貫大陸的自治領地。

結果就是創造出集中在蒙特婁（加拿大經濟的本土總部）聖雅各街（St James Street，今 rue St Jacques）強而有力且彼此連結的眾多商業、金融利益團體。蒙特婁銀行憑藉其在倫敦的人脈吸取到信貸和預付給客戶的資金。[59]它與哈德遜灣公司的諸加拿大合夥人有密切的業務往來（哈德遜灣公司保住其在西北地區的商業利益和在該地的部分財產），包括曾從事毛皮貿易，後來成為史特拉思科納勛爵（Lord Strathcona）、加拿大首富的唐納德·史密斯（Donald Smith）。一八八〇年代中期時，最重要的利益團體是總部設在蒙特婁的加拿大太平洋鐵路。一八八五年，該鐵路的完工，意味著加拿大從此在地理上達成一統。加拿大太平洋鐵路是加拿大的最大支柱，資金大部分來自英國投資人。加拿大西部因這條鐵路而成為蒙特婁的經濟殖民地。這條鐵路無疑確保了加拿大仍將是自成一體之北美經濟體的最大憑藉。該鐵路的獲利倚賴對橫貫大陸貨運的運輸實質壟斷，特別是對出口英國的北美大平原所產小麥的運輸壟斷。其管理階層希望它成為從英國到東亞之泛帝國路線的一環，且非常清楚它的興衰與加拿大在帝國中的地位、與加拿大的效忠於英王（而非美國共和制）、與英國移民以及資金的流入如何填補地廣人稀的加拿大之間，密不可分。在兩次世界大戰期間，蒙特婁的商界精英申明其英國屬性，仍高聲表明其對「英國關聯」（British Connection）——他們世界的支柱——的效忠，也就不足為奇了。[60]

自然學家阿佛烈德・華萊士（Alfred Russel Wallace）寫道：

> 世上少有地方比新加坡城和島更令來自歐洲的旅人感興趣……政府、駐軍、大商人是英格蘭人，但大部分人民是華人，包括某些最有錢的商人、內陸的農民、多數技工和體力勞動者。本土馬來人通常是漁民和船員以及構成警察的主力。麻六甲的葡萄牙人提供大量辦事員和少數的商人。印度西部的吉寧人（Kling）是人數不少的伊斯蘭教徒，與許多阿拉伯人一樣是小商人和店老闆。馬伕和洗衣工全是孟加拉人，還有一群人數不多但地位很高的帕西商人。除此之外，還有許多爪哇水手和家僕，以及來自巴里伯斯、峇里和該群島其他許多島嶼的商人。新加坡港擠滿許多歐洲國家的戰船和商船、數百艘馬來帆船和中國式帆船……小漁船和載客舢舨；新加坡城裡有漂亮的公共建築和教堂、伊斯蘭清真寺、印度教神廟、中國寺廟、精美的歐洲房子、大倉庫、古怪的舊吉寧人、華人市場、林立華人、馬來人小屋的長長郊區。[61]

這是約瑟夫・康拉德（Joseph Conrad）小說中描繪的世界。那個世界的商業活動，就像蘇伊士地峽以南、以東許多地方的商業活動，大不同於大西洋經濟的商業活動。與大西洋經濟相較，東方經濟的距離離歐洲更遠：從歐洲乘船繞過好望角前往印度，比前往巴貝多，要多上約兩倍時間。來往印度的交通受制於季風，三至十月時風自好望角將船往北吹送，其他時候則將船往南吹送。開鑿蘇伊士運河之前，郵件，乃至某些乘客（全是逃避瘟疫的乘客），可經埃及和紅海或順幼發拉底河而下，抵達巴斯拉和波斯灣。[62]但跨大西洋旅行與貨運的快速、規律、便利、低成本，不見於蘇伊士以東。那裡沒有奴隸經濟體生產大量橫越大西洋的大宗商品（棉花、糖、咖啡），沒有大型的移居者社會（把一八六〇年代約百萬白人生產羊毛和黃金的紐澳移民經濟體視為大西洋經濟體的分支比較適切，其貿易和通信未與亞洲完全相連，愈來愈集中於與英國的直接往來）。[63]在每個地區，歐洲人都遭遇來自亞洲、阿拉伯、非洲商人的激烈競爭，這些商人控制沿海、內陸的貿易，且旗下的帆船[64]能以歐洲船運成本十分之一的代價運送貨物。在蘇伊士以東經商，比在大西洋經商更為費事。這裡有多得令人眼花撩亂的度量衡（如印度的盧迪〔ruttee〕、瑪夏〔masha〕、拖拉〔tola〕、錫耳〔seer〕、孟德〔maund〕——孟加拉的一孟德相當於孟買近四個孟德重——中國的斤、兩、擔）和貨幣以及交易工具（來自中國的銀塊製成鞋狀銀錠出售），再再反映了存在已久、有著稠密的商業連結網和種類繁多且專門化產品的複雜貿易世界，與大西洋貿易的簡單大相逕庭。英國人，一如其他外地人，必須適應它。

英國人能夠適應，主要在於印度。英格蘭人取得印度的帝國政權（德里蒙兀兒人）給予經商特許權，才開始在印度經商，且懷著戰戰兢兢的心態。除了得與亞洲商人競爭，他們還得與葡萄牙人、荷蘭人、法國人競爭。若非壟斷了自印度輸回英國的商品貿易，英國東印度公司大概早已毀於風險和經常費用，而且可能毀了多次。未想到了十八世紀中葉，該公司的貿易規模之大（英國本身的繁榮是原因之一），不但在印度沿海地區站穩腳跟，甚至擁有一支小型私人軍隊，加上因與其打交道而得到海外貿易好處的當地諸政權對它的日益依賴，已使它成為歐洲諸東印度公司中最強大者。一七五六年，英國東印度在孟加拉的強勢地位遭到當地一沒有安全感的統治者攻擊時，駐當地的機構開始轉型為軍事、行政實體，先是在孟加拉（一七六五年起），然後到一八二〇年時已擴及印度次大陸許多地區。一八五六年併吞奧德（Awadh）是該公司最意氣風發的時期。兩年後，在遭遇始料未及的大叛亂浩劫後，英國東印度迅遭解散，印度的最高統治權明確交到英國國王手上。

普拉西之役（一七五七）後的百年期間，印度的殖民地改造，在商業上帶來一些重大影響。英國東印度接管孟加拉太守的稅收時，那用部分經費購買在歐洲需求甚大的印度棉製品，因而不必再運金銀塊到印度，且事實表明這對職員來說是個大利多，讓他們靠著薪水、特殊津貼和拜公司的新支配地位而得以從事的額外交易致富（有些人變成大富）。諷刺的是，這一不道德的活動（在英國遭情操高尚者和心懷嫉妒者譴責的活動），為英國在亞洲貿易的擴大打下基礎。公司獲頒的特許狀，一直都允許英國民間商人從事亞洲境內的本土貿易。而其獲致的新財富，從三個方面影響了此事。首先，它吸引了大批看上了新機會，特別是為供應該公司在一連串擴張戰爭中的需求而生出的機會，而前來東方的新參與者。第二，可用於亞洲境內貿易的資金大增，來自於負責尋找當地投資資金的公司職員的投資收益（合法和非法的收益）。第三，這些資金的投注、對這些資金使用的監督、在投資者「退休」時安排將這些資金匯到英國之事，都由後來人稱「經理行」（managing agency）的機構負責。一直到第二次世界大戰，乃至二次大戰之後，經理行都是英國賴以辦妥其在亞洲大部分貿易之必要事宜的商業性合夥機構。[65]

經理行兼辦各種雜務。英國在取得信貸、遠距合夥人、商業情報上享有優勢，而經理行正是此一優勢的典型呈現。業者預付現金和貸款，充當旅行社經紀人，監督種植園和英國人所擁有的其他風險投資事業，安排農產品的買賣和歐洲「必需品」的進口，提供保險，擁有船隻或包租船隻，接受儲蓄者的存款（往往給予很高的利息）。經理行的經營絕非毫無風險：一八二九至一八三四年的經濟崩盤，導致多數有經理行因過度投機而垮掉。但一八六一年，光是加爾各答一地就有約七十家經理行，可謂英國商業擴張的先頭部隊。[66]只要是能讓這些業者牢牢抓住當地貿易模式的地方，他們都不會放過在該地設分支機構的機會：緬甸、馬來亞、新加坡、波斯灣、東非。例如，在緬甸仰光，經理行經紀人掌控該國最貴重木材的出口：他們是林場經理（teak wallah）。在新加坡，他們買進胡椒、香料、樟腦（用以製作樟腦丸）、蜂蠟、咖啡、烏木、龜甲、金末、檀香木。[67]經理行的分支機構以來自英國的年輕男子為職員，那些人結不了婚，住在單身宿舍（chummery），靠女人、喝酒、殺動物排解無聊。然其經營也倚賴一批當地的中間人，通常是阿拉伯、亞美尼亞、印度（往往是帕西）或中國的商人和金融家。對顧客的需求和誰能與長串中間人打交道並握有第一手了解者是他們。中國的斤、擔或印度的masha、maund，難不倒他們。他們了解當地貨幣，辦當地的信貸，預付貸款給沒一家外國銀行敢碰的生產者。

印度是英國在這東方經濟裡施展身手的關鍵憑藉，不可或缺的發動機房。英國、印度間資金的不斷流動（其中許多資金來自印度政府付給英國本土投資人和領養老金者的錢），是穩固龐大商業網的壓艙物。印度海、陸軍力，或者說英國人在該地強徵的人力和資源，則是商業上、政治上擴張的攻城槌。促使波斯灣成為英國內海，並扼守從巴斯拉到喀拉蚩、孟買的海路者，乃是孟買海軍陸戰隊（Bombay Marine，後來的印度海軍）。孟買成為伊朗許多對外貿易活動的中心。[68]「英國」在東非的影響力，其實是「英屬印度」的影響力，因而在肯亞、烏干達受殖民初期，盧比是這兩個地方的貨幣。拿破崙戰爭期間，英國東印度公司（在倫敦認可下）攻打荷屬東印度群島，占領了新加坡和馬來亞，儘管公司董事最初不願保有新加坡，認為那沒意義、具挑釁意味（今印尼所在的那些島嶼於一八一五年歸還荷蘭）。最重要的是，有中國存在。

東印度公司於整個十八世紀期間和中國通商，買進在西方很受喜愛的絲織品和瓷器。由於中國不需要英國的製造品，由於得用美洲白銀支付其在中國買貨的錢款（中國對白銀的需求沒有減緩之勢），對華貿易對公司來說並不合算。乍看之下，一七六〇年後，英國人對茶葉的渴求急速升高，導致問題嚴重惡化。事實上，英國東印度公司在印度扮演的新角色，提供了一個解決之道。它可用其在印度的營收購買中國人會購買的印度商品，例如原棉和靛藍。然後，該公司發現，在西印度和東印度所種植的鴉片是很好的對華出口商品，鴉片的銷售迅即納歸官方專營，其銷售收入占公司營收的將近五分之一。雖然公司在廣州受到嚴密監視，未敢在中國官府的眼皮底下賣鴉片，但可在印度境內將鴉片賣給從事亞洲境內貿易並運到中國、搞定銷售事宜的人。一場重大的貿易行動於焉展開。想將自己在印度所賺的錢匯到英國的職員，把這些錢交給在加爾各答

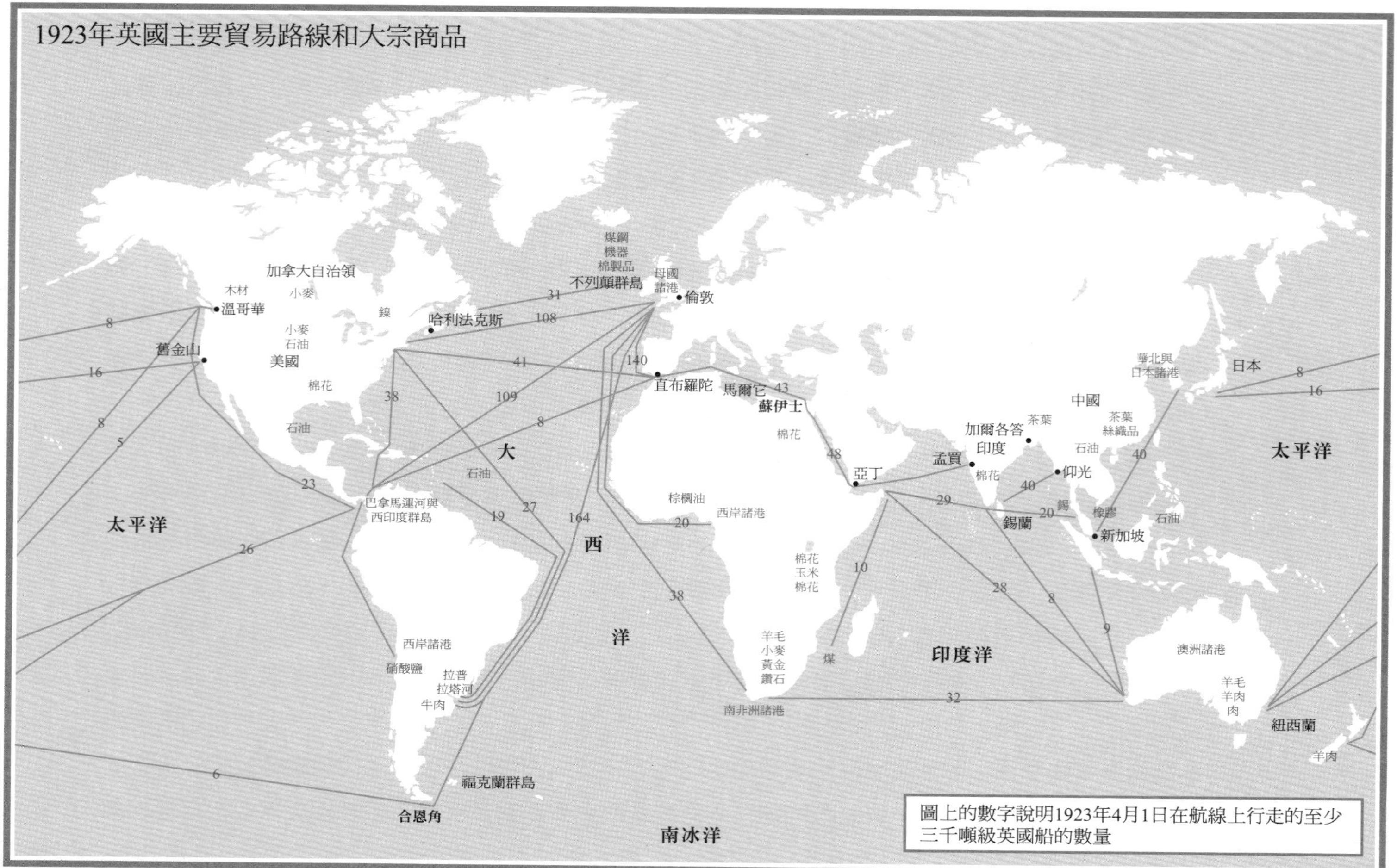

圖上的數字說明1923年4月1日在航線上行走的至少三千噸級英國船的數量

或孟買的代理人。然後再拿這些錢購買鴉片，以出口中國。總部設在印度的英國商人，在華賣掉鴉片，換取茶葉（或認領茶葉），再把茶葉賣給東印度公司，換取匯票，到倫敦後，到該公司總部兌換為現金（怡和洋行就是這樣發跡）。在印度的收入，就繞這麼一個大圈子送回英國（有時匯票在倫敦被前來買茶葉的美國商人買走）。[69]對華貿易就此打開。接下來的一連串發展，大家都知道。東印度公司失去其壟斷對華貿易的特權時，由鼓吹自由貿易者接手，鴉片貿易引發一場戰爭。英國打贏，迫使中國開放沿海，擴大了鴉片市場，英國商人得以定居通商口岸而不受中國官府管轄。在數個通商口岸的碼頭（bund）——林立著洋人倉庫、船舶業務代理行、銀行、電報局、海關大樓、俱樂部、單身宿舍、遊廊式住宅的河邊大碼頭——迅即出現迷你版的外國商業社會。[70]約萬名中國買辦經營中國內部與通商口岸的貿易，而提供短期「拆款」的中國錢莊，攸關通商口岸的商業運行，重要性和外資銀行不相上下。[71]但第一場軍事勝利者是由從印度派來的部隊和船取得，而在一八五〇至一九一一年中國動亂期間，通商口岸為數甚少的英國人看情勢不對之際，紛紛投奔印度（和駐香港英國海軍中隊）避難。

印度和其英籍統治者在東方經濟裡影響力之深廣，由威廉・麥金農（William Mackinnon）的職業生涯可最鮮明看出。[72]麥金農是蘇格蘭人，生於位在從海上進入克萊德灣（Firth of Clyde）入口處的坎貝爾敦。早年在格拉斯哥闖蕩，一八四六年跨出他人生最重要一步——前往加爾各答擔任某商行的代表，而他哥哥是商行的合夥人之一。不到一或兩年，他就在加爾各答組成後來成為麥金農麥肯錫公司（Mackinnon Mackenzie and Co.）的合夥企業。一八五二年，他在格拉斯哥建立自己的商行，經營棉製品出口，並與哥哥位於利物浦的商行霍爾麥金農（Hall, Mackinnon）結盟下，同時身兼航運業者與船東。一八五〇年代初期，隨著第二次緬甸戰爭（1852-1853）打開仰光港和伊洛瓦底江貿易，他開設加爾各答、緬甸輪船公司（Calcutta and Burma Steam Navigation Company），為日後的輝煌事業揭開序幕。幾年後，另一家輪船公司問世，主要業務為競標印度東海岸的郵遞合同。這份郵遞合同和補助是汽船大行其道的關鍵：這裡是海上貿易與帝國緊緊相扣之處。一八六二年一月，麥金農與巴爾特．佛雷爾的會晤，使他勝券在握。佛雷爾是印度最有權勢的官員之一，這時即將快成為孟買行政長官。他決意強化孟買（和印度）對波斯灣的影響力，提升喀拉蚩的貿易。他視麥金農的汽船為達成目標的理想手段，在他的支持下，麥金農贏得對波斯灣的郵遞合同。取得合同後（一年五萬五千英鎊的補助等於一百多萬英鎊的資本額），他把名下的眾多汽船和諸份合同合組為一個名字響亮的企業：英印輪船公司（British India Steam Navigation Company），並成為政府的官方（郵件、部隊）運輸公司。到了一八七〇年代，加爾各答的船舶有五分之一是英印輪船公司的汽船。[73]除了經營輪船公司，麥金農一生也花了許多時間鍥而不捨的尋找擴大此海上帝國的方法，尤其是在東非。在那裡，身為信教虔誠的蘇格蘭人，他心儀於李文斯頓推動「基督教、商業與文明」以消滅多神教、蓄奴（和穆斯林統治）的恢宏計畫。只是這一冒險行動的悲慘收場——他的不列顛東非公司（Imperial British East Africa Company）的不光彩垮台——或許加速他的離世。

全球貿易中心

東方經濟的發展，當然不只靠以印度為大本營的英國人之力。在從納塔爾到斐濟這一大片呈弧狀的南方海洋地帶，印度移工（其中有些是契約工和短期工）是種植園經濟體得以成長茁壯的關鍵。印度商人和放款者，例如跟著英國人進入緬甸的馬德拉斯柴提亞人（chettiar），[74]願意為英國同業所遠遠看不上眼的盈利工作，乃是不可或缺的經商助手。他們進入歐洲商人所忽視或不屑一顧的亞、非洲部分地區。隨著一八六九年蘇伊士運河開通，東、西方經濟的連結更為強固。到了一八七〇年代，已有所謂全球經濟。在此一全球經濟裡，交通工具的改良和以電報為通訊工具，促進市場的整合和一般食物原料價格的趨同（這或許是說明世界正漸漸成為單一經濟空間的最佳指標）。而且那不僅止於貨物流動的增加。一八七〇年後，從歐洲流出的資金（除了突然大量湧向某一標的的投機性資金，還有長期投資）也暴增。長距離移民的人數同樣暴增，移民主要來自歐洲，但也有來自中國和印度者。

但對英國人來說，全球經濟的急速擴大亦是警訊——其表明工業上和帝國上的新對手興起，尤其是德國人。與二十世紀晚期的全球化不同的，它發生在一個已被諸殖民帝國局部瓜分的世界，發生在歐洲人認為將沒有「文明」政府當家的領土吞併乃是完全正當之舉的世界。商業活動的增加和對往往因此隨之而來的外部代理人、外部市場更高的依賴，似乎也有可能加速亞非洲境內尚未步入現代的政權衰落，創造出新的地緣戰略不穩定區。世界貿易的任何衰退，不管是為時多短的衰退，再再促使世上前幾大強國裡的實權人物，要求建立讓本國出口品免於對手國競爭的排他區，從而促使暗暗悶燃的敵意更為水火不容。正是這些焦慮不安的心理，催發出質疑自由貿易、支持帝國保護的運動：在大英帝國四周築上一道關稅牆，以使英國工業免遭海外低成本製造品的「傾銷」，藉此保護英國的就業機會，[75]改善生活水平（一名大力鼓吹關稅改革者主張，英國的貧民窟乃是自由貿易大行其道的後果），並降低進入帝國境外海外市場的壓力，從而減輕英國與其全球對手德、俄、法三國的地緣政治摩擦。

但一九一四年前，英國選民否決設立關稅之議。主要原因是不管關稅改革者如何主張，全球經濟已為英國帶來龐大的新財富。世界貿易的成長，特別是出口大宗商品換取製造品這一貿易活動所帶來的龐大貨運量（一八七〇至一九一三年英國輸入的穀物增加了兩倍），[76]可是一大商機。它創造出對長距離運輸體系有增無減的需求，而英國人已在這一運輸體系上投入非常可觀的資金，且英國人在這方面的專業技術舉世無敵：汽船和鐵路。事實上，貿易成長便是靠蒸汽動力所促成的運輸成本大幅降低來支撐。英國人所擁有的纜線系統，例如由前曼徹斯特棉商約翰．彭德（John Pender）創立的東方電報公司（Eastern Telegraph Company），掌控商業資訊的供應。隨著愈來愈多地區被拉入商業經濟，專門出口（並享有最大市場優勢的）日常必需商品且買進更多進口品的貿易與日俱增，而這些地區對鐵路、港口、船舶、纜線等硬體的需求，特別是對匯兌銀行、保險公司、貨運業者和船舶經紀人的需求也暴增。這些全是英國人享有長足領先優勢的服務性產業，透過這些服務性產業，英國人能夠對新的貿易活動徵收到巨額租金。最重要的，這一新

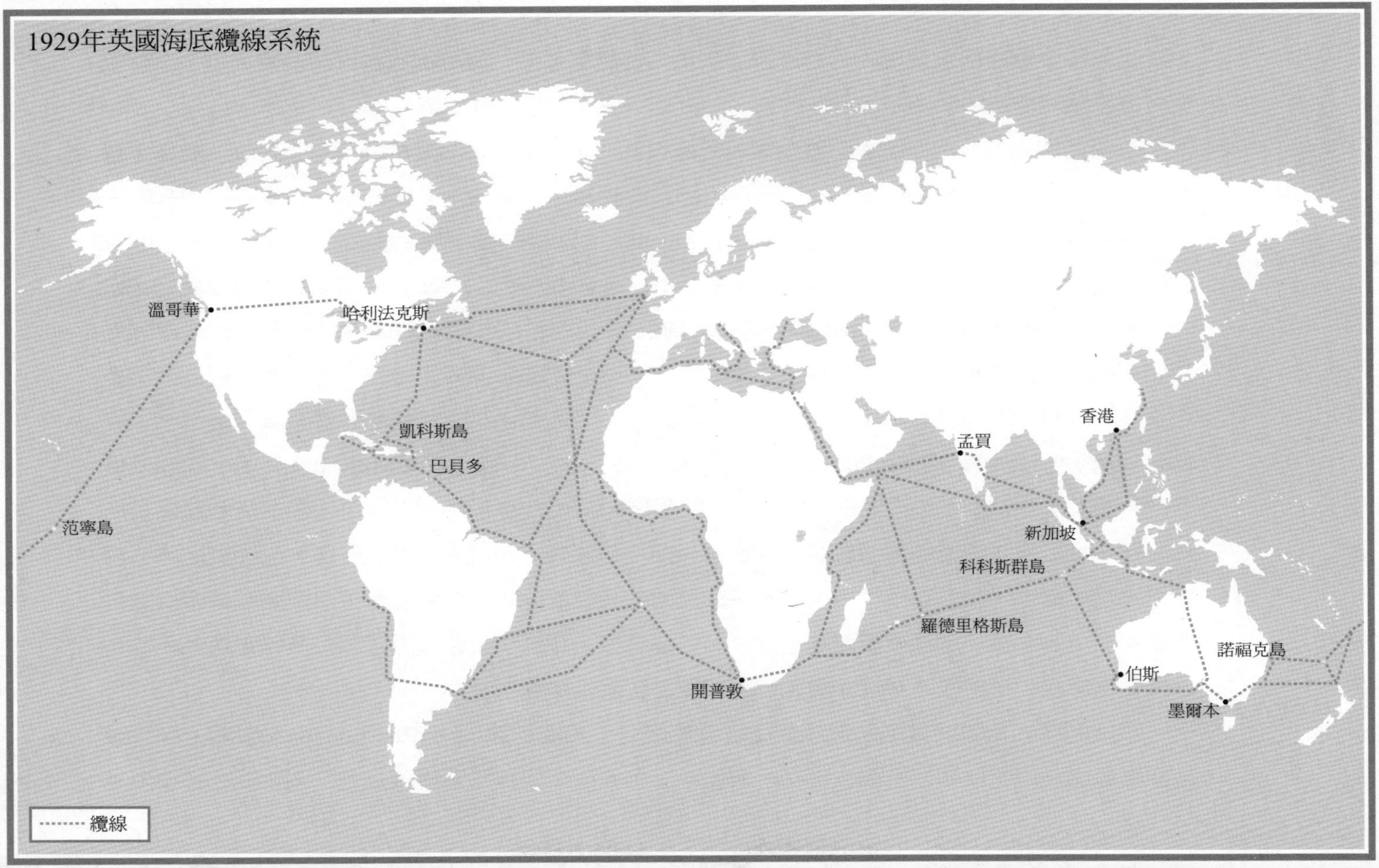
1929年英國海底纜線系統
溫哥華
哈利法克斯
凱科斯島
巴貝多
范寧島
開普敦
孟買
香港
新加坡
科科斯群島
羅德里格斯島
伯斯
諾福克島
墨爾本
纜線

世界經濟需要動用額外的資本，以建造新鐵路，以替新城市（從布宜諾斯艾利斯到上海）安裝設備，以開採這時似乎有著永不滿足之需求的天然資源（橡膠、錫、銅、金）。

倫敦就是在這一時空環境裡確立其全球霸主地位。這個倫敦不是英國政府的倫敦，而是「倫敦城」（斯特蘭德大街另一頭占地一平方英哩的商業區）的倫敦。「倫敦城」幾條街道巷弄旁，林立著票據交換銀行或大街銀行（high street bank）、招商銀行、海外銀行、保險公司、印度與南美鐵路公司、船運公司與船舶經紀人的辦公室，中國著名商行怡和洋行的辦公室，從事尋常商品（糖）與奇特商品（人髮）買賣的商人的辦公室，帝國大企業的辦公室（例如位於倫敦城牆路的塞昔爾．羅茲的不列顛南非公司辦公室），以及一些極受看重的專家（例如採礦工程師）辦公室。[77]「倫敦城」的兩大支柱是英格蘭銀行和證券交易所，附近則坐落著碼頭區，即倫敦、薩里（Surrey）、萊姆豪斯（Limehouse）、西印度、東印度、米爾沃爾（Millwall）、維多利亞諸碼頭。「倫敦城」是世界貿易的中心、信貸的供應者、對外投資的來源，形形色色全球性活動的所在，而這些碼頭就是其全球性活動之繁多的象徵。倫敦是大量產品的進口市場，而這既因為英國進口了許多糧食和原物料供其工業之用，也因為自由貿易吸引了接著會轉出口到歐洲其他市場的貨物進來。大批專業經銷商和批發商檢查、重新包裝、拍賣、賣掉運抵的貨物。然在倫敦，有許多商業交易與從未運來倫敦或英國其他任何港口的商品有關。

這是因為世界貿易有很大比例使用當時所謂的「倫敦票據」（bill on London）機制，來降低純雙邊貿易所必然存有的不便、成本、延宕。甲國某商人想買乙國的貨物，可能會覺得很難談成

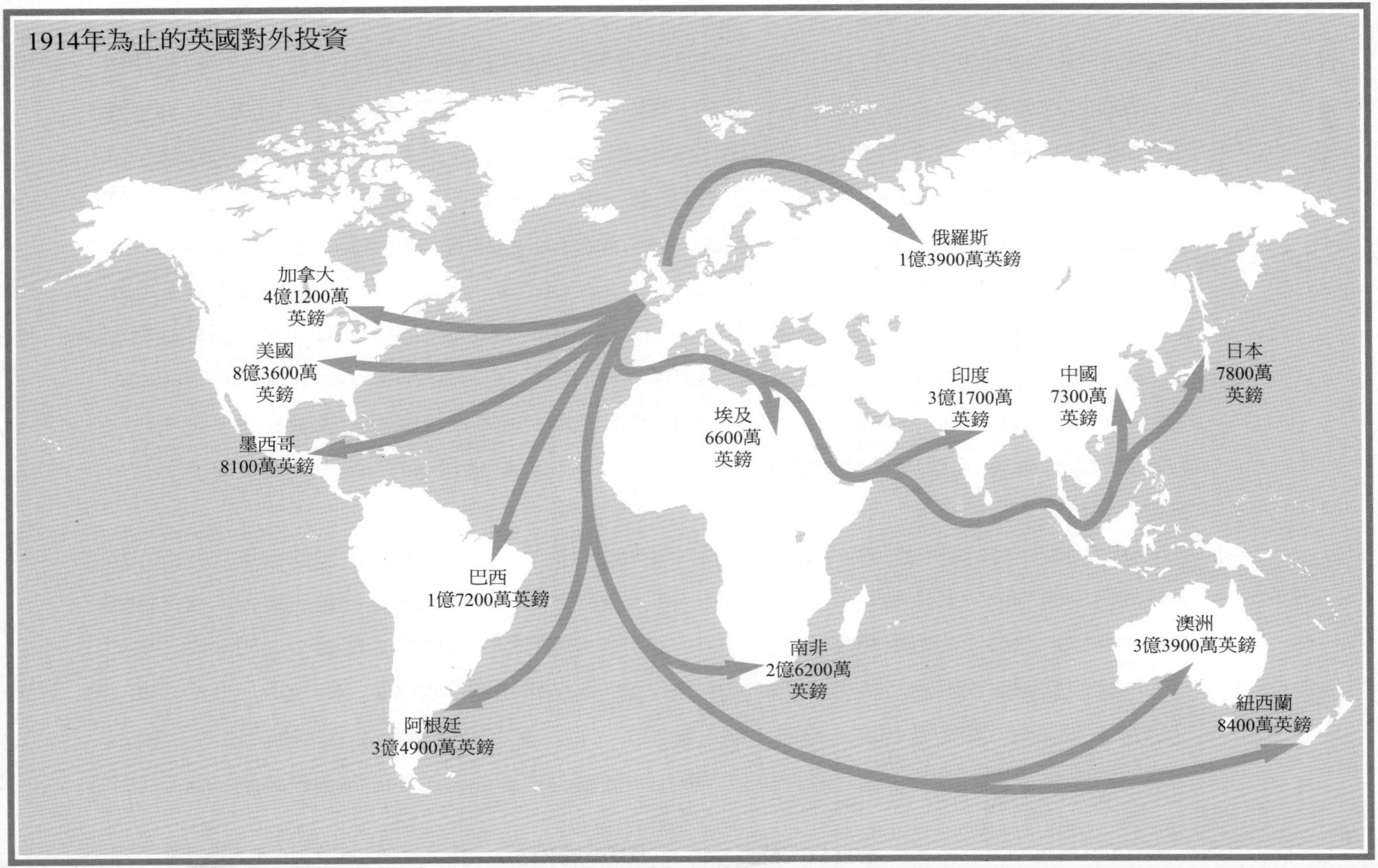
1914年為止的英國對外投資
俄羅斯
1億3900萬英鎊
加拿大
4億1200萬
英鎊
美國
8億3600萬
英鎊
墨西哥
8100萬英鎊
埃及
6600萬
英鎊
印度
3億1700萬
英鎊
中國
7300萬
英鎊
日本
7800萬
英鎊
巴西
1億7200萬英鎊
南非
2億6200萬
英鎊
澳洲
3億3900萬英鎊
紐西蘭
8400萬英鎊
阿根廷
3億4900萬英鎊

公道的協議。除非兩國間進出口差額大略相當，否則這商人無法用現金或貨物付款。乙國的商人也碰到同樣的麻煩。雙方所需要的，乃是一個到哪都被接受的共通支付憑證，而倫敦票據機制便滿足了這一需求。收到票據的人相信它必能在倫敦兌換為任何貨幣，或換取他們所想要的一批寄售貨物。[78]「倫敦城」裡交易規模之大，確保了現金或寄售貨物的供應時時不虞或缺。一複雜的商業機制，保證商人得以（在某一代價下）取得所要的現金或寄售貨物。而這個商業機制的遂行，又取決於存款的多寡。存款填滿、重新填滿招商銀行和「承兌行」為促進貿易所發出的短期、中期、長期信貸的資金庫。掌管這一看來紛亂的交易活動者是信貸的大控制者，即英格蘭銀行。這家銀行的「最低貸率」決定了預付所需的成本，進而決定了做生意的代價。英格蘭銀行是「倫敦城」聲名的守護者，最重要的，是倫敦票據價值的守護者（倫敦票據得以流通，取決於人們相信它時時都能兌現）。由於涉及英國境外第三方間貨物交換的票據，（一九一三年時）占了所有倫敦票據的約六成，這一信心就不能視為理所當然。

倫敦雖是個紙面票據城市，它的基礎卻是黃金打造的。倫敦票據讓人如此信任，取決於一最根本靠山，即倫敦（和英國）的堅守「金本位」。金本味意味著接受三項束縛。首先，英鎊可兌換的黃金價值固定，且可應要求兌換為黃金（或一沙弗林金幣）。第二，那實際上意味著鈔票的發行量得限制在英格蘭銀行黃金儲備量的某個比例：大約是三英鎊紙鈔對一鎊黃金。於是，藉由印製更多紙鈔使貨幣貶值之事，亦即「量化寬鬆」之事，完全不可能發生，而這對供應「倫敦」大量可用現金的持有英鎊外國人大為安心。第三，國際收支虧空得靠供應黃金來彌補，此舉自然而然導致可用錢幣減少，導致銀行利率升高並吸引外國人前來存款。事實上，倫敦能相對較輕鬆滿足這些嚴苛的條件，原因之一在於南非的蘭德地區、西澳、育空和其他地方發現大金礦區，世界的黃金供應量因而於一八九〇年後暴增。更重要的是，英國能說服其在歐洲以外的大部分貿易伙伴接受同一原則（儘管那原則有時令他們不好受）。原因很簡單。這些貿易伙伴都不想錯過從一八九〇年代中期起猛然啟動的世界貿易急速成長列車。在小麥、玉米、糖、棉花和其他許多大宗商品的生產國彼此競爭極激烈的時代，信貸資格決定一切。拒斥金本位，可能會被列入信用評級第三級。事實上，到了一九一三年，已有約二十八個國家採金本位，還有十一國宣稱採金本位（約九億人口）。[79]

「倫敦城」能祭出另一個令人難以抗拒的誘因。如果歐洲以外的「開發中」經濟體渴求信貸，那他們也會渴求資本來建造基礎設施，以將本國產品運到市場。到了一九一三年，全球對外投資資金可能已有泰半是在倫敦募集到。不管是蓋鐵路、挖礦或開闢種植園，第一步都是要為在倫敦發行股票寫計畫書。時機對（加上倫敦那些不是太講良心的金融報紙的吹捧），股票就能在證券交易所上市，事業就此展開。由於有太多未知之處和太少的具體資訊（有個受青睞的辦法乃是花錢找「職業董事」之類的人組成董事會以營造公司穩健可靠的假象），謹慎的投資人偏愛熟悉的科技和可兌換、有黃金支持的「硬」貨幣。在新資本極可能為借款國帶來最豐富報酬之際，拋棄金本位，或不採金本位，有可能導致該國得不到資金挹注。黃金的保證有助於讓英國投資人安心將超過三分之一的英國總資放在海外——很驚人的比例。[80]

集中於倫敦的這種種活動，其所帶來的結果令人瞠目。當然，英國這時仍是製造業經濟體，生產的商品有四分之一出口。棉織品（占出口四分之一左右），仍是主要出口品。然英國財富的暴增，歸功於它作為世界最大貿易中心的角色：來自營利性服務（船運、保險等）的無形收益，一八八〇年代中期至一九一三年成長了約七成。在鼎盛時期，這方面的收入相當於出口收入的近三分之一。英國海外投資從一九〇〇年的二十億英鎊增加至一九一三年的四十億英鎊，海外收益因而有同樣驚人的成長。這兩者共同確保國際收支有龐大盈餘，英國有愈來愈多可供海外再投資的資金。一九一四年前夕，種種跡象顯示，這一榮景已開始衰退，但沒什麼跡象顯示英國在全球經濟中得天獨厚的地位已開始消失。彷彿英國人不只已使自己變成是自家帝國的商業繁榮所不可或缺，而且是歐洲以外世界的大部分其他地方的商業繁榮所不可或缺。「倫敦城」為英國人在地圖上標上紅色的帝國疆域之外，增添一個用債務黏合在一塊且靠黃金守護的帝國。

商業與帝國

英國人打造了一個全球性的商業帝國，而那帝國裡含有一個由鐵路與電報、電車運輸系統和供水系統、銀行、倉庫與碼頭、礦場與種植園構成的遼闊財產帝國。只是英國人的商業倚賴帝國之力（帝國用砲艇和駐軍投射武力；帝國用行動確立統治權；帝國在領地安插外人以徵用當地資源）到何種程度？答案當然因地而有很大差異。英國人借了許多錢給南美洲諸國，然而當拖欠債務似乎有可能發生時，例如一八九〇年代初期祕魯的情況，就連熱血的帝國主義者都把武力干涉、「英國海軍中隊、強尼·亞特金斯（Johnny Atkins）和所有那類浮誇的言詞」[81]斥為荒唐想法。財政紀律的貫徹，不是靠唐寧街的命令，而是靠羅特希爾德（Rothschild）家族的倫敦總部「新宅」（New Court）裡的輕聲一句話。在享有完整內部自治權的「白人自治領」，使它們成為英國投資與出口所青睞之地者，[82]主要不是它們屈從於帝國的感覺，而是它們想取得共建帝國的正式合夥人身分（和熟悉之建制與品味）的心態。但在歐洲、美洲以外的世界其他地方，可找到有力理由說明，英國的貿易需要帝國，或從帝國的存在裡獲益良多。

例如，在中國，幾乎毋庸置疑的，倘使中國當局可以作主，會比較希望英國與其他外國商人不要待在其土地上。這些洋商進入中國港口的權利和後來進入中國內陸的權利，都是靠武力爭取來，且靠展示陸海軍威——巡行中國主要河川與海岸以維持治安的無所不在英國砲艇——來維繫。在中國，絕大多數英國人相信，若沒有他們在通商口岸享有的特權（不受中國稅制與法院管轄且有權擁有自己財產），若沒有壓低中國關稅的不平等條約，若沒有大部分由英國人充任職員，負責管理港口、提供燈塔的大清皇家海關，他們的生意做不久。[83]至少對英國人來說，殖民地香港是中國的直布羅陀，是在情況不對時可確保安全的地方。一八九九至一九〇一年的義和團之亂，證實了那些「中國通」的憂心。[84]俄、法、德、奧、日、英的聯軍趕赴北京，解救被義和團團團民圍困的一些西方人。義和團遭消滅，但在倫敦，英國人得出一悲觀的結論。擁有同樣足以威脅北京之陸海軍的其他大國大舉抵華，意味著英國在華的商業將無限期需要帝國來維護。[85]

在非洲，運用帝國的方式則截然不同。在西非，英國人偶爾動用武力以打開貿易通路，且在法蘭西帝國有意立起關稅牆時，逼使英國的受保護國先發制人採取行動，以防關稅牆立起後喪失可能具有價值的市場。在東非、中非、南非，帝國的商業價值更為凸顯。儘管有種種關於非洲財富的說法在流傳，歐洲人很快就發現嚴酷的自然環境、稀疏的人口和旅行的艱苦，妨礙財富的採取：一八九〇年代中期，從尚吉巴到烏干達得走上兩個月。[86]由此，歐洲人得出殘酷的推論：為積累財富，得用強制手段，至少得按照外人所要求的程度強制。隨之出現強奪土地、強征民力之事，且往往兩者同時進行。於是，對白人支配階層來說，殖民統治成為經濟控制的手段：把土地分割為大面積白人移居區和土著保留區；強行徵稅，迫使非洲男子為了繳稅不得不到農場或到非洲中南部永遠需要廉價移工的鑽石、煤、金礦場找工作。只一代時間，就有數萬非洲男子被迫投入從事艱苦粗活、吃住於監獄般的圍場裡、受殘酷工作紀律管束（毆打是家常便飯）的工業世界裡。[87]舉例來說，在南羅德西亞的採礦邊區，勞動環境極其惡劣。意外、疾病、營養不良，使一九〇六年受雇的一千人有七成六死亡（在英格蘭，成年男子死亡率是百分之十六．五）。[88]而當非洲人被白人踢死或打死（這種事並不罕見），（白人）陪審團偏愛將死因歸於「脾腫大」——出奇常見的症狀——被告因而無罪獲釋。[89]直到一九一四年，只有白人統治才能確保經濟進步一說，已幾乎是普遍的認定。

但最重要的例子肯定是印度。誠如先前已指出的，印度是英國商業勢力藉以進軍亞洲各地的跳板，印度商人和人力可謂輔助發動機，有時則是主引擎。然印度的重要遠不止於此。它是英國主要出口品棉布的最大出口市場，而之所以如此，原因之一是英國的統治強行打開其邊界，且禁止印度制定關稅保護本土的紡織品生產者；另一個原因是英國人堅持多蓋鐵路以打開印度市場（工程費由印度出）。印度若有自治權，應不會走這樣的路，而是反其道而行。經濟情勢變得更為複雜難解。駐印的龐大英國軍隊、英國官員的養老金、印度為蓋更多鐵路而在倫敦借的錢（增蓋鐵路有時主要是為了從借錢中撈錢，而非為了經濟或戰略效益），[90]使印度成為英國的債務人。印度每年得從英國以外的市場賺得的外匯中撥款還債。這所謂的「應付母國款」（Home Charges），使印度所賺的美元和馬克（帝國統治的間接效益）流到倫敦，協助彌補英國與世界其他地區的貿易赤字，成為維繫英國金融霸權的重要支柱。[91]為穩住這根支柱，十九、二十世紀之交，英國讓盧比幣值死盯住英鎊幣值。英國人實質上已吞併了印度經濟裡，可強化他們在全球經濟領域地位的那些部分。

但前述有關帝國與財富的論點中，存在一失落的環節。在某些對英國於世界上之地位具最敏銳觀察的人士眼中，真正的祕鑰是煤。某作家口中英國的「黑印度」（Black Indies）[92]和另一名作家口中英國的「動力帶」（Power Belt），[93]指的是數百座的煤田。它們是豐沛廉價能量的來源，也是英國相對於其他所有富國（美國除外）享有的絕對優勢。而且煤不只是內部資源。到一九一三年，煤已成為英國第三大出口品，最遠及於阿根廷的煤出口，乃是使英國航運業得以繼續享有獲利的助力。但煤的霸主地位（誠如悲觀者所警示的）[94]不會永遠不失。採煤成本增加，且煤的地位將於不久後受到石油威脅。一九一四年後，建立在煤上且倚賴貿易的大英帝國，將見到自身主要資產開始縮水。

第七章　統治方法

「一個廣袤且與宗主國不相連的帝國」

德國帝國主義者佛里德里希・瑙曼（Friedrich Naumann, 1860-1915），在一九一五年出版的戰時宣傳小冊《中歐》（*Mitteleuropa*）中，以有點妒羨的口吻評論「英格蘭帝國主義無條理的特質」。[1]他寫道，英國的「海洋、殖民帝國，散布世界各地，以相當無條理的方式組成……英格蘭人的靈活就在這裡：我們稱之為原則的概念，英格蘭視之為工作方法，那是英格蘭的領導人物普遍具有的一種出於本能且從容不迫的適應力，兼具無法撼動的自信……。」[2]

這段描述既流於溢美，卻也富洞察力。相對的，傳統的帝國統治形象——蓄八字鬍、穿短褲的巨人我行我素，強迫滿懷怨恨的人民接受其管轄——雖然是討人喜歡（或令人不快）的虛構說法，卻還是經常在所謂的「歷史」裡見到。它創造出以倫敦為指揮、控制中心的制式權力機器的假象。但這樣的發展並非勢所必然。第一塊絆腳石是英國領地的驚人龐大和多樣。到一九一三年，一百多個互不統屬的政治單位（即使不含印度的約六百個左右的土邦），效忠於英國國王。它們是數百年來英國所獲得的領土，涵蓋了人類社會幾乎所有族群，且其內部的多元分殊有時極大。沙漠民族和游牧民；山居民族和部落；採礦、林居、捕魚的族群（例如紐芬蘭）；一輩子在水稻田裡辛苦幹活的農民（例如在緬甸的三角洲農民）和溫帶自治領的自耕農；奴隸主和奴隸（一八三〇年代前）；種植園經濟體裡的工人和園主；有「無產階級」和「資本家」的工業社會——這些族群，還有其他更多族群，都可在包含世上某些最大城和某些最貧窮、最杳無人居之地的帝國裡找到。如果帝國統治（或支配）的目的在於促成團結與秩序，即使只是最低程度的團結與秩序，那麼帝國統治的執行者所需要的，將不是滿腦子的規則，而是佛羅倫斯政治哲學大師馬基維利筆下的現實主義手段。

而這樣還不夠。因為在英國人所宣稱管轄的每個社會裡，無不遇到一政治「傳統」：有時高度偽裝為宗教忠誠，有時受到強烈質疑的傳統。這一傳統規定了在當地精英眼中哪種權力形態為正當，規定了良好統治的評判標準，且通常規定了干涉私領域或宗教領域的限制。違反這些規則，不管是有意還是無心，都可能帶來危險或更糟的處境。在某些例子裡，這意味著得避免觸碰宗教導師或祭司長所宣稱只有他能置喙的所有事項。在另外一些例子裡，這意味著得讓僑民、移居者享有代議政治，或讓他們不受適用於當地居民的法律管轄。在其他例子裡，則是要英國人謹慎施行在割讓或征服條約裡明訂的權利（在魁北克或前荷屬圭亞那的模式）。

因此，強行施以某種統治模式，無論是何種統治模式，都會遭遇強烈抵抗。沒有征服計畫，卻想徹底改造政治局面，成功機率渺茫。英國人並非不願施行大規模強制，只是不願付出進行如此強制所需的資金。在無法像在印度那樣從當地資源取得當地所需資金的國度，英國人沒什麼興趣以有計畫、有步驟的方式施行制約。事實上（誠如先前已提過的），在大英帝國的許多地方，英國人偏向藉締結割讓條約來擴張（割讓條約則通常靠某種程度的武力強索取得），或透過移民遷居的「人口帝國主義」來擴張。這兩種作為的結果，就是權力下放。在前者中，儘管不喜歡當地權力掮客，他們卻必須接受，並與他們打交道，以維持自身權威，盡快減少軍事開支。在後者中，英國人不得不盡快讓宣稱自治是天生權利，聲明固守「英國關聯」，且幾乎不是武力所能鎮住（特別是在美國革命後英國人餘悸猶存之時）的殖民社會享有內部自治。

如果說謹慎和現實主義是成功的保證，那麼統治一世界性帝國應該會非常輕鬆，帝國國祚會比實際所享有的更長久。但一如多數大規模的作為，帝國統治的目的不只一個。帝國政策——得到共識的、脈絡一致的、目標清楚明確的帝國政策——始終是個空想。原因之一是沒有舵手掌控這艘大船。事實上，由於統治倚賴如此多代理人和盟友來施行，因此有許多隻手把舵輪往不同方向拉扯，致使大船呈連續之字形前進，乃至一百八十度迴轉。但另一個原因是對帝國權威的追求，始終充斥著矛盾和弔詭。例如，有效的統治體系顯然需要強固的稅收基礎，這是所有現代國家都不可少的。然而，自一七六〇年代晚期北美殖民地的印花稅叛亂，到一八九〇年代晚期獅子山的家戶稅（Hut Tax）叛亂，英國人一再體悟到課徵新稅會瞬間激起反對。權力滋味逼使人不敢有大開大闔的作為：殖民地政權行事得謹小慎微，不可過火，以免政權徹底瓦解。同樣的約束力限制了殖民地政權推動社會、經濟改革的動力。從某個觀點來看，顯而易見的，如果殖民地經濟要有益於英國，或要能支應英國統治所帶來的治理成本，就應促使殖民地經濟更為繁榮興旺。不管去到何處，英國人都小心翼翼的鼓勵自由貿易和助長因循資本主義。他們到處（例如在緬甸和肯亞）發送許可證給移入的商人和農民，以助長商品作物經濟。只是欲施行西方的財產權觀念，在陸上強行建立自由市場，或放手讓外來移居者、種植園主、商人創建「現代」經濟之事，一再遭到擔心惹火當地精英的英國官員駁回，畢竟英國官員不能沒有當地精英的支持。英國官員同樣深怕觸犯當地宗教信仰或公開支持基督教傳教團，儘管他們認為伊斯蘭（舉例來說）是知識破產的宗教，印度教是迷信與無知的混合物。

因此，英國「政策」（就存在於倫敦的這類東西來說），傾向於接受當地形形色色的差異，讓派駐到當地的英國人具相當大的行事自主權。由於無力徹底監督當地的動態，不這麼做也難。而曠日廢時的通信，乃是無力徹底監督當地的原因之一。一七七四年，愛德蒙・勃克說道，「從下命令到執行，期間要越過洶湧波濤和數個月時間」，當時，前往北美殖民地的「艱苦」航行可能歷經十三個星期，絕不少於四星期。[3]他提醒同胞，「規模大的實體，其末梢處的權力循環必然較弱……這是不可改變的情況，廣袤且與宗主國不相連之帝國的永恒法則。」[4]在汽船問世之前，從發出指令或尋求指令到得到答覆，中間可能已相隔數個月。蒸汽郵船（和火車）把所需時間漸次減少為數星期（一九一一年時到加爾各答要十九天，到開普敦二十天，到新加坡二十三天，到雪梨三十四天，到威靈頓四十七天），而電報更普及後，所需花時間更減少為數小時（儘管往往因為費用高昂而不用電報）。但無力徹底監督各領地，也是因為沒有統管整個帝國事務的單一機構。自從十九世紀中葉起，倫敦將帝國事務分屬六個部門掌管。大多數（但非全部）殖民地由殖民地事務部管轄。一八八〇年代和之後的非洲受保護國，最初歸外交部管，而外交部也掌管埃及（一八八二年起幾無異於殖民地）和蘇丹事務，以及中國境內的租界（香港不在此列）。對於英國最大殖民地印度帝國，有專事的管理部門，即下轄印度總督的印度事務部。但設有外事部門的印度總督，負責掌理英國在波斯灣、南伊朗、阿富汗、西藏的利益，並治理亞丁和緬甸，因此帝國東部有許多地方也列入印度總督職權範圍內。除此之外，另有幾個部門插手帝國事務。外部防禦由海軍部和勉為其難與海軍部合作的陸軍部共同負責，而稀少的英國步兵營兵力（帝國重要的後備武力）受到陸軍部謹慎的看護，唯恐被海軍部搶走。這些部門全被英國政府財政部惡毒的目光盯著。到了十九世紀中葉，欲削減國債的種種努力，已把維多利亞女王治下的財政部推到從未有過的權力巔峰。財政部官員認為，海外支出之害僅次於罪惡。對於請求撥予海外經費者，他們毫不掩飾其不屑：發公函給陸軍部時，有時用單音節詞——意思再明顯不過。當需要一筆補助款來支付行政支出時（一如英國統治北奈及利亞的頭幾年裡所發生的），財政部就以「財政部控管」來報復：每一筆支出，細到最後一分錢，都需要英國政府批准，而取得批准的手續往往耗時數月，甚至數年，使那些在帳篷裡汗流浹背等撥款的倒楣英國官員氣極敗壞或喝酒解悶。

在這些情況下，要在倫敦有主動作為並非不可能，只是難上加難。不同部門管轄領域的部分重疊，導致彼此的合作攸關能否成事。一旦有合作不成，爭執就得在內閣會議裡解決，而夏天時，內閣會議可能數星期空窗。對這些相關部會來說，可能發生的最糟糕情況，乃是某殖民地的事務成為公眾注目焦點。當然，每個殖民地裡都有英國本土的既得利益團體存在是無可爭辯的事實，而這些團體通常由企業家、傳教士、人道主義者、前官員（「印度通」）或移居者族群的代理人構成。他們大力遊說，儘管往往互唱反調。在多數情況下，他們無法引起英國本土民眾多少注意，因為他們爭執和埋怨的事太遙遠且難以理解。但有兩件事可能使他們的抱怨變得較危險。如果他們夠團結，齊聲高呼殖民地陷入險境，或如果他們發現某件事觸痛維多利亞時代人們敏感的道德神經——蓄奴、強制勞役、金融違法或官方核准賣淫最能讓他們如願——他們就能激起軒然大波。報界開始積極報導，不久議會裡就有人質詢此事，部長可能被要求說明。萬一某殖民地出現動蕩或叛亂，或軍事挫敗，情況會更糟。屆時報界可能一連數星期大肆報導，而部長雖保證已採取立即措施控制情勢，也無人相信。對相關的殖民事務官員來說，這是最危險的時刻。如果他處置失當，令部長難堪，仕途將就此終結。他可能接到公開的公文，裡面說明部長已不再信賴他（毀掉他仕途的指摘），已把他的名字從升遷人選中刪除（北奈及利亞某優秀官員就落得這下場），[5]甚或者他可能遭免職。

為何殖民地事務部的作風傾向於被動因應，而非主動出擊，也就不難理解。殖民地事務部所管轄的帝國，包含加拿大與澳洲等定居型殖民地、動亂不安的南非、成立已久的西印度群島諸殖民地、在熱帶非洲新取得的領地（一八八〇年後）、直布羅陀、馬爾它、賽浦路斯、錫蘭（今斯里蘭卡）、馬來亞、新加坡、香港，以及一長串較次要的領地，但手上握有的資源卻少得可憐：

一九一四年時只有約三十名高階職員。它最風光的時刻已隨著一八三〇年代廢除蓄奴而逝去——即便移居者和種植園主不滿廢奴，事務部仍必須貫徹這項重大政策，且隨著自由貿易展開，不再試圖控制殖民地經濟，反而將業務重心擺在為其形形色色的附屬地遴選行政長官，擬就要發給他們的指令（以抑制主動作為），緊盯著他們以免他們違反規定。行政長官一旦逾越權限，或（比如）容忍買賣奴隸或蓄奴之事，可能遭申斥，乃至免職。行政長官請求制訂新法、撥予更多經費、派新部隊或進攻邊疆地區之事，可能獲准或者（機率更高的）遭駁回。但在政府高層裡有朋友，並時時留心報紙報導，且通曉利用官員對他所發消息的倚賴營造利己形勢的行政長官，殖民地事務部通常比較無法掌控，更難將他調離。

於是，從行政的角度看，英國人掌理的帝國是個東倒西歪、充斥矛盾與偶發怪事的帝國，且控制帝國的機器，在最好的情況下，運作都不甚平順。它在未經人為的精心規畫下自己成長茁壯起來。到了十九世紀中葉，已有三種統治（廣義的統治）模式，在三個不同的帝國裡運作：移居者帝國、印度帝國、直轄殖民地帝國（大部分英國殖民地屬此類）。

移居者政治事務

在所有殖民地族群中，最難統治且讓倫敦最頭疼的，乃是白人移居者。一八三六至一八四八年擔任殖民地事務部常務次官（Permanent Under-Secretary for the Colonies）且個性強硬、學識豐富的律師詹姆斯．史蒂芬（James Stephen）曾建議道：「英國政府對殖民地事務的干預是個困擾，而這困擾可以用不會……招來更大危害的……讓步和安排來避掉……這個看法如今已無人不表認同。」[6]因傲慢綽號「太上部長史蒂芬先生」（Mr Over-Secretary Stephen）而讓人看不到他深刻洞見的史蒂芬主張，來自倫敦的干預通常以不幸收場：「我們幾乎總是被打敗」。[7]他這番話主要是針對定居型殖民地，而且英國的帝國歷史裡有許多事實支持著他這主張。

誠如先前已指出的，一六〇七年後遷徙到北美殖民地者深信，他們享有生為自由英格蘭人所自然享有的權利，包括擁有代議政體的權利。倫敦政府未否決這項要求，反倒在一連串特許狀裡承認這一點，各個殖民地裡迅即出現代議機關。當然，理論上而言，行政權仍掌握在通常由倫敦派任的行政長官和行政長官親自挑人組成的顧問委員會手裡。實際上，權力的天平倒向不利於他們的那一端，因為民選議會掌控開支權，且行政長官無權藉授予重要職務來回報支持者。[8]到了一六九〇年代，帝國政府已對這些煩人的殖民地居民採取「有益的忽視」（譯按：salutary neglect，指不嚴格執行英國議會制定的法律）政策，任他們品嚐自己種下的政治惡果。以北美洲為主戰場的七年戰爭（1756-1763），其高昂的花費創造出新情勢。但當倫敦催逼北美殖民地負擔英國的帝國開支（特別是英國的巨額戰債）並試圖向他們收取款項時，倫敦竟遭遇激烈的意識形態爭辯、暴政指控、然後暴力反抗。到了一七七〇年代中期，帝國權威已瓦解，只在仍有駐軍可用以執行該權威的地區例外。[9]一七八一年十月，英軍司令查爾斯．康華里（Charles Cornwallis）的軍隊在約克敦向北美殖民地事務部隊投降之際，帝國在北美的權威蕩然無存。

失去北美十三殖民地所帶來的強烈衝擊，逼使英國重新省思未來作為。在英屬美洲帝國的殘部，即今日東加拿大，倫敦運用官方贈予地來打造忠心的「貴族階層」和資助其精神上的盟友英國國教會，試圖藉此扶助其所派任的行政長官。到了一八二〇年代，這作法已漸漸拉攏不了人心。以英語的為主移居者痛惡他們眼中腐敗的寡頭統治集團和（由於信英國國教的移居者不多）教會土地的分配不公。在法蘭西、天主教下加拿大（French and Catholic Lower Canand，今魁北克），宗教敵意促使這類民怨更為強烈。一八三七年，經濟蕭條嚴重，這兩處殖民地都爆發叛亂：在英格蘭上加拿大（English Upper Canada）叛亂時間短而激烈；在其東邊的法蘭西加拿大，時間較長且更激烈。[10]這是個重大危機。法蘭西加拿大控制進入內陸的通道，若要平亂則需要大軍。就在這同時，東地中海爆發危機，英國與俄羅斯有兵戎相向之虞，英國為比利時的未來安排陷入外交戰。有人憂心忡忡將法蘭西加拿大比擬為另一個愛爾蘭（造反且信天主教），找出解決之道刻不容緩。

未想，卻花了一段時日才找到。一八三九年，達勒姆勛爵（Lord Durham）領導的委員會提出報告。達勒姆認為，最佳的解決之道乃是移入大量英國人，以壓制住生亂子的法國人，抵消他們在政治上的影響力。他更為著名的宣告，則是把代議政體斥為徒勞、行不通。他說，無法取代行政機關的議會，就和無法控制議會的行政機關一樣沒用。兩者都產生公權力不彰的政府。民選政治人物從不擔任官職，也就沒有誘因要求他們行事節制明理。他們未向選民提出切實可行的政綱，反倒成為不負責任的煽動家，鼓動激情，打亂政治秩序，因此得想出辦法將他們的精力導向建構條理井然的政府。達勒姆的結論很簡單：應由民選政治人物組成行政團隊（如在母國那般），議會應有權撤免其官職。這是「問責政府」的發端，從此成為所有英國移居者社會的憲政護身符。其所帶來的結果，誰都看得出：移居者政治人物將會在本地事務上享有幾乎百分之百的自主權。帝國政府將只控制真正屬於帝國的事物：對外事務、國防、憲政準則。移居者領導者當家作主，開始面對首要之務，即殖民地經濟的迅速發展。[11]

將近十年後，達勒姆提出的解決之道才開始落實。倫敦否決他的分權構想，認為那是危險的自廢武功之舉。殖民地行政長官竭力爭取當地民心，成為政黨領袖然而到了一八四〇年代晚期，他們遇到由決意奪取實質行政權的「英」、「法」政治人物組成的強大同盟。倫敦揮白旗投降，言明此後只有得到殖民地議會支持的政治人物，才能任職於殖民地行政部門，失去該支持，就予以免職。但這一新制度才剛在新設的加拿大省（英格蘭上加拿大與法蘭西下加拿大組成的準聯邦）施行，就碰上一場大危機。行政長官底下的新部長提議賠償一八三七至一八三八年叛亂時遭到損失者，包括支持該場叛亂者（引發爭議的部分）。一場風暴隨之掀起。親英派忿忿要求行政長官否決此一不忠的議案。暴動於是發生，有人縱火，報紙上出現激烈抨擊。但行政長官額爾金堅不退讓。他告訴母國政府，如果他否決議案，他的部長會辭職，痛斥他立場不公。屆時，成立問責政府所欲避開的危險，反倒會氣勢洶洶返回。「英國關聯」（殖民地與帝國、英國國王的關係），乃是比黨更為重要的關係，若要保住，他就只能照那些部長的意見行事，只要他們經過選戰洗禮，獲得過半選票。一八四九年四月，他告訴殖民地事務部，「我如果找不回我一直努力去維持、在爭端雙方之間保持中立的崇高地位，我是否還該留在這個高位上便值得思量……。」12這是個重要的轉捩點。不久，在一八五〇和一八五二年，倫敦認可澳洲諸殖民地和紐西蘭也該有問責政府。

來自英國的移居者竟如此堅持擁有統治權，如此強勢表明自身的要求，或許讓人覺得驚訝。沒錯，誠如史蒂芬所言，他們難以掌控。但他們的奇特作風其實也不是那麼難以理解。要讓移居者社會順從並不容易。移居者社會使用來自母國的熟悉建制——協會、政黨，以及最重要的，報紙——組織化程度通常比非移居者社會高上許多。第二，任何地方都該保有本地民兵這一傳統作法，許多移居者因而擁有武器：火力絕非倫敦所獨有。第三，即使只有倫敦備有武器，用處也不大。移居者社會的特色，乃是移居者有多種管道了解母國的民意動向，他們在母國有親友，還有宗教上、商業上的人脈。以暴力對付他們（如一七七六至一七八三年鎮壓北美殖民地革命），幾乎不可能。這論點的另一面，乃是移居者政治人物把英國政府官員懂得如何經營英國擴張事業一說斥為荒謬。他們認為，了解英國在北美、澳洲或紐西蘭邊疆地的真正利益所在且懂得如何促進那些利益者，是當地的移居者。體現「英國特質」之真正優越之處者，展現真正的英國愛國精神者，支持英國之「天定命運」者，是當地移居者。這一移居者版帝國觀在母國緩慢卻穩健的推進，最後，到了一八八〇年代中期，已得到愈來愈多人認同。

但問責政府不是普世通用的解決之道，即使在有移居者族群作為殖民地居民一部分的地方亦然。許多障礙致使問責政府變得太危險或根本不可行。可能的情況是移居者或種植園主人數太少，而原住民、奴隸或自由黑人的人口太多。倫敦就根據這幾種理由，完全不考慮在千里達、錫蘭、香港建立代議政體。導致情況更糟的則是一有憑有據的疑慮：即誠如某殖民地行政長官所說的，「較高等種族的農業、商業利益肯定會與較劣等種族的這類利益相衝突。」有一派人說，若放任移居者不管，他們會搶走原住民的土地，逼他們為農奴，乃至企圖撲殺殆盡，這一說法同樣出於前述疑慮。[13]除了可能激起母國的人道主義者痛批「奴工」不當，還始終存有一個危險，即移居者壓迫原住民可能激起大規模叛亂，屆時英軍將得像消防隊一樣急急出動滅火。第三個障礙出現於邊界仍不明確或邊界仍混亂、暴力橫行的殖民地。一旦混亂、暴力太嚴重，非當地移居者民兵組織所能應付，且動用到英軍，就不能把內部安全事務交給移居者政治人物主掌，以免他們濫用或浪費寶貴的英國軍力資源。最後，在某些地方，移居者殖民地只是一殖民地管轄複合體的一部分，且那複合體包含了一原住民受保護國或數個間接統治區，而在這類地區，允許移居者自治可能會削弱行政長官在其轄區的非移居者居住區的地位。

這些難題不只出現在白人移居者人口不多之地。在澳洲，原住民與白人有明顯的利益衝突，而且存在一充滿暴力的邊疆地帶。但白人實力大占上風，倫敦本身已根據無主地原則裁定原住民沒有土地所有權。一八三〇年代，英國部隊撤走，白人擴張和白人對原住民土地的侵犯幾未受到制止。紐西蘭情況不同。在此，毛利人有受懷唐伊割讓條約保障的土地所有權，他們亦有精良武裝，在某些地方武力強過所面對的移居者小橋頭堡。倫敦官方把移居者視為惹麻煩的討厭東西，痛惡移居者請倫敦協助擴張殖民地。殖民地事務部認為，最好的解決之道是把移居者圈在一連串飛地裡，把紐西蘭其他地方（特別是北島，因大部分毛利人住在該地）視為「土著受保護地」，透過只向行政長官負責，而不向移居者政治人物負責的治安官治理。因此，英國政府允許成立問責政府，但要求移居者與毛利人井水不犯河水。這並不是穩妥的解決辦法。白人人口增加快速，許多毛利人土地賣掉。一八六〇年代中期，具侵略性且自信的行政長官喬治・葛雷（George Grey），動用一萬英軍對付毛利人以確立他的威權時，移居者更是樂於加入助陣。[14]儘管毛利人權利有少許得到保留，白人的得勝使紐西蘭在一八七〇年時已成為白人國度，且該地的移居者勢力已不再受倫敦管束。

最棘手的例子是南非，前述每一種障礙皆以最嚴重的形態出現於此地。英國人從荷蘭人手中奪走開普殖民地以保衛他們通往印度的海上航路，結果在不知情下誤入一衝突頻仍的次大陸。他們不讓當地白人享有代議政體，原因有二，一是那些白人是荷蘭人（從而忠誠可慮），二是施行黑人勞工待遇新規定然後廢奴一事，可能招致激烈反對。不過英國人很快就發現還有一些更有力的因素，要他們勿讓當地居少數的白人自治。開普殖民地東界是慘烈的戰區，阿非利卡人（布耳人）與科薩人（Xhosa）牧牛民彼此襲掠、報復，且不時爆發大規模衝突，即白人所謂的卡菲爾戰爭（kaffir wars）。隨著英國政府派英軍守衛邊疆地帶——第一座大要塞一八一二年建於格雷厄姆斯敦（Grahamstown）——就不可能讓移居者在殖民地與其非洲鄰居的關係上享有最大決定權。問題於焉惡化。一八三〇年代晚期，在惡名遠播的布耳農民「大遷徙」（Great Trek）期間，對英國當局心懷不滿的布耳農民繞過科薩人持有的土地，往北、往東遷徙至納塔爾，而在英國人把納塔爾也吞併之後，他們調頭遷移到布滿青草的遼闊內陸高原（Highveld）。他們的建制簡陋（兩個獨立共和國係經過相對立布耳人派系混戰後產生），但火力不容小覷。由騎馬步槍手組成且機動靈活的「布耳人部隊」（commando）成功奪占這片高原，高原上的黑人居民被趕進所謂的「黑人居住區」（locations），強徵他們勞役，結果就是使南非洲次大陸變成動盪不安的遼闊邊疆區，該地區的諸多黑人族群四處亂竄，既與白人起衝突，黑人族群彼此間也有爆發衝突。英國殖民地行政長官從非洲大陸最南端遠遠監視這一切，為自己的束手無策感到苦惱。然有一件事他們極其篤定：把控制權交給白人，不管是較早來的荷蘭人，還是較晚來的（為數不多）的英國人，都會帶來災難。[15]

可惜十九世紀中期以後，形勢已不容許保持現狀。開普殖民地的白人要求像其他移居者族群一樣自治。一八五三年，他們獲准成立議會，但沒有行政權。倫敦的作法很乾脆。「如果殖民地開拓者不想讓人管……那他們就得接下治理的擔子。」某殖民地事務部部長以疲累語氣說道。[16]但如果他們接下這擔子，英軍就會打道回府，邊疆的防禦便落在移居者肩上。事實上，這是在虛張聲勢，意在嚇唬。倫敦的真正目的，乃是由殖民地負擔它所漸漸納入帝國保護的非洲諸地區——包括西斯凱（Ciskei）、特蘭斯凱（Transkei）、賴索托——的治安維持開銷，同時保住行政長官身為掌管這些邊境地區之「高級專員」的特殊權威。一八六七年發現鑽石，開普殖民地的經濟開始改善之後，英國政府即一心希望實現一絕佳的解決方案：一個由開普殖民地領導的南非聯邦；一個以非洲諸民族為對象而得到各方同意的政策，以確保邊疆平靖；一個進步的、可靠的、自籌經費的，且以加拿大為範本的英裔國家。北方兩共和國內的布耳人反抗，導致計畫無緣實現，而強悍的布耳戰士保羅．克魯格（Paul Kruger），在英國人於一八七七至一八八一年短暫接管川斯瓦爾後，恢復該地的獨立地位。[17]一八八〇年代中期，蘭德地區發現黃金，甫致富的川斯瓦爾看來安全無虞：事實上，不久後它就儼然有稱霸南非洲地區的架勢，危及倫敦在此區的霸主地位，而在倫敦眼中，若失去這霸主地位，其與印度、亞洲諸領地的海上航路也將不保。但世事何其難料，英國僑民長久以來要求建立代議政體的主張，竟毀了克魯格的國家，引爆一場戰爭。[18]

奔赴金礦場和提供約翰尼斯堡所需的專技工人和商業長才者，乃是外國人（uitlander）且以英國僑民為主。這些外國人受到來自外界——熱中於建立以開普為首之英屬南非的塞昔爾．羅茲和其友人，以及開普殖民地的新任英國高級專員阿佛烈德．米爾訥（Alfred Milner）——的鼓勵，要求倫敦助他們贏取克魯格以他們是外國人而不願給予的政治權利。勉為其難應允的英國內閣，不知不覺被拉進與布耳共和國的對抗中，布耳共和國於是先發制人宣戰，以防英國派兵來犯。一八九九年十月，戰爭爆發，激戰三年，在雙方都精疲力竭下握手言和，達成一並不穩固的協議。布耳人領袖不再追求建立獨立的共和國，支持南非四個移居者國家（開普殖民地、納塔爾、奧蘭治自由邦、川斯瓦爾）合而為一，組成同加拿大、澳洲、紐西蘭一樣，屬於大英帝國且以英國國王為元首的「自治領」。他們的動機不難理解。英格蘭人在南非屬白人中的少數，卻是很有份量的少數，而他們在這場戰爭中的角色（與英軍站在同一邊），使這場戰爭如最善戰的布耳將領揚・史穆茨（Jan Smuts）所坦承的，成為白人的內戰。[19]逼他們接受一共和國，可能引爆新的鬥爭，更可能在過程中使白人在這次大陸的霸主地位（baaskap）不保。布耳人在這場交易中所得到的，左右了接下來八十年的南非歷史。有了問責政府、政治結合、自治領地位，居少數的白人移居者（包括阿非利卡人和英格蘭人）完全主宰了這時屬臣服民族的南非黑人的命運。說來無比諷刺的，移居者的自治和其高談自由的主張，為種族隔離開闢了道路。

此時，英國人依舊統治那些定居型殖民地嗎？愛開玩笑的殖民地行政長官或總督或許會問：「何謂統治？」倫敦已讓它們自治，已鼓勵移居者族群藉由組成聯邦或合併變得更為自立。動用武力阻止它們像美國那樣脫離帝國並不可行。於是，英國人以三種不同的「英國關聯」使它們依附於帝國。第一種是加拿大人、澳洲人、紐西蘭人、南非英格蘭人所共有的「英國人」認同感和把帝國視為共有事業、白人聯邦的看法。第二種是對財政上、商業上、戰略上相依相賴的體認，使真正的脫離自立打動不了人心，乃至危險。第三種比較微妙。在所有自治領裡，特別是在南非，移居者國家從盤根錯結的諸多憲政規則中取得正當性，而這些規則的根本源頭是對遙遠英國國王的一種近乎玄妙的效忠。藉由建立共和國或脫離帝國來正告放棄這一效忠，將使政治一體的局面瓦解，可能使國家分崩離析或遭遇更慘的下場。或許，這是最受到認可——且最有害卻不受察覺的——統治形式。

治理印度，「不符英國作風的統治？」

印度與諸移居者社會的差異之大猶如天壤。在印度，由母國指派的英國官員（一九〇九年前）掌有不受任何代議政體的成分約束的行政權。在印英國官員的主事者是印度總督，印度總督通常屬於英國內閣「次要十一閣員」之一（可能已在邁向「主要十一閣員」之路），且通常身兼上議院議員。移居者社會所成功爭取到的本土自治權，英國政府明確表明不讓印度享有。結果，印度文官統治機關的「高等文官」構成寡頭治理集團，即愛德蒙．勃克所謂的「治安官王國」（a kingdom of magistrates）。這批人能敏銳察覺共同利益之所在，但那是「既與派他們過來的國家不相干，且與他們奉派前去的國家不相干的共同利益……」[20]他們的統治正當性，並非憑藉印度民意的肯定，而是有賴於處理好他們在母國的政治主子和他們在印度的殖民地子民之間有時水火不容的要求。他們得把印度說成是英國榮耀與獲利的來源，堅持主張其管理制度不只穩固且不可或缺。然印度人的默然同意，攸關他們統治地位的穩固，因此他們必須讓印度人了解，他們的外來統治既公正且無可撼動：反抗不只徒勞且是多餘。

統治印度的方式，全然背離了在英國商業、戰略保護傘下建立自由英國社會這一較古老的帝國觀，成為不安的深層源頭。東印度公司於一七六五年實質併吞孟加拉後，公司職員享有的財富與權力，令母國許多人既驚且憂。克萊夫和華倫．黑斯廷斯（Warren Hastings）不似英屬美洲的移居者、種植園主、商人，而是類似征服者：愛炫、有無上權力、超乎想像的富有。在一七八八至一七九五年黑斯廷斯赴國會接受訊問時，勃克對黑斯廷斯治理印度的作為發出著名的抨擊，把權力的腐化痛斥為不受任何人管束的「東方」獨裁。他慷慨激昂論道，「在印度的英格蘭人」，「是靠著政治酬庸當上公職者。他們是沒有人民的共和國。」[21]此話幾乎就在暗示，在東方染上的種種惡習，會反過來污染母國的英國人。

這一傳統說法在激進派政治圈裡延續下來。在這派人的抨擊言論裡，統治印度將英國帶上敗壞之路。尋求升遷與掠奪機會的軍人和想得到薪水的貧窮貴族，都有意擴大東印度公司的統治範圍，在東方追求新戰爭，乃至與俄羅斯開戰。印度人叛亂的可能（一八五七年後變得非常真切之事），迫使母國必須備好軍隊以便平亂，甚至可能得徵兵。理察・科布登甚至說，英國完全不再統治印度時，將是教人歡天喜地的一刻。[22]「自由派帝國主義」（liberal imperialism）意識形態於此應運而生，以反駁這些喪氣論調。這一意識形態的創造者，包括投身政治的歷史學家麥考萊（T. B. Macaulay）和維多利亞時代自由主義哲學家約翰・穆勒。兩人都拿東印度公司的薪水：麥考萊是加爾各答印度政府的法律顧問，穆勒則任職於公司位於「倫敦城」的倫敦總部。在一八三三年的一場著名演說以及兩篇論克萊夫和黑斯廷斯的文章中，麥考萊駁斥勃克的東方主義恐懼。征服印度變成彰顯英國人勇武與美德之勝利的豐功偉績。英國統治拯救印度，因為在蒙兀兒人統治下，印度「社會是一團混亂」。東印度公司未從事肆無忌憚的掠奪，反倒已開始「重建腐爛的身體」。[23]麥考萊的秩序、進步主題，在穆勒的《代議政體》（*Representative Government*, 1861）中有所探討。穆勒主張，代議政體是手段，而非目的。過早讓印度享有代議政體，將使代議政體的最後目標——進步與賢能政府——無緣實現。開明的英國統治，而非倉促的放棄權力，才是自由主義者該走的路。印度反英暴動的震撼，使在印度的自由主義任務必須於情勢需要時動用武力捍衛一說更難以推翻。[24]

事實上，印度大叛亂後英國頒布的新管理體制更顯含糊。首先，女王的「一八五八年公告」（Proclamation of 1858）承諾，東印度公司一有機會就吞併土邦之事（這場叛亂的主因之一）將不再發生。土邦主將不會受到侵擾。第二，英國統治當局召募行政人員時，將不會有種族、宗教上的考量——儘管當地人民迭有怨言，這項承諾只是個空言，直到一次大戰後到二次大戰爆發前那些年才真正落實。第三，執行「進步」措施時，作法將力求圓融，尊重印度民意。不會逼印度人信基督教，也不會干預他們的宗教信仰。最引人注目的，乃是承諾「擬定、執行法律時，（將）對行之已久的印度權利、習俗、習慣給予應有的尊重。」[25]這套新作法兼顧了勃克和穆勒的主張。

但英國人究竟如何治理印度？有個大家都熟悉的說法，說英國人人數太少，統治印度時是「數百人統治數百萬人」。這話倒也不是沒道理。一七九〇年代為統治印度而創立的印度文官統治機關（Indian Civil Service），人數不到一千。該機關裡「受公約約束」（covenanted）的成員（因簽署不經商、不收禮的公約而得名），占印度境內幾乎所有最高階的職位（那些職位就像車位般專門保留給他們），且幾乎全是白種英國人，直到十九世紀晚期，大部分召募自劍橋大學。當然，印度境內的歐洲人官員不只他們（「歐洲人」是對白人的通稱）。還有數百名白人任職於印度帝國警察機關（Indian Imperial Police），例如作家喬治·歐威爾於一九二〇年代在緬甸任職

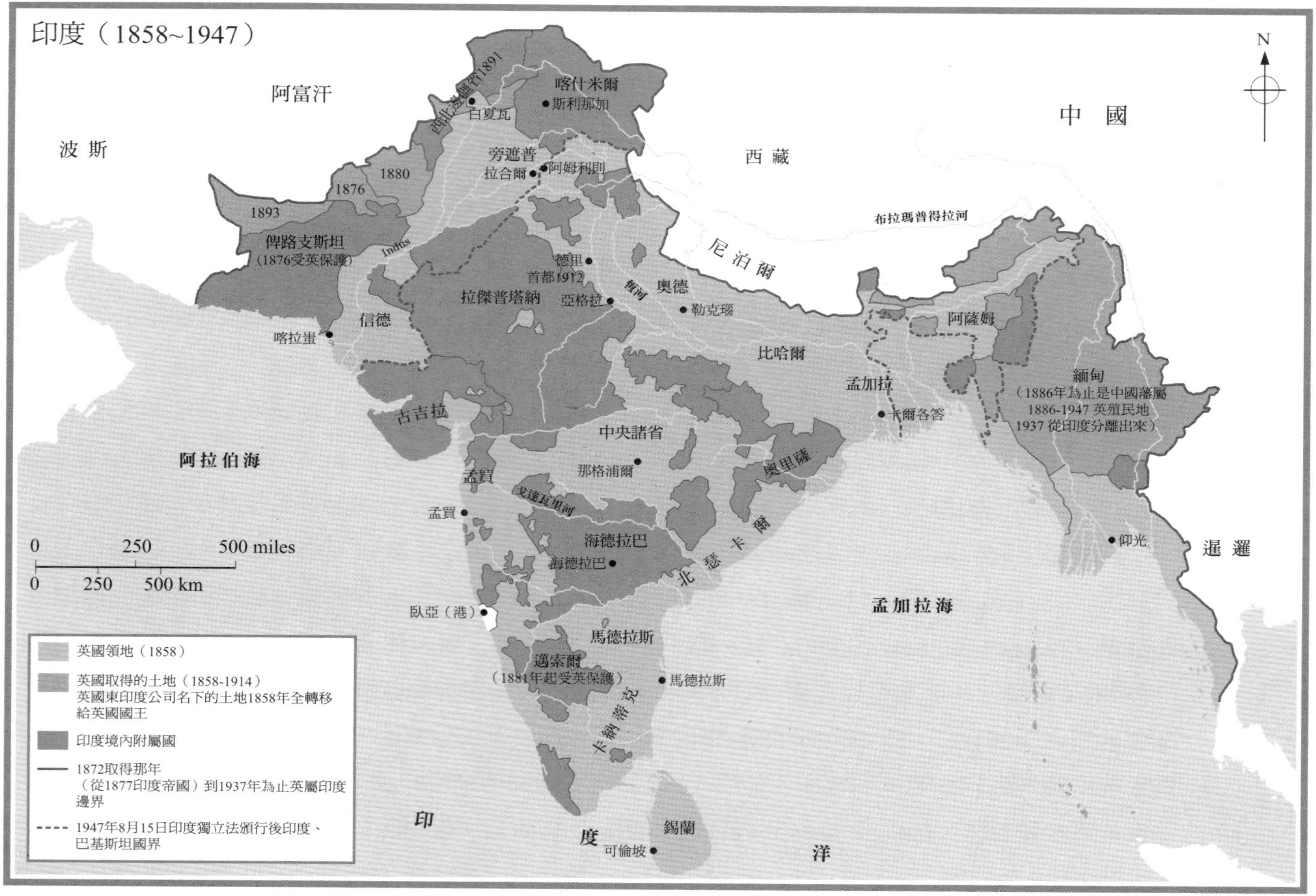
印度（1858~1947）
N
阿富汗
波斯
西北邊區省1891
白夏瓦
喀什米爾
斯利那加
旁遮普
拉合爾
阿姆利則
1880
1876
1893
俾路支斯坦
（1876受英保護）
Indus
德里
首都1912
拉傑普塔納
亞格拉
恆河
奧德
勒克瑙
信德
喀拉蚩
古吉拉
中國
西藏
布拉瑪普得拉河
尼泊爾
比哈爾
孟加拉
卡爾各答
阿薩姆
緬甸
（1886年為止是中國藩屬
1886-1947 英殖民地
1937 從印度分離出來）
仰光
暹邏
中央諸省
那格浦爾
奧里薩
阿拉伯海
孟買
孟買
戈達瓦里河
海德拉巴
海德拉巴
北瑟卡爾
孟加拉海
臥亞（港）
馬德拉斯
邁索爾
（1881年起受英保護）
馬德拉斯
卡納蒂克
錫蘭
可倫坡
印
度
洋
0
250
500 miles
0
250
500 km
英國領地（1858）
英國取得的土地（1858-1914）
英國東印度公司名下的土地1858年全轉移給英國國王
印度境內附屬國
1872取得那年
（從1877印度帝國）到1937年為止英屬印度邊界
1947年8月15日印度獨立法頒行後印度、巴基斯坦國界該機關。一八六〇年後的印度軍隊，人數從二十五萬減少為約十四萬，而一八八七年時，其中有一千六百名左右的英國軍官，[26]此後亦有增無減，直到一九一四年為止。[27]一八五七年後，也有一支包含軍官、士兵共七萬人的純英軍部隊駐守印度。在英國召募的醫生、教師、工程師，擴大了官方聘用的職員數。

但印度政治、行政事務的管理，的確仍由極少數深刻意識到統治階層在其所統治人民眼中係非我族類的行政精英操持。「在最好的情況下，我們是外族，比較差的情況下，則是頑固、沒有同情心的種族。」一名官員於一八七〇年代如此寫道。「我們應要求去統治的那個種族，基本上是個衝動的種族，富於感情的種族……我們從未對他們放掉戒心，他們從未對我們敞開心胸……」[28]當然，英國對印度的統治，有將近三分之一地區是間接統治：透過受許多條約和「土邦主身分證書」（sanad）約束的土邦主間接統治。土邦主受英國駐印度總督派駐各邦的「特派代表」監督，特派代表部分來自印度文官統治機關，部分來自印度軍隊的軍官團。凡是犯了英國人眼中治理不當的過失者（更別提犯了更嚴重的過錯者），如果特派代表能說動其遙遠的上司接受可能因此帶來劇烈變動的風險的話，其懲罰（在犯行最嚴重的情況下）便是撤除其土邦主身分。[29]通常的情況較平淡無趣得多：陰謀與花招、官方申斥和表態效忠、憤怒抗議與對濫權行為視而不見。特派代表有可能暗暗鼓勵土邦主的對手發展勢力，以阻止土邦主有異心。官賜榮譽稱號（特別是頭銜，因為土邦主與土邦主競爭非常激烈）可能人人皆有份或拒不發予。在其他地方，在情勢不靖的印度邊疆地區——與阿富汗的國界線直到一八九三年「杜蘭德線」（Durand

Line）問世才確立——英國人曾有幾次欲在他們所樂觀稱之為印度河以西「定居區」的地方，確立對武裝精良之部落民族的持續控制權，但最終往往借助恩（現金）威（懲罰性巡邏）並濟的粗暴邊境外交。在襲擾與還擊的較量中，誠如吉卜林所指出的，「勝算在較卑劣的人那一邊」。[30]

印度政府的真正工作不是普通的單調乏味。工作環境不是土邦主的宮廷或陰暗的峽道，而是農業印度有著數千座村落和數百萬耕農的一望無際平原。在此，首要任務是在層級劃分細密的農業社會裡維持秩序，而那社會把眾多尋租者和索租者（其中有些人在外地，有些組成有力的「鄉村兄弟會」），壓在長期受苦、債務纏身的務農者身上。第二任務是收「土地收益稅」，亦為印度財政的主要來源。土地收益稅是剩餘農作物裡規定屬於政府的一部分，以現金繳納，以政府身為土地最終所有人所具有的權利為徵收依據。印度文官統治機關的上層官員，即所謂的「高等文官」（Civilian），有許多派駐在約兩百五十個區域裡。英國把受其直接統治的印度諸省劃至這些區域，其中有許多區域的居民超過百萬。稅務官兼地方行政長官（Collector）為該區域首長。他主持當地法庭、收稅賦，同時密切注意可能危害英國威權的政治動亂跡象。對他或其他白人的不敬行為，或平日相敵對的族群突然交好，無不令他起疑，並促使他發出公文乃至電報要求下層官員提防不測。一八九七年七月，西北諸省（今北方省）的行政長官曾報告道，出現「印度教徒和穆罕默德信徒（穆斯林）親善的怪異情事」，但「我並不認為那已到搞陰謀的程度」。[31]

對於英國能以如此稀少的行政人力（一區域裡可能只有三或四名印度文官統治機關人員）治理印度，通常的解釋是英國人在農村精英圈裡拉攏到「合作者」，畢竟農村精英的社會力量，乃是維持鄉村政局平靜的關鍵。然這一說法招致許多疑問。為何印度人會與闖入的英國人合作，畢竟英國人再怎麼有自信，人數確實少得可憐？為何印度人明知他們所繳的過剩產物，有許多不是花在改善印度上，而是花在維持軍隊和支付龐大英國駐軍的費用上，當然還有花在白人官員的養老金和薪水上，為何還願意把他們的大部分過剩產物繳出去？為何反抗與叛亂之事較諸他地更不常見？為何反抗和叛亂的成功率相對低？答案可在英國構築對印度的統治時，所處的特殊環境以及此一統治從印度更早的最高統治者所承襲的遺產中找到，至少可找到部分答案。

英國統治的前一百年（1757-1857），在印的英國人主要屬於征服勢力，而非行政勢力，東印度公司是以戰爭為主要目的組織起來的政權，軍事考量在政治、經濟考量之上。到了這個百年結束，英國人已打敗、吞併或降服印度次大陸上各大地區性勢力。他們這麼做，部分是出於戰略考量（以防止俄國或法國干預）。公司的龐大軍隊（最盛時期有三十多萬正規軍）和這支軍隊對掠奪物、薪餉貪得無饜的需求，也是促使他們這麼做的一大因素。事實上，該公司自籌軍費打仗的特性，減輕了倫敦對它進一步擴張的反對力道，因為倫敦反對進一步擴張，源於擔心公司破產，將導致一七七〇、一七八〇年代帶來嚴重傷害的那場危機在母國重現。但當地的英國人也擔心他們散落在印度各地，呈現馬蹄狀分布的諸多領地將遭受許多土邦主所豢養的重武裝衛隊劫掠。[32]不管動機為何，東印度公司所打的戰爭達到一重要成果。一八六〇年後（和在那之前許久的印度次大陸許多地方），沒有任何印度土邦有能力在英國直接統治區域發出政治異議，或有能力統合出地區性的反對勢力。藉由摧毀土邦主的野心，英國人已使印度的政治達到某種極度本土化。後來的發展表明，這讓英國人在拖上更久且較乏味的行政征服戰役中占了很大優勢。當然，在英屬印度的北部內陸地區，在當時所謂的「印度斯坦」（Hindustan），這一征服被一場大動亂打斷，亦即一八五七年的印度大叛亂（下一章會討論）。但令人震驚的是，英屬東印度公司的統治結構，即使不是全部，也有許多部分，在這場動亂後倖存下來。

行政征服的主戰場是稅收體系。其至關重要之處，乃是英國人不必創造或施行新的土地稅課徵方法，只須蕭規曹隨他們之前的統治者。基於某些有力因素，他們必須善加運用稅收體系以從中得利：支付公司的作戰開銷，以及（直至一八一三年為止）挹注公司商業活動的經費。事實上，控制稅收體系是英國人得以逐一區域確立其政治支配地位的關鍵。印度文官統治機關的「高等文官」堅稱，不管在何處，他們都發現，理該屬於國家的稅收被地方的統治者中飽私囊。蒙兀兒統治在十八世紀的漸漸式微和地區性國家的興起，為地方精英將其所肩負的收稅和維護秩序職責有效收歸己有一事，創造了絕佳的環境。他們原得上繳的貢賦被挪用以強化自身在當地的權力基礎：他們的據點、要塞和私人「執法」隊。[33] 於是，英國人每在宣告某處受其統治之後不久，即在該地展開稅務革新。他們詳細檢查稅收紀錄，要求照舊例上繳稅收，調查濫權和缺收情事。這一革新非常費事，成敗倚賴一批印度本土助手，倚賴英國人只是在重新確立統治者的正當權利之主張。

但此事之難為，事屬必然。在某些區域，當地統治者實力太強，武裝太精良，英國人毫無必勝的把握，至少在英國人消滅貝拿勒斯（Benares）的柴特・辛格（Chait Singh）或邁索爾的提普蘇丹之類較強大地區性勢力之前是如此（提普蘇丹於一七九九年終於落敗喪命）。在南印度，英國人面對，掛有波利加爾（poligar）此一封建頭銜的大批地方軍政長官以圍場和要塞為據點所統治的小王國。英國人的策略是逼他們繳稅，要求波利加爾和其隨員解除武裝。波利加爾聽話照辦，英國人即與其達成不再更易的稅收協議作為獎賞，確立他們的繳稅義務，無限期依此照辦。由於收入減少，他們面臨了該支付己方隨員薪水或向東印度公司稅務官繳稅的抉擇。英國人這麼做，目的在於孤立不從的波利利爾，或逼他們公開造反。波利加爾一造反，英國人便名正言順出兵征討，儘管並非總是在造反不久後即征討。總之，東印度公司遲早會從其龐大的印度兵軍隊裡抽調部隊開赴當地，以罷黜該波利加爾、摧毀其要塞、改立相對合作的人統治當地。[34]

英國人通常能在有錢、出身高貴、識字的印度人裡，找到願意與新薩卡爾（即新統治者）一起奮鬥，且認為這個新統治者比趁著中央政府威權衰敗壯大自身勢力的戰士型首領、波利加爾、「澤敏達爾」（zemindar，北印度地區和波利加爾同一類的人物）更有統治正當性者。一旦大體制上控制稅收，英國隨即充分運用薩卡爾在法律上、行政上的特權。於是，土地繼承人如果未成年，該土地便歸英國人控制的「監護法院」（court of wards）看管，由該法院派人管理。區域性政府機構的下層職位，提供了大量可用以獎賞效忠者、懲罰麻煩製造者的恩庇性資源。負責審理較次要案件的義務性治安官則召募自當地精英；被排除在治安官名單之外或被拔除治安官之職，乃是幾乎不惜任何代價也要避免的奇恥大辱。還有部分頭銜和封號可供英國人配發（英國人愛用的拉攏手段之一）：誰都看得出此舉在暗示，擁有這些頭銜、稱號者受到稅務官寵信，從而得到政府寵信。反之，稅務官則清楚表明，他希望當地要人一發現任何不平靖，無論是刑事性或政治性的不平靖，都要迅速上報。一名英國官員論道，這些地方要人了解所在地的動態，他們必須負起責任。如有必要，應派情報網監視他們。[35]時局不安時，他們組成「忠誠」協會。[36]事實上，在這類地方化的體系裡，大多倚賴稅務官操縱多種政治影響力來源的本事和幹勁。馬德拉斯政府論道，稅務官要能善盡其職責，就得非常活躍。「他必須了解當地人的語言、意向、境況；各種土地保有權；官方稅收的徵收來源」和擴大稅收的方法。[37]一七九六年起，精通一省的諸多主要語言之一，成為稅務官晉升的條件之一。稅務官還得每年巡行其轄區長達四個月，以申明英國的統治地位，留意其印度子民的動態。在大多數省區，不時重新評定土地稅額。這需要一名英籍「小村落官員」（settlement officer）逐村、逐塊田地去調查才能成事。小村落官員所撰寫的報告，記載了許多有關土地肥沃度、農作物、土地保有權、人口的資訊，至今仍是了解印度社會史的重要一手資料。

行政部門的持續存在，也因此成為英國在印統治得以克服無知、陌生障礙的主要原因之一。當然，人不是機器，英國官員的工作效率仍因人因地而異。一八五〇、六〇年代，在剛征服的旁遮普，英國官員著意培養不怕苦的男子氣概。在旁遮普任職的「高等文官」得吃苦耐勞，得不斷搬遷，得到處露面。有人個性太古怪（或考慮太不周全），竟帶鋼琴走馬上任，其所得到的獎賞竟是，工作地點調動愈來愈頻繁。據說旁遮普行政長官嚴正表示，「我要砸了他的鋼琴」。[38]一如在任何行政機關裡所見，通往最高層的路並非總是直的。約翰・畢姆斯（John Beames）岔忿抱怨道，家族關係和偏袒經決定升遷。[39]他以挖苦口吻提及自己的一段往事。那時，他在接到通知後不久便湊集到大批河船以運送部隊。船隊即將抵達時，他竟被上司調走，然後上司得意攬下這一行政功勞，並得到獎賞。「高等文官」的行政治理範圍也必然有其局限，因為他們過度仰仗印度盟友和助手。在一區域裡，若有一地方派系獨大，該派系對地區行政人員——即使是稅務官本身辦公室裡的行政人員——人事任命的掌控可能難以撼動。[40]要掌控村級人事，例如警察（chaukidar）、收稅員（patel）、會計（karnam）的任命，英國人鮮少如願。[41]事實表明，要打造一支有效率、可靠、不腐化的警力，同樣困難。雪上加霜的是，對印度文官統治機關員額的嚴格限制（因其薪水和養老金太高昂），致使官員不斷在不同區域間調動，以填補人員請假等因素所造成的人力短缺。

一八七〇年代，叛亂平息之後，「高等文官」政權立即面臨一暗藏危機的新挑戰。印度必須現代化。英國人不顧困難推動鐵路建設。電報、汽船、蘇伊士運河拉近印度與歐洲的距離。歐洲與印度間和整個印度次大陸上，消息、資訊、觀念的流通開始加速。愈來愈多印度人看得懂英文，且就在強調人民與政府間必須有緊密政治關係的格萊斯頓自由主義正使英國的政局改頭換面之際，印度人對英國的了解愈是加深。英國在印統治「不符英國作風」的主張流傳開來，一八八五年，印度國大黨創立，以鼓吹印度自治為宗旨。導致情況更為複雜棘手的是，一如在世上其他許多地方所見，經濟發展、社會發展的壓力迫使「高等文官」更廣泛干預印度人的生活和社會，投入更多資金於鐵路、灌溉設施、森林保育、農業改良的推動，以及公共衛生和瘟疫預防。許多城鎮的快速成長，促使衛生、治安問題需要更為系統化的制度來對治。[42]英國人需要印度精英更進一步的合作和多樣的配合，需要更多稅收，而且得想辦法阻止如下主張發酵：根據格萊斯頓的原則，受過西方教育的印度本土專業人士新階層（一九一三年在孟加拉某區域有四百零三名出庭律師），[43]比起英國人更有道德資格治理印度。

「高等文官」的反應如四面受圍的寡頭統治集團，但也務實精明的想出因應之策。印度文官統治機關裡人數不多但影響力甚大的「學者型官員」，懂得如何用筆來統治。他們在人口普查、地名詞典、人種誌報告、政治史書籍和愈來愈多的調查項目中，製造出龐大的知識。這不只是資料庫。這些知識甚或透過他們的觀點將印度定義成是個「地理名詞」，定義成是由互不相容的裂塊所組成，為種族、語言、宗教、階級、職業、地域的畛域分割的龐大國度。這些知識嘲笑「占人口比例微乎其微」的說英語印度人宣稱代表多元程度不可思議的印度次大陸的主張。這些知識重塑了對印度這個有組織體制之社會群體的整個認知（英國人和印度人的認知都受到同等程度的重塑），從而證明「高等文官」作為印度進步的、開明的、公正的守護者的道德權威為正當。就英國本土的民意來說，這場運動成效驚人：英國大臣，不論其立場有多自由主義，無一人敢公開批評印度文官統治機關。印度文官統治機關對印度受壓迫民眾的無私捍衛，成為政治論述裡無人敢質疑的聖牛。

於此同時，在印度，「高等文官」施行一更為陰險的策略。他們承認有必要使具代表性的印度人與印度政府雙方密切互動，有必要減輕印度政府過度威權的色彩。印度人獲准參與地方政府委員會，並於一八九二、一九〇九年的改革後，有資格成為省級立法機關的派任議員和民選議員。[44]這些讓步最初受到國大黨諸領袖的熱情支持。然英國人推出這些舉措經過精心的算計，用意不在拉攏說英語的精英，而在拉攏更廣大的民眾。「高等文官」想方設法將哪些人或哪些領域該有人為其代表發聲的決定權掌握在手上，力求讓民選議員與派任議員平衡。他們認為，代議制應反映他們所認知的印度社會多元、「蜂窩狀」結構，因此議員不是由印度人民選出，而是由印度不同階級、職業、宗教、區域的族群選出。「高等文官」也想方設法保住自身行政權，使其幾乎不受議會程序規則的掣肘。他們漸漸認同印度的分權是保住英國在印統治地位的最佳保障。最重要的（且讓人看透真相的），他們峻拒國大黨以下的主要要求：應該讓適格適任的印度人有機會成為印度文官統治機關的官員。「高等文官」統治階層的種族一致性將完好無損。[45]

一九一四年前，儘管不時爆發騷亂，且孟加拉境內出現一（追隨歐洲腳步的）丟炸彈運動，並未有跡象顯示英國的印度統治政權有垮台之虞。任何思慮清楚的觀察家，不管是英國人還是印度人，若聽到英國統治會在三十多年內被掃除，似乎都會覺得荒誕不羈。誠如英國人自己所坦承的，英國在印統治的基礎在於其對武裝力量的獨占。英國在印的龐大駐軍和刻意從印度居少數的族群裡召募人員組成的印度軍隊，武力非常強大，足以輕鬆弭平任何武裝叛亂（而且此時的印度是個繳械的社會）。對於一八五七至一八五八年印度所受到的殘酷「第二次征服」和接下來的「白色恐怖」，印度人記憶猶新：幾乎所有印度人都覺得，要硬碰硬推翻英國人是最無稽的幻想。印度文官統治體制中，第二個難以撼動的屏障，乃是在印英國人的種族團結，且這一團結透過紀念印度反英暴動一事獲得精心的強化：反英暴動讓英國人體認到，信任當地人的危險和時時得忠於自身種族的需要。團結一心，保住統治地位，成為印度文官統治機關的座右銘。第三，儘管印度文官統治機關具有外來殖民地政權的外觀，然在各種行政庶務的管理上卻多所參考印度更古老的治理傳統，尤其是稅收體系和對已正式法典化的本土習慣、法律的用心尊重上。在印度，殖民主義不只是指揮體制，而是體現了一個由程序、管制、官方認同（盎格魯—印度人認同，而非英國人認同）尤其串連成的大網，而印度人得在這大網裡執行公共活動，表達公共觀點。殖民主義以一奇怪的社會、行政混雜語（既非英語也非印度話）表達出來，[46]想擺脫其思想傾向，說來容易做來難。對許多民族主義印度人來說，不管他們如何執著於建立自由印度國的理想，英國統治似乎仍是擺脫過去枷鎖的天賜法門，以及通往未來的最佳道路（前提是英國人能被說服打開大門）。他們認為，任何新的印度精英階層，若要成功治理印度，都必須把英國人所重視男子氣概、個性、強健體魄的觀念注入這新精英階層裡。莫提拉爾・尼赫魯（Motilal Nehru）為何把兒子送到哈羅公學、劍橋大學讀書，希望他成為帶有道地印度本色的「高等文官」，而非民族主義政治人物，其原因在此。

但誠如我們所知的，改變已等在一旁。沒有哪個制度擋得住突發危機和政治天才的衝擊。第一次世界大戰所引發的龐大政治張力和印度文官統治機關的顯然應對無方，迫使「高等文官」同意意識形態性的印度自治權要求。在這同時，群眾動員專家甘地，在一九二〇至一九二二年那場偉大運動中祭出「不合作」新原則。他幾乎隻手將印度國大黨從一年一度的集會改造為現代群眾運動組織。「高等文官」敗下陣來，但未就此認輸。他們發揮其一貫的巧思，設計出一整套新辦法來拉攏、牽制、分化、拖延。只是被他們牢牢掌控在手中已久的遊戲規則已徹底改變，無法恢復。

間接統治的勝利：「王座後面的低語者」

自一七九〇年代英國人開始在一個世界大戰時代裡增添大批新殖民地之際，英國人便已採用後來所謂的「直轄殖民地政府」作為統治新附屬地的預設模式。這一辦法很簡單，實際操作則因地而異。[47]基本規則是維持行政長官的行政權，同時為當地民意的體現於立法會（legislative council）預作準備。為了保險起見，拉攏殖民地裡的主要人物（世襲性權貴、地主、商人），使其與外來統治者達成明顯可見的合作，被認為是明智之道。而針對這一通則，有兩個要點必須補充說明。首先，當地的民意代表通常透過行政長官指派、其他機關間接選舉的方式，而非透過人民直接選舉選出。第二，「非官守議員」（unofficial member，不具行政官員身分的議員），始終少於「官守議員」（official），而官守議員主要遴選自行政部門官員，且原則上，投票時得依行政長官指示。基於這一設計，英國人不致重蹈北美殖民地的覆轍，也就是不會有議會利用預算控制權侵占行政權之事。同樣的，不會催生出真正的代議政體，更別提催生出問責政府。對於在倫敦提倡這一模式的人來說，這肯定是其用意所在。他們認為，代議政體和問責政府都不適合英國的非白人子民，並將熱帶殖民地裡，少數白人種植園主和商人的立憲要求，斥為擺明欲利用占多數的非白人居民來擴張自身勢力之舉。他們甚至不惜在某些條件下讓殖民地的發展倒退。於是，在一八六五年的牙買加叛亂曝露出由居少數的白人主掌代議政府的弊病之後，以自由黑人或獲解放黑人占居民多數的西印度群島諸殖民地，大部分被改制為直轄殖民地。[48]

劃屬直轄殖民地這個方法的好用之處，在於可藉由調整非官守議員的人選、人數，藉由擴大或縮小立法會職權的範圍，適用於形形色色且多樣的領地上。能力中等的行政長官，靠著運用手中的人事任命權，就能消弭民怨或找到新盟友。但這個辦法似乎在規模較小，語言和族群分歧不是太尖銳，或人口以移居者（歐裔、亞裔或非裔移居者）為主的社會最為管用。當這些條件消失時，這辦法立即就變得左支右絀。在西非諸殖民飛地，英國的內陸管轄範圍，長久以來只及於他們的海灘要塞砲擊所及之處。但一八八〇、九〇年代，隨著非洲遭瓜分，歐洲列強和他們派在當地的人爭奪勢力範圍、進行武力恫嚇，致使這些沿海小飛地取得遼闊的腹地。統治問題全然被忽略。在西非和東非，最後結果是確立一大不相同的帝國治理觀，也就是後來所謂的「間接統治」。此舉影響深遠。

間接統治首度出現於奈及利亞，[49]其構思者是佛雷德里克·盧迦（Frederick Lugard），即一九〇〇至一九〇六年的北奈及利亞高級專員和一九一二至一九一九年全奈及利亞的總督。在這之前，盧迦即在海外闖蕩。[50]因為失戀，他離開派駐印度的軍隊，前往東非尋死或尋找揚名立萬的機會（似乎較中意前者），而在一八八〇年代，東非大多數地區仍是歐洲人的未知之地。在今日馬拉威境內率兵攻打阿拉伯奴隸主一陣子後，盧迦被不列顛東非公司派去確立該公司在烏干達的領土主張（其握有英國政府發予的烏干達特許狀）。靠著手中人數不多的蘇丹傭兵，盧迦展現高明的強制性外交手腕和同樣卓越的出鋒頭本事。為駁斥反對將烏干達併入帝國者的論點，他出版《我們東非帝國的興起》（*Rise of our East African Empire*, 1893）。盧迦也透過投書報紙和演講打論戰，搬出英國的反奴使命來化解自由派的不安。烏干達果真於一八九四年被英國吞併。

盧迦從此有了出任殖民地行政長官之職的完美資格。另一位行伍出身的商人喬治．高爾迪（George Goldie），則索取到英國政府特許狀，以捍衛英國在尼日河流域的利益、阻止法國的商業性接管為使命。高爾迪於一八八六年創立所屬皇家尼日公司（Royal Niger Company），並以暴力手段打開進入尼日河內陸地區的貿易路線。到了一八九〇年代中期，該公司已幾乎要和從撒赫勒地區（Sahel）南下的法國先遣隊真槍實彈開打。身為高爾迪私人軍隊的司令，盧迦的任務是廓除法國影響力，勸當地統治者簽約支持公司。公司財力負荷不了武裝鬥爭的消耗時，公司資產遭收歸國有（一八九八），倫敦接管該地。英國政府任命盧迦為高級專員，以將公司的領土主張化為政治事實。[51]

間接統治是盧迦於一九〇〇至一九〇六年間在北奈及利亞打的多場征服戰爭所意外促成的弔詭結果。盧迦的軍隊雖有現代武器優勢，可惜人數太少，且幾乎全是非洲兵，迫使他鋌而走險採取非常作為。北奈及利亞的幾個富拉尼族埃米爾（編註：埃米爾〔Fulani〕，回教國家王公、酋長等尊稱。），以築有防禦工事的城市為都城，住在都城中「具有鈍鋸齒狀外牆的紅泥宮殿」[52]

裡。卡諾（Kano）——西非內陸最大奴隸市場，是其中最大的這類城市。他們的騎兵隊稱雄開闊的熱帶稀樹草原。憑著火力和膽識，加上居人口多數的豪薩人（Hausa）對其富拉尼族統治者消極性背叛的加持，盧迦得以打敗富拉尼人。[53]但他對形勢有切實的了解，從一開始就認識到，除了保留既有的統治制度，只要求這些埃米爾承認英國的最高統治地位，他幾乎別無選擇。埃米爾宣誓道，「我以阿拉和其先知穆罕默德之名發誓，盡心且切實服侍國王愛德華七世陛下……毫無背叛或不忠之心。」[54]埃米爾發誓時，得手按可蘭經。舊體制，連同其伊斯蘭律法和法官、其封建貴族階層和其對農民與牧民的直接徵稅制度得到保存。僅憑極少數英國政治幹事（political officer）、少得可憐的強制性手段，連購置辦公設備的錢都沒有（盧迦的官員得自費買打字機），不可能治理北奈及利亞。在無法完全掌控當地的情形下，務實的間接統治從此問世。

但對盧迦和其部眾來說，間接統治迅即成為理當奉行的圭臬。在奈及利亞其他地方，在拉各斯之後的約魯巴族（Yoruba）諸國，或在尼日河三角洲以東的伊博族（Ibo）社會裡，英國人因人數太少，往往把大部分當地事務交由地人掌理，只要求他們保護英國旅人和貿易。盧迦認為，這作法太不智，可能危害英國人利益。他認為，理應透過層層節制的單一指揮體系來牢牢確立英國的權威。而這只有透過一名實力足以徵稅、執行當地法律——且能在這兩方面向英國官員（「特派代表」）負責——的非洲本土統治者才能辦到。唯有如此，英國才能取得有效統治：抓住中心全力施為，但隱身幕後，不引人注目。有些地方，當地統治者沒有這麼大的權力，例如權威分屬各世襲權貴的約魯巴族諸國，[55]或沒有最高首領的伊博人地區。在這些地方，英國人應介入以糾正這一反常現象。「傳統」君王該享有名副其實的統治權；在沒有首領至地，就該找出一名「大人物」，授權組成政府統治該地。南奈及利亞的英國官員忿忿表示反對，認為那會助長濫權，尤其是在此前沒有最高首領的社會裡。但一九一二年後，受命將南、北奈及利亞受保護地統合為一的盧迦回到該地時，全然不顧反對，徑直貫徹他的想法。

盧迦的成功，有一部分歸功於他日益升高的威望、戰時擔任行政長官的政績（奈及利亞部分地區是戰區）以及任職於《泰晤士報》殖民地事務版主編的妻子芙蘿拉·蕭（Flora Shaw）的努力。然而，他的觀念本身也具有無可反駁的道理。盧迦將直轄殖民地模式斥為造作、危險，其主要的反對理由二。傳統統治者，即使能讀書識字，也不可能說英語，無法在立法會（這一殖民地裡的最重要建制）裡發揮作用。立法會的程序和作為有利於沿海地區受過教育（且往往信基督教）的非洲精英，即有利於克里奧族人（Creoles or Krio）。克里奧人宣稱代表內陸非洲人和北奈及利亞穆斯林的民意，只是盧迦將此主張斥為荒謬。他說，「人數眾多的土著之利益，不該受一小群歐洲人的意志擺布，也不該受居人口少數、受過教育、歐洲化、與多數土著沒有共通之處、且其利益往往與多數土著相牴觸的土著支配，這乃是英國殖民地政策的主要法則之一。」[56] 第二，在直轄殖民地政府底下有自成一格的司法系統，有支持英國法律程序（包括法定代理）的推定，且往往有陪審團參與審案。盧迦毫不掩飾其對這些體制的反感。法官對行政部門的作為說三道四，法律規定與習慣法或伊斯蘭律法相牴觸，陪審員不可避免全遴選自占人數極少數的說英語人口，拿錢辦事的律師轉眼之間搖身一變為煽動家：對於在遼闊內陸地區僅保有薄薄公權力，且靠寥寥幾個「特派代表」的個人權威來維繫的政府來說，這樣的體制有可能造成天下大亂。

盧迦最有力的論點，則是他的以下主張：沒有英國支持，傳統形式的威權會完全瓦解，新非洲子民因而變成管不動的群氓。沒有英國人在印度所擁有的稅收基礎、行政機關、軍力，要照在印度那一套來「撥亂反正」根本是緣木求魚。[57] 因此，間接統治是獲致社會、政治穩定的祕鑰。如果說，一九一四年前此言論較難找到理由來支持，一次大戰與俄國革命的影響，則提高了大英帝國的自信。支持盧迦論點者巧妙訴諸正當道的新思潮，藉以強力說明此一主張。他們表示，間接統治是最能滿足託管統治需求的制度。它是會得到認可的殖民地控制方式：既是通往自治的最穩當辦法，且有系統的適應當地習俗和習慣作為。因此，當接替盧迦出任行政長官者列出間接統治的弊害（無法促進商業發展、「官派本土首領」濫權、持續倚賴「懲罰性」巡邏）時，倫敦並未重視。約一年後，他看清時勢，轉而支持盧迦的理念。他告訴其底下官員，「政治幹事不管做什麼或放著什麼不做……都要用心支持埃米爾的權威……政治幹事應是王座後面的低語者，一刻都不可自己坐上王座。」[58]

在英屬東非，盧迦的方式較無用武之地。在烏干達，英國人的確找到高度組織化的國家。在一九〇〇年的烏干達協議（Uganda Agreement）裡，他們給予其中最大、最強的國家布干達（Buganda）自治，而他們所提出的條件，盧迦若得知，大概不會認同。[59]「肯亞」最初是條步道：連接海邊與維多利亞湖（Victoria-Nyanza）的艱苦陸上交通路線，旅人從海邊循著這條陸路到該湖後，轉搭船前往深處內陸的烏干達。不列顛東非公司之所以走這條繞經今坦尚尼亞境內德國勢力範圍的北方路線，乃是因為看中在湖與湖間的富裕國家進行貿易的前景，而非重視肯亞本身的前景。這條貿易路線穿過沙漠和森林，翻過馬頭丘，下至維多利亞湖邊。它穿過由好戰馬賽族（Maasai，東非牧牛民族）支配的狹長地帶。[60]該公司得為其疲累的搬運工車隊闢建「糧食站」，糧食站的穀物可從森林和高地上的務農民族購得，然這些務農民族與平原區的馬賽人維持不穩定的平衡關係，而不列顛東非公司想要穩定的糧食市場和安全的運貨通道。公司職員和一八九五年接管此地的帝國官員（往往出身公司職員），召募當地人組建小軍隊保護糧食販賣商。[61]他們與因為一場大牛瘟而損失慘重的馬賽人結盟，制伏反抗的基庫尤人，把擄獲的牛隻送給馬賽人當報酬。[62]烏干達鐵路建成時（一九二〇年鐵路通抵湖邊的基蘇木），他們不再倚賴難以守住的貿易路線，反而可更快更猛發揮他們約兩百名印度兵和七百名非洲兵的有限火力。

但如何治理剛取得的受保護國裡，分散極廣的諸民族？一九〇一年專員查爾斯・艾略特（Charles Eliot）爵士報告，他有十七個哨站，每一站通常有一名白人軍官和最多二十名士兵。白人軍官不敢離哨站太久，而且出了哨站的圍籬，就幾乎屬於不受他們管轄的地。徵稅辦不到。他需要更多白人軍官以便輪流出勤，也需要更多警察。「光是巡視並不夠。要讓野蠻土著了解歐洲軍官是什麼樣的人……歐洲軍官該一再登門拜訪他們……需要的是……持續且穩定的壓力。」[63]九年後，出現更像行政機關的組織。這時肯亞有一支由省級專員、地區官員、地區助理官員組成的骨幹隊伍，且這些人得一年花上三個月時間「巡視」。新行政長官——北奈及利亞事務老手吉魯瓦（Girouard），其言談處處流露著盧迦的思維。英國外勤官員應記錄當地習俗和法律。挑選首領、族長、村長時，應查明「民心所向」，避免推翻當地的接班規則。透過「本土建制」來治理，至關重要：「文明的引進，若會導向國之不國和人心腐化，就不該做。」他還說：「我警告那些贊成直接統治者，如果我們任由部落權威受忽視或打破……只占人口極少數的我們……將不得不與群氓打交道」，言語中流露出更鮮明的盧迦精神。[64]

但在肯亞，有一股始料未及且不容小覷的勢力，其實應該說兩股，致使盧迦的辦法無用武之地。倫敦用英國納稅人的錢所興建一條鐵路，已使肯亞成為可治理之地。這筆開銷必須想辦法回本，粗具規模的肯亞政府，其開銷也必須尋覓財源來支付。這條鐵路的鋪設，主要不是靠非洲人力，而是靠來自印度的「苦力」。許多印度苦力留在肯亞開店、經商，到了一九二〇年代，印度人已開始要求置喙政治事務。只是從政治的角度看，白人的勢力更大。於是倫敦決定，應迅速開展商業經濟，以使肯亞得以自力運行。那意味著移入白人農民，以生產可供鐵路載運的貨物、種植可供出口的農產品。於是肯亞在行政治理上迅即出現雙頭馬車之勢，一方要求此照南非模式自治（以及要求取得黑人勞力和大片最優質土地）的白人移居者，另一方是照理得維持部落權威和傳統習俗的殖民地官員。兩者共處一地，關係並不穩定，並成為此後直到茂茂危機（Mau Mau Emergency, 1952-1960）和那之後，肯亞動蕩歷史的源頭。

曾有盧迦底下的官員論道，「征服者威廉若擁有馬克沁機槍、打字機和一些現代發明物，大概用小小兵力就能占領不列顛；他或許也會利用散置於這片土地上的一些地區專員來建立某種官僚政府。」[65]英國在印度、非洲的統治模式有明顯差異，卻也有許多相同之處。在這兩處，英國人無不倚賴當地的政治盟友（與英國人合作的精英），且偏愛用他們眼中屬保守勢力的人。他們認為，英國統治不只強化傳統，也改善傳統。藉由要求印度人和非洲人以階級、宗教或部落成員的身分參與政治事務，他們強化了對在英國人入主前，分界較不穩定的不同族群的控制。他們塑造出得到殖民地人民接受或至少默許且交錯盤結的數種認同（而或許有某些人對英國人這一成就備感意外）。但英國人的統治一方面漸漸倚賴本土盟友（辦事員、警察、村長、首領、地主、土邦主），另一方面，他們最初能打入地方和地區的政治卻是武力，武力仍是英國維持統治地位的最根本憑藉。在印度，英國的優勢之處並非全因武器：征服印度未用到馬克沁機槍或連發槍。有錢雇用士兵（往往自遙遠地方雇用士兵），以及有錢透過定期給薪來使士兵不生異心，通常更為關鍵。這使英國人較不必為了取得軍事援助，接受當地權力掮客的裹挾，而且這是促成英國人與當地人達成各取所需的協議，進而維繫其控制的關鍵因素。

英國人能牢牢掌控印度，同時仰仗其他因應之策。英國人保住權威地位的祕訣，乃是把他們所征服的民族約束在數個大體上自成一體的空間，並限制這些空間彼此間的橫向聯繫。政治連結是縱向的，直到最上面的「壓頂石」（capstone），即擺在最高處而人數不多的英國白人官員。不僅如此，凡是帝國都面臨一政治風險，即其行政代理人可能會促成他們自身的地方交易，會利用建構在當地的權力基礎以藉權牟私，會與當地人通婚，會本土化。在印度和非洲，英國人於是建立了一防護機制，且這機制在十九世紀期間隨著時日愈來愈強固。這就是英國行政架構的種族團結：就文化層面而言，變節投靠當地人成為不可能。刻意保持社交距離的設計和對幾乎所有社交接觸的明文規範，強化了此一機制。不管是有意還是無心，這使殖民地權威增添某種神祕色彩。沒有與外族統治者社交接觸的機會，印度人和非洲人沒什麼管道了解統治者的看法、價值觀、動機。揣測他們的目的和用意，有時難如登天。這是官方的祕密自我管理行動，賦予英國人優勢，但也為此付出某種代價。誠如最具洞見的英國政治人物所言，「從沒人相信我們的好意」。[66]

第八章　叛亂

「路易．里耶爾（Louis Riel）……法庭判定你犯了人間最惡劣、最重大的叛國罪……在此，我必須沉痛執行我的職責，宣告法庭對你的判決……你會被帶往指定的行刑地，處以絞刑直到斷氣……」[1] 一八八五年八月一日，在西加拿大（當時）到處沙土的小鎮雷吉納（Regina），法官宣告了這段話。里耶爾的罪行，乃是率領梅蒂人（說法語的混血兒）和原住民叛亂，反抗渥太華聯邦政府（從而反抗英國國王）的權威：以控方的話來形容，即試圖「惡意且不忠的……以武器強行推翻依法確立的這地區的憲法和政府。」[2] 三個月後，里耶爾上了絞刑台。

叛亂與帝國

叛亂是統治的陰暗面，是可能變得駭人真實的凶惡陰影。順從與造反始終是一線之隔，叛亂一點也不稀奇。殖民地是強悍、動蕩之地。在加勒比海的殖民地，維持殖民政府權威始終吃力。行政長官與種植園主失和：一名顯露狂妄自大傾向的行政長官被圍困在自宅，然後在一場動用火砲的戰鬥後遇害。在一六七六年的北美大陸，一名富有的維吉尼亞種植園主帶頭發起「貝肯叛亂」（Bacon's Rebellion），燒掉殖民地的首府。倒楣的馬德拉斯行政長官皮戈特勛爵（Lord Pigot）於一七七七年，被自己底下的英國官員罷黜，死於遭他們拘禁期間。一八〇八年新南威爾斯的行政長官威廉·布萊（William Bligh）觸怒當地的自由移居者，被駐軍從床底下揪出逮捕。經過長達一年無人掌理殖民地政府，他獲准搭船離開，而當他要該船指揮官用船砲「轟掉雪梨城」時，指揮官不甩他；一八〇八年，這場「蘭姆叛亂」的幾個首謀，事後未受到重懲。這些和其他事件，相對來講較微不足道，且其中有些事件可謂鬧劇。[3]但還有許多事件，絕非微不足道，且不是鬧劇。

事實上，從史實的角度來看，英國的擴張呈現曲折前進之勢：一連串重大的突發性政治騷亂改變其走向，或使其猛然停住。這些是重大的叛亂，其中有些最暴烈的叛亂，乃是離母國最近的叛亂：一六四一年的愛爾蘭叛亂（引爆英格蘭內戰的推手），一六八九年的愛爾蘭叛亂（此次叛亂的失敗大大強化了新教英裔愛爾蘭人的支配地位），一七九八年的愛爾蘭叛亂（促成一八〇一年不列顛與愛爾蘭合併）；最後以「自治」作為「解決方案」的一八八〇年代「土地戰爭」（Land Wars）；注定失敗的一九一六年復活節起事（Easter Rising）；只取得局部成功的一九一九至一九二一年叛亂（這場叛亂創造出愛爾蘭自由邦和今日的愛爾蘭共和國）。在北美大陸，一七六三年，就在英國人歡慶擊敗法國人時，印第安人酋長龐蒂亞克（Pontiac）的叛亂儼然就要如星火燎原般演變為阿帕拉契山脈以西的內陸地區的一場原住民大叛亂。為防止此類情事再次發生，英國人做出一些讓步（禁止白人再進入印第安人居住區拓殖），然而這些讓步卻觸怒遠更凶險、武器更精良、組織更完善的敵手，即開拓殖民地者本身。一七七五至一七八三年，北美十三殖民地的移居民大叛亂，也就是後來更名為「美國革命」這個更崇高名稱的叛亂，把英屬北美帝國切為兩半，且嚴重影響了另一半的發展。在革命後的帝國裡，英國政府對印度的疑懼加深，對白人移居者造反的憂心亦然。在一八三七至一八三八年的加拿大叛亂中，美國的影響（和直接介入）成為英國人最大的隱患之一：這也是迫使英國政府最後同意讓英屬北美諸殖民地完全內部自治（「問責政府」），使自治成為其他地區白人移居者社會「與生俱來之權利」的因素之一。一八一五年後，英屬西印度群島的奴隸叛亂，特別是一八三一年聖誕節，約兩萬奴隸參與的牙買加叛亂迫使英國政府終於體認到廢奴不能再拖；一八三三年，通過廢奴法案。一八五七年的印度大叛亂，並未摧毀英國在印統治，卻衝擊了帝國自信和英國的種族立場，對他們的統治風格帶來深遠影響。一八五七年後，英國人不時時留意背後，提防再生叛亂：此態度影響非常深廣。從此以後，有將近一半的英軍駐在印度。十九世紀晚期，阿非利卡人叛亂，阻斷英國人在南非次大陸的進展。在一八九九至一九〇二年的南非戰爭中，阿非利卡人的叛亂達到最慘烈、最血腥的程度，英國人因而重新省思自己在世界上的地位，而這場叛亂在當地最終未得出明確的結果，則為白人移居者對中南非洲本土民族支配地位的確立提供了正當依據。

若說這些重大叛亂造就了大英帝國在歷史裡呈現的樣貌（而非英國政治人物和決策者所希

望的樣貌），那麼，在幾乎其他每個殖民地社會爆發的那些小規模叛亂，也可說在較局部性的地區起了同樣的作用。於是，把詹姆斯二世拉下台，為英國議會權力之高於君權鋪下坦途的一六八八年「光榮革命」，在遙遠的北美諸殖民地得到呼應。在麻塞諸塞、紐約、馬里蘭，殖民地人民公開叛亂，反對詹姆斯二世所任命的行政長官和其所欲推動的集權政策，在北美大陸其他地方和英屬加勒比海的島嶼殖民地，也爆發有成果的反抗。主要的結果，乃是強化了殖民地的自主地位（七十年後，倫敦想予以限制但徒勞的自主地位）。[4]另一方面，在英屬西印度群島較小殖民地的奴隸叛亂和一七二九至一七三九年牙買加的「逃亡黑奴戰爭」（Maroon War），既加劇居少數的白人種植園主的憂懼，也使他們備感殖民地該依賴母國。他們雖有類似的不滿，卻不敢在一七七〇年後北美大陸諸奴隸殖民地大叛亂時，支持這些有眾多白人人口的殖民地。在十九世紀的紐西蘭，英國人於一八四〇年靠懷唐伊條約將其吞併後，毛利人擔心白人移居者進逼，於是發起強硬且遍地的反抗。一八六〇至一八七二年的毛利戰爭，源於某些毛利領袖欲阻止其他毛利地主把土地賣給白人，源於他們欲重新確立自身不認為已喪失的最高統治權。他們雖然落敗，但他們頑強的反抗和移居者對親英毛利人（kupapa）伸援的依賴，促使他們在大體上已成為「白人國度」的紐西蘭裡保住至關重要的政治權利。[5]在一八六九至一八七〇與一八八五年的兩場西北地區叛亂（又稱里耶爾叛亂）中，先是梅蒂人（1869），接著是梅蒂人與原住民聯手，抵抗從新教英裔安大略湧入的白人。在第一場幾乎沒流血的叛亂中，里耶爾的「臨時政府」隨著沃爾斯利將軍和其千人軍隊（英國正規軍與加拿大民兵混編部隊）的抵達迅即垮台。然倫敦和渥太華一心避免創造政治烈士。加拿大總理公開宣布欲捉拿里耶爾，私底下卻預先撥了筆錢給他協助其脫逃。[6]第二場叛亂情況愈發嚴重。里耶爾再度宣告成立臨時政府，這一次選在今薩斯喀徹溫（Saskatchewan）省北部。然他的部眾在達克湖（Duck Lake）擊退來犯的一隊騎馬警察，殺害十二人後，並叛亂範圍擴大，參與者除了梅蒂人，還有美洲原住民（西大平原的印第安部落民總數兩萬左右）。英國當局派約八千人前往平亂，數十人喪命，里耶爾於巴托什（Batoche）之役後投降，最後的下場如本章開頭所述。

里耶爾的叛亂和死亡，對加拿大政治影響深遠。他遭處死一事，成為法裔加拿大人對抗在加拿大聯邦裡日益獨大之盎格魯撒克遜人的象徵。到了十九世紀中期，移入的英國人已使法裔加拿大人居於少數。從一八八〇年代晚期起，法裔加拿大人的民族主義成為所有加拿大政治人物必須接受並妥為處理的政治勢力。在殖民地納塔爾發生的班巴薩（Bambatha）叛亂，則帶來大不相同的影響。這是場以祖魯人為主要起事者的暴力叛亂，發生於一九〇六年。土地喪失和隨著白人移居者強徵傜役，日益瓦解祖魯人的傳統地位，祖魯人苦不堪言。[7]英國當局的殘暴鎮壓，招來倫敦自由黨政府裡的次要部長年輕溫斯頓·邱吉爾（Winston Churchill）的公開指責。但如果說里耶爾叛亂使「英裔」和「法裔」分道揚鑣，班巴薩叛亂則把英裔和阿非利卡人團結在一起。在南非的白人政治人物正在討論該地四國合併的關鍵時刻，這場叛亂的衝擊正凸顯強力中央政府的需要，且打消以英裔為主的納塔爾居民對阿非利卡人統治之國家的反抗。

若把每場揚言推翻「依法確立」之殖民地政府的暴力騷亂都納入，在此所要列出的叛亂可能多到列不完。當然，我們得記住，「叛亂」本身是個不明確的字眼，既是可用於指稱任何種騷亂（不管是多局部、多有限的騷動）的口語詞，也是政府用以威嚇不滿當局者或合理化其懲罰的法定用語。在許多民亂中，挑戰殖民地權威並非主要動機。一八三六至一九一九年，莫普拉人（Moplahs），又稱馬皮拉人（Mappilas），即南印度貧困的穆斯林農民，起事三十多次，攻擊他們的印度教地主，通常是為遭逐離土地而報復。[8]這些叛亂全遭武力弭平，而英國當局這麼做，主要擔心叛亂如星火燎原散開。這些叛亂的目的不在推翻英國人統治，而在籲請英國人助他們對付當地壓迫者。[9]英國人往往偏愛將武裝騷亂歸類為犯罪活動或土匪行為（dacoity），且否認其有任何政治目的。軍事或財政上的利害考量，也可能使英國政府對「叛國罪」視而不見。一八六〇年，移居者要求英國政府出兵壓制毛利人的國王擁立運動（"King" movement），（遠在兩萬公里外之倫敦的）殖民地事務大臣不答應，甚至冷冷的回應，「如果他們（毛利人）只是尊崇自己的國王……未打破女王的和平……這類蠢行就該交給時間去解決。」[10]

只是叛亂行動，不管規模是大是小，不管有沒有欲推翻統治者的更大野心，的確很普遍，更讓我們了解帝國的本質和英國人的統治方法。英國帝國體系出了名的分權，在移居者殖民地這特色尤其明顯。除了在直布羅陀或馬爾它之類的一些「要塞殖民地」，大英帝國幾乎在每一處殖民地都倚賴當地精英（歐洲、亞洲、非洲精英）的支持。這充分節省了帝國統治成本，使英國人，除了在極少數例外之地，不需花費高昂成本派駐英國官員，或不需派大軍貫徹命令。然而有得就有失。把如此多權力下放當地，則帶來政治風險和包袱。帝國在當地的「代理人」和盟友有自己的野心：他們與統治者達成的「交易」，其中含要統治者暗暗支持他們的社會地位和利益。有了這一資產，當地精英（或白人移居者）想在合法範圍內，乃至合法範圍外，極盡可能剝削受其支配的人民（較有見識的英國觀察家非常清楚的一個傾向），也就不足為奇。在外來殖民者與當地精英「合作」的大旗下，殖民者理應避免對後者時時監督和行政干預，只是少了監督和行政干預，很難約束這類濫權行為，乃至很難判斷他們對殖民地政權帶來什麼危險。一旦出現亂子（例如馬皮拉人叛亂或紐西蘭的毛利人戰爭），帝國當局遲早（通常是較遲）必然用武力介入。

這在某種程度上表明了一個心照不宣的事實，即帝國當局的當地代理人和盟友的權力，大體上憑藉武力或非靠人民同意來維繫。倘使他們失去強制工具和工具所賦予的威信，整個統治（和徵稅）結構將迅即崩解。無論喜不喜歡，英國人都必須力挺與其合作的當地人。在這樣的情況下，英國人也必然擔心，若不展示帝國力量，他們對代理人的控制會變弱，威信會下滑，合作的政治成本必然提高。因而強制與合作是一體兩面。倚賴當地的合作者，還帶來另一重大影響。帝國統治在子民相信其長期不變且具正當性時運作最順。在子民具有如此信念的地方，那賦予帝國某種「支配權」（hegemony）：支配殖民地人民的身和心。但透過當地精英來施行且屈從於他們需求的管轄權，則相對分散，且較易為當地壓力與衝突削弱。對臣服的子民來說，這樣的管轄權沒什麼神祕性。他們的默然接受，反映的不是心悅誠服的同意，而是「識時務的屈從」，一旦迫使其屈從的威脅排除，他們迅即不再屈從。[11]因此才會有這麼多殖民地官員如此在意保住使受統治者對他們既敬且畏的威信（izzat）。殖民地控制權的易於失去，導致英國當局備感反抗行動芒刺在背，且說明為何不安的殖民地主子往往殘酷鎮壓。

什麼因素引發叛亂這種集體反抗行為？接下來的實例，詳細檢視了叛亂動機。在此我們能指出某些較常見的原因。顯而易見的肇因可能是日子難捱或失去財產。但在多數案例中，原因似乎比更為複雜。許多在土地上幹活者（特別是印度境內的這類人），以及一八三三年解放前，在農場、種植園上工作的許多奴隸（約八十萬人），日子就過得苦不堪言。窮得豁出性命者所發動的叛亂，乃至奴隸的叛亂，零星且偶有。當他們擔心日子會因進一步的打擊，比如遭逐出家園、新工作負擔或（如一八三一年牙買加奴隸所遭遇的）食物配給減少，而變得更苦時，叛亂就有可能發生。[12]新的不合理要求，或可能被視為侵犯其地位和名譽的作為，所激起的不公不義感受，往往是更為有力的叛亂肇因。一旦某個行業的所有人，或某個有組織的族群，感受到這類威脅，集體反抗的機率便提高。如果民怨還摻雜了宗教成分，叛亂就可能非常猛烈。

宗教是將大多數殖民地社會團結為一的膠合劑。世界幾大宗教與其在各地的本土化變種，為從性道德、兩性關係方面的規定，到有關財產與宇宙形狀的觀念，訂定眾所公認的信念。外族的存在始終帶來困擾。只要有跡象顯示，他們欲推翻宗教儀軌或欲對聖人、聖地不敬，都必然引起紛爭。若某宗教的信徒擔心這類改變會危及他們對來世生活的希望或會污染宗教禮儀，反抗的衝動有可能壓抑不了。當然，宗教的面貌可能因地而有很大差異。在宗教受到社會精英（例如北奈及利亞的埃米爾和烏里瑪——有權威性的穆斯林教法學家、教義學家）[13]控制之地，宗教的爆發潛力通常受他們抑制。在宗教競爭特別激烈的信仰轉換邊疆，或在社會精英的地位並不牢固的邊陲地區，狂喜式宗教（和或許殉教傳統）很可能大為勃興。「先知」與「聖徒」的出現，預示精神上、肉體上的解放，促使原本可能是各吹各的調的不滿情緒轉而有目標、有組織，且團結一致。牙買加種植園主普遍把牙買加叛亂歸咎於浸信會傳教士和教授教義者的影響。這場叛亂的主要煽動者——奴隸山姆・夏普（Sam Sharpe），便是這樣的傳道士。

因此，在民怨因宗教信仰的一致而加深且被能言善道的代言人賦予情感意涵之地，叛亂較常發生且較危險。在當地精英扮演殖民地政權與其子民中間人的地區，殖民地精英的行為至關緊要。他們可能被分化，或者本身受到來自其社會中地位較低者的施壓。他們對叛亂的反應，可能不是充當帝國主義者的看門狗，而是只要情勢許可，就一直是騎牆派，或在情勢明朗之前一直當騎牆派。在晚近才征服的地區，對殖民地的整頓尚未完成，此本能可能特別強烈。事實上，在殖民地政府的典章制度尚未牢牢確立的地方，或在邊疆心態仍大行其道的地方，或在有沙漠、沼澤、高山、森林為叛民和逃亡者提供安全棲身地的地方，叛亂的機率始終較高。

但引發叛亂的因子，並非一定能在叛亂者的客觀環境裡尋得。我們能一再看到三個重要肇因所產生的作用，且其衝擊因傳言、不實資訊和憂懼而加深。第一個肇因是擔心遭到政府先發制人的攻擊或報復。在叛亂者的想法裡，他們的行動往往屬於防衛性的，係為消除某種威脅或為免於受罰。牙買加奴隸叛亂之前，有傳言說，種植園主打算藉由殺害男奴和不解放女奴及其小孩來挫敗廢奴行動。[14]被控行為不端的奴隸或許認定已難逃如此殘酷的懲罰，往往覺得與其乖乖聽話，不如暴力反抗。在維吉尼亞的「奈特・透納叛亂」（Nat Turner revolt）中（也是一八三一年），這種心理促使脫逃奴隸殺害五十多名白人（相對的，在同一年於牙買加所發生規模大上許多的叛亂中，只有兩名白人受傷）。南印度的馬皮拉人叛民，由於擔心落入政府手裡後死得不光彩，寧可殉道而死。[15]在密拉特（Meerut），譁變印度兵心知英國人一旦回來，他們會有何下場，於是心一橫殺掉他們所抓到的英國人，完全抹除英國人統治的痕跡，認為這麼做的話，保命的機率最大。第二個肇因是相信（大多是受到誤導的相信）叛亂可以得到更廣大支持。或許，帶頭造反者非得相信自己樂觀的預測，或打消自己心中的疑慮：他們鮮少有管道取得確切情報。第三，幾乎同樣常見的，叛亂者之所以覺得叛亂值得一試，乃是因為離譜低估了敵人實力。在半文盲社會，或在通訊極不便利之處，眼見就是一切。叛民對於通常隱身在殖民地外非常遙遠之處的帝國主義對手的資源和勢力所知有限，因而對於對手所使用的火力和凶狠往往一無所悉。有時他們不切實際的希望英國人會乾脆棄地而去。事實上，英國人在集結平亂所需的人力物力後，遲早（通常是較遲）會回來。英國人只花了約一星期時間就平定牙買加奴隸叛亂，不到六個月就控制住（但非結束）印度大叛亂，一年多一些便使一八九九年阿非利卡人爭取獨立的行動，變成一場沒勝算的消耗戰。這些並不表示，在其中每個例子裡，叛亂的衝擊都不大。至少在一個例子裡，英國人徹徹底底失敗。先是遇到北美殖民地居民叛亂，隨之一七七八年後，又與歐洲三大強國在海上兵戎相向，使英國左支右絀。一七八三年，倫敦放棄其北美十三個叛亂殖民地——但未放棄其對北美大陸其他領土的所有權主張。

但叛民如何造反？叛民與官軍或警察的暴力對抗，通常發生在一連串叛亂行動之後的高潮，而非第一步。事實上，並非所有形式的叛亂都需要一開始就與官方武力對抗。出走或外移才是對殖民地統治當局無言的拒斥。在有利的環境裡，這種「暗中的叛亂」說不定能贏得程度驚人的自主權。一七三〇年代晚期，逃脫的黑奴在牙買加內陸丘陵地把種植園主的民兵部隊打得一蹶不振；他們得到的回報是一份條約和高度的自由。一八三〇年代晚期，遷離開普殖民地的阿非利卡人先移到納塔爾，納塔爾遭英國吞併時，他們在南非高原（Highveld）上呈扇形擴散開來。英國人要他們順服，並將布耳族領袖斥為叛亂分子，一八四八年在布姆普拉茨（Boomplaats）打了一場慘烈的遭遇戰。但後來英國人讓步，同意布耳族獨立。獨立的內涵並不明確，英國人最終也懊悔給予獨立。

在沒有出走機會的地區，則必須採取直接行動，才能打破統治當局的掌控，逼其接受叛民的條件。對鼓動叛亂者來說，當下的首要之務乃是爭取更多人支持，以將個人的抗拒轉化為政治行動。打贏文宣戰或口舌之戰，或至少參與這樣的鬥爭，至關重要。營造出政府權威已在消解、政府目標已不可能達成的普遍印象，攸關成敗。但這樣通常還不夠。早有提防的政府迅即做出的反制——將陰謀造反者下獄、奪取關鍵要地、部署兵力——可能戳破前述假象，在叛亂分子尚未成氣候時便消滅叛亂勢力。造反者必須迅速行動，以免落入這下場。他們必須設法擋住政府的攻勢：使各地都陷入混亂，將轉移政府注意，分散政府兵力；摧毀政府的交通、通訊設施（電報和鐵路），將減緩其反應速度，推遲其返回。但這樣也還不夠。他們得說服支持者形成龐大團體，最好是武裝團體，以另立政府或臨時政府，和既有政府分庭抗禮。最迫切的，他們必須用被賦予的權力，打破政府對其當地同路人的掌控，讓政府的間諜、線民組織膽寒，催毀政府殘餘的威信。做不到這點，叛民勝算則微乎其微。他們最希望的，乃是官軍徹底瓦解。就是這樣的瓦解（軍隊譁變的結果），為印度大叛亂（英國人稱雄百年裡所遭逢的最大叛亂）點燃了引信。

移居者叛亂

英國政府面臨過那麼多叛亂，絕對有理由對移居者叛亂最為憂心。這至少有一部分是因為移居者叛亂時，英國政府的政治、軍事策略，不只必然招致國外及國內以放大鏡般高度批判性的檢視。畢竟多數移居者社會都具有一項特色，即移居者在英國本土有許多人脈、許多朋友和支持者。造反的殖民地居民，能將消息迅速送回母國，為批評政府者提供彈藥。政府或執政黨要讓國內人民一致支持其立場肯定相對難——儘管未能達到這點顯然會讓叛亂分子大受鼓舞。移居者叛民與非移居者叛民的差異，顯而易見且強烈。非移居者叛民通常缺乏政治盟友來支持他們的目標，或通常沒有人脈替他們在報紙上發聲。從最不堪的角度描述他們的行動和目標，凸顯他們的「野蠻」，否認有真正的民怨存在，始終較為容易。對英國政府而言，這多了個好處，即鎮壓叛亂分子的手段再怎麼殘暴，都不大會引起國內人民高度關注，更不可能招致批判。

移居者社會的情況反而棘手。帝國對這類社會的管轄，幾乎從這類社會初創立起，骨子裡就非常薄弱——除非（像西印度群島上的白人那樣）有特殊理由要他們忠於母國。在這類社會裡，帝國權威的基礎，與其說是當地居民的合作，不如說是當地居民對帝國統治的明確同意（通常藉由某種代議機構表達的同意）。英國政府沒有「權利」課徵英國人在印度承繼的那種稅，而且從很早時就存有一眾所認可的觀念——除了例外情況，殖民地的法律不會受到否決。行政長官作為帝國中央政府的代理人，僅握有少數當地資源，且其任命官員的權利遭眼紅的當地議會削減。若行政長官希望取回自身權利，會遭到排山倒海的痛批，指陳侵犯了生來自由之英格蘭人的權利，甚或會被直言指斥有專制野心。更糟的是，行政長官的移居者子民具有令他頭痛的一項本事，即為政治行動快速動員的本事。報紙和小冊子、傳單之類的其他印刷品，足以匯聚民意。殖民地生活的一般建制（陪審團、區會議、乃至種族會議），促使當地人的意見得以組織化、統合並展現其力量。最重要的，移居者社會都具備武力，他們的本地民兵組織常常既是政治單位，也是軍事單位（在這方面，移居者社會與大部分非移居者社會的差異特別鮮明）。

這些正是促使倫敦的帝國政府採行「有益的忽視」（愛德蒙·勃克語）政策的有力理由。可惜這一洞見的落實，並非時時可行，更別提明智。首先，在移居者社會裡，能比取得土地一事更足以激起激烈情緒的事不多，而特別重要的原因之一，乃是土地的投機性買入和轉賣通常是移居者社會精英財富的主要來源。凡是欲管制他們擴增土地的舉動，勢必為他們所深惡痛絕。但對帝國官員來說，移居者此一想法既自私且愚蠢。若放任不管，結果必然是邊疆地區戰事不斷，因為原住民不願失去土地。屆時，若要平定邊亂，就需要動用帝國部隊和支出。第二，在原住民享有帝國保護（或許是條約明定的保護）且移居者的不當行為觸怒母國宗教界和人道主義人士時，帝國干預可能會難以避免。第三，移居者社會追求一己的經濟利益時，其因應之道可能和母國背道而馳。平常時期只是讓人惱火的事，在商業或金融劇變的時期，就可能變成激烈爭辯的議題。如果說移居者政治人物得討好苛求的本地選民，有自己的世界觀和個人盤算的帝國政治人物同樣必須顧及宗主國的利益。

一七六五年八月二十六日夜，大批暴民攻擊時為麻塞諸塞灣直轄殖民地司法總長暨副行政長官湯瑪斯・哈欽森（Thomas Hutchinson）的住所。哈欽森和其家人一逃走，暴民即有計畫、有步驟的洗劫、破壞其房舍，拆掉屋內設備乃至牆壁，肆虐了一夜。[16]為使那些被認為和殖民地政府、英國任命之殖民地行政長官沆瀣一氣的殖民地精英日益恐懼，暴民採取諸多暴力行動，而前述作為就是其中最早展開且最暴力者。暴力行動的受害者察覺到暴力行動有政敵在幕後操縱，但似乎沒辦法阻止。這些暴力行動點出了一個事實，即這個殖民地已幾乎不受控制。「大權在人民手上，」哈欽森於幾個月後寫道。「任何法律的執行都不能違逆他們的意見。」[17]不到十年，隨著康考德和列克辛頓出現交火衝突，麻塞諸塞爆發公開叛亂，且迅即擴延到其他殖民地。

這一以愈來愈快之勢步入暴力、戰爭的現象，不只令人意外，似乎有悖常理且弔詭，甚至連許多美洲殖民地居民亦認為如此。因為美洲殖民地（白種）居民所享有的政治自由，為世上其他任何地方所不能及。他們所享有的公民權，遠比英國本土多元，稅也更輕。美洲殖民地的民選議會對行政權的約束，大大高於英國下議院；美洲殖民地沒有上議院（上議院議員可由國王任命）；英國內閣部長可利用資助款建立自己的團隊，且通常依賴他們取得過半數選票，在美洲，則沒有資助款的制度。土地相對較廣，美洲的財富分配因而得以比母國（或許比其他任何地區）公平。宗教自由程度也相對更高。

當然，究其實情，弔詭之處其實沒那麼弔詭。美洲諸殖民地所享有的高度自治，助長了以猜疑心態將所有行政機關都視為天生腐敗且專制的「全民派」（country party）意識形態。行政機關坐大、濫權的威脅，有賴於積極監視和強力抵抗傳統來打破。[18]只要倫敦繼續其有益的忽視，此一意識形態就和對英國議會最高地位的理論上承認、和對殖民地與英國的關係、對殖民地承繼的英國傳統的自豪，大致上能夠和諧並存。法國人仍牢牢盤據北美大陸某些地區，亦是美洲殖民地英裔居民西進的主要障礙，基於對法國的憂心和厭惡，忠於母國英國依舊是既明智且理所當然之舉。沒有英國的保護，擴張機會渺茫。但一七六三年後，法國勢力被消滅，一切改觀。

危機因為錢而爆發。為籌錢償還母國爆增的債務並安撫國內憤怒的納稅人，英國內閣決定從他們眼中英法七年戰爭（1756-1763）的主要受益者——即美洲諸殖民地居民——身上拿錢，以彌補戰爭龐大開銷的一部分，因而有一七六五年印花稅法問世。這道法律規定所有法定文件都要貼印花稅票以昭公信，企圖藉此在美洲徵收到其實金額甚少的一筆稅收。結果引發眾怒。哈欽森痛批此舉魯莽愚蠢，埋怨道，「加拿大與彭薩科拉（譯按：位於今佛羅里達州南端）之間的地區，沒有任何一戶人家未聽過印花稅法。」[19]印花稅法導致廣大人民沒來由的恐懼，坐實了英國想顛覆殖民地議會、瓦解殖民地自治的居心。欲透過殖民地行政長官及其盟友的權威來執行印花稅法一事，讓許多美洲殖民地居民更深刻感受到那些後來人稱「親英分子」者構成的「內部危機」。而帝國的獨斷而為，不僅表現在印花稅法上。為免再發生龐蒂亞克叛亂之類情事，英國政府頒布《一七六三年公告》，禁止移居者向阿帕拉契山脈以西擴張。這突然發布的禁令，促使那些將向西擴張視為發動英法七年戰爭的主要目的和主要收穫者怒不可遏。英國政府更嚴格執行帝國貿易管理條例，以阻止殖民地商人逃避關稅一事，則是另一個民怨來源，另一個「暴政」表徵。

不難理解的是，為何有多數美洲殖民地居民認為腐敗貴族精英階層是他們苦難的根源，認為這批人將專制威權強加於他們身上，摧毀了殖民地裡生來自由之英格蘭人的權利。若說他們本懷疑這一威脅的存在，到了一七六〇年代晚期，又有許多英國激進人士諄諄告誡他們，他們是盎格魯美洲居民為保住凡英國人均得享有的自由而展開的一場大規模抗爭運動的一員。但從抵抗和抗議（乃至暴民恐怖活動）走向公然叛亂，要跨出很長且危險的一步。北美十三殖民地都有反英國壓迫的聲音，然最早跨出那一步的，是麻塞諸塞居民（麻塞諸塞是一七六五至一七七五年英國與北美殖民地衝突的戰場）。在麻塞諸塞，反英叛亂比其他任何地方激烈，英國權威的瓦解比其他任何地方更為徹底。

這有其充分的緣由。麻塞諸塞始終具有難以治理的殖民地因子。其自治區模式、召開人民會議的傳統、廣泛（可能八成成年男子享有）的公民權，意味著政治權力分散。男性幾乎人人識字，為各種印刷品創造出廣大市場。強烈的本土至上傳統，孕育出對所有中央權威根深柢固的懷疑。拒斥英國等級體制而主張「會眾」自治的新教公理宗理念，強化了對母國所任命官員的厭惡。及至十八世紀中期，新土地的日益不足和不願遷徙的心態，已開始在社會裡激起另一種緊張局勢。隨著地價上漲以及大地主階層的出現，有人開始痛批自耕農之間不平等的現象和不公義、不虔誠富豪統治層的興起。[20]宗教上的「大覺醒」加劇對炫耀、消費的反感。[21]哈欽森和其家人等擁有官職的「當權派」（court circle），也就很容易被視為藉犧牲小農、工匠、無地窮人的利益的惡毒陰謀來積聚財富和權力。

這一殖民地政治派系對立的嚴重和被拒於官職門外者的不滿，提供了被印花稅法引爆的火藥。此後，任公職的精英面對報紙上排山倒海批評其濫權的聲浪和始終未消的暴民行動威脅，雖竭力欲將民選議會重新納入控制，但終歸徒勞。對他們來說，最穩妥的解決辦法乃是說服倫敦的帝國政府放棄徵稅的想法，重新實施具正面效果的忽視之路。可惜倫敦拒絕了，因為它需要錢，且一旦向麻塞諸塞讓步，帝國權威，包括其對邊疆「公告線」的控制和貿易管制措施，將全面瓦解。於是，英國政府決意教訓麻塞諸塞。一七六八年九月，一個中隊的英國軍艦駛入波士頓港，把砲口對準該城。兩個步兵營登陸，作為行政長官的後盾。結果惹出大禍，反倒為支持殖民地獨立者提供了大作文章的宣傳材料。這支部隊備受騷擾、挑釁，並引發一七七〇年「屠殺」的事件，隨後突然被撤走。但當英國政府再一次欲向美洲殖民地徵稅（這一次透過給予東印度公司在諸殖民地茶葉專賣權一事來徵稅），而引爆驚人的反抗（一七七三年十二月「波士頓茶葉黨」抗稅暴動）時，倫敦再一次試圖用武力平亂，結果是另一場大災難。

事實上，倫敦施行了某種非常時期統治體制。英國再度調軍隊過來，並關閉波士頓港。為防止陪審員遭恐嚇，刑事案將於英國審理。麻塞諸塞憲法被更動。英國議會通過極不得殖民地人心的「強制法案」，亦即殖民地人民口中「無法容忍的法案」。這一切致使美洲諸殖民地人心惶惶。一七七四年九月，第一次「大陸會議」在費城召開，會中譴責殖民地權利遭侵犯之事，但這時仍未放棄對英國的效忠，與會者是來自十三殖民地的代表。與此同時，在麻塞諸塞，情勢即將有爆炸性的變化。該地最後一任親英的行政長官湯瑪斯·蓋吉（Thomas Gage），在美洲已待了二十年，並娶了當地女子，在美洲落地生根。在他眼中，最迫切的當務之急，乃是防止政治騷亂演變成武裝衝突。[22]可惜已經太遲。一七七四年九月，他派一支部隊前去奪取麻塞諸塞火藥庫（Massachusetts Powderhous，該殖民地最大的軍火庫）的火藥，心想有心造反者一旦面臨火藥短缺，便無法達到目的。但此舉並未讓政治激情降溫，反倒促使反對者相信蓋吉竟圖軍事政變，逮捕反對派領袖，於是發動大規模武裝民兵示威（民兵人數遠多於英軍），進一步攻擊立場明確的親英分子或有親英嫌疑者。幾個月後，蓋吉重施故技，這一次挑中康考德的軍火庫。當地民兵事先接獲消息，預有準備，集結等待。一記冷槍使兩軍對峙變成康考德、列克辛頓兩地慘烈的交火。英軍奮力衝過一個又一個的伏擊，退回安全的波士頓，死亡人數六十五人，傷逾兩百人。一七七五年六月，他們被圍困在波士頓，雖然奪回俯瞰波士頓港的邦克丘，但損失太慘重，已不可能突圍脫困。此後，叛亂如星火燎原擴散開來。在維吉尼亞（美洲最大、最古老的英國殖民地），與「民主」麻塞諸塞幾無共通之處的有地權貴階層起而呼應號召。該階層的理論家湯瑪斯・傑佛遜力主殖民地議會與英國議會地位平等，痛斥英國國王未能阻止英國議會的非法侵權。[23]英王喬治三世於一七七五年十月告訴英國議會，北美諸殖民地已爆發叛亂時，不過是在陳述人人都已知道且了解的事。

從更長遠的歷史角度看，我們可判斷出這是場極其與眾不同的移居者叛亂。對英國人而言，由於諸多有力因素的結合，美洲殖民地的堅不妥協，已使情勢萬分危急。英國人被不得不滿足的需求推著走——在大國相對抗且仍充滿危險的世界裡，尋覓財源以支應帝國部分防禦開銷的需求。基於自身經濟利害的考量，若放寬對美洲貿易的管制規定，可能危及英國的經濟命脈。英國人認為，移居者企圖染指無人煙內陸地區可謂貪婪、魯莽之舉，必然引爆其所不樂見的邊疆戰爭（將使倫敦付出高昂成本的戰爭）。英國人的不幸在於，幾乎沒有工具來遂行他們的意志。他們沒有官員任命權來打造更強大的親英派，沒有武力來保護當地親英分子。他們一直不願消耗大筆經費來維持強大的駐軍，直到想這麼做時已經太遲。他們的政治情報很不靈通，對當地人的動態不大關注。但原因不僅止於此。亞美利加是非常特別的殖民地。雖然晚近移入人口大增，但大抵上是由紮根甚深的族群組成，尤以在新英格蘭地區（叛亂的風暴中心）為然。這孕育出強烈的本土認同感。尤其是在麻塞諸塞，自英國移入且可能壯大親英陣營的新移居者只占少數。母國與殖民地之所以有意識形態落差，此即原因之一。北美殖民地居民強烈認為，英國一七六三年後的行動侵犯了眾所公認的人民權利，就連親英分子亦持相同看法，而英國人從未能消弭這一認知。

在宣傳戰上，英國人始終打不過從北美印刷廠大量流出的印刷品（報紙、漫畫、傳單、年鑑）。雪上加霜的是，晚近才移入北美的英格蘭人、來自塞特福德（Thetford）的女用緊身褡裁縫師湯姆．潘恩（Tom Paine）完成《常識》（*Common Sense*, 1776）一書，其中鼓吹北美殖民地建成獨立共和國，就此改變了辯論的措詞，並暢銷十五萬冊。[24]

亞美利加也不是剛披荊斬棘開闢出來的貧困偏遠據點。一七六〇年代時，它已是個極先進的商業經濟體，具備參與一場戰爭所需的財富和技術。在革命的前奏階段，或許更攸關成敗的因素，其實是存在一個富有、教育程度高、具有想像本國自身未來命運之知性自信的精英階層。這場移居者叛亂最特別的之處，乃是其包括約翰．亞當斯、湯瑪斯．傑佛遜在內的主要發言人具有過人的才智。當然，在此也必須提到的，叛亂的成功，外援是極其重要的因素。促使一七七八年英國最後一次試圖達成妥協協議卻未能如願者，是法美條約及該條約對援助處境不利之革命陣營的承諾。事實上，從這一刻起，美洲平亂一事，已不若戰線更廣的另一場戰爭來得重要——即捍衛英國在印度、加勒比海、地中海之利益的戰爭，也不如擔心母土遭入侵之事更值得重視。

六十年後，英國人在北美大陸遭逢另一場叛亂，此際發生在加拿大，即英國早前橫跨東西兩岸的北美帝國殘部。事實上，英國人面臨兩場同時發生的叛亂，分別位於當時所謂的「上、下加拿大」，即今日的安大略省、魁北克省。兩場叛亂的矛頭，紛紛指向叛亂分子眼中腐敗、享有過多特權、獲英國人授予殖民地政府大部分職權的精英。這兩場叛亂皆肇因於族群、民族問題，且由於鄰近有美國虎視眈眈，而變得複雜。但最後的結果與美國革命大不相同：未脫離母國，而是既取得本地自主權，又保住與英國的關係。為何能有這樣的結局？

上加拿大（安大略）的叛亂，為時較短也較不嚴重。在此，小農和工匠痛恨「豪族集團」（Family Compact），即圍繞著行政長官、構成權貴階層的有錢寡頭統治集團。這個集團仗勢官方贈予地致富，與英國國教會、銀行家、土地公司關係非常密切，而英國國教會的「神職人員保留地」包含非常值錢的土地。反對陣營的領袖是出生於蘇格蘭敦提（Dundee）、一八二〇年來到加拿大的威廉·麥肯錫（William Lyon Mackenzie）。初入社會，走錯幾次行之後，麥肯錫尋得適才適性的職業，即維權記者，揭發藉權牟利、腐敗、特權之事。他成為殖民地精英階層的眼中釘和「改革派」大將。他欣賞南鄰美國的共和制，在他的疾呼之下，已移入上加拿大的美國出生移居者如願取得投票權。[25]然而，促使他從坐而言的激進政治立場轉為起而發動叛亂的因素，則是廣大支持民意無法轉化成行政權力的情況日益升高的挫折感，因為無論是對行政長官，抑或是對他的親英派顧問，民選議會都無法改變其地位。麥肯錫也相信（有憑有據的相信），站在他對立面的親英分子試圖運用他們位於當地奧蘭治會（Orange Order）裡的民兵盟友（當時已有許多新教徒移居者或蘇格蘭裔愛爾蘭移居者來到此地）騷擾、威脅他。[26]在日益狂熱的氣氛下，他計畫於一八三七年底舉行武裝示威遊行，向首府約克（今多倫多）進發，迫使現有政權解散，組成新政府。

結果大敗。麥肯錫的先遣部隊遭遇一小群親英分子開槍攻擊，迅即撤退。其餘部眾願意發動示威遊行，卻完全無意全面叛亂。眾領袖逃出邊界。在這同時，美國出生的移居者，憤慨於他們將被逐出家園的傳言，且被麥肯錫「已得手」的不實消息鼓舞，在殖民地西部所發動的第二場叛亂，也在不久後即失敗收場。[27]但事情未就此結束。英國人深深懷疑這兩場叛亂有美國人在幕後操縱。倫敦駐美大使亨利．福克斯（Henry Fox）抱怨道，有三至四萬美國人陰謀入侵英國領土。他說，「大批土匪和刺客正在構思怎麼做，最能使一塊英國領土變得荒涼破敗」。[28]今日的旅遊勝地尼亞加拉大瀑布，在當時是跨邊界小衝突的發生地。在某場著名的事件中，一群（親英）加拿大人扣押他們懷疑欲載運美國部隊入侵的汽船卡羅林號，在其上放火，再任其漂流而下，越過瀑布墜落。因此引發的紛爭，一度使英美幾近兵戎相向。

下加拿大（魁北克）的叛亂，情況更為嚴重。在其兩階段的暴力行動中，超過兩百五十人喪命，包括住在蒙特婁特附近某農村堂區的石匠或木匠約瑟夫．夏特杭（Joseph Chartránd）。他在外收款（可能是向某顧客收款）時，遇到一群年輕人。夏特杭隨即遠離，可惜那群人不久追上，並將他打死在路邊。最後調查發現，那群年輕人當時正在前往參加集會的路上，其中一些人攜帶武器。數名目擊者聲稱，堂區裡瀰漫恐懼氣氛，「親英者完全得不到保護」。另一名目擊者說，大家都知道夏特杭喜歡動粗耍狠，某些人認為他是間諜。[29]暗示的意味非常濃厚，為了阻止夏特杭把那群人所要趕赴的武裝人員集會之事向人通風報信，索性殺了他。但為何鄉村地區山雨欲來，即將叛亂？另一名目擊者則說，「帕皮諾先生已命人在教堂門口宣讀命令，要人出征……不從者會被處死。」[30]

路易—約瑟夫・帕皮諾（Louis-Joseph Papineau）不是綠林土匪，而是有錢且人脈很廣的律師，其父由於從事土地測量工作有成而成為地主。一八三〇年代時，帕皮諾已是該殖民地民選議會裡愛國者黨（Patriote party）的黨魁。英語人口居少數，卻在殖民地政府裡占了超乎其人口比例的員額，法裔加拿大人中產階級因而愈加不滿。愛國者黨抒發這股民怨，而對於居少數的英語人口主宰商界的厭惡，以及對於來自英國的移居者正快速侵蝕該殖民地天主教法語族特質一事惴惴不安的認定，則促使該黨的訴求得到更多人支持。帕皮諾直言，英國政府，企圖「除去我們的民族特質，以將我們英國化。」[31]愛國者黨的目標是將他們對議會的掌控，化為對政府的控制。隨著抗爭的持續，帕皮諾暗示要以建立法蘭西加拿大共和國為最終目標。牢牢盤據蒙特婁的居少數親英英裔的忿忿回應，使這場政治衝突染上日益濃厚的族群色彩。不過政治立場的分歧，並非全然以族群為分界。愛國者黨的領袖群中，包含了英國蘇格蘭裔尼爾森兄弟檔、前海軍軍官的兒子。兩人都是醫生，皆屬激進派，且將在即將爆發的叛亂中，扮演著比帕皮諾相形重要的角色。

隨著僵局轉趨嚴重，英國政府的立場更為強勢。為打破殖民地民選議會對政府所有支出的否決權（從而使行政部門不致受其掣肘），英國政府授予殖民地行政長官不需議會同意便可動用經費的權力。愛國者黨的諸領袖宣稱，這是一波壓制行動的序曲，對他們政治運動的聯合進攻。他們痛斥倫敦此舉是對其獨立自主地位的攻擊。他們的農村支持者迅速動員，運用當地的古老風俗「夏里瓦里」[32]（charivari），來對付異己，壯大聲勢。根據此一習俗，凡村鎮裡有人行為失當不檢，民眾即群集該戶人家門前，大聲鼓噪喧鬧，譴責對方，極盡羞辱之能事。英國人打算先發制人攻擊的傳言四處流傳，堂區的集會向堂區中擔任公職的居民示警，要求他們辭去職務，與政府斷絕關係。一八三七年十一月，政府以叛國罪名對愛國者黨諸領袖發出逮捕令。他們則在距蒙特婁約五十公里處的聖德尼（St Denis）、聖夏爾（St Charles）兩村，召集大批武裝男子以為回應。叛亂於焉爆發。

然後，叛亂行動似乎瞬間瓦解。愛國者黨計畫宣布下加拿大獨立，一支英國分遣隊卻在此前抵達，雙方陷入交火。部分愛國者黨領袖越過約一百公里外的美國國界，其中有八人被捕。英國行政長官科爾博恩（Colborne）告訴倫敦，那是茶壺裡的風暴，不足為慮：他已按奈住居少數親英派的怒吼，釋放大部分囚犯。到了一八三八年四月底，已解除戒嚴。英國政府的特派專員達勒姆勛爵（Lord Durham）決意不將該黨諸領袖送審（若受審他們可能被判死刑），反而流放至百慕達。然接下來情勢竟出現意料之外的轉折。令達勒姆大為驚愕的是，一名好事的律師證明他逾越了權限。人犯獲釋，旋即回到美國邊界，叛亂者打算於此再度起事。英國人便懷疑起，其中有一更大的陰謀。「無疑存在著一個難以對付的組織，那組織靠祕密誓言和暗號緊密結合而成。」達勒姆向倫敦如此回報。「這裡的親英居民，為此一……神祕組織的暗示的震懾，恐懼暗中的恐嚇或殺害或屠殺的警告，離開他們……孤立的住所。」[33]有些人徹底逃離這個殖民地。一切似乎停擺，只能等待揚言入侵者的到來。

十一月上旬，果然出現入侵者。數股武裝法裔居民，收到叛軍組織「獵人兄弟會」（Frères-Chasseurs）的通知，於是集結了起來：三千人在納皮耶爾維爾（Napierville）村會合，那裡距離將會有更多武器送達的美國邊界不遠；其他人則前往蒙特婁附近的某個印第安人保留區，企圖奪取他們的武器和彈藥。按照原訂計畫，他們要與麥肯錫支持者在尼亞加拉發動攻擊的同時起事。羅伯特．尼爾森（Robert Nelson）越過邊界，宣告成立「臨時政府」。[34] 結果事事不順。美國人沒收儲藏在邊界的武器。印第安人殺害或擄獲來犯者。親英民兵組織（包括從附近上加拿大調來的五千英裔加拿大民兵）和英軍，不時騷擾由羅伯特．尼爾森與同是醫生的（法裔加拿大人）科特（Cote）領導的叛軍，然後將其打得潰不成軍，無法再戰。民兵燒掉涉嫌叛亂者的房子。諸領袖再度逃亡，羅伯特．尼爾森逃到加利福尼亞，然後返回紐約，並發表了一篇探討霍亂的論文。只是並非所有人都這麼幸運。率部進攻印第安人的律師約瑟夫．卡迪納爾（Joseph Cardinal），就是被以叛國罪吊死的兩人之一。行政長官直言，必須殺雞儆猴。[35] 其他被判有罪者亦逃過一死。

這場叛亂遭撲滅，卻帶給英國人極大的心理震撼，且由於出現與美國開戰的危險，加上在叛亂發生的當下，同時發生比利時危機和東地中海危機（東地中海是「通往印度之路」），英國人更是惶惶不安。倫敦派了約萬名部隊前往保衛加拿大，比一七七五年時派給蓋吉的英軍還要多。找出政治解決方案刻不容緩。方案由達勒姆勛爵提出，但並非直截了當提出。達勒姆察覺到英國人和他所謂的「加拿大人」之間存在強烈的族群敵意。他們「互看不順眼」，使他們彼此沒有社交：「就連小孩吵架時，都像他們父母那樣用法國人和英國人區分彼此。」這些加拿大人覺得「英國人到處在壓迫他們，在土地的擁有上，在商業上，在零售業上……在宗教上，在整個行政機關裡，淨是如此。」達勒姆的解決方案是斧底抽薪，從根本解決問題。他說，（法裔）加拿大人是個「停滯的民族」。[36]如果把法裔居人口多數的下加拿大與更富活力的英裔上加拿大合而為一，英國移民所產生的效應，將於不久後溶化該地的落後社會。野心人士所追求的目標將不會悖離英國的利益：獨具一格的法裔加拿大人認同將漸漸消失。一八四〇年的聯合法案採行他的建議。可惜日後的發展證明達勒姆錯了。

主要原因出在他的第二個提議。達勒姆在其一八三九年的著名報告中主張，這場叛亂是政治失意所致。[37]在無法使行政機關回應本地民意的地方，在反對派領袖沒機會掌權的地方，政治必然淪為蠱惑人心的宣傳，甚至叛亂。因應之道乃是鼓勵溫和路線。凡是受到廣大民眾支持者，都應讓其出任公職。這類人一旦有了出任公職的認知，漫天開支票的承諾便會減少，顛覆政治秩序的想法就會受到約束。經過六年的政治操作，倫敦才同意，在殖民地的治理上，問責政府（由得到過半數選票支持的部長組成的內閣）是唯一的可行基礎。有多人理解到此憲政解決方案所具有的無限發展可能，其中包含愛國者黨的前領袖，路易—伊波利特·拉封丹（Louis-Hippolyte La Fontaine）。叛亂期間拉封丹人在國外。返國時，他把（因叛亂時不見蹤影而名聲受損的）[38]帕皮諾推到一旁，主張若欲保住法國文化，法裔加拿大人必須接受加拿大與英國的關係，並與上加拿大的親英改革黨合作，促成問責政府的誕生。[39]面對來自蒙特婁英裔的強烈敵意以及暗殺威脅（在他們眼中拉封丹仍是隱性革命分子），但得到某明智英國行政長官的支持，拉封丹使原本不支持他的愛國者黨轉而接受他的建議。他與上加拿大諸領袖的結盟，最終促成穩定議會制的問世。幾乎已遭今人遺忘的拉封丹，促使英裔、法裔和解，藉此打造出現代加拿大國並使本土自主、與英國維持關係得以並行不悖的問責政府。

加拿大這兩場叛亂之所以未走上南鄰美國那場大規模移居者叛亂的革命之路，有些原因不難點出。規模上有明顯差異。在這兩場叛亂裡，叛亂分子都未能聚集到足以令政府支持者心生畏懼的大批追隨者。兩者也都未能讓英國人像在列克辛頓那樣，早早便受到挫敗，意味著及早就取得振奮人心的勝利。親英傳統（數千親英分子於一七八三年逃離美國定居加拿大）和晚近來自英國的移民潮，抑制了麥肯錫所支持的本土至上論者的共和制。由於至今仍令魁北克歷史學家不解的某些原因，法裔加拿大人的反叛性格大致上只存在於以蒙特婁為中心的南方地區，亦即英裔上加拿大的親英民兵所易於抵達的地區。助長美國叛亂之勢的意識形態性信念，於此並未如此強烈或普及。儘管英國人擔心加拿大叛亂分子會得到足以使情勢翻轉的美國支持，事實上並未發生：外援因而是可略而忽視的因素。事實上，美國人積極防止武器流入加拿大。英國境內的政治氣氛也大不相同。令北美十三殖民地叛亂分子大為振奮的那種激進勢力的上揚，這時遠沒那麼顯著。對議會至高地位的堅持和對稅收的要求，也付諸闕如。倫敦派來處理這場危機的官員，包括達勒姆勛爵、西德納姆勛爵（Lord Sydenham）、查爾斯・巴蓋特（Charles Bagot）爵士、查爾斯・梅特凱爾夫（Charles Metcalfe）爵士，並非意見一致，然比起派去處理北美十三殖民地危機的前輩，他們有較多的操作空間，且手腕更是高明。結果就是使溫和派和改革派得以有寬廣的空間來找出折衷方案，打破僵局。拉封丹向世人證明，非英國人的民族能以「英國」的建制保住自己的民族認同——後來更成為印度人和非洲人熱中學習的一堂課。叛亂或許造就了美國；但選擇更細膩的一條路，叛亂也造就了加拿大。

印度大叛亂

一八五七年的印度叛亂，最初是軍隊譁變，後來卻成為政治地震。英國人耗費了六個月才控制住，歷經兩年多才平定。英國人動用了超過九萬的龐大本國兵力，大多自歐洲緊急調赴印度。這場叛亂可謂源於北印度，再擴及到比哈爾境內，以及本德爾肯德（Bundelkhand）境內，也就是中印度高地往平原下降之處。孟加拉早就出現警訊，只是當地一直很平靜，南方馬德拉斯管區亦然。真正的叛亂中心——決定勝負之處——位在印度斯坦：德里與勒克瑙之間的廣大恆河平原，包括多阿卜（Doab，朱木拿河與恆河之間地區）、奧德、羅希爾肯德（Rohilkhand，即羅希拉人／阿富汗人地區，羅希拉人自蒙兀兒時代就定居該地）。這是印度的農業腹地（早期印度總督韋爾茲利勛爵曾說多阿卜是「地球上最肥沃的地區之一」），過去蒙兀兒王朝的心臟地帶，印度過去的帝國中樞地區，印度伊斯蘭文化與印度教文化的中心。任何印度統治者都無法忽視它，或讓它落入敵人之手，因為後果將不堪設想。即使英國人自一八〇一年起，即占據該區域的旁遮普、奧德、占西（Jhansi）等三大重要地區，正式入主卻是不久的事。而且他們謹記，在北邊不遠處，就是他們與阿富汗接壤的邊地（吞併旁遮普後距阿富汗更近許多），那是一八三九至一八四二年他們三次入侵卻都鎩羽而歸的地方，時時縈繞心頭的隱患。

把這場叛亂視為各行其是的憤怒、痛恨、恐懼大聯盟，夾雜著盼望英國人消失而更古老的印度重現的心理，應該最為貼切。然倘使沒有一八五七年五月十日星期日，在德里北邊密拉特發生的那場最初的譁變，及其所引發的一連串事件，這場叛亂不可能開始。同樣的，這場譁變雖然令英國人震驚，並對英國的權威構成難以對付的挑戰，若非它有助於宣洩英國人統治所激起、鬱積印度人心中的恐懼、挫折、仇恨，其重要性會低上許多。因為英國人透過行動確立其支配權時，以粗暴手段，有時甚至殘暴的對待阻礙他們的人。身為擁有無堅不摧的軍力（大抵上由印度兵組成的英國孟加拉軍隊）的征服勢力，英國人著手改造北印度以遂行他們的帝國意圖。一八四九年，擊敗北印度殘餘的本土勢力旁遮普的錫克帝國之後，他們即於一八五三年運用「無嗣失權」（lapse）原則（土邦主無直系後裔繼承其王位時，土邦即自動由東印度公司吞併），[40]接管占西這個重要的土邦。在大叛亂爆發前夕，英國人粗暴併吞了奧德王國。奧德王國的首府勒克瑙，乃是印度最大的內陸城市，與德里並列印度伊斯蘭文明兩大中心。[41]他們刪掉最後一任白什瓦（peshwa）的繼承人納納・薩赫卜（Nana Saheb）大半養老金，令他十分不滿（白什瓦是世襲的頭銜、馬拉塔聯盟的召集人，馬拉塔聯盟則是曾與英國人分庭抗禮的印度最大勢力）。納納・薩赫卜在距坎普爾（Cawnpore）約二十二公里處的比圖爾（Bithur）古城，保有一徒具形式的影子王廷，他的代理人則被英國人懷疑經常在陰謀策畫推翻英國人統治。[42]德里蒙兀兒皇帝原被英國人視為名義上的最高統治者（東印度公司是其封臣），受到英國人形式上的尊敬，此時的處境卻愈來愈像領養老人年金等死之人。在某些穆斯林烏里瑪（即學者）眼中，伊斯蘭有被狂熱佛朗機人（Faranghi，即新教基督徒「歐洲人」）消滅之虞。事實上，某些英國官員和軍人展露出的福音派傳教熱情，已令印度教徒和穆斯林感到驚憂，而這股熱情所帶來的威脅，將一再出現於叛亂分子的宣告中。或許最重要的，導致引爆叛亂的民怨擴大且加深者，乃是英國人為了更易於將擁有「收稅權」（代表國家收稅，再將一定比例的稅收繳給英國統治當局之稅務官的權利）卻未如期上繳稅款者趕離其住地，而試圖將徵收土地稅的制度標準化的舉動。實際的影響參差不齊，且不能下定論利益受損就是反叛的肇因。有些被課以最高稅率者，仍然忠誠或消極以對；有些在農業商業化和糖、鴉片、靛藍貿易量的激增中受衝擊最輕微者，卻起而叛亂。「缺水」地區的民怨高於有灌溉設施的地區。在原由所謂「村子兄弟會」（village brotherhood，支配性的階級群體）掌握收稅權，後來卻失去該權的地方，被迫回去當個純粹的耕種者一事，不只使人失去收入，也失去地位和名譽。[43] 但誠如後面會提到的，不久後，還會有其他因素引燃農村叛亂。

印度兵唯恐裝彈前必須咬破的紙製彈藥殼末端塗抹的豬油製或牛油製防潮油會觸犯其宗教禁忌一事，究竟對東印度公司孟加拉軍隊譁變起多大的觸發作用，或許永遠不得而知。然這一憂心的確為人利用來鼓動那些本來就很想造反者心一橫揭竿而起。到了一八五七年，孟加拉七十四個本土步兵團都對英國人非常不滿。薪餉低、津貼消失、得不到掠奪品和戰利品、一八五六年要求所有士兵都得出征海外的「全面應募令」（照當地傳統，高階印度教徒不得出海到異地），都是造成不滿的原因。[44] 吞併奧德王國一事，則令大批從該王國徵募來而今失去某些特權的士兵非常失望。更為深層的原因，可能出自這支軍隊過去主要是從高階印度教徒（婆羅門和拉其普特

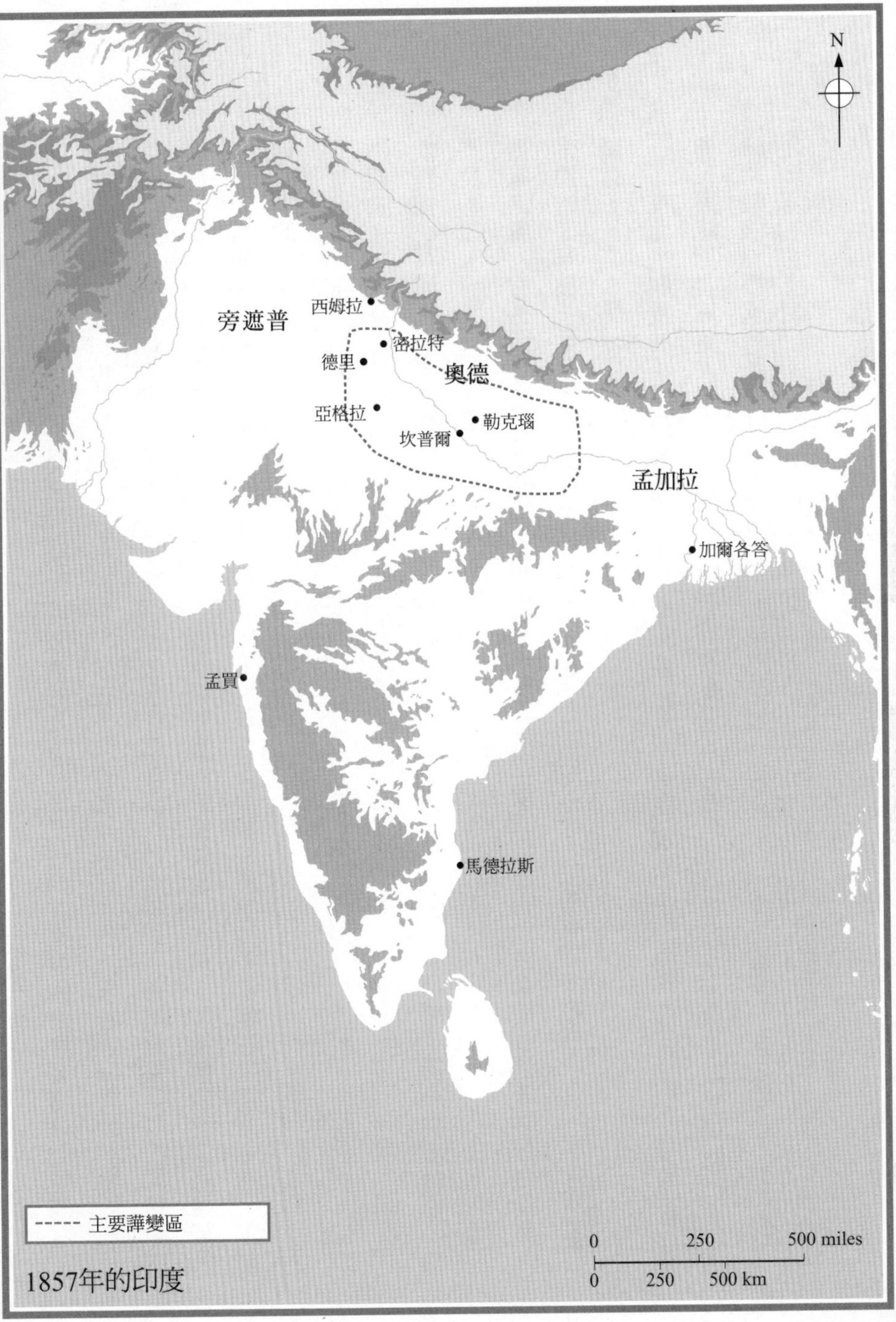
N
旁遮普
西姆拉
密拉特
德里
奧德
亞格拉
勒克瑙
坎普爾
孟加拉
加爾各答
孟買
馬德拉斯
----- 主要譁變區
0
250
500 miles
0
250
500 km
1857年的印度

人）召募士兵而來。他們厭惡較低階印度教徒的入伍稀釋了他們在軍中的份量，痛恨對他們地位的威脅，擔心任何可能觸犯宗教禁忌的事。早在一八五七年一月，便出現普遍騷動的跡象。三月下旬，屬於婆羅門的印度兵蒙古爾．潘迪（Mungul Pandy），在加爾各答附近某兵營的同袍旁觀下，攻擊其白人軍官長官。事後蒙古爾．潘迪遭吊死。在這同時，英國人開始解散有二心嫌疑的本土步兵團。加爾各答的白人愈來愈緊張不安。但當暴亂最終發生時，卻是在遙遠的北邊——德里附近的密拉特。

導火線是八十五名士兵擔心塗了動物油的紙製彈藥包觸犯禁忌而不願參加射擊訓練。他們遭判處十年苦役，且在同袍面前、在大批英國軍隊的槍口瞄準下，被扣上鐐銬。隔天，印度兵或許擔心英國人前來將他們繳械，解散他們的步兵團，於是先發制人。趁著英國人尚未抵達，他們殺了四十一名白人（軍官、平民、婦女、小孩），然後往德里進發。不到幾天（這是令英國人震驚之處），北印度各地都出現同樣的情事。從（開伯爾山口邊的）白夏瓦這麼遙遠的地方，到南邊的印多爾（Indore），到東邊的迪納傑布爾（Dinajpur），都傳來許多殺害白人、軍隊譁變的消息。

在此，關鍵的一點是譁變的規模。印度兵在四十多處軍事基地叛變。總計約有七萬士兵譁變，可能另有三萬人逃兵。[45]幾個因素促成動亂擴大。或許有陰謀存在，只是缺乏證據。[46]不滿情緒最強烈者或許是印度籍下層軍官，即蘇巴達爾（subadar）、傑瑪達爾（jemadar）。他們底下的士兵往往召募自其鄰人、親族，而他們對士兵的掌握，通常比英籍軍官更高。當時有一普遍的抱怨，批評白人軍官懶散，鎮不住部隊裡的士兵。[47]但害怕似乎也有可能是促成動亂擴大的因素。一旦暴發譁變，就沒有回頭路。任何印度兵只要涉入，不管涉入多輕微，都別指望事後得到寬貸。只要有一絲嫌疑，印度兵所屬的團便遭解散，也就失去生計。如果附近有英軍部隊，他的下場很快就會分曉：如果沒死於槍林彈雨，接下來可能會被吊死，或被施以砲刑（把人綁在砲口，然後開砲轟碎。此為蒙兀兒王朝舊刑罰，英國人予以沿用）。加爾各答《英格蘭人報》（*Englishman*）於一八五七年六月報導，「騷動很大、非常大一部分源於印度兵方面一種模糊的擔憂。他們知道已有許多同袍表態加入造反，而且他們害怕政府報復。」[48]基於無情的利害考量，印度兵若要免遭懲罰，最妥當的辦法就是殺掉可能作出不利於他們的證詞的所有白人。即使是把白人活捉關起來，都令他們惴惴不安的擔心英國人可能回來。因此，殘酷的殺戮肇因於一種本能的認定，即若不把英國人消滅殆盡，不留下任何痕跡，英國人會回來報仇這種認定（叛亂分子普遍掛在嘴上的一句話，就是英國人絕不會忘記或饒恕）。一八五七年七月，沙哈蘭普爾（**Saharanpur**）的治安官報告道，「凡是與我們有關係的……建築」，都「被燒掉、拆掉。」[49]但接下來發生的事，才是使軍隊譁變成叛亂的轉折點。

譁變的後果是摧毀掉英國人藉以遂行其強制作為的基礎設施，於是，不可避免的，地方權貴開始投入反英陣營，一反地方權貴被拉入英國統治體系的趨勢。兩個結果迅即出現。首先，不滿英國人統治且具有有組織之部眾的地方權勢人物，得以擺脫束縛。具領袖魅力的占西王妃（**Rani of Jhansi**），在四年前夫君去逝時，被英國人拿掉其王妃之位，因此當占西守軍譁變，她迅即受到擁戴，成為占西統治者。她可能有意和白什瓦「繼承人」納納．薩赫卜共創大業，重建舊體制。「這些英國人是人間宗教的腐化者」，她在其聲明中如此宣告。[50]當坎普爾的英國人求納納出兵助他們平定譁變的守軍時，納納的機會到來。最初他抱持騎牆態度，然當印度兵往德里進發時，納納和其副手坦提亞．托皮（Tantia Topi）說服他們回頭，隨後將他們納入麾下。[51]奧德一地的大領主（Taluqdar），得知英國人開始行動時，覺得情勢恐怕不利於己，於是召集隨從，接管勒克瑙。奧德國王被拉回去重登王位。在與此同時，在已有密拉特印度兵進抵的德里，蒙兀兒王朝末代皇帝回到他的舊皇宮，被奉為合法的最高統治者（儘管並不具實權）。遼闊的北印度大地上，舊體制漸漸復辟。納納於一八五七年八月拜訪（從坎普爾過來不遠的）勒克瑙時，提醒他的東道主，他的身分地位需要以二十一響禮炮相迎。[52]結果無可奈何的接受了十一響的歡迎。

第二個結果令英國人更是不安。他們或許覺得土邦主成不了什麼大亂子，但大規模農民叛亂則絕不能等閒視之。最有可能引發這一大叛亂的因素，乃是英國人要離開、英國人統治已瓦解這種消息或傳言。地主，亦即地區裡的頭面人物，也可能是影響大局的重要因素。面對情勢丕變，他們得決定要站在哪一邊。哪個地方出現譁變印度兵，那地方的均勢即改觀。即使譁變印度兵還未出現，英國官員仍迅即退至最近的據點。農民湧進城裡或地區總部，有時是為了洗劫（英語裡指稱洗劫的詞，loot，源自印度次大陸的烏爾都語），但通常是為了燒掉藏有稅收紀錄和應稅額文件的政府行政機關。一如在這百年前的英國歷史學家，英國人困惑不解於這種農村叛亂模式。一夜之間情勢淪為暴力混亂、自己和家人突然受到人身威脅、焦慮不安無法確定誰可靠誰不可靠

（造成災難的常見原因之一），使英國人絕望萬分。雪上加霜的是，火器仍捶手可得：農村社會還未肅清武器。「武裝人口……至少三百萬，」《印度之友》（*Friend of India*）忿忿宣布。他們是「印度的武裝壞蛋」。[53]或許同樣令英國人感到不解的，乃是從加爾各答綿延到白夏瓦，貫穿某些最嚴重叛亂地區的「主幹道」（Great Trunk Road，英國統治當局賴以快速調動部隊的主要幹道）仍然暢通，附近的居民盡皆悄悄逃走了。或許，這條路就是英國人曾擁有支配地位的象徵，也是英國人一旦試圖報復，可能的首要攻擊之處。

對英國人來說，最要緊的乃是控制住叛亂，使其不致擴大。在印度斯坦心臟地帶的許多地方，他們勝算不大。但在旁遮普，他們靠電報預先收到警訊，大可好整以暇、又快又狠的對付叛亂者。這是晚近才征服的省，而且其與阿富汗接壤的地區有安全威脅，因此，叛亂爆發之際，英國的白人部隊大多仍留在該省，也就成為英國人平亂時的優勢。儘管如此，為了將他們的印度營繳械、解散，仍造成許多死傷。在白夏瓦，約四十名譁變士兵遭施以砲刑，熏黑的頭落在圍觀的群眾上。[54]這殘忍的公開行刑帶來莫大效益。英國人得以透過旁遮普的部落酋長募集到一支龐大的「非正規」武力。他們就用這支軍隊（連同他們從密拉特等地派來的殘餘部隊）圍攻德里，即他們眼中印度叛亂的首要亂源和中心。

那變成一場殘酷的肉搏戰。因為有些時候，實際被圍者是高踞在德里嶺（Ridge）上的英國人自己。隨著來自旁遮普的那支縱隊到來，情勢逆轉。縱隊指揮官是惡名昭彰的約翰・尼可森（John Nicholson），胸部厚實發達，具領袖魅力（有人說精神變態）的都柏林出生福音會教徒。

九月上旬英國集結了重炮，自此隨時可以利用砲火強攻入這座築有防禦工事的城市。可惜攻破城門，進入彎彎曲曲的小徑，他們隨即碰上軍隊所最恐懼的巷戰。年輕的威廉・霍德森（William Hodson）寫道，「活到這麼大，我第一次看到英國士兵一再拒絕隨軍官腳步前進。」[55]或許運氣好，後來印度兵不再反抗，棄城而去。末代蒙兀兒皇帝落入英國人之手。他的幾個兒子帶著護衛隊逃走，但還是被追捕的英國人趕上射殺。英國人似乎打定主意不留活口，以斷絕蒙兀兒皇朝的香火，多數廷臣亦於不久後遭吊死。[56]英國人放任士兵在德里城殺戮、劫掠。光是在某一區，英國部隊為替戰死的同袍報仇，就殺了約一千四百人。強攻的部隊，到了晚上約有三分之一喪命：約六百名英國軍士官兵（包括約翰・尼可森）和近五百名效忠英國的印度士兵。

若說英國人這時希望叛亂平息，那他們將徹底失望。他們攻打德里時，叛亂已擴大且加劇。欲將貝拿勒斯（瓦拉納西）的印度兵部隊繳械並不順利，且引發嚴重後果。英國人壓制他們的反抗，吊死譁變者，然這消息在阿拉哈巴德（Allahabad）這個位於朱木拿河與恆河交會處、戰略位置重要的河邊城市竟引發暴力騷亂，該地一些白人遇害。英國人於六月十七日趕到該城，施予殘酷懲罰。數百人遭吊死，加上數千人於接下來的肅清行動中喪命：可能共六千人。[57]在其上游處的坎普爾，英國駐軍已向納納・薩赫卜和其印度兵部隊投降。但這支英國軍隊於混亂中乘船欲往下游離去時遭開槍阻攔。隨即便是一場屠殺，然後是更為惡名昭彰的一件暴行：兩百名英國婦女小孩被殺，屍體被丟進某井裡。英國人悲憤的報仇情緒，因這場慘劇而更為熾烈。在這同時，在這場屠戮中親自下手殺人的納納・薩赫卜已於七月上旬自封為白什瓦，顯然有意重振馬拉塔聯盟的聲威。在西邊約一百六十公里處的瓜廖爾（Gwalior），軍隊譁變為叛亂陣營注入一股新力量。

英國人此刻面臨兩難困境。雖然收復位於平原區一頭的德里和位於另一頭的阿拉哈巴德，卻面對從北邊的羅希爾肯德到南邊的本德爾肯德這一大片的叛亂區。他們沒有軍力來收復這片地區：來自英國的增援部隊仍在繞過好望角而來的漫長航行途中。但他們得在增援部隊可派上用場前，守住北印度。一旦放棄北印度，叛軍的決心可能更堅定，新政權可能因此產生。基於政治考量，收復這片叛亂區的兩大主要城市坎普爾和勒克瑙，非但刻不容緩且攸關平亂的成敗。他們也不能讓在叛亂區孤軍奮戰的英國反抗部隊自生自滅。例如在亞格拉，英國人堅守不退，對叛軍所控制的村子發動武裝突擊，卻與其他地方的友軍幾無聯繫。於是，一八五七年七月，由亨利・海夫拉克（Henry Havelock）爵士將軍率領的一小股軍隊打進坎普爾。可惜這支軍隊對該城的掌控並不穩固，第一次攻打勒克瑙無攻而返。直到十一月，他們才救出位於印度總督特派代表官邸的英國人（困守該地的英國人堆書當沙包，一百二十頁厚的《拉德納氏百科全書》可擋住一發滑膛槍彈丸）。[58]又過了四個月，他們才收復勒克瑙。而他們在時機尚未成熟下倉促返回，反倒使叛亂範圍日益擴大。收復坎普爾六個月後，加爾各答總督向倫敦報告，「整個『中多阿卜』區（附近的地區）比以往更徹底為敵人所控制……已有數日未有來自亞格拉的消息。」[59]即使在他們有能力打敗印度兵部隊或取得某城市時，他們都缺乏資源來徹底擊潰面對的敵軍或搜捕叛亂分子。印度兵或消失於鄉間，或返回村落，或組成某地方統治者之在地軍隊的「側翼部隊」。英國人還能怎麼辦？

面對兩難困境的不只英國人。英國人失去對一地的統治（有時為期六個月或一年，在較難進入區域，則為期更久許多）而由印度兵部隊入主後，該地的政治局面即改觀。某英國官員報告，叛軍領袖出現時，「行事一點也不急躁，而是非常有計畫有步驟。他們以信件逐村召喚地主來見，要他們順服，獻上貢品。」不從的話，就派武裝人員過去。[60]當地精英可能會希望以叛軍領袖為中心打造一權力基礎，或可能會因他們的存在嚇得不敢不從。不管基於前述哪種情況，這些精英都很可能會被記上「不忠」於英國人的污點。這不只是貼標籤，甚至是生死攸關的事。英國人回到某地區時，也找上該地地主，要他們重申效忠之意。但沒有哪個地主有把握，一旦向英國人輸誠，他的表態效忠便會被當真。如果英國人相信他曾不忠於英國，或者英國人的間諜向他們如此密告，或者他的敵人如此聲稱，那他可能還來不及著手自保便慘遭吊死。[61]坎普爾城落入叛軍之手時，該城的印度籍副治安官仍堅守崗位。英國人回來時，他立即被吊死。戒嚴是英國人回來後的法寶，報仇是他們的心情；吊死則是未經陪審團聽審的即決審判的預設判決。有許多害怕、厭惡印度兵部隊入主的人，更害怕東印度公司收復他們地區後，他們可能遭到的不光彩下場。但不理會東印度公司統治當局的召喚，（在英國人眼中）無異於明確供認有罪。一旦英國人得以此向人治罪，就會這麼做。

德里、坎普爾、勒克瑙落入英國人之手，使原本渺茫的建立單一叛亂政權的前景就此破滅，前述可悲的兩難困境，隨之左右了這場叛亂的整個進程。這不是場包圍、平定某個範圍明確之叛亂區的綏靖行動，反而像是場戰爭。實際上，英國人認為每個人都與他們為敵。「由於這場叛亂的全面性和不可能辦認出主要叛亂分子，或不可能讓他們痛切體認到自己的罪行，治安官建議燒毀叛亂分子所出身的所有村落。」[62]「凡是拿得動武器的男子，全部予以槍殺或砍死，他們的房子則放火燒掉，」[63]英國非正規軍部隊「卡基騎兵隊」（Khaki Ressala）的某個成員如此憶道。戰俘遭處死。結果往往是促使農村居民合力防止英國人不分青紅皂白的燒殺，在主要城鎮已被英國人收復許久之後，仍在農村地區合力抗英。事實上，英國軍隊一路挺進時，在路邊吊死的數百個印度人，連許多英國觀察家看了都備感驚愕且痛惡。

時序進入一八五八年後，英國人在收復被叛軍盤據的城市上迭有進步：一八五八年一月法魯卡巴德（Farrukhabad）、三月勒克瑙、四月占西（五千人喪命於此城）、五月巴雷利（Bareilly）、六月瓜廖爾。占西王妃死於瓜廖爾；納納．薩赫卜和坦提亞．托皮則退入鄉間，繼續抗英。被趕出勒克瑙的印度兵，零散退入奧德以重整旗鼓兼保命。由於英國人緊追不捨，他們和當地的大領主明知勝算不大仍拚死頑抗（大領主的要塞有密不透風的竹叢圍繞）。一名英國軍官抱怨道，到一八五八年十月，奧德只有四分之一地區歸服，英國人的警察派出所仍在叛軍手裡。[64]在埃塔瓦（Etawh）的平原區南緣以及本德爾肯德高地，戰事持續到隔年。哈米爾普爾（Hamirpur）的治安官於一八五九年七月報告，「仍有數百叛亂分子未放下武器……」[65]納納．薩赫卜遁入喜馬拉雅山腳下由叢林和沼澤構成的尼泊爾泰萊（Terai）地區，據認死於該地。塔提亞．托皮運氣沒那麼好：被英國人抓住吊死。一八五九年七月，印度總督宣布進入「和平狀態」。叛亂漸漸平息。叛亂完全結束時，英國人有兩千人左右戰死，將近九千人病死。印度人

（包括軍民）死亡人數將永遠不得而知，但肯定超過十萬。

英國人憑什麼能夠平定這場叛亂？從軍事的角度看，只要捱過叛亂的第一階段且集結起旁遮普人和廓爾喀人，英國人仍是一股難以消滅的力量。他們配備恩費爾德（Enfield）步槍和火砲，火力勝過印度兵部隊。印度兵作戰英勇且的確善於防守，但英國部隊不斷展現出猛烈的主動出擊作風，雖居於劣勢仍克敵致勝。標舉不怕死精神的英國軍官榮譽規章，要求軍官展現過人的英勇（至今尚未得到探明的一個社會現象）可能是一重要因素：在德里攻城戰中半數英國軍官戰死。[66]叛軍則苦於缺乏有組織的領導階層。從政治的角度看，英國大軍的重返，恢復了有利於英國的恐怖平衡，修正了使英國在印統治陷入險境的強制順從、拉攏當地人合作這兩種作法間的「失衡」。

因此，不能把這場印度叛亂視為印度獨立戰爭：它缺乏組織、意識形態、民眾團結一致，沒有外國友人，且局限於北印度。若沒有孟加拉本土軍隊——一個日益沒落且充滿怨恨的尚武農民精英階層——的特有特色，也不可能爆發。就連在北印度，叛亂的程度亦有所不同。許多印度人把叛亂斥為危險且徒勞；有更多印度人，若非因為仍效忠英國，否則將性命不保，大概也會這麼認為。英國人試圖先發制人阻止叛亂發生，卻往往採取了只會引爆叛亂的行動——在其他地方屢見不鮮的一種模式。他們所引發的報復戰，反倒強化叛亂分子的反抗意志，從而使叛亂拖得更久。基於這幾種原因，要釐清叛亂分子和親英分子各自的動機恐怕不易。有些叛亂分子被吊死時辯說自己無辜，認定自己是客觀情勢、他人惡意或英國人不辨事非的受害者。印度人的支持，對英國人助益甚大，且英國人自己往往靠印度人的英勇和善意而活命。較明事理的英國官員極力為某些有關印度兵暴行的卑劣謠言闢謠。亞格拉的情報部門首長寫道，白人婦女遭姦之事絕非事實。[67]事實上，他們不久便憂心，英國人的報復行動，會使他們的工作在暴亂平息後更難推動。

一如預料，如此大規模的叛亂留下極大的傷疤。一八五八年十一月，英國維多利亞女王的公告，以英國君主正式從受到唾棄的東印度公司手中直接管轄印度為題，談及和解，並保證平等對待各宗教和種族。但從許多方面來看，英國人已執行了對印度的第二次征服，且留下具體可見的痕跡。德里的穆斯林居民遭逐出該城。勒克瑙部分城區遭夷平，重建為寬闊的林蔭大道——和更無阻礙的射擊線。[68]坎普爾那座填了許多英國人屍體的井，變成緬懷之地和烈士殉難地，藉此提醒在印度的英國人，族群團結休戚與共是最高價值。從政治上看，這場叛亂使英國人相信，應該與各土邦主修好，讓鄉村精英放心，並強調他們統治作為的「東方」精神和「傳統」精神。於是，而有英國女王成為「印度女皇」，她的印度子民在迪士尼動畫場景般的德里盛大慶典裡向她致敬效忠，這類令人備感忸怩的象徵性儀式。幾乎所有印度人都體認到的教訓，乃是用武力攻擊英國人只會帶來禍殃。一八八五年印度國大黨成立時，其領袖一再強調自身對英國的忠誠，強調他們痛惡暴力。

軍事方面的影響也非常大。英國人解散舊孟加拉軍隊的殘部，包括其數個白人團（其中有些團被併入母國的英軍）。英國人重新組建的印度軍隊規模變小，且幾乎召募自忠於英國的旁遮普人和吃苦耐勞的山居民族，亦即所謂的「尚武種族」（martial races）。反叛的北印度平原高種姓地位農民被刻意拒於軍隊門外。英國人訂下一則鐵律，即不管英國的印度軍隊兵力多寡，其與純英國兵駐軍的比例，都絕不可超過二比一——一個確保安全的政策，而養兵成本則由所有印度納稅人負擔。最後，在心理上也留下極大影響。一名英國官員憶及他小時候的一件事。當時，坎普爾的印度商人簽了一份商業請願書，呈給英國專員，專員向帶頭署名者說：「譁變期間，我遇過你的父親：他是本該吊死的人之一」：意涵不言而喻。[69]眾簽署人慌忙縮手，請願胎死腹中。英國人的統治最終憑藉武力（或威脅使用武力），英國人的戒備絕不可能撤掉，這幾乎已是老生常談。或許，這一「譁變」精神的最後一次展現，出現在一九一九年四月的阿姆利則，當時戴爾將軍統率的（印度籍）士兵，於五名白人在該城遇害後，射殺了將近四百名手無寸鐵的示威者。此事讓戴爾感到顏面盡失。但對在印的許多英國人來說，他卻是使一場新譁變消弭於無形的英雄。[70]

叛亂分子與移居者

反英叛亂讓印度人付出慘痛代價，卻未使印度人全面屈服、一無所有，因為英國人人數太少，需要與印度人合作才能治理這個廣土眾民的國度。其他殖民地的原住民就沒這麼幸運擁有這樣的客觀條件，致使其對移居者國家與移居者族群的反抗與叛亂，也就相對危險。移居者有更強烈的動機來徹底擊敗叛亂勢力以要求完全屈服。他們較不需要倚賴當地權力掮客，較不需要滿足權力掮客的要求——或者說他們這麼認為。移居者的橋頭堡一旦達到足夠的規模，移居者的心態便跨過某個心理門檻。他們所占據的土地，自此成為家園（即使還不是故土），自此是，或應該是，白人的國度，而此一國度裡的原住民，在最好的情況下是可資利用的資源，在最壞的情況下則是該消滅的威脅。結果就是出現在道德認知上一個極其重要的轉變：原本可能被認為是原住民權利的東西，被重新認定為多餘社會的野蠻遺風。事過境遷這麼多年以後，今人輕易便譴責這一轉變，並認為如果自己置身於當下，必定不會屈服於這一道德誘惑。

這一鬥爭的跡象，可見於十九世紀大英帝國的所有移居邊疆區：加拿大、澳洲、紐西蘭、南非。在加拿大，衝突的可能性因當地原住民的人口稀少（白人帶入的疾病是人口稀少的肇因之一）[71]以及照章辦事的土地購買而降低；但絕非就此完全避掉，里耶爾叛亂即為明證。在澳洲，移居者對原住民的攻擊，有許多是局限於一隅的、非正式的，且（在動用到有組織之殺戮的地方）刻意不對外聲張，只有在塔斯馬尼亞島例外。在該島，移居者民兵和部隊刻意的征伐，迫使島上原住民於一八三〇年後被流放離島，多人死於流放地。[72]原住民沒有土地所有權，因外來疾病肆虐而人口減少，且無法進行大規模反抗，以致鮮少選擇走上真正的叛亂一途（打破移居者的支配或公開否定移居者的土地所有權）。在紐西蘭和南非，則絕非如此。

藉由一八四〇年的懷唐伊條約，英國人將整個紐西蘭納入管轄。北島、南島的毛利人酋長均同意該條約含糊的條款，因此，在英國人眼中，毛利人是英國的子民，得效忠英國國王、遵守英國法律。即使法條嚴格，實際執行卻相對鬆散。英國人放任毛利人自行解決內部紛爭，只要這些紛爭未傷害英國移居者或與英國人所定法律嚴重牴觸。實際上，所有人心照不宣有兩個紐西蘭的存在，一是毛利人的紐西蘭，一是白人的紐西蘭，兩者由殖民地行政長官對毛利人酋長的管轄權和對移居者政治人物的管轄權而結合在一塊。對於毛利人抗命不從的表現，英國人的回應非常務實：實力不足時即睜隻眼閉隻眼。但一八六〇年時，這一「有限責任」（limited liability）作法，已因為兩個因素而相形左支右絀。首先，移居者社會內部要求部落民眾賣出更多土地的聲浪升高，而部落民眾的土地所有權受到懷唐伊條約的明定保障。根據條約規定，部落民眾的土地得先賣給殖民地當局，再轉賣給移居者。再者，有些毛利人領袖日益憂心，土地的喪失會迅即造成社會、文化的瓦解。

接下來的發展，乃是陷入僵局，隨後猛然爆發嚴重的政治騷亂。在北島某些地區，毛利人開始向那些願意將地賣給白人的同胞施壓。所謂的「國王擁立運動」，說明了毛利人的一種心聲，即毛利人需要更大的政治發言權，以使他們的想法為紐西蘭總督所聽到，得以和移居者議會和移居者喧嚷報紙的咆哮相抗衡。倫敦的帝國政府冷靜看待這一新的毛利人政治主張。這時已享有很大程度自治的移居者則非如此。就他們觀點而言，允許一個（以他們所認為的威嚇手段）阻止毛利人賣地的政治運動存在，將導致建立獨立生存之移居者社會的希望落空，殖民地因而退回準部落式的經濟。他們堅稱，陰謀阻止自由賣地，乃是叛亂行為。

一八六〇年後那十年，北島數大塊地區，包括塔拉納基（Taranaki）、懷卡托（Waikato）、普倫提灣（Bay of Plenty）、東岸，大半時期為「蕨中火」（fire in the fern）所吞沒，即「叛亂」

的毛利人和英國人（移居者民兵和正規軍）、英國的毛利人盟友（kupapa）之間的戰爭。不管在哪個地區，只要在鬥爭中占上風，移居者總有一套簡單且為自己利益服務的邏輯。陰謀反對土地自由販賣，乃是叛亂行為。叛亂的懲罰有數種，其中之一是沒收土地。能夠證明自己未叛亂者，（幸運的話）事後或許能索賠。沒收的土地可能被政府賣掉，以彌補平亂的開銷，滿足移居者的土地欲。一八六三年的平亂法（Suppression of Rebellion Act）為此提供了法律機制。[73]大規模沒收代表衝突的結束，而衝突結束後，大規模沒收並未停止。六十年後，有司法委員會斷定：「土著還未從事任何叛亂，即被視為叛亂分子，我們便向他們宣戰，在這種情況下，他們除了自衛而戰，別無選擇。」[74]

以武力為後盾，嚴重偏袒一方的無情作為，清楚表明了移居者的意圖。但毛利人未遭致恣意妄為的移居者所能加諸的最悲慘下場。他們保有相當多的土地和憲法所明訂在移居者議會裡的發言權。他們大致上免於受到在其他白人拓殖地區裡移居者政治人物對待原住民的種族歧視。移居者的「溫和」作法反映了紐西蘭的客觀情勢。強徵毛利人勞役的需求不大。位在偏遠中央高地（「國王之地」）和東角（East Cape）的毛利人土地，此刻對白人來說仍不具吸引力。沒收土地加諸於政府的負擔，可能使政府面臨破產之際，沒收程序即完全停止。[75]沒收土地可能催生出鋌而走險的毛利人反抗和更多的「蕨中火」。毛利人本身則生起難以言傳的感受。懷唐伊條約所明訂的毛利人權利和他們向英國國王提出的要求，都是英國人所無法拒絕的。而毛利人似乎注定走上人口銳減、終至絕種一事，使英國人較願意忍受前述權利和要求。有些白人被這些現已構不成傷害的歷史殘餘民族所提出的感性訴求打動。毛利人變得有趣。

與殖民時期的紐西蘭不同，南非則是個遼闊、不平靜且最高統治權的行使斷斷續續又受到質疑的一塊次大陸。一八三〇年代晚期離開英國人所統治之開普殖民地的布耳人，輾轉來到內陸地區建立了征服國家，而在該內陸地區，非洲本土諸政治實體已因原住民諸族群自相殘殺的戰爭（Mfecane）而一蹶不振。布耳人不接受英國人統治，不願向他們效忠。他們奪取非洲人的土地，要求非洲人勞動，試圖限制非洲人取得槍枝的管道。他們對英國傳教士猜疑最深，把大衛・李文斯頓（維多利亞時代新教的道德完人）斥為帶來禍害的軍火走私客（李文斯頓本人未否認這指控）。[76]但從一八四〇年代到一八八〇年代，布耳人的擴張在步步為營的考量下放慢腳步。他們所建立的主要國家——倉促建立的「南非共和國」，缺足資金和火力來對其非洲鄰邦，即東邊的佩迪（Pedi）、史瓦濟（Swazi）、祖魯，北邊的恩德比利，西邊的札納（Tswana），施行有效的控制。把布耳人擴張所產生的普遍暴力稱作對抗，而非叛亂，會比較貼切。

在開普殖民地的東邊疆和在英屬納塔爾，叛亂的因與果相對明確。在後來成為特蘭斯凱的那個地區所發生的最後一場大叛亂，約三千五百名科薩人遭英國人殺害，他們的牛遭奪走，大批倖存的成年人被送到開普殖民地當契約工。此一暴力衝突發軔於因較古老的土地所有權遭征服或沒收而擠居在一塊的兩個族群之間。對槍枝取得管道的控制，乃是造成情勢緊張的主要原因之一。一八七三年，納塔爾殖民地當局命令境內酋長朗加利貝萊萊（Langalibelele），登記其部落民所擁有的火器，朗加利貝萊萊不從，且羞辱奉派前來向他提醒此事的信使。殖民地當局宣布戒嚴，移居者召集其民兵部隊。部落擔心不測，逃離其領地，不久後便與白人部隊衝突，造成數名白人喪命。移居者的民兵部隊報復，於是燒、殺、偷牛，情勢失控。朗加利貝萊萊本人被以叛亂罪押上法庭，接受土著法審判。喬裝為「最高酋長」的殖民地行政長官，在他草坪上的帳篷裡主持審判，有時戴上他的頭盔，有時戴上插了一根羽毛的頭環，上演一齣滑稽可笑的審判劇。[77] 法官、檢方、陪審團開會決議被告是否有罪，以節省成本。但令人訝異的是，這名酋長雖被判永久監禁於羅本島（Robben Island）但不久後，就被倫敦政府以逾越行政長官權限的理由駁回判決。

納塔爾的歷史戳破英國人對待非洲人比對待布耳人更和善、更開明的流行迷思。英國政府於一八九三年授予納塔爾（移居者）自治。該殖民地的白人居民（一八九一年時約四萬六千人，一九〇四年時九萬七千人），絕大多數是英裔。[78] 但這個殖民地的發展前景，受制於對非洲人叛亂根深柢固的憂懼和北邊祖魯國投下的長長陰影。祖魯王國於一八七九年的英國、祖魯戰爭後遭滅，一八九七年，倫敦終於允許納塔爾殖民地吞併該王國殘餘的土地。兩年後，殖民地捲入一八九九至一九〇二年的南非戰爭。這場戰爭之後，接下來的經濟蕭條期間，麻煩開始出現。

禍因出在課稅。移居者政府決定對非洲成年男子課徵人頭稅，以重振其殘破的財政。白人認為，土著天生懶惰，雇主則為勞力不足叫苦連天。人頭稅便逼失業者不得不工作。各部落的酋長必須把所有應繳稅者的名單呈報治安官辦公室。想當然耳，此規定極不得人心，酋長想方設法搪塞，而這些酋長聚在一起時，他們的作為不會令殖民地官員放心。接下來發生的事，則導致民怨變為叛亂。

一九〇六年間，在納塔爾境內三個地區，拒繳人頭稅一事造成對抗和特別嚴重的暴力。這一年前幾個月，在距殖民地首府不遠處，兩名警員命喪於鬥毆。於是，殖民地內閣動員移居者民兵的「戰鬥部隊」（field force），其策略很簡單，以整齊步伐穿過有叛亂之虞的地區，藉以展現武力，要求順服（一張當時的照片呈現出民兵部隊排列於山丘上，前面架著一挺機槍，正對面是一名酋長和其部眾，一面巨幅英國國旗飄揚於部隊上方）。[79]一旦途經到居民已頗為明智的躲避起來的村子，即沒收村民的牛，燒毀全村。由於未遭遇抵抗，這支縱隊解散。同時，在更北邊祖魯蘭的邊緣地帶，一名酋長因涉嫌拒繳人頭稅遭罷黜。這人是班巴薩（Bambatha）。班巴薩雖躲過奉派前來逮捕他的部隊，並逃進森林，卻開始對繼任酋長展開游擊戰。這支戰鬥部隊再度集結，使用同樣的招式，其火力和機動力賦予它極大優勢。六月十日，這支部隊在莫梅峽谷（Mome Gorge）困住班巴薩和其部眾。粗估有一千人死於砲彈碎片、子彈、刺刀。即使有人逃脫，也只是少數。但叛亂的第三階段於馬福穆洛（Maphumulo）地區展開。這地區距從沿海往內陸擴延的白人農場、種植園更近。在此，暴力的肇因，與其說是對人頭稅的厭惡，不如說是人頭稅的徵收方式。在居民眼中，白人騎兵每到一地，該地便會遭殃。沒收牛隻、隨意施暴（包括恣意殺人）、毆打、放火之事，經常可見。這引發的反應可想而知。非洲人一看到他們出現就逃走，並聚在一塊以互保。有些非洲人則想辦法報復。卻三名白人遇害之後，這一綏靖行動演變成戰爭。或許擔心最壞的情況，或許期盼更遠處祖魯人伸出援手，當地酋長與其部眾遷入灌木林，準備應戰。英國人的戰鬥部隊於七月上旬抵達，迅速解決叛亂分子：連續兩次交手，九百多名叛亂分子遇害。反抗勢力瓦解，接下來還得面對更多懲罰：掠奪牛隻、燒掉房舍、殺人、打人。一名官員報告，整個區域「被徹底摧毀、燒掉……黑色濃煙籠罩山谷達數哩遠。」[80]不久後來到此處的一隊美國傳教士形容道，「騎馬行經的馬路上，散布腐爛未埋的遇害者屍骸……死了好多人。」[81]納塔爾一地死了多少人已不得而知，但肯定達數千。

移居者以如此令人髮指且不分青紅皂白的施暴來回應，原因何在？白人的心態受制於一凌駕一切的恐懼。任何反抗行徑都被他們視為可能是全面叛亂的前奏，而在多事之秋的那一年，這種驚恐迅速蔓延殖民地全境。祖魯國已滅，移居者卻不時擔心祖魯人報復，始終嚴密監視祖魯國王。白人對非洲人的宗教和儀式猜忌深甚，不久便認定那具不良影響和不良意圖。他們揣想有一群「戰巫」（war doctor）在幕後指使叛亂。有名白人男子於馬福穆洛的暴力事件中遇害，遭肢解後的遺體被用來「增強」叛亂分子威力，移居者由此更加確信，他們面對的是個不值得同情且只識武力不識其他的野蠻敵人。篤信基督教的非洲人也未能免於這樣的認定。事實上，自成一體的非洲基督教教派，其教徒（亦即是所謂的「衣索匹亞人」）被英國人強烈懷疑支持叛亂，而這或許是因為非洲基督徒經常抒發不滿，並得到外界支持。約翰・巴肯（John Buchan）的《祭司王約翰》（*Prester John*）在此後不久出版，以小說形式生動描述了白人普遍抱持的此一看法。或許，最重要的，農業利益掛帥的白人移居者政府，深切認知到鄉村白人對「不可觸碰」之地位的需求。在許多白人心中，唯一的安全之道，乃是讓他們的非洲鄰居時刻體認到，只要出手反抗，必會招致可怕得無法想像的懲罰。

另一個因素是，白人雖有情報網可依恃，然在部落保留區，他們的有效控制出奇薄弱。一旦酋長不合作，他們想揪出麻煩製造者，幾乎也是束手無策。助長英國人採取最粗暴強制手段的因素，正是支配力上的這一缺陷。所有非洲人都被視為有罪。懲罰是集體受罰。由於正規的法律程序拖沓，易出意外，且較可能成為民怨的集中發洩地而未能發揮嚴正警告的作用，因此英國人偏愛極端手段。就是移居者強制手段所具備的這些特色，屢屢擴大叛亂範圍，使一時的騷亂演變為真正的叛亂。

第九章　皈依與文化

帝國史著作的切入點往往單一，即從帝國官員（或移居者）以行動確立其支配地位和原住民受壓迫經驗的面向來呈現。但誠如我們已了解的，這只是帝國史的局部。統治要能遂行，需要第二個面向：在幾乎所有例子裡，雙方最終都倚賴某種政治協議，或有時人稱「通敵政治」（collaborative politics）的合作方式：與入主的外族合作，使當地精英得以保住自身社會特權，助他們掌握將他們的地區與帝國統治緊緊相繫的縱向連結。也有許多階級、族群、部落、個人因擁有有利條件而能為殖民地政權效力，如當軍人、辦事員、警察、教師等，以獲取報酬。帝國的第三個面向則是經濟性、商業性的。帝國是為讓其「主人」——至少從理論上來說，是絕大部分英國人——獲益而存在。若說在母國的利益分配偏袒有權有勢者，在殖民地社會，帝國的經濟也創造出贏家和輸家：能從新貿易關係獲益者和被冷落一旁者或困於農奴般的處境無法翻身者。對許多「殖民地居民」來說，這一經濟面向（和其不可測的改變），最為重要。然帝國還有第四個面向，影響較不具體可見的一個面向。雖然其影響比某些面向更難具體衡量，但影響程度之大卻無分軒輊。

此第四個面向表現在思想上。當然，殖民地與宗主國的關係，有許多層面取決於統治者和被統治者如何「看待」那些層面。願意在政治上或經濟上與外來占領者合作，反映了對可能可走的路和那些路大概會有的代價的某種判斷，經過深思熟慮或直覺性的判斷。但大英帝國所仰仗的，不僅止於這些務實的算計。大英帝國投射出一種道德性、文化性權威，此權威沉默的向帝國子民訴說英國的價值觀、信念、建制、習慣，亦是他們評判這些所應依據的標準，且通常是其他所有這類文化概念所欠缺的。更深層的意涵，則是殖民地政權或「英國關聯」，未帶來壓迫或剝奪自由，反倒解脫束縛，賦予權力，帶來進步。反對殖民地政權或反對「英國關聯」者，不只令人厭煩，更是落後、愚蠢、無知之徒。他們的文明，即使不是在退化，也是停滯不前。更慘的是，「歷史」站在他們的對立面：他們的失敗乃勢所必然。

這一強勢自負的文化觀，被打造為體制，或許可以簡直視為某種思想控制。喬治・歐威爾筆下的溫斯頓・史密斯往上瞥了一眼大洋國真理部大樓的白色混凝土正立面時，念出其上熟悉的口號：「戰爭即和平。自由即奴役。無知即力量。」[1]殖民地上與史密斯從事同樣工作的人，目睹英國人所蓋的建築、英國人所取的街名、標舉英國人之勝利與征服偉業的雕像、紀念碑、讀了官方報告的內容之後，或許會如此解讀它們所要傳達的意涵：「殖民統治有益於你。那已普獲接受。你最好習慣它。」事實上，已有一派深具影響力的作家強力主張，刻意改造殖民地居民的思想、刻意改造人們眼中的「知識」，乃是殖民地支配體制不可或缺的一環，說不定還是唯一不可或缺的環節。這類「知識暴力」確保更具體可見的控制手段得以遂行。

將這一動人論點闡釋得最為精闢者，可說是美國文學批評家愛德華・薩伊德（Edward Said）。他在其《東方主義》（*Orientalism*, 1978）一作中，接受以下看法：所有公開討論都得遵守明訂什麼可談或什麼不可談的規定。若想在公開場合交談，必須接受「話語」（discourse）的條件，否則將被視為無知之徒、犯罪者、怪人或瘋子。因而，掌管話語者被賦予極高的權力，且因為其約束力是無聲的、不可見的、足以毀掉知識分子公信力的，因而更難以撼動。未道出的想法，或被斥為言之無物的想法，即為沒有影響力的想法。在薩伊德的著名描述中，有一批臭氣相投的西方知識分子，把歐洲以外世界各地區的知識活動、文化活動，斥為在即便是最好的情況下，也是停滯不前，在最糟的情況下，更是不進反退；維繫這一活動的那些社會，則是腐敗的、專制的、殘酷的，和（在並不野蠻時）柔弱的，只是程度因不同社會而異。歐洲人的殖民地政權（尤以英國的殖民地政權為最），在他眼中，乃是此一自私原則的狂熱執行者。這些政權無情譴責原住民文化，有計畫、有步驟的提倡有利於其掌權的「殖民地知識」，藉此摧毀了他們所統治之子民的文化自信。西方科學與技術的運用、西方地緣政治形態（領土性國家）的強加、乃至歷史撰寫本身，都進一步強化以下主張：世上只有一條擺脫傳統（與落後）之路，只有一種現代性，那就是殖民地統治所提供的路和現代性。

一如預料，這一概括性的分析打動許多人，且儘管遭到有力的批評，吸引力未有稍減。它與以下這個普受認同的觀點脈絡一致：種族主義在後殖民世界裡賡續未消一事，源於在殖民主義的全盛時期，維持殖民主義且作為殖民主義的遺緒所保留下來的「深層」思想結構。它證實了西方現代性和歐洲諸帝國（大英帝國是其中最大帝國）過去一直是親密戰友的認知。這一「東方主義」原則，質疑先前的自滿與漠不關心，為西方了解東方提供了有力的附加價值。但一如這類情形下所常見的事，藉由揭露其認定，我們能更逼近較為錯綜複雜且有可能被掩蓋的真相。

從三個方面來看，東方主義對英國擴張的文化衝擊，其描述不足以讓人信服。首先，它忽視了時間與改變的重要性，好似認定有一種看法和一種一體適用的方法盛行於一九一四年前那整個時期和那之後的時代。事實上，英國人對非西方民族、文化的看法，十八、十九世紀期間有過多次改變，有時形同徹底翻轉先前的正統觀。第二（這是常有人闡明的一個觀點），薩伊德的論點意外的死板。它認為英國人對非西方世界的看法從未變；認為未曾有重大的辯論推翻平穩的意識形態模式；認為文化實踐無一不是嚴酷的；認為構成輿論、支配話語的那些人，乃是帝國的志願性盟友和代理人，一如後來在納粹德國、史達林主義俄國裡的知識分子。第三（最糟的一個），它把受到這一「文化帝國主義」影響者視為「受害者」：倒楣、無助的受害者。歷史留下豐富、有趣的紀錄，記載非西方世界對西方觀念的種種反應——利用、適應、擁抱、拒斥、修正、回收再利用——但在東方主義的思維下，這些紀錄消失為粗陋、誇大的描述，更甚者，在這描述裡，只有兩種反應（抵抗或順服）可能出現，且只有其一種反應獲允許。

真實的情況更為混亂、複雜。這不只是顯而易見、單調乏味的自明之理，還觸及帝國文化衝擊的核心。因為這一衝擊的最顯著特點，乃是殖民者與被殖民者雙方都具有極矛盾的愛恨情緒。

毋庸置疑的，在任何殖民一方，都有頌揚帝國強大、拓殖「使命」和其據認帶來的「進步」成就者。但也始終有對此心存懷疑、鄙視、不安或批判者——在殖民地當地和母國都有這樣的人。他們的影響力並非始終很大，但有時足以影響大局。而就被殖民的一方來說，有許多人基於多個理由，痛恨——深深的、滿腔仇恨的、堅定不移的痛恨——外族文化的入侵，且這些理由並非全然無私利他的。但也有許多人在外族文化入侵上尋求群體機會、精神承諾、個人解放。他們討好、服務、管理、利用文化入侵，以實現他們的外族政治主子所往往未能察覺到的目標。甚至有些歷史的孤兒，其安全、認同、乃至族群特性，與文化入侵牢牢綁在一塊。後面我會對這些歷史孤兒有所探討。

知識與帝國

海外帝國製造出浩瀚如海的文件。從英格蘭人開始拓殖之初，就有川流不息的報告與記述、指示與法律、收據與付款證明、大批個人書信等，往來於殖民地裡的行政管理人員、軍人、商人、拓殖者，和母國裡與他們通信者（官員、商業合夥人、顧客、債權人、家人）之間。到了十八世紀晚期，已發展成如洪流一般。有關世上最遙遠地區的資訊，此時大量流回英國構成一個可供英國人利用的龐大帝國知識庫，其中包含了各種資料：政府的報告和統計數據；圖表、地圖、測量圖、平面圖；外交文書；準官方出使紀錄，例如馬嘎爾尼勛爵一七九二至一七九三年使華紀錄；拓殖公司（例如紐西蘭公司）用以吸引投資客和移民的宣傳資料；探險家的記述，例如根據蒙哥・帕克（Mungo Park）藏在帽子裡的筆記編纂成的西非記述，或由皇家地理學會出資，喬裝改扮赴麥加冒險一遊的理察・伯頓（Richard Burton）所寫的見聞錄；科學性旅人的日記，例如查爾斯・達爾文或阿佛烈德・華萊士或與庫克同船遠航的約瑟夫・班克斯（Joseph Banks）爵士；先驅傳教士令人振奮的經歷，其中最著名者是大衛・李文斯頓於一八五七年的暢銷大作——《在南非的傳教記事和研究》（*Missionary Travels and Researches in South Africa*）；海外報紙報導，尤其是對殖民地戰爭趨之若鶩的特派通訊員的專欄文章；公開展示的大量戰利品和手工藝品，其中有些是買來，有些是搶來，有些是動物，有些是人；尤其是官方所聘藝術家（庫克和馬嘎爾尼都帶了藝術家同去；東印度公司曾雇用威廉・哈吉斯）或未受雇於人、四處流浪尋找題材和成名機會的藝術家所繪的無數圖畫。

這一龐大的資訊、圖像寶庫可能發揮了兩種功用。經過整理，成為條理井然的一套資料或收集歸檔之後，英國人因為得以描繪出他們出於貿易、戰略或傳播福音的動機而前往的那些地區的人文、地理面貌。[2]王朝史、王朝軍隊狀況、地區貿易的流動、民族與部落的遷徙、宗教儀軌、社會等及體制與衝突、原住民知識體系和那些體系的護衛者、自然界與物質世界：都得到一群民間、官方的觀察家調查與評估。它們經核對編成手冊，化為條理井然的規章，以刪節版流通並再利用，壓縮為刻板印象，體現了英國人對他們所進入之新世界的理解。事實上，若沒有這些資訊所斷言用以認識真實世界的一套基準觀念，若沒有其所指示的經驗法則，或若沒有其所提供的地理方位，英國人在格格不入的異國環境恐怕不知如何是好（除非，他們願意過著勉強得以溫飽的生活或以非常小的群體方式生活）。他們在非歐洲的世界裡所占人口比例之低，以及他們不同活動間的強烈互動，迫使他們必須大量生產知識，讓知識快速傳送到多種利益團體手上。

第二種功用有一部分源於第一種功用。知識的蒐集、核對、流通，需要一大型的轉口港、大型的資料商業中心，以便在此蒐集與加工、討論與分配、買與賣知識。對大英帝國而言，對十九世紀期間的全世界而言，這個大型轉口港即倫敦。眾多建制應運而生，以為國外的使用者和國內的訂戶包裝知識，這些建制有些極專門化，有些則非正式且屬於私人：職業性和科學性的社團、商業協會、博物館、圖書館、美術館。對英國境內的許多利益團體來說，它們所提供的服務極為實用，但實際上也供應了英國國內更廣大群眾對帝國的多所了解，左右了對帝國了解的討論、想像方式。

但若認為這股流動的知識創造出英國人對帝國的共同認知，那將悖離事實。原因有二。首先，集中於英國的資訊，來自形形色色的消息提供者和消息來源。它不願被化約為替征服和帝國提供正當理由或替英國的優越性提供粗糙證明的刻板世界觀。東印度公司每年送回數量龐大的活動報告，以安撫英國議會裡批評該公司者的不滿（且很可能為了麻醉他們），卻在無意中讓多數英國人相信，東印度公司在印統治的進一步擴張會是危險且愚蠢之舉。由大量證人所提供的證據促使一八三七年的英國議會「原住民」特別委員會（Select Committee）相信，殖民地擴張有可能帶給他們無法彌補的傷害。由內部人士所撰寫有關帝國的資料，諸多內容在抒發怨言，有關不公不義、浪費、無能的怨言。寫者記錄這些通常有其目的，即使只是為了掙錢。但他們的目的，一如他們的行動方案和利益，因人而異。有些擁有廣大讀者的作者，例如帕克、華萊士，極力打破對於「不文明」民族的輕蔑看法。有些作者則公開反對將英國建制移植印度，反對過度干預既有的政治習慣，認為此舉將帶來危害，例如在印度的英國高階官員約翰・馬爾孔（John Malcolm），在其一八二六年的《印度政治史》（*Political History of India*）中，便如此告誡。對宣傳移居的人士來說，如果目的是要鼓勵人外移，卻將原住民形容得太野蠻、太危險，實在毫無道理可言，除非正在進行邊疆戰爭，亟需母國援助。傳教士得讓英國國內的可能捐款者相信，「異教徒」迫切需要靈魂的救贖，卻又不能把他們形容得太糟糕，以免可能捐款者覺得他們根本不可能得到救贖。推動貿易者描述未開發新市場（中國便是極受青睞的新市場）的美麗遠景，但得謹慎勿將那些市場說成不可能得到收益的荒涼之地。

再者，這些作者為文時所鎖定的讀者，也因為利益、看法的不同而分為數個群體。讀者眼中的帝國，可能因人而有很大差異。對陸海軍人員來說，帝國是一連串海外基地、小戰爭頻仍的邊疆、成名與升官的來源。對自籌資金、不倚附公家機關的科學家來說，帝國是標本的大寶庫。對製造商和批發商來說，英國所統治的帝國是（約一八四〇年後）他們企圖征服的自由貿易帝國中，較小的那一半。他們認為，東印度公司（直到一八五八年仍是印度的統治者）是阻礙印度商業發展的腐敗、浪費之物。對傳教士圈子來說，白人移居地的擴張，無論如何都不是他們所樂見的。對遊說開拓殖民地者和對移民的家人來說，攸關他們利益的帝國位在加拿大、澳洲、紐西蘭。對英籍印度官員和在母國為他們搖旗吶喊的人來說，定居型殖民地是把人的注意力引離英國真正帝國的惱人存在。在把帝國捲入其中的公開大辯論中，正反兩方陣營裡都可找到為帝國遊說者：為蓄奴和自由貿易而起的辯論和愛德華七世時代為關稅改革、帝國聯邦而起的爭議。

當然，英國人對帝國的看法，不只是遊說團體、利益團體看法的大雜燴。它以某些非常含糊而無法博得普遍同意的概括性主張為核心形成，然這些主張隨時間而改變，且其影響易變，因客觀情況而異。它們始終讓根深柢固的反對勢力和牢牢盤據的陰謀小集團有伸展的空間。事實上，從更切合事實的角度來看，我們可以把輿論視為並非真正存在且無所不能的勢力，而是由相互對抗、強勢宣稱自己的看法得到最多公眾支持的意見塑造者想像出來的主張。如果這些看法得到較多數報紙和記者呼應，促使主要的公眾人物也跟著如此主張（至少在公開場合如此主張），意見的塑造者便可宣告目標達成。在一個一八三〇年時已有約三千萬人讀報、傳播消息的出版品已達數千、地區的差異已與宗教、職業、階級和政治效忠對象方面的差異交錯並存的國家，要在新的社會氣氛尚未確立之前，預測輿論的走向以及輿論會持續多久，乃是格外困難的事。[3]

十八世紀中葉，占上風者是把歐洲的殖民地擴張模式視為可恥且危險的一派。哥倫布與達伽瑪的遠航，可被視為使歐洲得以成為真正商業社會的重大轉捩點，例如威廉．羅伯斯頓（William Roberston）在其一七七七年的《亞美利加史》（*History of America*）中就這麼認為。[4] 事實上，商業被視為高於狩獵與農業的最先進社會階段，達到自由主義且啟蒙社會的必要條件。但歐洲人的開拓殖民地，特別是在美洲的開拓殖民地，已背叛了此一崇高理想（羅伯斯頓的觀點）。對於為雷納爾（Raynal）的大作《東西印度史》（*Histoire des Deux Indes*, 1780）撰文的法國思想家狄德羅而言，歐洲人此舉的動機「非常邪惡」。它未促進商業的真正目的（貨物與觀念的自由、平等交換），反而使某些民族遭征服、滅絕。歐洲人所受的傷害同樣嚴重：心被他們所加諸於人的暴力和不幸腐化、變得粗俗。[5]事實上，試圖統治地處偏遠而居民又非我族類的殖民地，有可能危害政局，且注定失敗。這些看法對英國的思想家和作家，包括休姆和愛德華·吉朋，影響甚大。吉朋的《羅馬帝國衰亡史》（一七七六）發出著名的警語，要人提防帝國「版圖過大」的危險。在《國富論》（一七七六）中，亞當·斯密提到歐洲人壓迫其他民族卻「未受懲罰」，[6]期盼那些被壓迫者有朝一日恢復均勢。愛德蒙·勃克對英國人在印度腐化、殘酷行徑的著名抨擊，反映了歐洲人看清了海外行為和此行為對其他文化、民族之破壞的事實。

因此，一七八八年，英國人在澳洲博塔尼灣建立犯人流放殖民地時，第一任行政長官亞瑟·腓力普（**Arthur Phillip**）決意促進移居者與原住民的友好，防止部屬以武力對付原住民，也就不令人訝異。他不要澳洲成為第二個美國。腓力普甚至以他眼中原住民的「男子」（Manly）氣概，將位於今日雪梨港灣中的一個小灣取名為「男子澳」（Manly Cove）。把自由貿易視為通往啟蒙之路的看法，正好與人道主義情懷的出現同一時期。人道主義情懷本身得到福音派熱情的加持，其最高奮鬥目標是廢奴。英屬西印度群島的種植園主和奴隸主，被扣上和西班牙、葡萄牙種植園主、奴隸主（長久以來英國人最愛的辱罵對象）一樣的卑劣殘暴污名。可惜這些自由派看法唯受到許多人的讚許，卻未受到所有人的讚許。蓄奴利益團體反擊：如一家三代都是種植園主的愛德華．隆（Edward Long），在其一七七四年的《牙買加史》中為蓄奴辯護，認為蓄奴帶給「進化程度低於人類」的非洲人秩序和紀律。另一名種植園主布萊恩．愛德華茲（Bryan Edwards）則呼籲改良，而非廢除蓄奴。即使在一八二〇年代，由於支持蓄奴者在政壇實力強大，廢奴仍可能被視為一個原則，而非現實可行的措施。[7]英國內閣已在一八一〇年將「有色自由民族」可享有代議政體的看法斥為荒唐不羈。[8]勃克對於將印度人納入英國統治存有疑慮，認為此舉可能有害，但在打提普蘇丹和馬拉塔人時，這些疑慮被擱置一旁，這兩場戰爭則被合理化為防杜拿破崙治下的法國帝國野心的合理舉動。將英國人，而非印度人，安插在每個行政職位上一事，一七九〇年代中期時成為被迫奉行的基本準則，以及喧鬧著追逐這些肥缺的求職英國人深信不移的原則。與此同時，英國人對亞洲諸大帝國存亡的看法變得日益悲觀。一七九二至一七九三年使華卻悵然而返的馬嘎爾尼勛爵說，中國在苟延殘喘。三十年後，奧圖曼帝國遭當時外交大臣亞伯丁勛爵（Lord Aberdeen）貶為「用野蠻力量拙劣建造的建築，會因其自身固有的腐敗因子迅速崩解。」[9]

因此，在人道主義情懷的大浪潮伴隨廢奴（一八三三）和特別委員會《原住民事務報告》（*Report on Aborigines*, 1837）出爐而達到最高峰的同時，仍存在著對西方以外諸文化的地位與前景較褊狹的看法，存在著即使不是建構於理論上、至少也存在於現實裡的膚色、種族差別觀。事實上，隨著一八三〇年代的展開，英國人對自身國家世界地位的看法逐漸轉變，而轉變後的看法則成為維多利亞時代英國的主流看法。十八世紀「哲學家」超越種族、地域、宗教領域的四海一家觀，以及威廉．瓊斯（William Jones）爵士之類鑽研東方的大學者，願意在著作裡讓其他文明在知識水平上與西方文明平起平坐的心態，因西方在軍事、技術上明顯展露的優勢而漸漸式微。在這同時，在英國極具影響力且偉大的功利主義知識運動，其有如萬能鑰匙般促成社會進步的光環漸漸褪色。它的心理原則，即人的行事都受追求最大快樂、最少痛苦的驅力推動，未能解答太多疑問，尤其是為何不同社會對樂、苦的認知差異如此大的疑問。它主張，一個普世通用的體制變革模式，不管施行於何種環境，都將產生公義且進步的社會，但這主張禁不住實際經驗的重壓而垮掉，尤以在印度為然。結果，愈來愈多人認定，功利主義者所斥為「歷史惡勢力」的認知，可能是打造社會建制上，特別是打造法律上，成敗的關鍵。特別是在英國，社會觀念與文化觀念百花齊放，受到兩個極易變動的因素在催發：工業主義和其所造成的民怨，孕育出無政府、烏托邦幻想；宗教的虔信開始崩解於神學、科學的論戰風暴中。

徵兆之一是湯瑪斯．卡萊爾（Thomas Carlyle）——維多利亞時代初期、中期英國的賢者（和禍殃）——猛然發出的激烈批評。卡萊爾以他一貫的粗暴言語，譴責在他眼中傳統人道主義立場、功利主義思維、「政治經濟學家」自由放任學說裡暗喻的丟棄道德責任的想法。為創造最大並干冒大不韙的效果，他把矛頭指向廢奴。他嚴正表示，廢奴的結果乃是催毀英屬西印度群島，使獲釋的奴隸在懶散中腐敗。卡萊爾以毫不含糊的口吻表明黑人應該在白人底下工作，且搬出某位主張蓄奴的煽動家說過的粗鄙話語，因而引發眾怒。[10]卡萊爾的激烈抨擊，並非如某些易激動的評論家僅止於暗自主張，他更是代表新種族歧視思想赫然出現在英國輿論裡，而他的友人，包括約翰．穆勒等，則震驚痛惡他的驚人之語。但這象徵了社會上已有更多人不滿於他如此粗暴批評的那些失之簡陋的辦法。

在成形於一八四〇、五〇年代的新社會理論中，「演化」是關鍵。這不是查爾斯．達爾文口中與《物種起源》（一八五九）中所主張的生物演化概念，因為它比生物演化概念更早出現：一名鑽研演化概念演進史的風趣歷史學家論道，「有人在打造演化理論的搖籃時，達爾文還躺在他的小吊床裡，人在三千哩外。」[11]演化概念的主要價值，在於為理解為何某些社會取得比其他社會更快、更廣的改變一事，提供了個基準體系。它保留了十八世紀的次遞性社會階段的觀念：狩獵採集、農業、商業三個階段。演化是不斷改變以滿足人之想望與需要的過程，演化概念極欲解釋的是社會為何會有提升到更高階段的現象。它在知識領域和道德領域之所以能夠打動人心，有一部分在於它完整保留了歐洲許多宗教思想、哲學思想所倚賴的人類一體信念，同時說明為何人類在社會行為、文化行為上有如此大的差異。另一個因素是社會演化可以和進步、道德成就牢牢掛鉤，因為成功的適應有賴於做出對的選擇（社會性、知識性、道德性的選擇）。社會演化還有一個大優點。作為理解世界的理論，它格外適用於不同的環境。它的信徒能將它與多種邪門外道結合，宣稱各種信念，陳腐的或奇怪的信念，無不奉其為圭臬。它的影響力特別大，在知識界如此歷史不衰，原因或許在此。

社會演化把探究的焦點著重在團結民族的習慣、法律、宗教所交織而成，以及最富強國家和較不幸的其他國家之間的分歧上。而此舉幾乎無異於主張富強程度的提升，乃是成功演化的可見表徵；商業停滯或政治瓦解則是停滯不前國家或倒退狀態的癥候。然而，要用什麼積極性

（active）因素來說明為何有些民族進步，有些民族停滯不前，則因人而異。新教教徒極強調基督新教所鼓勵且符合社會倫理的行為，或基督新教對上帝意圖的獨特洞見：新教徒勤奮工作，符合上帝對世人的計畫。律師指出財產法：個人擁有財產、繼承財產或遺贈財產的權利，不受掠奪性統治者的干預，說明了財富為何積累和為何得到明智的運用。政治人物推崇代議政體的作用；作家和記者推崇言論自由的權利；道德家推崇未沉淪於東方放縱無度的行為。就知識的角度看，演化是向所有人開放的俱樂部，是因為簡單（和循環論證性）而極適於大量生產的觀念。它出現於工業時代，且正逢其時。它進入維多利亞時代人們的血管裡，就此停駐下來。

查爾斯・達爾文的生物學未激發演化，卻促使演化論者手上多了數個可用的利器。它使所有生活皆是場「生存鬥爭」的觀念傳布更廣（且使獲得科學的背書）：「自然選擇」伴隨著滅絕的可能。[12]遺傳的影響可被那些認為遺傳特徵可以和種族掛鉤的人所應用。適應與身體特性之間的關聯，助長了以下觀念：藉由測量腦部形狀或鼻子大小，專業觀察者能將不同民族、種族的文化能力分出等級。優生學足以打動人，乃是因為那些人唯恐身體退化（達爾文的學說使身體退化有其可能）將阻礙社會進步，甚至導致社會退步。但有三點應該指出。首先，「社會達爾文主義」不是帝國擴張宣言。在許多社會達爾文主義的信徒眼中，鞏固與謹慎，而非不顧後果的擴張，才是生存鬥爭時最穩妥之路。當時也普遍認為，歐洲人在熱帶氣候裡將無以為繼。一名社會達爾文主義者寫道，他們置身於此，如同潛水夫在海床上。第二，達爾文學說的運用和濫用，大抵上是帝國、國際、工業三方面的競爭急遽升高，且公開辯論變得更為激狂的一八九〇年代時，易激動氛圍的副產品。憂心俄、法、德三國殖民地擴張的心態和美國工業實力的壯大，助長了此一驚恐。第三，至少對英國而言，解釋何以進步或何以缺乏進步時，通常以文化性措詞，而非生物學措詞來表達。法律、語言、建制、信念等非身體特性因素，才是影響民族停滯不前或鼓勵民族前進的條件。一八九〇年代和之後最有影響力的社會達爾文主義者班傑明・基德（**Benjamin Kidd, 1858-1916**），同意「社會效率」是歐洲稱霸世界的關鍵，但不同意歐洲人的社會效率較高起因於具有較優越的生物特性。[13]「科學種族主義」（譯按：運用據稱科學的技術或假設來支持種族偏見的作風）是基於一時需要而添加的觀念，非論點的核心。

因此，社會演化使英國人與非西方民族碰撞時，兩者截然不同的反應，得以有發揮的空間。對停止蓄養黑奴之結果的幻滅、印度大叛亂、對英國傳教活動不甚熱情、甚至帶有敵意的回應，使許多觀察家相信，非西方社會的秩序與進步，有賴於英國人以行動強勢確立其威權。只是要根據這一看法而逕行主張吞併非西方國家、不讓非西方人享有權利、或有系統的貶低非西方文化卻太過牽強。輕視所有外國人，尤其是黑皮膚人的「低級種族主義」（vulgar racism），並未到普遍流行的程度。許多英國人對本國人對待印度人的方式深感不安，且不接受一八五七年印度人殘暴對待白人的駭人說法。[14]事實上，有份近於當時的記述，即蒙哥馬利・馬丁（Montgomery Martin）的《孟加拉軍隊譁變》（*Mutiny of the Bengal Army*, 1861），認為印度兵是受害者，英國的「戰爭英雄」則是喪心病狂的殺人魔。[15]對一八六五年牙買加叛亂的殘酷鎮壓，甚至被某調查委員會痛批為「野蠻、肆無忌憚、殘酷」之舉。[16]倫敦同意南非開普殖民地自治時，堅持「不分膚色」一律享有選舉權；符合資格的非白人不多，但在某些區域，其人數可觀。在一社會屬於社會進步等級表的哪一層級的問題上，見解也並非全然一致。一八八〇年代，英國占領埃及，引來自由黨員砲轟，指斥此舉扼殺埃及的民主。英國國內許多人厭惡派駐印度的英國官員的種族傲慢和威權作風。一名自由黨大臣將他們比喻為tchinovniks，即限制人民自由的沙俄官員。[17] 在印英國官員也以同樣的厭惡和不信任，回敬那些厭惡、不信任他們的人。移居者對待原住民的方式常招致批評。而這些反應源於日益加深的猜疑，即懷疑官員和移居者未協助促成社會演化和進步，反而背棄他們的承諾，陰謀不利於他們在當地真正的支持者。

事實上，英國人對自己在世界地位的看法，對帝國意義的看法，大致而言意見一致，然一旦細究，便顯現出差異。在維多利亞時代晚期，僅少數英國人會否認英國在全球舞台上據中央地位：英國的工業、金融、海軍、帝國實力，使它得以稱霸世界。只有少數人會懷疑這一地位主要源於英國比世上其他任何地方更快發展成文明、有效率、充滿活力的社會。至於如何才能最穩妥保住這一特殊地位，或這一地位是否能維繫下去，反而沒有這麼多人持一致看法。在英國該如何與相對落後文化體交流這方面，普遍意見不一。正統觀點認為，應抱持務實的尊敬心態對待伊斯蘭，把伊斯蘭視為施行嚴格社會規誡的一種宗教，而從知識的角度觀之，則應把伊斯蘭視為停滯不前之經院哲學的歷史殘餘。但與此觀點並存的，乃是對伊斯蘭社會（特別是沙漠伊斯蘭社會）的回應，一種心態上更浪漫許多的回應，而威爾佛里德·布朗特（Wilfrid Blunt）、查爾斯·道蒂（Charles Doughty）以及後來的「阿拉伯的勞倫斯」，促使此一傳統聞名於世：把「男子氣概的」或「尚武的」民族（可能的話，必須拉攏的民族），與被歸類為聽話農民（「結實農民」）或「犯罪部落」（在印度英國人所用的稱呼）的民族分別看待，乃是常見的情形。維多利亞時代的英國有條重大斷層線將民意分為兩陣營，一陣營同情亞、非洲原始民族主義（proto-nationalist）精英（例如一八八五年創立的印度國大黨諸領袖）追求現代化的雄心，另一陣營反將他們斥為掛羊頭賣狗肉、令人厭煩、不具代表性的極少數一群人，認為他們的作為不過是為了個人的權利與地位。與此相對的，則是尋找原住民的真正傳統、（有限度的）願意讓殖民地政權披上該殖民地的部分本土特色、挑選土邦主和酋長為真正的代表。兩派人彼此辯論隔離「落後」民族與白人的利弊。在十九世紀晚期某些觀察家眼中，完整保留進步白人的文化活力和種族團結，是在完全殖民化的世界裡刻不容緩的預防措施。然而，種族隔離同時議也打動了那些覺得原住民所遭到的威脅反而更為真切的那些人。這威脅指的是白人貿易、文化、權力的腐蝕效應，將使土著變成道德淪喪、貧困、無地的無產階級，成為龐大的民怨火藥庫。

因此，毫無意外大量流動的知識、形形色色的接觸、將英國與其帝國連結的種種利益，既製造出某種程度的共識，又製造出差異頗大的觀念和立場。與英國的擴張有切身利害關係的人，即殖民地官員、軍人、商人、移居者、傳教士、探險家、旅人，以及指望依賴海外帝國來紓解國內社會緊張的那些社會改革家，勢必對優先事項和支持對象有不一樣的認定。對立場激進的少數人來說，帝國是英國境內腐敗、壓迫的社會結構的後盾：要實現國內的社會正義，就得（局部）摧毀帝國。[18]官員對帝國的看法，表面看來鐵板一塊，其實不時困擾於良心不安，或因遊說團體的叫囂而改變。就長遠的角度來看，更為重要的是，殖民地居民與其領袖，通常在英國國內有某些朋友和支持者鼓勵他們實現擺脫現狀、成為自由「英國世界」一員的希望。英國人未將一共同文化強加在其諸殖民地上，因為他們既不可能在共同文化應是何種文化上意見一致，也不可能在是否要冒強加共同文化後所可能帶來的政治風險上意見一致。

傳教事業

索爾茲伯里勛爵（Lord Salisbury, 1830-1903）年輕時曾說道，傳教士是「以觸怒土著宗教情懷為使命的虔誠英格蘭人」。[19]這是他身兼保守黨黨魁或首相時不敢公開表達的看法。在維多利亞時代，英國人的傳教熱情，或許是像我們現今這樣不讓宗教干涉世俗事務的時代裡，他們最令人難以想像的公開情感。他們的精神追求，已是今日的我們所難以理解，他們的神學焦慮，則更非今日的我們所能理解。傳教的使命感透露了從一七九〇年代到一九一四年乃至以後，公眾對帝國的許多認知。許多維多利亞時代的英國人，受到以大衛·李文斯頓為首的眾多英國傳教聖徒啟發。事實上，李文斯頓長眠於西敏寺（遺體於一八七四年四月從非洲運回）之後，影響力變得更強。但這位傳教士不只是虔誠英國人所派去，欲使異教徒皈依基督的國內宗教熱情的代理人。他從未充當殖民地當局的文化打手（世俗化歷史學家帶貶意的認定），這事實已在今日對英國新教傳教團的最傑出研究中獲得有力闡明。[20]這位傳教士非但未享有不受質疑的道德權威、宗教權威，同時處於他所鎖定的傳教對象、當地官員、往往帶敵意的移居者、母國裡渴望收到他傳教好消息的贊助者之間，處境並不順遂。他所承受的拉扯有時大到無法承受。

一七九〇年前，英國境內的傳教熱情大致與海外英國人透過宗教安頓身心有關。一七九〇年代是分水嶺。有六個以召募、培訓、資助傳教團前往非基督教世界傳教為宗旨的會社迅速成立，其中包括大英浸信會（Baptist Missionary Society, 1792）、跨教派的倫敦傳道會（London Missionary Society, 1795）、英國聖公會差會（Anglican Church Missionary Society, 1799）。這些短時間內先後成立差會的現象引人注意，間接表示存有某種競爭關係。但更深層的緣由，則是強烈福音神學文化的壯大。此文化是維多利亞時代英國的一股主流勢力，其影響晚至兩次世界大戰期間仍未消。一七三〇、四〇年代的福音神學運動和其奮興布道會、通俗的措詞，曾受到社會精英的猜忌。然十八世紀下半葉的「情感革命」，卻使福音主義翻身。[21]它反對以「機械式」觀點看待人類動機，強調「感性」和移情作為社會行為之準繩的重要性。它要個人培養自己的道德意識，要個人發展出會導致正確行為的正確情感。福音神學的中心思想，正與這一氛圍完全契合。基督教徒所該奮力追求的，是透過冥想與禱告達成個人與上帝的連結，目的是臻於更高靈性的狀態，從而對屬靈職分有更深切的認識。循著這條思路，福音派基督徒應散播（他靈性得到突破性進展的）好消息，並助他人有所突破，也就是順理成章的事。福音派基督徒將透過自身的直接行動，或透過對第三方（如傳道會）的援助，宣告其福音神學信仰。[22]

對高速都市化帶來的道德影響所感到的不安，以及必須採取行動使不守規矩的窮人循規蹈矩的主張，強化了這股衝動。規矩與道德的革新，是福音派的奮鬥目標。與法國的艱苦鬥爭（1793-1815）和該鬥爭加諸的社會壓力，促使道德凝聚（moral cohesion）顯得更為迫切。這場鬥爭以英國勝利收場，催生出一個雙重信念：英國免於滅亡是上帝計畫的一部分，福音傳播之職因而加諸於英國人民身上。約莫同時，隨著從十八世紀晚期起太平洋、印度、中國和西非、南非兩地內陸的新天地呈現在英國人眼前，這股天定使命感被部分轉移到海外。從此，英國人從未失去的宗教情感和人道主義情懷更注入在他們對帝國的看法裡。

這些傳道會的首要任務，是為他們所自行攬起的擔子尋找新血。後來的發展表明，傳教工作不太能吸引到有錢人投入。投入者多來自工匠界，工匠識字、正派，可惜教育程度不高。浸信會派赴印度的第一名傳教士威廉・卡雷（William Carey），其實是北安普敦郡的製鞋匠。為新教而首派到中國的馬禮遜（Robert Morrison），則學過製造鞋撐。他的同事麥都思（Walter Medhurst）是印刷工。創立中國內地會的戴德生（Hudson Taylor）是藥劑師兒子。第一位赴紐西蘭傳教的傳教士撒繆爾・馬斯登（Samuel Marsden）是屠夫的兒子。赴南非傳教諸人中，詹姆斯・里德（James Read）原是木匠，羅伯特・莫法特（Robert Moffat）原是園丁，而他有名的女婿大衛・李文斯頓原在棉紡織廠工作，存夠了錢之後才去學醫。這些人的出身平凡並非巧合。傳教工作的開荒拓土性質，把國內那些有著較好前途的人拒於門外。撒繆爾・馬斯登於一八一一年自澳洲來到英國，為其赴紐西蘭的傳教工作招兵買馬時，發現毛利人食人的名聲已早他一步傳到英國：他在日記裡抱怨道，「沒有神職人員……願意效力……紐西蘭被認為比其他任何地方野蠻。」[23] 結果，他找到兩名「機工」。吸引這類新血加入的因素，是不必受國內投入神職者所必須受的正規教育，便可獲授予傳教士之職。傳教工作既可能讓人實現宗教使命，又可能提升社會地位。事實上，召募傳教新血者認為正，規教育不如精神信念來得重要。或許他們是對的。園丁或木匠的本事，比「紳士」的技藝更為實用。大多數傳教士面臨理想破滅的冷峻現實，而身心的全然投入比知性的懷疑，更能助他們不被理想破滅打倒。

當然，並非所有傳教士都是如此出身。傳道會早期和此後許多年多倚賴從外國召募的新血，且以德國人居多。東非的第一個英國聖公會差會傳教士約翰．路德維希．克拉夫（Johan Ludwig Krapf, 1810-1881），是符騰堡的農民之子，一八四四年來到蒙巴薩。德國人是接下來三十年該傳道會在此的傳教主力。[24]在西非，傳教主力是來自獅子山的「獲解放非洲人」。英屬西非的偉大英國聖公會傳教士政治家撒繆爾．阿賈伊．克勞澤（Samuel Ajayi Crowther, 1807-1891），乃是來自今奈及利亞西部的約魯巴人。他被擄淪為奴隸，十五歲時賣掉，押上（可能欲駛往巴西的）葡萄牙奴隸船，隔天卻落入英國皇家海家巡邏船之手。他以獲解放非洲人的身分被派往獅子山。來自美洲的獲解放黑奴和曾被擄為奴隸者，在獅子山組成克里奧爾人社會，在該殖民地的富拉灣（Fourah Bay）有一所基督教學院。[25]由於獅子山迅速提供基督教信徒，由於首府佛里敦在西非沿海地帶的貿易關係，由於旅外約魯巴人所構成的紐帶，獅子山於是成為西非基督教化的重要「分站」。克勞澤本人（受到英女王接待）於一八六四年獲任命為「我國管轄範圍外西非諸地」的主教。[26]在東非，所謂的「孟買非洲人」，亦即最初被帶到孟買，後來被帶到迷你佛里敦（蒙巴薩附近的「佛里敦」）的獲解放奴隸，扮演了類似（但相對少了許多）的角色。[27]

與傳統形象大相逕庭的是，傳教並非純男性的工作。因為，十九世紀初期時，「傳教士妻子」對福音傳播的貢獻，受到普遍的肯定。事實上，她們有時被明確稱作「女傳教士」，例如在潔米娜．湯普森（Jemima Thompson）所編，一八四一年出版的《英國女傳教士傳紀》（*Memoirs of British Female Missionaries*）中所見。[28]諷刺的是，有組織的教會日益禁止女性在英國境內布道，卻從一八五〇年代晚期起，開始積極召募女性為薪傳教士。英國聖公會差會於一八七三至一八八三年間派了十六個女性赴海外傳教，約二十年後在世界各地所雇用的女性超過四百人。[29]一九〇七年，該傳道會在烏干達有八十多名傳教士，其中一半是女性。事實上，已有某位學者計算出，一九〇〇年時，有將近三分之二的英國傳教士是女性，儘管她們鮮少位居具有宗教實權的職位。[30]召募女傳教士一事，既反映了在印度教、伊斯蘭教社會裡打入與外界隔絕之女性圈子的重要，也反映了基督教若欲打入家庭，贏得已為人母的女性接受至關緊要。赴中國傳教的偉大傳教士郭士立（Charles Gutzlaff）嚴正表示，「沒有虔誠女性之助，不可能對家庭產生長久的影響……因此，找來和……男代理人同樣類型的女性投入這工作有其必要。」[31]

招兵買馬是一回事，調兵遣將是另一回事。傳教士如何抵達其奉派前往的戰場？這可不是枝微末節的小事。沒理由認為他的傳道或她的存在會受到歡迎，甚至沒理由認為會受到同胞的歡迎。英國東印度公司擔心印度人反彈，原一直禁止傳教士進入其領地，直到一八一三年英國議會辯論東印度公司特許權之事時，公司才迫於國內輿論壓力廢除這禁令。在英屬西印度群島，他們遭懷疑（並非無的放矢的懷疑）助長奴隸不滿。在中國，他們得等到英國在兩次鴉片戰爭中用武力打開中國大門，才得以入境傳教。一如馬斯登所抱怨的，他們可能因懼於當地人的惡劣形象而怯步，可能因當地統治者斷然拒絕他們居留而被拒於門外。如果像約翰·克拉夫在東非那樣被懷疑陰謀打斷奴隸買賣，或被視為可輕易得手的盜搶目標（克拉夫有把步槍，但對任何人都開不了槍），則會面臨生命危險。

事實上，除了可讓他們隨著帝國勢力一起進入的地區，傳教士得翻越兩道障礙。他們不僅必須想辦法將自己和家人運送到指定地點，還得想辦法在抵達該地後保持與母國的定期聯繫，因為傳教士接受支薪，得受監督（以使他們遵守傳道會的規定和使他們的神學觀念一致），也必須得到補給。除了自己和家人的衣物、醫藥箱和「文明」的生活必需品（例如咖啡、糖、茶葉），傳教士也需要某些「裝備」以便傳教：《聖經》和書本；達成最起碼自給自足生活所需的工具（鏟、斧、鋸），以及他會鼓勵因他而相信基督者使用的物品。傳教士若離行之有年的貿易路線很遠，或比商人的開拓腳步跑得更遠，鮮少能做出什麼成績來。事實上，有時，自己下海經商，甚或有利於傳教。撒繆爾·馬斯登一心欲將毛利人救離他所謂的「暗黑王」（Prince of Darkness）之手，於是已很富有的他買了艘船，從雪梨航行約兩千公里到紐西蘭北島，用他帶去的商品換購毛利人的亞麻。馬斯登進行這方式結交朋友，很快即與北島沿海地帶的毛利人取得聯繫。四十年後，大衛·李文斯頓向今尚比亞境內的馬科洛洛人（Makololo）承諾，會助他們於遙遠的沿海地區賣掉象牙，藉此贏得他們的支持。[32]

為確保不只得到當地人歡迎，並獲准在當地居留，傳教士通常不只提供精神上的好處——這或許是他所提供的好處裡最不受青睞的東西。或許會有當地人逼他提供槍枝，而他可能如一八一三年詹姆斯・里德所發覺那般難以拒絕，因為槍是接納他的當地人最看重的商品。[33]事實上，他們可能主張，在暴力日益猖獗的時代，若想活命，需要槍，而這般說詞似乎也難以反駁。在排解當地糾紛（李文斯頓就扮演過這樣的角色），擔任當地人的外交代表，出面與殖民地當局溝通，或為當地人發聲反對移居者侵犯諸方面，傳教士似乎都能派上用場。傳教士若精通當地語言，則可能在殖民地的衝突裡充當重要中間人。一八四〇年一月簽訂的懷唐伊條約，將紐西蘭併入英國，而將此條約譯成毛利文版者，正是傳教士（但似乎譯得不甚好）。傳教士的行醫本事，也是有助他們融入當地社會的利器。郭士立踏上中國土地時，就靠醫術打破對外國人的禁令，而一八五〇年時傳教士也將此得到祖魯王姆潘德（Mpande）的接納。對非洲某些統治者來說，傳教團真正打動他們的，乃是其對建造國家的貢獻。一如盎格魯撒克遜英格蘭時期（五世紀至一〇六六年）那些「皈依基督教的國王」認識到宗教認同有利於打破親族、宗族、氏族紐帶，打造更廣大效忠——當然前提是政教合一。但不把所有的蛋放進同一個神學籃子裡，通常是較穩當的作法。布干達國王邀穆斯林和基督徒到他的王廷，讓兩者都抓不住他的心思——儘管這因應之道後來產生反效果。[34]賴索托統治者穆綏綏（Moshoeshoe）鼓勵人民信教，他本人卻是直到臨死前才表態信仰基督教。[35]

傳教士受到歡迎可能出於多種原因，然主要原因可能是他們承諾給予與外界接觸的利益（技能、資訊、貿易、外交），卻未有控制當地的野心。可惜這不保證他們會獲准傳教。他們不可能來到毫無宗教信仰之地，不可能不遇到競爭。幾乎每個社會裡都有法師之流的人物，他們憑藉聲稱擁有法力而取得威望（和富貴），能驅走各種形態的惡魔，保護族人。他們必然痛恨如此咄咄逼人的外人入侵，想方設法要讓他們名聲掃地。傳教士則得想辦法又快又平和的打破既有信仰對當地社會的掌控。這不是件容易事。

一般來而言，傳教活動以傳教站為工作平台。在開普殖民地，一八四九年進行人口普查時，境內有三十四個傳教站，其中最大的一處住了兩千人，儘管平均人數比這低上許多。[36]通常傳教站裡會有一所教堂、一所學校、一間作坊、一排供傳教士和其教徒居住的房子，以及用來提供食物的菜園、耕地。時間的管理有賴基督教曆、時鐘、教堂鳴鐘。[37]配有兩間獨立房間以供夫妻保有生活隱私的方形格局房舍（而非圓形簡陋小屋），旨在提升妻子的家中地位（傳教士極在意的一點），將小家庭與其親戚隔開。在南非和西非，傳教團採用了據認係福音派廢奴大將湯瑪斯·巴克斯頓（Thomas Fowell Buxton）所創的口號「《聖經》與犁」。不消說，受洗為基督教徒得懂《聖經》，理想狀況下得讀《聖經》。採用犁，將使受洗者的精神革命圓滿完成。那意味著規律工作、永久定居（而非毀林輪墾）、賺到錢以購買符合端莊、道德之要求的文明衣服（棉質長褲與連身裙）。使用犁意味著拒用鋤，意味著拒斥女人下田勞作，男人打仗、採集或狩獵或（如傳教士所懷疑的）無所事事喝得爛醉這種舊分工體制。用犁勞作是男人的事。犁使男人下田、妻子待在家裡操持家務、照料小孩。以《聖經》改造心靈，以犁改造身體，將使人徹底改頭換面。

但誰會上門找傳教團，接受他們苛刻的要求？傳教團自成一小天地的事實，道盡一切。傳教團的天真期望，即傳教士可向人直接布道，可透過群眾集會使人接受基督教義的期望，鮮少成真。傳教站是孤立於帶敵意或冷漠環境中的飛地。在後來成為奈及利亞南部的那塊地區，傳教團建造了自成一格的傳教團房舍，藉此展示新的生活方式，抑制傳統儀式的吸引力。[38]在這裡，會眾大多是非洲商人和從沿海地區移來的非洲人。特別是在南非，登門找傳教團者，主要是受到這個次大陸上黑人與白人的戰爭和黑人與黑人的戰爭荼毒而走投無路、流離失所者。倫敦傳道會在貝特爾斯多普（**Bethelsdorp**，今伊莉莎白港附近）的傳教站，曾是科伊科伊人的避難所。他們為躲避殖民地農場上的勞役而避難於此，有時被稱作「霍頓督人」（Hottentot），後來則被稱作「開普有色人種」（Cape Coloured）。在某些地區，傳教團獲贈予專用地（如在納塔爾所見），或傳教士購置農場（如在納塔爾的伊登代爾所見），則吸引到一批追隨者。懷接受基督依者並非真心的人，例如先前談黃金海岸時提到的記者暨旅行家溫伍德．里德，把受傳教士引領而受洗者斥為騙子。他在一八六五年告訴倫敦人類學學會，「我遇到的女黑人基督徒，個個都是妓女，男黑人基督徒則個個都是小偷。」[39]在中國，觀察家以不屑口吻提到他們所謂的「米基督徒」，即為了解決吃住問題，而非為了宗教啟蒙，而相信基督教者。針對印度境內投奔傳教團機構的「賤民」皈依者，也有人發出類似的指控。事實上，對那些在傳統社會裡具身分地位的人來說，改信基督教要付出高昂代價。因為改信基督教可能自絕退路。屆時傳教團會逼他們與其他親人斷絕關係，逼他們將親族的共同義務斥為不虔誠、不道德。由此產生兩難困境。

傳教士肯定擔心受洗者並非真心。傳教士要求改信基督教者必須在生活上有如此斷然且急遽的改變，理由之一在於阻止他們重染舊習。不過傳教士也不願因要求太苛劇致使原本有心受洗者怯步。一夫多妻就是這方面該慮及的一個重大問題。在福音派基督教眼中，幾乎沒有比婚姻關係的神聖性更為重要的信條，婚姻關係是家庭生活的基礎。卻有但許多傳教士主張，逼男性教徒在眾多妻妾中只留下一個，可說是過分的要求，將使傳教團揹上造成社會混亂的惡名。納塔爾主教約翰·科倫索（John Colenso）和後來出任西非某地主教的撒繆爾·克勞澤，極力要求母國的主事者融通。[40]克勞澤竭力主張，一夫多妻制裡的妻子若要求受洗，不該予以拒絕。只是英國聖公會差會的委員會不贊同此事。他們直接了當回覆克勞澤，「一夫多妻違反了神的律法。」另一個該慮及的問題是蓄奴。基督徒可以蓄奴嗎？誰都知道不可以。但在西非和東非，蓄養家奴（相對於加勒比海式從事農活的奴隸），牢牢根植於社會關係裡，無法迅即廢除。或許令人意外，然母國的傳教團總部在這件事上較願意妥協。現地的實際作為，乃是遠在母國的人所難以知曉的。但南非境內受洗基督教者似乎獲准繼續保有對親族關係和聯姻至為重要的「洛博拉」（lobola），即（通常用牛）買妻習俗。

傳教士召募到追隨者，打造出定居社群後，該扮演什麼角色？這也是激辯的問題。有人主張該謹慎鞏固既有成果，以維持其牧養的連續性。有些人，包括大衛·李文斯頓、約翰·克拉夫、撒繆爾·克勞澤，反而主張更為激進的路線。他們認為，傳教士應擔任先鋒，設立一連串新站，勿亦步亦趨於已新追隨者之後。這特別讓厭倦於日復一日之教牧生活的李文斯頓心有戚戚焉，使他得以盡情施展欲探明非洲中南部未探明之內陸地區的抱負，使人不再聚焦在這個偉大「傳教士—聖徒」似乎只曾使一人（短暫）改信基督教這件怪事上。[41]這同時觸及到一重大問題的核心：全球各地的傳教工作要如何籌得資金？傳教意味著該無限期提供牧養？傳道會倚賴由多種支持團體、傳教委員會、與大多數教堂、禮拜堂合作的行動主義者辛苦募來的私人捐款。傳道會支付傳教士薪水，提供他們養老金。但是傳道會必須與其他慈善濟助標的爭奪公眾的青睞。傳教士該撰寫允許他人擅自刊印在無數傳教報紙、刊物上的報告，或可充當主日學的傳教故事的報告，並寄回母國。休假期間的傳教士演說、布道，也是為了傳道會的知名度。曲折離奇的冒險，比一成不變的教牧生活更令人印象深刻。李文斯頓橫越非洲大陸後瞬間聞名，對他的東家，當時已負債累累的倫敦傳道會來說，可謂一大利多。後來的發展表明，李文斯頓身後的名聲（他於一八七三年離世），大有助於該會的傳教工作。他英勇、虔誠的形象受到一連串為他立傳者刻意的打造。事實是，生前的他不是這麼容易受操控。身為維多利亞時代中期的名人，他極注重自己的形象，拒絕於公開場合飲酒，經常戴著他的探險家鴨舌帽，刻意標榜他的探險家身分。但為了接下皇家地理學會一項更為崇高的任務——領導那以不幸收場的考察隊前往尚比河沿岸推動基督教和商業——（和為了得到政府的薪水），他悄然退出倫敦傳道會。

「商業、基督教、文明」是李文斯頓的行動準則。一八五八年，他在劍橋大學演說時告訴聽眾，「我回非洲以為商業和基督教開闢一條坦途」，「我們應該鼓勵非洲人種植市場所需的作物，那是促使他們生活有所提升的次有效方法，僅次於福音。」[42]他強烈暗示道，若沒有商業所帶來的轉變，基督教不可能牢牢紮根，傳教士無法走得更遠、更深入。[43]這觀點與亨利・范恩（Henry Venn, 1796-1873）所見相同。范恩是英國聖公會差會書記，也是維多利亞時代傳教活動的大謀略家。在一著名報告中，他闡明傳教士的目標：盡快使自己成為多餘之人。他主張，「土著教會的生命力」，有賴「自治、自給、自我擴展」，[44]因此「傳教團和所有傳教機構理應轉移到『該教會以外的地區』。」[45]可惜在世上許多地方，自給的土著教會仍是虔誠白人的奢望，受洗的族群仍然勢力薄弱且規模甚小。傳教士要乘著文明、商業的浪潮航向大海，然這浪潮往往小得令人失望：他們只能在淺灘活動。事實表明，傳教士不願將控制權交由土生土長的受洗者。事實上，在西非，十九世紀晚期時，從未出現黑人替代白人之事，反倒出現相反情況。此時非洲人被認為缺乏不可或缺的熱情和效率。[46]自私、追求個人名利、日益強固的種族偏見，或許是造成此現象的部分原因。然在中國和印度，僑居的傳教士卻能提出更多不得不然的理由。

這是因為在這兩個國度，居民受洗的速度特別慢。傳教士在這兩地的（局部）識字社會裡，面對的是自信、堅定、善於表達的對手。在中國，三百五十名新教傳教士努力傳教，但到一八七〇年為止也只有六千人受洗為基督教徒。[47]在英國人統治的印度，成績較好，但也談不上可觀。在旁遮普省，經過三十年的傳教，只有五千人受洗。[48]更糟的是，某些傳教士認為，他們接納賤民受洗之舉，乃是「在垃圾堆中翻找東西」，使基督教在穆斯林和講究種之別的印度教徒眼中形象受損。脫困之道似乎是把傳教工作放在就連高種姓印度人都會讚賞的事情上。精英教育成為傳教工作的目標。他們在旁遮普創立數所中學，包括以劍橋某學院為本（餐廳裡擺了「高桌」）創設的德里聖司提反學院（St Stephen's College）。執教的傳教士，不是工匠出身、派去南非的灌木林地區過苦日子的傳教士，而是牛津大學畢業生和古典文學學者，例如一九〇四年加入德里的「劍橋教友」（Cambridge Brothers），後來成為甘地弟子的查爾斯・安德魯斯（Charles Freer Andrews, 1871-1940）。教會學校從未試圖讓學生信教：這麼做會把學生趕跑。[49]事實上，教會學校多數學生和七成教師不是基督徒，其理念是灌輸學生社會服務的理想、課外活動的重要、品德培養的必要，以及（在某些例子裡）男子氣概。校方的目的非常公開：如果無法宣講基督教，它們會教授基督教精神。基督教精神漸漸影響印度精英（這是教會學校所希望的結果），將消融印度教、伊斯蘭教的道德基礎，從而為印度社會底層和上層人民的受洗開路。缺點也是相對顯而易見：從教育著手的策略，未推動自主教會的誕生，反而使傳教團更加倚賴英國提供旅外教師，提供支付教師薪水所需的資金。

到了十九世紀末期，海外的英國新教傳教士有約四千名（一九一六年時達到七千五百名）。[50]他們秉持住宗教活動的龐大基礎結構。光是在南非，就有約六百一十個傳教站和五千個傳教分站，以及數所學校和一九一六年起位於黑爾要塞（Fort Hare）的南非土著學院（South African Native College）。[51]傳教士未能免於愛國情緒和演化論所暗示的種族性、文化性認定毒害，但絕大多數竭力與帝國統治的代理人保持距離，因為他們需要得到他們所引領信教者的信任和接納。在他們與白人移居者的關係上，他們更力求與之保持距離。對李文斯頓來說，商業與文明意味著拒斥白人移居者，而非鼓勵他們擴張。儘管傳教士努力使在當地的傳教事業與他們的外部關係並行不悖，他們所傳的福音仍遇到一難以撼動的抵抗。

儘管如此，事實表明，基督教的用語和器具，有許多令這些不情不願的信教者備感受用。傳教士的講授、布道風格、讚美詩的撰寫與歌唱方式、《聖經》中「墮落」、「大洪水」、「基督復臨」的意象，被信教的原住民採用。這其實不是很弔詭的事。傳教士的方法，一如他們所傳的福音，挑戰著當地既有的宗教：因此那些方法助長了旨在反抗的創新。但只要傳統信仰仍得到傳統權威的支持，只要它們的精神實踐作為仍受到崇敬，基督教的擴張就只能是漸進的。即使是那些已受洗基督教者，直到十九世紀晚期，也日益痛恨起外人的精神支配。一八八〇年代起，獨立的非洲教會或「衣索匹亞」教會在南非迅速竄起，愈來愈多非洲人在美國的黑人學院（black college）取得神學學位。他們強力申述「非洲是非洲人的」，招致傳教士和白人移居者當局的猜忌與敵視。在他們之後，二十世紀時出現「錫安主義」（Zionist）教會。這些教會揚棄傳教士對教導、布道的強調，代之以對抗惡靈與巫術所必須的儀式：全身沒入「約旦河」或「畢士大池」裡受洗；在狂喜狀態下以原本不會的語言交談；與魔鬼搏鬥。[52]

事實上，在非洲和其他地方，基督教信徒人數的大幅成長，晚至一九〇〇年後才出現。基督教的光榮世紀是二十世紀，而非維多利亞時代。這其實不足為奇。在維多利亞時，人們相信透過具領袖魅力者的以身作則，透過布道，便足以打造出基督教社群，而這信念崇高但昧於形勢。在傳統社會規範和信仰已然垮台或被打破的族群裡，他們最能如願。在世上許多地方，那一過程——涉及深遠之社會、經濟、技術變革的過程——必須等到十九世紀晚期及之後，必須等到原住民基督徒人數夠多且組織化程度夠高，而得以用更為易懂的言語傳布他們的訊息時，才得以展開。帝國的高潮和受洗的特高潮並非同時發生。

你認為自己是誰？帝國與認同

過去，受洗為基督教或許是外來影響改變個人認同感最引人注目的方式——藉由施加新義務和切斷舊義務，藉由要求效忠新對象，藉由帶來新的一體感（在每個例子裡都使人在新的關係網絡裡超脫本地性的、乃至地區性的舊關係），改變個人認同感。時至今日，我們或許認為帝國本身會重塑其所統治者（包括母土的英國人）的認同感，儘管並非總是以其統治者所樂見的方式改造。

擁有帝國一事對英國境內人民看法的形成有如何決定性的影響，是今人激辯的問題。在某一派人眼中，其影響顯而易見，因而細究此事幾乎是多此一舉。種族偏見和種族暴力、堅持男女角色有別的心態、侵略性男性文化、以榨取角度看待自然界及動物的看法、軍國主義價值觀、過度順從權威的心態、頑強的階級制度：這一切都可追溯至外來支配賦予階級、性別、種族的等級體制正當性的方式和扼殺異議聲音的方式。帝國思想得到教會的宣講、報紙的傳播，並在文學作品、劇場、音樂廳裡有所宣揚，且被粗糙的重新包裝為「愛國」情操，而英國國內人民，在帝國思想透過這些媒介不斷宣傳轟炸下，改造自己為具有帝國心態和帝國邪惡的帝國民族。在與此相對立的另一派人眼中，這些主張大多建立在一個方法論的謬誤上。如果帝國的「真正」意義是對亞、非人民的直接統治，那麼就毫無跡象顯示，帝國在其所從之挑選帝國官員的那些小小社會群體之外，曾激起多大的關注。對那些群體之外的每個人來說，帝國大體上是與己無關的，只是他們的視界邊緣隱約、遙遠的一團模糊東西。在某些通俗文化的事物裡，但見對帝國語帶肯定的提及，或是對帝國運作的關注，至於對非帝國事物提及的頻次，根本無從比較，這間接表示帝國對公眾認知的衝擊根本微不足道。[53]事實上，帝國主義者竭力鼓吹帝國時，語調的尖聲刺耳正點出事實：帝國的宣傳者必須高聲喊叫，才能為人所注意。

在這個問題上要達成共識可能性不大。然有三點至為重要。首先，英國境內人民對「帝國」的認知紛然雜陳，並未認為「帝國」只是讓他們從他人經驗中，間接享受支配其他種族存在樂趣的東西（甚至不怎麼認同此看法）。對英國境內最大多數人來說，帝國意味著外移（主要移至幾乎見不到原住民的區域）。在一九一四年前的多數英國人眼中，真正重要的帝國，是社會的民主程度比英國有過之而無不及的那些移居者國度（非印度或熱帶非洲）。英國工人（一九〇〇年時約六成成年男子有投票權）認同繁榮的關鍵在自由貿易，不贊成將熱帶民族的貿易對象局限在大英帝國，且從一八四〇年代到一九三一年經濟崩盤為止，自由貿易一直是英國的國策。事實上，自由貿易被普遍視為最有可能在非西方世界促進現代性與代議政體的方法。英國人的看法的確未能免於種族優越感的影響，但對維多利亞時代清楚表達自己意見的那一部分公眾來說，談到帝國，就必然要抨擊蓄奴，要保護海外基督徒，使免受非基督徒的壓迫。帝國使人對人道主義價值觀信守不渝，一個至今未消的傳統。存在這些不同的帝國想像——人道主義的、威權主義的、民主主義的、保護主義的、自由貿易的、宗教掛帥的、軍國主義的帝國想像——肇因於英國境內有許許多多不同的利益團體，把帝國視為可表達自身價值觀與實現目標的場域。由這個角度觀之，帝國與其說是認同的來源，不如說是不同觀點的英國特性（Britishness）一爭高下的戰場。[54]

第二，帝國被以如此多樣的層次來想像和體驗，因而要從它難以捉摸的存在中整理出一套脈絡一致的價值觀或共有的認同感，可謂極不可能的事，或者說英國社會受到其帝國事業決定性影響（以流行的字眼來形容，英國社會由其帝國事業「構成」），是極不可能的事。由此，人口外移、自由貿易意識形態、傳教活動所產生的影響，很有可能比種族優越感，或比間接感受到的殖民統治喜悅所產生的其他任何情緒更為有力。帝國的滅亡之所以受到公眾的冷漠以對，最終是因為帝國這一政治理念的多變特質，因為帝國可被人當作實現自身利益和目標——紛然雜陳形形色色的利益和目標——的藉口（包括讓殖民地人民做好自治前的準備）。第三，對帝國的這一「雜亂」認知，多少反映了對帝國的始末、哪些人或哪些東西被納入帝國裡、理論上英國法令的有效範圍，普遍懷有的不確定感。「大海是……英國所有。」有兩名維多利亞時代的國防專家如此嚴正表示，言明了民間普遍的看法。[55]在英國統治範圍以外的世界許多地區，承認英國的影響力凌駕其他諸國。一八八二年起受英國「暫時占領」的埃及，其與英國的確切關係，是受撲朔迷離的外交保護的一個謎。一八八〇年代創造出來的一個好用詞語，認可這一含糊狀態。「英國治下的和平」（**Pax Britannica**）涵蓋英國支配的每個角落，然其顯而易見的必然結果，則是要在非常多樣的條件下維持「英國和平」，需要比純粹支配更為細膩的作為。

正是因為在帝國所代表之意義上的此一不明確性，促使帝國為立場如此複雜多元的人士和大不相同的諸多族群所接受。認同帝國，並不排斥其他關係與認同，或許反而強化了其他關係與認同。有人主張，對蘇格蘭人和威爾斯人而言，以及對許多愛爾蘭人而言，帝國不只是供人外移、闖蕩的廣大天地，相對於前後三次為打造出聯合王國而與英格蘭的合併，反而提供了不那麼帶有英格蘭人之自負色彩的集體效忠焦點。這主張的確有其道理，尤以在蘇格蘭人身上最具說服力。格拉斯哥之崛起為重要的商業中心、蘇格蘭企業家的積極參與印度、非洲貿易、蘇格蘭人在定居型殖民地裡扮演的角色、蘇格蘭人對傳教事業的奉獻（因李文斯頓的名聲而大大提升的奉獻）、蘇格蘭兵團打過的帝國戰役，產生了雙重影響。它們提醒眾人——如果提醒有其必要的話——維多利亞時代的蘇格蘭，若沒有帝國，將會是英格蘭的一個窮親戚。而且它們提升了蘇格蘭人的自信：相信蘇格蘭可以用自成一體的民族身分存活於世，且具有獨樹一格的傳統，在通往現代性上可走自己的路。[56]

但英國人能使他們所殖民統治的民族接受帝國認同到何種程度？在他們於亞、非洲的海外統治區，他們能在地圖上畫設新界線，能強行施行新法律體系，能發明新的代表制規則，能宣告新的文明、進步理想。他們能將殖民地居民分門別類，有時甚至計算出居民人口（他們於一八七一年舉行了在印度的第一次人口普查；在熱帶非洲的許多地區，他們直到統治快結束時才抽出時間處理這件事）。他們能獎賞表態效忠者，懲罰未如此者。他們能樹立雕像和紀念碑，以表明他們要永遠留在當地。但根據帝國構想來重塑當地人的認同，幾乎非他們力所能及。在大英帝國大多數領域，他們沒有資源將影響力往下伸展到殖民地草根民眾上。對殖民地政權，對承接了大部分教育事業的傳道會來說（尤以在非洲為然），平民教育成本太高，負擔不起。他們也不敢奢望要當地精英接受他們的文化霸權：事實上，從現實的角度來看，英國人的文化霸權即使不是完全無意義，也是令人困惑的含糊不明。

英國國力的局限，特別是人力，迫使英國人必須倚賴當地的文化守護者，諸如土生土長的教師、辦事員、立法者（例如穆斯林烏里瑪）、口述傳說的守衛者等合作。身為統治者的英國人所念茲在茲的，是將習慣法本土化，對其依賴就更為必要。他們想確立權利和所有權，以免當地人無所適從。他們向當地有學問的人請教，編定法典時求助於酋長、印度婆羅門學者、伊斯蘭的毛拉維（maulvi）。毫無意外的，這些專家會聲稱他們的看法是久遠不復記憶傳統的一部分，他們身為立法者的特權地位受到普世的接受。例如在印度，英國人採納婆羅門版的歷史：印度始終是個種姓森嚴的社會，其他種姓皆服從婆羅門的權威。

因此，英國人未打擊當地的文化傳統，反而常與有利害關係的各方結盟，共同打造一「新傳統」秩序，在這新秩序裡，過去受到改造，以滿足他們共同的需要。英國人的動機任何人都看得出來，且不盡然是別有居心。他們認為，若沒有傳統這個骨幹，其所統治的民族將四分五裂，易受狂熱分子和煽動者操弄，成為無根、難以治理之民。重要的是，這一交易為當地文化精英留下回應西方思想、技術挑戰的空間。他們有時間利用新的通信、教學模式擴大他們的影響範圍，強化自身的思想。十九世紀時，穆斯林、印度教徒和小乘佛教徒等族群極欲在精神上「自強」。這意味著大舉驅除異端（本土泛靈崇拜的殘餘、對邪神或旁門左道聖徒的崇敬、或自其他宗教胡亂借來的習慣作為——例如有許多印度穆斯林採用了種姓身分），以「淨化」他們的信念體系。這意味著以行動重新確立原始聖典的權威，意味著將觸角往下深及最窮者，拾回他們的效忠，重新將道德權威加諸於他們。這意味著採用新方法以擴散宗教信念：西式教學和印刷媒介。這意味著利用鐵路和汽船來增加朝聖人數，而朝聖者返鄉後將成為淨化後的信仰的傳播媒介。這意味著，尤以對穆斯林為然，動員信士（烏里瑪），喚醒集體認同意識。此一宗教活動大致上未公開挑戰殖民統治當局，英國人原則人也並不在意。只是當宗教被用來推動政治運動、對付英國人時，英國人的反應是既憤怒又憂心。一八八五年，戈登將軍在蘇丹喀土木「殉難」於馬赫迪主義「狂熱分子」之手，深深影響了英國人對伊斯蘭的看法。

宗教復興不是殖民地社會裡唯一的宗教活動，也不是造成本土認同感改變的唯一推手。殖民主義為一新社會階層創造出讓其在統治者與子民之間居中調解的空間，儘管那空間在原住民已被推落為邊緣人的移居者社會裡極其狹窄。這是個精通白人統治階層語言和文化特性的新服務階層，包含了嫻熟於隨殖民統治而來的行政、法律、醫學方面之技術的官僚、律師、醫師，也包含負責培育這批說英語的精英教師，以及協助這些「新人」彼此溝通、協助已透過帝國和更廣大世界搭上線的他們與這更廣大世界溝通的作家和記者。他們的英國人主子或許希望他們的文化抱負只會促他們成為忠心耿耿的帝國僕人。然此一願望注定要落空。三個有力的想望形塑了這批新興社會精英的觀點和支持對象。

第一個想望可謂弔詭。對此際為新統治者效力的許多人而言，英國人的到來帶來解放，當地因此得以擺脫傳統君主和酋長的掌控，或擺脫比英國人更高壓的統治者。對印度教的婆陀羅盧迦（**bhadralok**，意即「可敬之人」）來說，普拉西之役（一七五七）後推翻孟加拉的穆斯林統治階層，乃是劃時代的解脫。隨著英國政權的建立，商機和任官機會隨之到來。加爾各答成為婆陀羅盧迦實現雄心抱負的主要場域。孟加拉被改造為婆陀羅盧迦的國度。這一劇烈的轉變很難不讓人覺得是天意。事實上，一九一四年前參加印度國大黨集會者，常提出英國人征服印度一事的「天意」特質（且話中毫無反諷之意）。[57]

可惜此社會上、文化上的改造，仍存在令某些人憂慮、緊張並引發憂心忡忡的爭辯。在殖民地孟加拉較開放的社會裡，成為可敬之人代表什麼意思？個人的抱負如何與宗教義務或家庭要求並行不悖：特別是過「集體」生活的印度教「大家族」？女人該享有什麼角色或權利？——在社會習俗已要求女人勿拋頭露面時，這是個極敏感的問題。哪種衣著，哪種休閒活動，讀哪種書是有品味且符合道德？教育該教些什麼，該由誰來任教？對這些問題的討論，催生出新式文學作品和新媒體的運用。小說——例如孟加拉第一位現代小說家班基姆．昌德拉．查托帕德亞（Bankim Chandra Chattopadhyay）的小說——報紙——例如由富有的泰戈爾家族創辦的《民族報》（*National Paper*）——宣傳小冊、詩、劇作，成為對社會發出質疑疑問並展示、嘲諷新社會典型的文學創作舞台。新的文學語言應運而生，以傳達新式訊息。這一文學語言助長新的地域感、對風景的新鑑賞力、新的歷史感、新的民族感。

第三個想望是愛國的、政治方面的想望，反映了一種看法，即社會、文化方面的轉變，要等到殖民地社會整合成一個國家時才算完成。它產生自受過教育的精英對英國人種族歧視作風和對自身無緣作主的痛恨，同時也呼應了英國自由派所贊同的信念：自治是道德與政治美德的關鍵，沒有自治，民族在最好的情況下都無法正常發展。在殖民地孟加拉，以最強烈有力的姿態宣說此一想望者是蘇倫德拉納特．班納吉（Surendranath Banerjea, 1848-1925）。班納吉是熱情的改革者，痛斥種姓制度和童婚、寡婦禁止再婚、婦女不得拋頭露面諸習俗。英國人在印度的使命，乃是協助「形成陽剛、雄健、自立的印度性格」，引進「自治之術」。[58]透過他的報所創辦紙《孟加拉人》（*Bengalee*）以及他的政治運動組織，班納吉極力鼓吹憲政改革和撤掉英籍官員，換成印度人官員。

只是令人難以理解的是，不管是班納吉，抑或是來自印度西部、北部的一八八五年印度國大黨其他創黨政治人物，都未要求切斷與英國的關聯，反倒強調他們希望保住這關聯，主張印度自治會使他們更靠近英國。如今這常被斥為虎斑貓政治，彷彿他們惟恐嚴重傷害英國統治、激起反英群眾運動。這些抱怨極其天真。國大黨政治人物非常清楚他們所面對的束縛。他們本可以發起一場群眾運動，但只有透過操弄宗教情緒或社會不滿、種姓不滿，才能達到。而這兩者都將引發強烈對立，帶來嚴重危險。他們理解到，要在印度建立國家，必得由上而下，藉由將民眾漸漸引向其核心建制（特別是國會）方能遂行。這是他們從英國、從格萊斯頓的作為中學到的道理，事實上，他們已轉而投入自由主義的懷抱，而非民族主義的懷抱。然他們面臨一個讓人愈來愈痛苦的兩難：他們必須說服英國官員心甘情願交出權力，不可逼他們動武，以免引發動亂、衝突。他們的不幸之處，乃是英國人極其重視印度，不肯輕易放棄，而他們本身又沒有能力把英國人逼下台。其所導致的挫折感催生出占人口少數、走極端主義路線的一批人：一九一四年前的孟加拉，便出現以炸彈攻擊的恐怖活動。[59]在一次世界大戰結束到二次世界大戰爆發前那些年，這股挫折感點燃甘地所啟發的群眾民族主義。但誠如國大黨最早期領袖所預見的，它所藉以壯大的群眾情緒，最終成為致命的分裂根源。

第一代印度政治領袖已有心將他們眼中的英國政治優點嫁接到本土的政治主幹上，亦即欲從上而下建造民族國家。在亞洲和非洲，還有一些社會群體，其「英國關聯」成為本土認同和社會凝聚的關鍵一環。最明顯的例子，出現在得天獨厚擔任英國商人與內陸居民間之商業中間人的沿海族群身上。所謂的峇峇娘惹，即出生於馬來半島的土生華人，在英國人於一七八六年抵達東南亞的檳城和一八一九年抵達新加坡時，占據極有利位置。隨著與中國的貿易急速成長，他們成為英國商人的代理人和買辦，且自己當老闆從事買賣。他們控制這地區的鴉片貿易，而在新加坡，一如在印度，鴉片是英國收入的主要來源。他們有錢、有不動產且會說英語，充任英國人為管理移入新加坡（這地區急速成長的城市）的愈來愈多華人而創設的官職。他們辦報、興學、管理占人口多數之華人的公民活動和儀式性活動。他們抨擊迷信，貶低儀式性的習俗，贊成「理性儒家改革」。他們剪掉辮子，採用獨具一格的衣著，以反映英籍華人的看法：穿西裝背心，戴蝴蝶領結，同時穿中式短上衣和中式立領衣。他們向大英帝國強烈表態效忠：一九〇〇年六月，英國人取得普勒托利亞時，即當時人天真認為南非戰爭即將結束之際，這些華人更舉辦盛大遊行以慶祝捷報。

然而峇峇娘惹終究不是英國人的傀儡，也並非只知一味模仿英國人。他們對自身中國文化和出身，仍有強烈的體察。他們強化自己與中國的關係，公開表達對「祖國」的奉獻之心。在中國的分崩離析並遭列強瓜分已幾成定局（約一九〇〇年）時，他們攬下中國現代化的大任。由於有英國人為後盾，他們可能認為自己會有舉足輕重的影響。基於自身利害的考量，英國人鼓勵這些華人實現這一抱負，縱容他們同時效忠二主。直到一九一八年後，中國的革命路線的旗幟更加鮮明，英國人才將中國民族主義視為對大英帝國的威脅，土生華人自此將目光轉向內，揣想起沒有英國人統治的政治未來。[60]

一如東南亞的土生華人，西非的克里奧人則是緊守沿海地區、在英國人保護下事業有成的經商僑民。他們的「故鄉」是獅子山境內的佛里敦，而佛里敦由英國人統治，卻由黑人自由民、來自英屬美洲的前奴隸、英國皇家海軍巡邏船從奴隸船上擄獲的「獲解放非洲人」拓殖。[61]克里奧精英自視為基督教、商業、文明的代理人。他們在西非沿海地帶擴散開來，擔任商人與傳教士、教師與辦事員。各港口的英國商行透過他們與內陸的供應商、顧客取得聯繫。他們包括穆拉托人（mulatto），即白人男子與非洲女子的後代。他們重視教育和資產階級傳統禮儀（節制是他們所看重的德性），採用英式衣著和舉止。他們是「黑種英格蘭人」（Black English）：其中有些人稱英格蘭為「故鄉」。往內陸看，他們面對「野蠻」的達荷美、阿善提兩王國、交戰的約魯巴人諸國、北方的諸穆斯林公國，難怪他們把英國人的擴張視為這地區地緣政治上極樂見的改變。

但一如東南亞的土生華人，克里奧黑種英格蘭人有自身的本土政治目標。他們不只自視為英國影響力在沿海地帶的尖兵，也自視為內陸地區的尖兵。他們夢想建立「不列顛西非」（Emperial British West Africa），或許有朝一日成為像加拿大那樣的大自治領，且當家作主。[62]十九世紀末，更多英國僑民（行政官員、商人、傳教士、醫生）的到來令他們大為憤懣，然令他們更為憤懣的，則是當英國人決定透過傳統酋長和習慣法（而非英國法）統治其新內陸帝國時，他們漸漸被貶為惱人的少數族群。有些人財力雄厚，可惜人數太少且分布太零散，無以發動有效的反抗，或無法發揮像馬來半島土生華人那樣的政治作用。佛里敦不是新加坡：不列顛西非是四個互不統屬的殖民地。及至兩次世界大戰之間那些年，他們的憤懣開始爆發之際，他們企圖反抗建立在間接統治和英國人與傳統領袖結盟之基礎上的殖民地政權，卻已無法取得可觀的進展。

但「英國關聯」所打造出最引人注目的族群，或許是殖民地南非的姆豐古人（Mfengu），又稱芬古人（Fingoes）。他們最初如何成為旁人眼中自成一體的族群，已難以確知。最令人信服的說法，乃是他們最初為所謂mfecane——十八世紀晚期因祖魯戰士國興起而引發的非洲本土族群之間為了搶奪人和土地所起的衝突——的受害者。[63]他們避難於從事游牧的科薩人土地上，成為穀物種植者（耕種是「女人的工作」），然後成為商人，而經商是卑下的行業，且隨著科薩人與白人的衝突加劇，這一行業日益受到猜疑。關鍵時刻出現於科薩人與英國人的一八三五年戰爭時。姆豐古人與他們的科薩人主子決裂，轉與英國人結盟。[64]他們得到的報酬，乃是獲贈一塊土地（即後來的西斯凱）。英國人將他們安置於此，作為東部新邊疆區的緩衝。他們在英國保護下成為自成一體的族群，而一樁至今仍受到緬懷的重大公開行動，則是這一成形過程的象徵。一八三六年五月，在傳教士約翰·艾利夫（John Ayliff）領導下，約一萬七千名姆豐古人，在邊疆小村佩迪（Peddie）的一棵乳樹下，宣誓向上帝、傳教團、英國國王同時效忠。[65]他們成為英國子民。接下來五十年，姆豐古人擔任英國人在開普殖民地邊疆戰爭中的盟國援軍，並得到土地和牛作為回報。

姆豐古人迅即利用教會學校教育和其所提供的技能壯大勢力。到了十九世紀晚期，他們定居的地方已遠至慶伯利和羅德西亞（今辛巴威）。在開普殖民地內，他們形成一非洲精英階層。尼爾森·曼德拉（科薩人）憶道，「小時候，姆豐古人是這個族群裡最先進的一環，提供我們神職人員、警察、教師、辦事員、通譯。他們也是最早信基督教者……傳教士所謂要文明就要成為基督徒，成為基督徒就是變文明的原則，在他們身上得到證實。」[66]姆豐古人效忠英國，但並非盲目效忠。他們是最早利用投票權（在開普殖民地有條件限制但不分膚色的選舉資格規定下）、最早動員反抗種族歧視法的非洲人之一。一名叫約翰·滕哥·賈巴武（John Tengo Jabavu）的姆豐古人，成為開普殖民地非洲籍政治人物主導者兼報紙主編。一如在克里奧人、馬來半島土生華人身上所見，他們的「英國關聯」賦予自成一體的認同和政治目標意識。一九〇八年五月，他們慶祝「芬古人解放日」，在為將南非統一於白人支配下的協商行動正達到高潮之際，以此行動直率重申他們對英國的效忠。此舉所要表達的義涵，明眼人都看得出。姆豐古人相信，他們的「英國關聯」是確保不受移居者壓迫的惟一憑藉，而如此認為的不只姆豐古人：多族群混合的「開普有色人種」，更堅信此看法。[67]但一如克里奧人，他們覺得自身主張，在英國人希望拉攏當地統治階層的殘酷政治現實下，無法影響大局。在南非，能主導大局者是白人，一如在西非的傳統統治者。

帝國，以外族統治的形式呈現，可謂文化改變的推手，然而帝國只是造成文化改變的諸多推手之一。帝國常與其他事物一起到來：貿易擴張、新式消費；更迅捷的運輸；語言字母表的編定；識字率的提高；新通訊技術，包括定期郵遞和電報；新式學校教育；新類寫作，尤其是報紙和小冊子；新醫學知識；新休閒觀、品味觀；另一種且苛求的宗教。其中某些或全部可能比帝國早一步來到某地區，在當地人的主動追求下產生：最貼切的例子是埃及。帝國可能著手強化這些改變所帶來的衝擊，利用它們的潛力壯大帝國。但帝國派在當地的人，同樣可能表現出欲支持舊秩序（包括文化秩序和政治秩序）的怯生生念頭。他們通常找得到極有心助他們一臂之力的盟友。只是在每個殖民地社會裡，也有許多人深深著迷於新文化形態。它們提供了一種新個人主義：擺脫習俗、擺脫陳腐的宗教儀式、擺脫親族或必須從事之職業的束縛。他們希望英國人切實履行的承諾，在於使他們擺脫社會體制的僵固枷鎖，特別是在對待女性方面的枷鎖。印度的自由主義者，例如班納吉或莫提拉爾·尼赫魯（Motilal Nehru，賈瓦哈拉爾·尼赫魯的父親），若得知他們是晚近作家口中「知識暴力」（epistemic violence）——殖民強權破壞舊知識體系——的受害者，大概會驚愕不已。

或許顯而易見，從文化角度來看，一如從政治上而言，帝國既起了大破的作用，也起了大立的作用。但作為一文化力量，帝國本身幾無一致性。不管是在國內或是國外，帝國在在呈現數種不同形態，具備數種不同意義。它吸引到不同盟友，而這些盟友往往無共通之處。帝國的神祕性受人利用以支持多種目標，而且其中有些目標相牴觸。在非西方世界，帝國有時像是輛壓碎行經路線上所有東西的大卡車，有時像是輛馬力不足、一路嘎吱作響、簡直隨時會拋錨或勉強才把客人載到目的地的破爛車子。帝國的政治代理人很少自信於帝國的文化力量。他們避免與各大宗教對抗，不想讓帝國子民覺得他們太親近自己的宗教，以免招致猜疑。他們幾乎無法阻止心靈手巧的本地精英學習隨殖民統治而來的技術和觀念，卻又幾乎管不住他們對這些技術和觀念的運用。帝國作為一股受到宗教復興或文化復興運動抗拒的外來勢力，其更廣大的衝擊，不是他們的行政力量所能掌握，且或許非他們所能理解。他們不可能預知未來，因此他們的主要感想，乃是所面臨的當地文化一擊就破的停滯狀態和如果那些文化受到太直接的挑戰可能陷入混亂一事。他們厲聲高呼進步的背後，隱藏了他們的懷疑，懷疑在非西方世界較內陸地區的進步速度大概會極為緩慢。今人指控他們欲把世界改造為西方的粗糙翻版或西方的文化俘虜，他們若聽到這樣的指控，或許會備感莫名其妙。從另一種角度來看，當地文化守護者較急切於改變。但不管是這兩者的哪一方，都未能預見到二十世紀中期以後社會改變、文化改變的急劇加速。大幅改變今人之帝國衝擊觀者，其實是此急劇加速的改變所帶來的影響。

第十章　守衛帝國

痛風的巨人

曾有人妙論道，「大英帝國一成為遍及全世界的帝國，凡有日照之處，就有帝國的危機。」[1]這一時刻於一七五六至一七六三年的七年戰爭期間降臨。此時，英國人於既有的大西洋地區領土之外，增添了亞洲的一處帝國。從那之後，英國人的思維被迫走上全球性的運籌。英國人不斷擴張，敵人也因而大增，在美洲的蕭尼人（Shawnee）和德拉瓦人（Delaware）之外，在他們於歐洲的宿敵西班牙、法國、荷蘭之外，增添了馬拉塔人（Maratha）、羅希拉人（Rohilla）這兩個位於印度的新敵人。而情況不僅如此，這一全球性的格局含有一新威脅。因為此後，極有可能在英國正需要其陸海軍來挫敗歐洲敵人的意圖或逐退侵犯本土的外敵時，南非的邊疆戰爭或美洲的叛亂，牽制住英國陸軍部隊，調走英國海軍。全球規模的帝國，其代價不只在於得想辦法壓下世界不同地方的一連串危機，更在於必須在某連鎖反應發生之際，某區的危險曝露其他區的弱點之時，動用人力、物力來因應。就這觀點來看，一七六三年帝國的勝利，只是花了五十年才看清的歧途起戰。

誠如後面會提到的，經過將近二十年的一場世界大戰，英國迎來一八一五年的勝利，從而使前述最大的一項隱憂在接下來的五十多年裡不再是英國心頭之患。未想滑鐵盧之役和特拉法爾加海戰之前令英國政治家困擾不已的戰略兩難，到了十九世紀晚期，再度纏擾他們。這時他們的帝國已成為疆域遼闊的大帝國。大英帝國的版圖、人口、財富，都遠超越其對手。在非洲與東南亞（緬甸、馬來亞、婆羅洲）的瓜分行動中，英國政治家搶到最大面積。來自歐陸的「闖入者」侵犯西非、東非之類地區，或侵犯英國政治家眼中即使不是他們的保護區或統治區、也是他們獨有之「干預範圍」的波斯灣時，他們憤怒以對（其中有些憤怒發自內心），[2]以致冷靜的顧問要他們當心這一心態可能激起的眾怒。一名顧問寫道，「有時我覺得，在看過我們報紙的外國人眼中，大英帝國肯定像是個伸開四肢趴在地球上的大巨人，有著往各個方向伸展且一靠近就必會引來尖叫的痛風手指和腳趾。」[3]

雪上加霜的是，全球政治局勢發展似乎轉而不利於英國。義大利、德國這兩個咄咄逼人、自認有資格建立海外帝國且往這方向走的新對手，要求在熱帶地區占有一席之地。英國最危險的對手俄國和法國，一八九四年結為同盟，法國首都為沙皇的亞洲野心火上加油。小國，例如葡萄牙或比利時國王，受到此舉的鼓舞，膽子大了起來，動手搓捻英國這頭獅子的尾巴或扯他的鬚。由於擔心被拒於當時還未受到拓殖而有著貿易機會及豐富礦產潛力的地方之外，大大小小的殖民強權裡，輿論皆被煽動得歇斯底里。十九世紀晚期的通訊革命助長這一氣氛。汽船和鐵路使地球上的每個地方都成為歐洲潛在的一省，使所有帝國建造者的胃口變大。在非洲沙地上鋪設的一條鐵路，實際上等同於經濟併吞，並創造出必須捍衛的利益。電報線路網打破距離的假象，各行其是的帝國主義者間的每次爭吵或傾軋，不管多遙遠、多不得體、或多微不足道，無不在幾小時內成為公眾注目焦點，激發愛國情緒。英國外交官痛批甘受統治者利用的法國「拍馬報界」，對方無關痛癢，竟忘了自己國內也有同一性質的報紙。置身在紛紛揚揚的計畫書、官方宣傳、大計畫（更別提紛至沓來的騙局）裡，很容易讓人以為帝國間的競爭已步入尾聲，不盡快奪取土地，恐將時不我予。邊界逐漸關閉，且不只在美國是如此。世界的瓜分已在進行。被冷落在一旁，未得到應有的一份，恐將在未來的「世界國」逐鹿大賽中不支落敗。

事實上，一九〇〇年後，世上那些至當時為止一直躲過瓜分命運的國家，似乎愈來愈有可能在不久後逐一打開大門。歐洲商業、技術、意識形態方面沛然莫之能禦的攻勢，將使中國、朝鮮半島、奧圖曼帝國、伊朗、摩洛哥、衣索匹亞境內殘存的舊制度分裂，一蹶不振，或者遭到摧毀。從大西洋綿延到東亞的大片土地，將以不可預料的順序接續供人奪取，而眾多當地行動者和偶發事件則將促使這一奪取行動更為棘手。這些「世界國」將被迫展開比瓜分非洲（帝國的便宜貨）風險遠更得大、讓步餘地遠更小得多的爭奪。這一次的勝出者將囊括所有獎品，將可能取得無限期稱霸的地位。

今人憑著後見之明，了解世局並未走到這一步。但那些受命捍衛英國利益與勢力範圍者，不可能逕自認為不會走到這一步。他們的任務並不簡單明瞭。要捍衛大英帝國，並不只是多造艦隊和要塞，或派駐愈多愈好的砲艇和軍隊到遙遠地方即可。此事的成敗最終取決於眾多存在於理論裡、現實裡的戰略性、政治性難題，且是和大英帝國本身相終始的難題。

這些難題的根源，乃是英國擴張的獨特地理特性。從軍事的角度觀之，大英帝國的形狀完全不合邏輯。原則上，一個經過充分規畫的帝國，會穩定往外擴張。作為帝國核心的宗主國，將受到其最可靠行省的精心守衛。在那些省分之外，將依序坐落較無價值的區域，在帝國邊陲則會存在如有必要可逕予捨棄的緩衝國和附屬國。如此充分規畫的帝國，一旦受到壓力，便可指望有城牆為恃：古羅馬帝國築有堡壘的邊界線（limes）；中國的長城；守衛俄羅斯所占領之乾草原的燧石防線；希特勒的齊格菲防線。有了這些防禦設施為倚恃，帝國可恢復士氣，重整旗鼓，重新思考作戰計畫。若說這是有所規畫的帝國主義擴張典範，英國版的帝國則是其可笑的模仿：其首腦和中樞距最危險的宿敵只有五十一公里，最有價值的領土不是緊鄰其中樞的精實行省，而是位在地球另一端，坐帆船要六個月，搭汽輪要至少三星期才能抵達。一八六〇年後，英國陸軍將近一半派駐印度境內距最近的海港有許多哩、數日行程的永久性兵站。除了印度和加拿大，大英帝國擁有許多地方類似一個散布在從香港到福克蘭群島的遼闊群島。「為了與俄國、美國以外的任何強權打仗，大英帝國形同散布在數大洋的眾多島嶼。」一名維多利亞時代晚期的專家如此論道。[4]

這一不尋常的布局並非全無益處，卻激起許多議題。最重要的議題之一，且是爭辯不斷的議題，是英國與歐洲的關係。歐洲是王朝陰謀的爭鬥場，到十九世紀晚期已是軍國主義互爭短長的舞台，因而，把捲入歐洲事務形容成導致英國偏離其真正該走的路且會帶來不堪設想的後果，或許言之有理。開闊的大洋以及更外面的世界，才是英國真正的利益所在：那些地方帶來最大的獲益，需付出的成本又最少。在此，英國可運用其在一七〇〇年時就已明顯取得的海權優勢，掠奪她對手的領地，同時保護本土諸島，擊退任何來犯之敵。這是當時（十八世紀）版本的「美國」策略或「遠洋」策略。[5]直到一九三〇年代晚期，因為憂心爆發第二次世界大戰而使英國不願介入歐洲內部衝突時，它仍是很吸引人的策略。浪費英國國力去捍衛一個守不住的和約，似乎是「愚蠢至極」，對加拿大、澳洲、紐西蘭、南非這些白人自治領的領袖來說尤然。後來成為邱吉爾戰爭內閣一員的帝國主義老將利奧波德．愛默利（Leopold Amery），甚至希望由德國支配中歐，與大英帝國井水不犯河水。[6]但誠如這一策略的批評者所主張的，它含有一要命的誤判。

遠洋策略認為，英國一旦碰到危機，有能力抵擋住敵人任何形態的結盟。有時確有可能，卻得付出高昂的代價。難處之一在於，英國需要一支龐大的海軍，這支海軍不只得比任何可能的對手還要壯大，而且更甚於諸對手任何一種聯合後的海軍綜合軍力。但有個更大的危險隱伏在暗處。從伊莉莎白一世時代起，英國的領袖始終提防歐洲多變的政局打破歐洲境內諸不和統治者間的均勢。萬一歐洲某個大國擊敗群雄，稱霸歐陸，該國將掌握整個歐洲大陸的資源：歐陸的陸海軍和其貿易、財富、工業、船舶、人力，同時控制波羅的海、地中海。該國將毀掉英國的商業（歐洲市場是英國商業的命脈）。最重要的，不久後，將有實力揚言入侵英國，甚至真正入侵。遠洋帝國主義的批評者主張，要避免這一駭人的災難降臨，得時時關注歐洲諸強國的分合，像今日地震學家留意地震一般，密切注意最微小的均勢變化。那不過是開端。這一不斷流動的情報流背後，藏著一真正的目的，即英國對歐陸施加影響力，以及（如有必要）從中選擇國家結盟，以防任何強權稱霸歐洲。循著此一思路，必然冷眼認為，萬一外交手段失敗，英國必須願意與他國達成使其無法置身事外的結盟，願意慷慨投注巨資於盟邦，且一旦遇到最糟的情況，願意派兵投入歐陸的戰事。事實上，儘管遠洋策略的孤立走向令人心動，英國領導者仍一再認同，必須在歐洲境內捍衛英國及其帝國：在英格蘭王位繼承九年戰爭中（1688-1697）；在西班牙王位繼承戰爭中（1702-1713）；在奧地利王位繼承戰爭中（1740-1748）；在七年戰爭中（1756-1763）；在法國大革命戰爭和拿破崙戰爭中（維多利亞時代英國人所謂的一七九三至一八一五年的「大戰」）；在二十世紀的第一次、第二次世界大戰中。七年戰爭時的英國大謀略家皮特（Pitt）曾說，「那些談到將大戰局限在海軍作戰者，說的是無知或無經驗之談。」[7]

但投入歐陸事務必然使他們非常不安——基於至少四個原因。他們非常清楚——且從慘痛的教訓中得知——參與歐洲的戰爭要付出極高昂成本。自一六九〇年起的每場大戰無不帶來沉重債務，增加稅務負擔，且隨著社會緊張襲擾人心，造成國內普遍的騷動。就是這一類的壓力，英國內閣便於一七六三年決意向美洲殖民地課稅，從而帶來慘重的後果。第二，當歐洲諸大國的軍隊規模大增，全民徵兵成為常態（十九世紀的情勢），有許多人發聲提醒，歐洲境內的戰事將使英國也不得不走上徵兵之路，英國人的自由將輾碎於軍國主義的巨輪之下。第三，倚賴議會支持（從而倚賴民意支持）才得以執政的政府，對於與別的歐洲國家長期結盟一事，有很深的疑慮，因為擔心盟國要求他們支持時，國內民意會不支持他們。然堅持在所有外交關係上完全依本國需求來行事，必然加深歐洲鄰邦的猜疑，且可能在緊要時刻削弱自身的發言分量（有人認為，這是一九一四年七月德國人為何不在意英國是否干預的原因）。第四，人們也可以主張，守衛帝國疆界，特別是位於印度的疆界，已令相對較小的一支軍隊（一九一四年前那百年的大部分期間十二至十八萬兵力）感到力有不逮。一支通常部署於遙遠地區，用以對付「不文明」敵人的軍隊，恐怕也很難迅即調派以對付訓練來在現代環境下作戰且配備重裝備的「第一流」對手。在對將領甚無好感的索爾茲伯里勛爵眼中，針對這一情況練軍備戰，只是在裝腔作勢。「我們的軍隊置身那環境裡的機會不多，」他於一八九九年如此論道。「他們所該習得的本事，是將較小的一支兵力迅速派赴帝國內任何需要他們的地點。你們的工作是軍事滅火隊的工作……。」[8]

多數英國領導人，不管對投入歐洲事務一事抱持何種看法，對於歐洲的均勢一旦受到嚴重威脅，他們會在何處、以何種方式採取軍事行動，始終不明確表態，而他們為何如此，並不難理解。事實上，忽略歐洲的複雜問題不談，捍衛帝國本身就是極具爭議的事。最根本的爭執落在哪個威脅最為真切和誰的需要最為急迫這兩點上。十八世紀時，英屬西印度群島上的種植園主與在美洲大陸開拓殖民地者爭奪英國保護以防法國人攻擊。十九世紀時，開普殖民地的行政長官與紐西蘭境內（擔心毛利人攻擊）的移居者、駐中國的領事、印度總督，爭搶步兵戰鬥營（英國帝國主義之矛）進駐。二十世紀，倫敦面臨各方人士爭相以憂心忡忡的口吻要求道，要其將保衛澳洲、守衛埃及（帝國的交通樞紐）、保護本土諸島或保護大西洋海上航路視為第一要務。為解決這些爭執，不只要解決該守衛何者的問題，還得解決在何處守衛、如何守衛等問題。在帝國幾乎所有邊疆上以及帝國的各大航路上，都可找到理由來支持更積極的作為：此處的一個泊地、彼處的一段海岸線、一座要塞、一條河流、一座大山、一座小丘、一個衰敗的國家、一個重要的綠洲、一個頑抗的部落。併吞、占領或駐軍，將縮短防線，降低防守成本，鞏固帝國。有人如此主張。老練的政治人物已懂得不可盡信。索爾茲伯里告訴某位易激動的總督，「如果你相信軍人的話，那到處都不安全。」[9]他的外甥貝爾福（A. J. Balfour）、少數認真研究戰略的英國首相之一，亦持懷疑立場。一九一八年，柯曾勛爵主張要保護印度就必須占領波斯，或許還得占領高加索，貝爾福則說印度的諸門戶「離印度愈來愈遠，我不知道參謀部要把它們移到多西邊。」[10]誠如貝爾福所發現的，並非總能抗拒得住此一要求，且抗拒也並非總是明智。大英帝國版圖的不規則，有很大一部分其實肇因於以下需要而不得不然：即保衛其海上航線的需要，以及保住要塞和緩衝區，使英國得以既讓殖民地享有相當自由、又能統治群島型帝國的需要。

在焦慮不安的年代，最迫切的問題，是該把英國的首要武器海軍派駐何處。在漫長的十八世紀（1690-1815）的數場戰爭期間，需要海軍的海防艦隊以確保英國本身不致受到外敵入侵，似乎是理所當然的事。但該怎麼施行才能得到最好的效果，有時卻激起意外激烈的爭執。英國海軍該嚴密封鎖法國主要海軍基地（位於布列塔尼的布勒斯特），以使法國艦隊不敢進入英吉利海峽？或許該如此，然封鎖的人力、物力損耗極高，且碰上大霧或強風大作時，未必完全封鎖得住。[11]封鎖還需要在人、船數量上占極大優勢才能成功，因為船隻和人員必須定期輪調。還有

皇家海軍和其駐地（1875、1898）

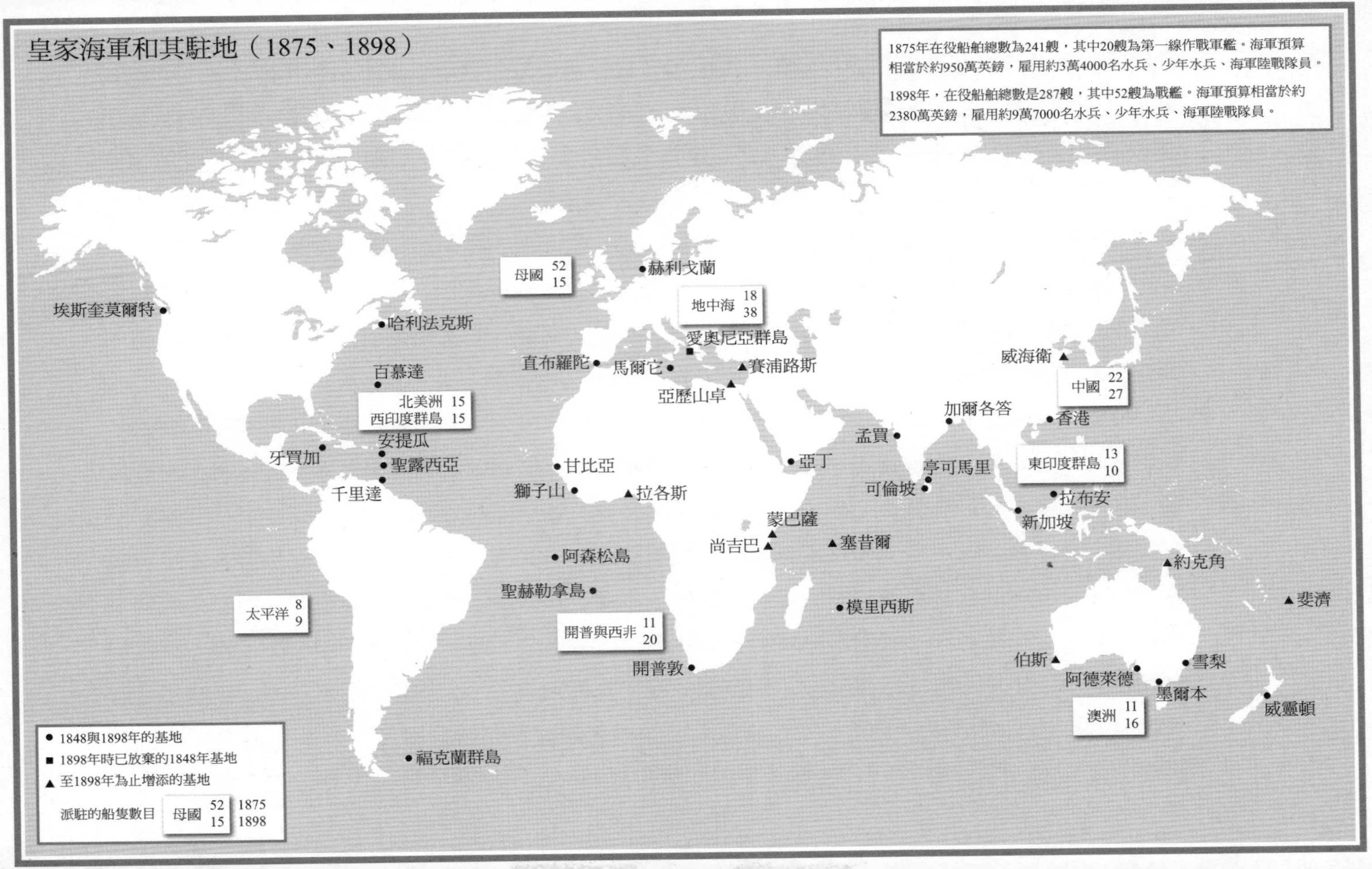

個問題，即海軍軍力是否該移往他處。法國在其地中海岸的土倫保派駐了一支大艦隊。一旦讓該艦隊駛出地中海支援以布勒斯特為基地的艦隊，英吉利海峽的軍力態勢可能失衡。為阻止此事發生，需要一支英國地中海海軍中隊。然而戰時該中隊該駐於何處？它離母基地如此遠，無法牢牢封鎖土倫港，可能要倚賴直布羅陀，並封鎖進入大西洋的門戶。[12]但那將使法國艦隊得以控制地中海中部、東部，摧毀英國貿易，且（更糟糕的）與西班牙海上武力聯手。這問題不好解決。另一個難題源於商船業者要求政府保護。商船是敵人巡洋艦的獵物，船隻進入不列顛群島西側海域以前、往愛爾蘭海和英吉利海峽時，特別難防禦敵人攻擊。而保護商船隊遠偏離海軍領袖眼中戰時海軍的主要任務。

英雄人物納爾遜便是此一任務的象徵，或許是最偉大的化身。海戰目標是「制海」的箴言，表達了任務的內涵。而要制海，唯有透過與敵軍艦隊的決定性交手，消滅或擄獲敵艦隊，才能如願。一旦將制海權牢牢抓在手中，商業的損失將因海上航道安全得到保障而降到最低，海軍則能用於進一步傷害敵人。這一主張的原則，不是僵持不下的封鎖，而是幾乎不計代價找出辦法使敵與己交手。更深層的原則當然是將海軍武力集中在最可能交手的地區。誠如後面會提到的，這一原則並非始終受到歡迎，尤其是不盡然受到那些位在地球另一端、擔心當地遭入侵的遙遠殖民地歡迎。一九一三年，時任海軍大臣的溫斯頓·邱吉爾嚴正表示，「如果英國艦隊在北海落敗，此時澳大利亞自治領靠英國艦隊才得以免除的所有危險都將如猛虎出柙……太平洋的情勢將完全取決於我們對北海的決定。」[13]但澳洲、紐西蘭的政治人物，惴惴不安於日本的海上武力，難以相信以蘇格蘭奧克蘭群島為基地的海軍能真正確保他們所在地區的安全。事實上，一九一四至一九一八年的海戰模式證明邱吉爾的主張正確。但一九一九年後，主要的海上威脅究竟會出現在北歐，還是地中海，還是來自東亞的日本，已不再能確定，於是該把英國海軍集中於何處和英國將可如何取得制海權這個難題變得更為複雜。當英國可能面臨德、義、日三國聯合攻擊時——一九三六年後似乎愈來愈可能發生的事——這難題顯得幾乎無解。事實上，英國海上霸權的一去不復返（被二次大戰的勝利掩蓋的真相），此時已快降臨。

對一個如此倚賴海上聯繫、如此倚賴貿易獲利、帝國中樞如此倚賴糧食進口（十九世紀晚期，對糧食進口的倚賴已到了危險程度）的帝國來說，海軍的規模、部署、火力肯定至關緊要。但一如我們已了解的，這些不是那些捍衛帝國者所權衡的唯一因素。即使英國的國家安全不是主要考量，而只是次要考量，他們都得為此決定在哪裡以及如何保住英國在歐洲的影響力。他們得在歐洲的友邦關係和擴張帝國邊疆區（造成許多摩擦的根源）的強烈欲求之間權衡孰輕孰重。他們必須斷定在特定時間或地方擴大帝國或帝國勢力範圍，究竟會提升帝國的安穩，還是有可能「自不量力擴張過度」——這往往是很難權衡的難題。或許最重要的，他們得留心三件事——從事後諸葛的角度，我們可看出這三者攸關英國能否稱霸世界。首先避免陷入孤立。維多利亞時代晚期某位評論家論道，「絕不可陷入孤立，對一個坐落於世界交通幹道上和海上帝國中心的島國來說，尤其不可。」為避免陷入這可怕困境，積極外交始終不可或缺。[14] 其次是由遍布世界各地的諸多領地串接而成的帝國，可能遭稱霸歐亞「超級大陸」的一個超級強權或聯盟完全壓制住。

這是英國決策者揮之不去的隱患，且在一九〇四年得到哈爾福德・麥金德（Halford Mackinder）最精闢的闡釋。[15]英國人得斷定，他們可藉由在亞洲的一個「前進動作」將這威脅降低到何種程度——並在一九一八年三月做出引人注目且遺害甚大的決定（不久後我們就會看到的一個決定）。第三，使英國的世界性帝國得以在可承受的代價下運行不輟者，竟是一樁世界史上的偶然事件，而在一九三〇年之前，世人並未清楚看出這點。一八一五年後的歐洲均勢和東亞的衰弱兩者難得的和合，為英國的全球帝國主義創造出空間。當這些條件崩解，如一九三〇年代中期時出現崩解的可能，這艘「大郵輪」（邱吉爾的漂亮用語）是否能存活，就沒人說得準。

戰爭的轉折（1755-1815）

一七五五年六月八日，西太平洋上一支英國海軍中隊在未宣戰的情況下，攔截欲駛向魁北克的法國運兵船隊。大部分法國船在濃霧中逃脫，僅兩艘落入英國人之手。接下來的六個月，在正式宣告「和平」結束之前，英國人捕獲三百多艘法國船。接下來六十年裡，英國人大多數時候處於交戰狀態，以保衛母土安全、他們在歐洲的地位、他們的海外帝國。英國轉瞬間從勝利陷入災難，從復甦陷入僵局。一八一四年得意贏得和平的英國，突然間得面對重新捲入歐洲戰爭的可能（如果拿破崙贏得滑鐵盧之役的話），然後，威靈頓於一八一五年六月在滑鐵盧擊敗復出的拿破崙，為英國贏得重大的地緣政治勝利。接下來的九十九年，英國人享有在海外擴張上幾乎絕無僅有的有利條件，且好好把握了這有利形勢。

但在一七五〇年代，英國人主要處於守勢。在英國的美洲殖民地，跡象顯示法國人欲加緊控制阿帕拉契山脈以西之內陸地區，欲從他們帝國兩端的魁北克和紐奧良控制俄亥俄河、密西西比河，此舉令英國人大為驚恐。賭博經驗豐富的布雷達克（Braddock）將軍，奉派率領一支遠征軍前去拿下法國人設於狄肯要塞（Fort Duquesne，今匹茲堡）的前沿陣地，結果大敗，死傷慘重。接下來三年，英國人和他們的殖民地民兵部隊，奮力攻打將英屬美洲圍住的那些法國要塞：狄肯、提康德羅加（Ticonderoga）、路易斯堡（Louisbourg，位於加拿大布雷頓角島上），以及最重要的，魁北克城塞。在歐洲，英國人的處境更為不安。歐陸兩大軍事強權法國、奧地利一反歐洲諸大國既有的結盟態勢，組成新伙伴關係。奧地利當時統治低地國南部（今比利時），即自古以來入侵英國的重要跳板，且波旁家族統治法國和西班牙，即英國在大西洋和美洲的兩個最大死敵，因此這一新結盟對英國的威脅尤其大。這時，距法國支持英國境內最後一場詹姆斯二世黨人叛亂（小王子查理的叛亂）只過了十餘年；入侵英國和找英國清算大西洋地區的舊帳，都不是不可能發生。為避免陷入孤立且恢復歐洲境內均勢，英國人便與普魯士的腓特烈聯手。腓特烈是奧地利的眼中釘，先前其奪取西利西亞（奧地利一省）一事已令哈布斯堡王朝怒不可遏。英國此舉似乎是無計可施下的權宜措施。

令人意想不到的是，腓特烈展現過人的軍事長才。憑藉英國的充足金援，他打敗強大得多的對手，接連拿下數場了不起的勝利。[16]與此同時，在美洲戰場和海戰上，形勢逆轉。一七五八年，英國人取得狄肯、路易斯堡兩要塞，打開進入西邊內陸和聖羅倫斯灣的通道，一七五九年則是「勝利年」。九月，奉命帶兵前去攻下魁北克的詹姆斯．沃爾夫（James Wolfe），幾乎是力拚最後一口氣從河邊往上爬，攻打亞伯拉罕高地上的法國守軍。經過短暫且慘烈的交手，他們迫使守軍投降，把魁北克握在手裡，從而控制了法屬北美。兩個月後，在一場驚心動魄的追擊中，艦隊司令霍克的英吉利海峽海軍中隊，把法國的布勒斯特艦隊趕入基伯龍灣（Quiberon Bay）滿布礁石、淺灘的危險海域，將其殲滅於該處。[17]消滅法國海軍，使英國免除遭入侵之患，且使法國的大西洋帝國（包括其加勒比海蔗糖殖民地）走上敗亡之路。同時間在印度，法國派了一支強大的海軍中隊前去，企圖打斷英國貿易，強化法國影響力（特別是在南印度的影響力），結果攻不進去，最後，一七六一年一月，英國人拿下法國在印度的主要基地本地治里（Pondicherry）。西班牙終於參戰——或許是為了消除英國得意的氣燄——結果慘敗，為這番爭鬥畫下莫名的句點。一七六二年，英國人拿下哈瓦那，即西班牙在加勒比海的直布羅陀，扼守通往墨西哥白銀產地之海上航路的要地；也以不到千人的兵力（英國正規軍和來自英國東印度公司軍隊的印度兵），奪得西太平洋的馬尼拉。[18]當原加入法國、奧地利陣營對抗普魯士暴發戶的俄羅斯退出這場戰爭，戰爭實質上就結束。

英國獲益之大令人咋舌。一場「防禦」戰卻讓英國得到一七五五年時所預料不到的豐富帝國大禮。在一七六三年的巴黎和約中，英國人得到密西西比河以東的北美洲土地，包括西屬佛羅里達，還有屬於奴隸買賣區的西非塞內加爾。法國放棄其在南印度主張擁有的土地，放棄在孟加拉（一七五七年克萊夫拿下普拉西大捷的地方）駐軍的權利。英國得到如此甜美的殖民地果實，在歐洲卻有一很大的美中不足之處。英國人在海外取得漂亮的戰果，卻未能在歐洲擊敗法國。他們也不想和西班牙繼續無所終的戰爭。要說服法國和西班牙與其言和，要使法國撤出其所占領的日耳曼土地（普魯士的重要安全屏障），要使奧地利找不到願與其一起繼續這場戰爭的盟國，英國得在殖民地上有所讓步。法屬瓜德羅普島、哈瓦納、馬尼拉均物歸原主——在英國境內引發嚴重的民意反彈。一個毫無對手或毫無遭攻擊之虞的英國海外帝國，終究無緣實現。事實上，不久後就開始出現英國人已過度擴張左支右絀的跡象。更糟糕的是，就連他們所贏得的勝利，都未大到足以消除他們在歐洲長久以來所受到的制約：避免陷入孤立，維持有利於英國的均勢以避免出現反英大聯盟。[19]

若非他們與其美洲子民決裂，這原本並不會太礙事。而此一決裂也是英國人打贏這場戰爭的代價。為免軍事負擔加重，英國內閣決定禁止美洲白人移居者往一七六三年「公告線」（Proclamation Line）以西的印第安人所居的內陸地區殖居。這條分界線貫穿山林，以約束邊疆地區農民和貪婪的土地投機客往西擴張。對土地投機客而言，印第安人土地是無法抗拒的誘惑，而喬治・華盛頓就是其中惹人注目的一分子。為減少戰債，消弭國內民怨，英國人也決意以帝國提供保護為由，向美洲殖民地居民課徵輕稅。兩項計畫再再釀成政治大災難。一七七〇年代中期，他們已面臨嚴重的移居者叛亂。情況至此已夠危急。但一七七八年，情勢更大為惡化。因為一心伺機復仇的法國人，介入這場殖民地戰爭，站在美洲殖民地居民那一邊。一七七九年，西班牙再度插上一腳，加入反英一方，一七八〇年，荷蘭也加入反英陣營。兩國都極想挫挫自大英國人的銳氣，抑制英國人在大西洋、亞洲的擴張（荷蘭人除了擁有庫拉索島、聖佑達修斯島、蘇利南這三處加勒比海領地，同時統治錫蘭、爪哇、蘇門答臘、香料群島）。一七八〇年，由俄國發起成立的武裝中立（Armed Neutrality）聯盟，一致要求在美國獨立戰爭期間中立國船隻不該受到英國的封鎖，從而聯合了歐洲其他國家與英國為敵。在如此腹背受敵的情況下，美洲殖民地的戰爭變成幾乎是次要事情。英國人面臨母土遭入侵和失去其加勒比海「皇冠明珠」（其中尤以牙買加最為重要）的威脅。英國只有約九十艘戰艦，遠少於法國和西班牙所能調集來對付他們的戰艦總數（一一六艘）。英國人拚死頑抗，化解母國水域的威脅，在羅德尼（Rodney）於一七八二年取得加勒比海「諸聖徒」（the Saints）之捷（因戰場位於瓜德羅普島、多米尼克島之間的小島群而得名）後，收回對大西洋的控制權。但就北美殖民地戰爭來說，此一勝利不足以撼動大局，且來得太遲。在英國的大西洋生命線遭切斷的危急時刻，困守約克敦的康華里（Cornwallis）所率軍隊，即英國在美洲的主要攻擊力量，兵敗投降。[20]英國人無心再戰，於是坐上會議桌，一心瓦解反英同盟。同意北美殖民地獨立，乃是使諸殖民地不再與法國（舉世最壞之國）結盟，並保住那些殖民地與英國之商業關係的唯一可靠辦法。[21]在如此慘淡的時局中，唯一令英國人感到振奮的，是海軍在印度獲勝，徹底挫敗法國人欲助海達・阿里（Haidar Ali，英國東印度公司在南印度的最大敵人）抗英的意圖。[22]法國海軍中隊若成功封鎖馬德拉斯的英國海軍基地，切斷該基地與孟加拉的重要聯繫，海達．阿里或許會消滅補給不足的東印度公司軍隊，印度歷史說不定就此改寫。[23]

在首相小威廉．皮特（William Pitt the Younger）領導下，英國人開始恢復海軍實力，修復外交關係。一七九〇年，英國國力已強大到足以挫敗西班牙長久以來聲稱獨占北美太平洋沿岸的主張，足以要求西班牙正式同意太平洋不再是其禁臠（所謂的「努特卡灣危機」）。三年後，英國人與法國展開長達二十年的戰爭，戰爭結果決定了英國全球擴張的結局。這場戰爭的規模之大、持續之久，即使早個三十年發生，英國都難以撐得住：一方是能（透過強制作為、透過與當地人的合作）驚人動員歐洲人力、物力的陸上強權；另一方是主要靠歐洲自約一七六〇年起在歐洲以外地區，特別是在美洲和南亞，開拓殖民地與貿易的非凡成果來抵抗的海上強權。就是這一在歐洲和歐洲以外地區發生的「雙重革命」，導致這場戰爭成為「世界戰爭」，甚至或許是「為世界而打的戰爭」。這場戰爭最初只是英國為保衛母國島嶼安全而展開的作為，最終卻決定了長達一個世紀或更久時間歐洲在世界的地位。

防衛的確有其必要，在英國帝國體系的最脆弱之處，確有此必要。拿破崙說，「只要讓我們主宰這海峽六小時，我們就是世界的主宰。」[24]掌握多佛海峽和英吉利海峽、愛爾蘭海的制海權，進而使低地國不致受到敵對強權的宰制，乃是英國安全的關鍵。最初，就是為了反制革命法國往北擴張之勢，英國人於是開戰。但隨著戰事的進行、隨著法國的革命動員受到拿破崙軍事天才和恢宏眼光的加持，大英帝國所受到的威脅愈來愈廣：在地中海、在加勒比海、在印度洋和印度都出現威脅，英國人觸角深遠的貿易也未能倖免。誠如英國的戰略猶疑所表露的，要斷定哪種抵抗方式最為妥當並非易事，更別提斷定最終會如何打贏這場戰爭。

顯而易見的當然辦法，是將法國趨離侵英跳板斯海爾德河（Scheldt）河口。但當荷蘭垮掉，其愛國者黨投向法國，這就不再是選項。情勢表明，欲壓制住法國，得糾集大國組成聯盟，並以奧地利為盟主。為使聯盟不致瓦解，英國人將得願意預先提供聯盟軍隊所需的金援。把部分英國海軍駐於地中海，以鼓舞盟邦，防止法國宰制地中海歐洲，也至為重要。這還不夠。英國人一旦被逐出歐陸，務必時時提防入侵威脅，而可能遭入侵的地方，除了英國，還有叛亂的愛爾蘭島。嚴密監控法國軍港並密切注意曾為英國盟友、不久後卻轉投法國陣營的西班牙的意圖，可謂第一要務。在這同時，採用遠洋策略的意念又的確非常強烈：運用英國的兩棲戰力奪取敵人（一七九五年後荷蘭、西班牙、法國）的殖民地。這也不純粹是投機主義作風。皮特的得力助手和他的地下軍師亨利·丹達斯（Henry Dundas）主張，從英國「孤懸海外的處境，從我們人數不多且沒有機會從事廣泛大陸活動的人口，從我們極倚賴……我們商業與航海的發達」來看，結論「顯而易見」。英國應把首要目標擺在擴大其海上武力和消滅敵人海上武力上：「我們應該在戰爭開始時盡早切斷敵人的商業資源，準確無誤的削弱他們的海軍資源。」[25]敵人向英國製造業者關上其市場大門和此事對貿易的傷害，使此舉更為刻不容緩。

丹達斯的立論依據，乃是海外貿易、海外帝國與英國在歐戰中的獨特角色（其軍事盟邦的金主和銀行家）兩者，關係密不可分。如果英國貿易大幅衰退，「倫敦城」操持的複雜信貸體系隨之搖搖欲墜，金融災難會緊接著降臨。這有一部分繫乎信心。因此，保衛英國的加勒比海領地至為重要，畢竟它們仍是英國皇冠上的明珠。丹達斯於一七九六年八月說道，「失去牙買加將使我們的信用完全破產」。[26] 失去該地的出口、匯款和糖稅收入，勢必重創英國經濟。丹達斯認為，印度具有同樣的重要性（這時他已有三個兄弟在印度尋求致富機會）。事實上，倫敦老早就認知到東印度公司「大到不能倒」。即使是與一個除了有自己的海軍，還掌控荷蘭、西班牙海軍的對手打一場海戰，都絕非易事。英國祭出封鎖，疏遠了原本可能與其交好者。海戰需要配備大量海軍軍需品，需要修理和建造用的木材和柏油，波羅的海，乃至科西嘉島，因此成為戰略上必不可失的地方。要打海戰，就得擁有可供船隻修整、供船員休養的穩固基地，在東方世界尤然。在印度，每到十月西南季風轉為東北季風時，颶風季節隨之降臨，而在孟加拉灣，英國人沒有可供其船隻安然渡過颶風季的安全港灣。最重要的，在通訊遲緩且不可靠，在追蹤敵艦隊極為不易，在風和天候能使最周詳的計畫都無用的年代，得願意冒險，海戰才打得成。艦隊司令坎朋費爾特（Kempenfeldt）於一七七五至一七八三年美國獨立戰爭的某個關鍵階段論道，「敵人的海上武力優於你，且你有許多偏遠領地需要保衛時，就很難要斷定如何運用船隻才是最為理想。」[27]

不管能帶來什麼好處，攻擊法國殖民地對於最該取勝的關鍵戰場——歐戰——不會有實質貢獻。而且英國因此付出慘重代價：約六萬六千人死於一七九四至一八〇一年的加勒比海遠征中（大部分是病死）。[28] 一七九七年，反法聯盟隨著拿破崙攻入義大利而瓦解。擔心遭入侵（的確有一小支法國遠征軍登陸威爾斯），加上本國財政混亂、海軍有譁變之虞，英國人放棄了地中海。隔年返回地中海的決定（誘使奧地利重新投入這場戰爭所付出的代價），似乎風險極大。巧合的是，拿破崙竟在此時萌生征服埃及的大計畫。那（似乎可能）是拿破崙建立一東方大帝國的第一階段，最終目標則是攻打印度。倫敦的東印度公司董事於一七九八年六月向印度總督示警，「我們以最快的速度告知你們，我們收到消息……最近已有大批船隻、部隊、軍需品在土倫完成配置，且啟航……（五月十九日）……其目的地……不無可能是印度，且若非（在先占領埃及後）取道紅海，就是取道布索拉（巴斯拉）。」[29]印度總督已決定攻打邁索爾的統治者提普蘇丹，英國人早就懷疑提普與法國人暗通款曲，欲將英國人逐出南印度，甚至逐出整個印度次大陸。[30]法國的確揮兵入侵埃及，但拿破崙的計畫，因為英國納爾遜於八月一日在尼羅河海戰中，以無比大膽且高明的調度，徹底殲滅拿破崙的艦隊，而功敗垂成，致使他的埃及遠征只能失敗收場。納爾遜的計畫要能實現，其部分艦隊必須駛過下錨停泊的法國艦隊和海岸之間的水域，因而有可能在未探測過水深的水域擱淺。這一冒險舉動為他帶來極大優勢，即「夾擊」法軍——從兩邊同時攻擊法國艦船，致命的一擊。[31]尼羅河之役和隔年韋爾茲利在塞林伽巴丹擊潰提普蘇丹，化解了法國對印度的威脅。但不管是此舉，還是挫敗法國欲與一七九八年的愛爾蘭叛亂裡應外合入侵愛爾蘭一事，都未能確保英國安全所需的歐洲勢力平衡。

有鑑於在陸上擊敗拿破崙看似不可能，英國人於一八〇一年尋求透過雙方讓步達成和平。但當法國人拒絕撤離低地國或英國人拒絕撤離（更早時被納爾遜拿下的）馬爾它，這一願望迅即破滅。一八〇三至一八一四年，這場大搏鬥的第二階段，英國人掌握了先前一直未能拿下的制海權。一八〇五年十月二十一日，納爾遜在特拉法爾加大勝法國、西班牙艦隊，帶來一重大結果：

英國人從此可以放手奪取敵人的海外領地，而不必擔心本土安全。他們更早時已奪下千里達、錫蘭（斯里蘭卡），此際則又奪下開普殖民地、模里西斯、爪哇。拿破崙於一八〇九年實施大陸封鎖政策，封鎖英國與歐陸的貿易，結果不但惹火附庸國，加上封鎖本身漏洞百出，未收到預期效果。拿破崙派兵入侵西班牙以平定反法叛亂時，一條不受法國干擾的英國海軍補給線，挺住威靈頓在葡萄牙的軍隊，該軍隊因為得以逐步攻入西班牙。但難題未解。只要拿破崙主宰歐洲，英國人就不可能清楚他會何時再揮兵入侵英國，或何時建造新艦隊，或何時組成新同盟。在這同時，維持海軍和龐大陸軍，仍令英國人感到極為吃力。到了這場戰爭後期，政府的國防支出和為這場戰場所背負的龐大公債的利息支出，已耗去國民收入近四分之一。所幸母國的經濟成長，包括蒸汽動力的大增，才使稅務負擔和通膨不致掀起政治風暴。[32]

俄國反抗拿破崙的霸權和一八一二年拿破崙入侵俄國的慘敗，意外打破僵局。接著，奧地利、普魯士、俄羅斯三國組成浩大的大陸聯盟，對抗這個氣勢已大不如前的皇帝。一八一三年的萊比錫大捷，為入侵法國和將拿破崙流放厄爾巴島揭開序幕。從西班牙進攻的威靈頓軍隊，乃是這場勝利的功臣。然而這支軍隊更為重大的貢獻，則是挫敗拿破崙於一八一五年「百日政變」期間欲重振其政治、軍事聲威的意圖。一八一五年六月的滑鐵盧之役，（對英國人來說）其意義和特拉法爾加海戰一樣重大，儘管即使法軍打贏滑鐵盧之役，拿破崙可能依舊擋不住集結在附近的俄、奧、普三國大軍的壓境，此役確立了法國在陸上已如同在海上遭徹底潰敗的事實。[33]這一先決條件攸關英國人能否如願保住他們於戰時取得的重要收穫，攸關一八一五年後英國人的全球擴張。

原因非常簡單。在從一六九〇年代以迄此時的諸多戰爭中，英國和其盟邦無不與法國打成僵局，未擊敗法國。為締結和約，英國人被迫在談判桌上歸還其所攻下的土地：一七六三年歸還瓜德羅普、本地治里、古巴、馬尼拉。一八〇五年後，英國的全球地位，從戰略上和經濟上來說，都已非吳下阿蒙。與其他歐洲國家不同的是，英國可利用世界其他地方的資源，即利用大西洋和印度洋的資源，支撐他們作戰，補助盟邦。拿破崙在陸上的落敗（英國對歐洲以外地區的支配可謂英國得以打贏此戰的原因之一），使英國人得以充分利用他們在地緣戰略地位上的這一重大提而升往外擴張。一八一五年，基於必須讓不得民心的波旁家族繼續統治法國（防止拿破崙東山再起的最佳屏障），英國人只好歸還所拿下的蔗糖殖民地。為協助新誕生的「尼德蘭王國」保衛低地國，使免遭法國入侵，英國人將爪哇（該王國最有價值的殖民地）還給荷蘭人。但英國人保住馬爾它島、愛奧尼亞群島、開普殖民地、模里西斯、錫蘭。不久後他們即逼荷蘭人承認新加坡為其所有。不管是法國或是西班牙，更別提荷蘭，都無力要英國人歸還他們於戰時奪得的這些土地：英國的歐洲盟邦無意於此。因此，一八一五年的特殊情勢，使英國艱苦的帝國保衛戰搖身一變成為地緣政治上的勝利。有了開普殖民地、模里西斯和錫蘭（及不怕暴風雨來襲的錫蘭良港亭可馬里），英國人掌握了通往印度幹線沿線的所有主要停靠站。從馬爾它的「大港」（Grand Harbour），他們能夠監視東地中海和通往東方那條「捷」徑（這時仍走陸路，因蘇伊士運河尚未開通）的動靜。有了這些地方，加上他們在愛爾蘭、北美洲、加勒比海的航海基地，英國人從此掌握了在帆船時代封鎖世界的鎖鑰。

「英國治下的和平」（1815-1914）

一八一五年後，英國人似乎擁有了幾可說最有利於捍衛既有領地和為大英帝國增添新疆土的環境。強大的海軍使英國人不必擔心母國遭入侵，儘管仍時而擔心遭法國閃電攻擊。藉由各地的基地，英國人牢牢掌握海上航路，因而帝國幾乎不可能受到海軍攻擊（在前一個世紀，這可是常有的事）。汽輪、鐵路、電報促成更便捷的運輸和通訊，使他們愈來愈易於調動船艦和步兵營因應各地任何緊急狀況。同樣重要的是，歐洲強權政治上的重大改變。戰爭、革命、拿破崙的軍事才華等三者的深刻震撼，已使歐洲的政治家改採新式外交。為保住歐洲脆弱的穩定，他們一致同意採用協調體系（concert system）。此後，凡是可能改變歐洲五強（俄、奧、普、法、英）間之勢力平衡的領土控制，都有賴於五強的一致同意。任何違反此規則的強權，都會受到其他四強的聯合反對。[34]這個協調原則運行了將近一個世紀，令英國人大大鬆了口氣。對大英帝國的最大威脅，即一個聯合起來反英的歐洲，已退到陰影處。

事實上，事情當然沒這麼簡單。英國人擔心俄國擴張：有人說，那是緩慢但阻擋不了，如冰河般的擴張。俄羅斯的龐大陸軍、其謎一般的政治、其非海上武力所能擊破的優勢、看來沒有盡頭的沙皇野心，在英國境內催生出某種「恐俄」心理。帕默斯頓曾說，沙皇尼古拉一世流露出

「和拿破崙一樣仇恨英格蘭的心態」。[35]俄國在大英帝國中亞邊疆沿線的軍事活動跡象，被英國人視為沙皇企圖算征服英國所統治之印度或至少破壞英國在印度之統治的明證。帕默斯頓煞有其事的預言道，「哥薩克人和印度兵，來自波羅的海的這人和來自不列顛群島的他，會在亞洲中央相會。」[36]對法國和法國武力的猜疑也重新浮現，而一如以往，這一猜疑以法國龐大且裝備良好的陸軍為依據。英國人深深懷疑法國欲染指比利時，堅持於一八三九年簽署條約保障比利時的中立（一九一四年被德國皇帝視而不見的「一紙空文」）。他們反對法國人重新確立其在西班牙和義大利的影響力。拿破崙的侄子路易．拿破崙成為總統，繼而成為皇帝（一八五一年）時，英國人的猜疑再加倍。卡斯爾雷（Castlereagh）、坎寧（Canning）、帕默斯頓、亞伯丁（Aberdeen）、迪斯累利（Disraeli），十九世紀英國外交政策的主要打造者，全知道要維護英國的世界利益，就得在歐洲實行積極外交，以抑制他們眼中歐洲某些統治者出於本能的侵略心態。英國就是藉著與法國和一位勉為其難的奧地利皇帝結盟，才使俄國在克里米亞戰爭中落敗。維多利亞時代的政治家相信，只要歐洲「平靜無事」，他們就能處理殖民地反抗對他們的帝國權威構成的威脅。為平定一八五七至一八五九年的印度大叛亂，他們派過半的英軍深入印度內陸。即使如此，他們仍留意愛爾蘭後院。帕默斯頓於印度危機最嚴重時說，「愛爾蘭境內再小的亂子」，都「比印度境內可能發生的任何事，更能動搖世人對我們國力的觀感。」[37]

維多利亞時代，大英帝國外部防禦方面的隱患，集中在三處「熱點」。第一處且最不嚴重的一個，是加拿大與美國間的漫長邊界。美國聯邦政府的軟弱、「菲利巴斯特」（philibuster，自行

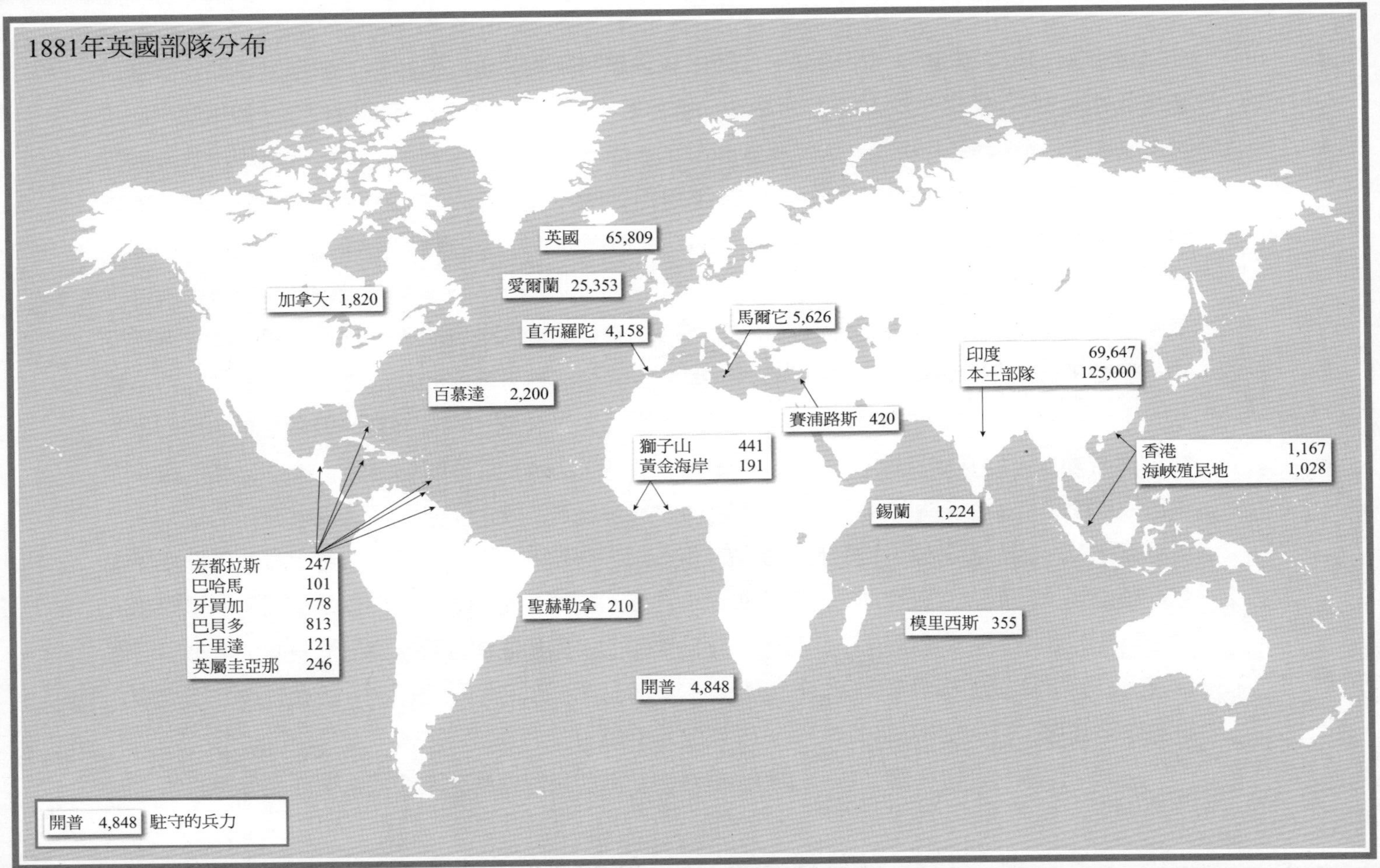
1881年英國部隊分布
英國 65,809
愛爾蘭 25,353
加拿大 1,820
直布羅陀 4,158
馬爾它 5,626
印度 69,647
本土部隊 125,000
百慕達 2,200
賽浦路斯 420
獅子山 441
黃金海岸 191
香港 1,167
海峽殖民地 1,028
錫蘭 1,224
宏都拉斯 247
巴哈馬 101
牙買加 778
巴貝多 813
千里達 121
英屬圭亞那 246
聖赫勒拿 210
模里西斯 355
開普 4,848
開普 4,848 駐守的兵力

招兵買馬組建武裝團體，入侵鄰國土地的民間擴張主義者）的大行其道、倫敦與華府間偶爾出現的緊張關係，意味著這一隱患儘管短暫卻真實存在。在美國內戰期間和那之後，遭美國入侵的可能性短暫大幅升高，英國人只能考慮強化其派駐加拿大的薄弱兵力，特別是在聖羅倫斯河封凍的冬天時。[38]第二處熱點位在印度的西北邊疆，從裏海往中亞伸入的俄國勢力受到英國人嚴密監控。第三處且最嚴重的，乃是維多利亞時代英國人稱之為「近東」，從希臘綿延到波斯東界的那大片地區。因為他們預期得在這裡保衛通往印度的捷徑（一八六九年後指的是蘇伊士運河），預期得在這裡將任何對手拒於埃及門外，或使對手無法靠近通往波斯灣的陸上通道（從波斯灣可進入印度）。[39]印度其實成為英國人最念茲在茲的帝國防禦重點，因為印度易攻難守，且很有價值。一八五七年的大叛亂留下一個耐人尋味的雙重結果：英國人對再次發生類似的譁變產生幾近疑心病的憂慮，且對任何挑戰統治者（sarkar）威信（izzat）的事超級敏感。軍事挫敗或對手逼近印度邊疆，可能會引發新叛亂。一八六〇年後，英國將三分之一左右的陸軍兵力，共約六至七萬英國士兵，駐守在印度，原因之一就是為防止此情事發生。另一方面，印度一八六〇年後商業的急速發展，印度作為東非至中國之間這片遼闊海上區域之樞紐角色，使它成為愈來愈有價值的市場、商品供應地、投資地。不只如此，用印度納稅人的錢供養的龐大駐印英軍和改革後的印度軍隊，成為大英帝國在亞洲的戰略預備隊，大英帝國海上武力的先頭部隊，印度本身則成為進一步擴張的跳板。印度已成為大英帝國不可或缺的一環。

因此，保衛印度和帝國一事，也意味著英國得在近東維持強而有力的外交活動和海軍武力。

在近東，俄國或法國可能試圖拆解奧圖曼帝國，瓜分其土地，且可能在此事上聯手而為或各司其職。俄國聲稱，有權利保護奧圖曼帝國的基督徒子民，俄國人在高加索地區的前沿基地（俄國在該地區派駐了一支大軍），沙皇長久以來欲統治君士坦丁堡（即斯拉夫語中的沙皇格勒）和支配達達尼爾、博斯普魯斯兩海峽的野心，令英國人始終不放心。英國人也未忘記拿破崙入侵埃及一事：法國人對埃及的任何關注，都被英國人懷疑別有居心。其主要的防衛憑藉是一支龐大的海軍中隊，即以馬爾它島為主要基地的地中海艦隊，以嚇阻法國或俄國的進攻，堅定奧圖曼人的鬥志。只有在一八三〇年代、克里米亞戰爭期間、一八七五年後，這麼做還不夠。為尋求歐洲盟邦一起反制俄國擴張，每一次都需要靈活的外交。然後，一八八〇年代初期，英國人只有跨出更大一步。由於埃及境內危機產生一仇外政權，英國人憂心喪失其統治者威信，唯恐埃及混亂會引發非他們所能控制的強權干預，以及蘇伊士運河愈來愈重要，迫使格萊斯頓內閣於一八八二年「暫時占領」埃及。此舉風險很大，且使英國成為眾矢之的，受到其他大國強烈譴責。英國人於非洲「競奪」期間做出讓步，藉此平息批評他們的歐洲人的怒火，並分化他們。英國人對尼羅河的暫時占領漸漸變成「未明言的保護關係」，克羅默勛爵（Lord Cromer）則成為他們的「代理人」、開羅「統治者背後的操控者」。[40]撤離之日遭無限期延擱。埃及成為日後一中東帝國的核心，該帝國則是為保衛印度而建立。

到了一八九〇年代中期，英國領導人已樂於將該世紀中期視為高枕無憂的黃金時代，開始懷疑大英帝國的遼闊已使帝國漸漸成為大包袱，懷疑他們漸漸失去以維多利亞時代中期的男子氣概確立英國之權利主張的意志和工具。這一心態基於兩個令人煩惱的情勢所促成。第一個是歐洲人對歐洲以外地區的染指似乎愈來愈強勢積極——國際大局重返一八一五年前的重商主義時代。法國與俄國——英國人在近東、亞洲、非洲最危險的對手，雙方組成防禦同盟。威廉皇帝治下的德國奉「世界政策」（weltpolitik）為圭臬，要求在帝國太陽下占有一席之地，開始建造海軍。與強大對手正面衝突的機率愈來愈大。第二個是在對英國有很大利害關係的歐洲以外世界裡，新危機中心的出現。隨著滿清政府愈來愈無力控制中國，中國遭瓜分的可能似乎愈來愈高。俄、法、德、日（新崛起的地區性強權）都想分一杯羹：英國人或許得花一番力氣爭奪才不致空手而回。[41]幾乎與此同時，盛產黃金的川斯瓦爾興起，打破南非當地的均勢。獨立的阿非利卡人共和國爭取法國或德國支持，削弱了英國對開普殖民地（英國人鎖住世界的鎖鑰之一）的控制因此變得更有可能。當川斯瓦爾總統、老邊疆戰士保羅·克魯格（Paul Kruger）於一八九九年十月先一步入侵開普和納塔爾，以阻止英國人強化戰備時，英國人被動捲入戰爭。就在庚子拳亂和外國軍隊開入北京，顯示中國即將崩解時，英國人在這場布耳人戰爭初期連打幾場敗仗，令倫敦政府近乎恐慌。克魯格最親信的顧問很清楚英國人的兩難困境。揚·克里斯蒂昂·史穆茨（Jan Christiaan Smuts）於一八九九年寫道，大英帝國由「數個境內住有敵視它之民族的大國（開普殖民地、印度、埃及等等）」組成，「一旦發生騷亂或遭攻擊，沒有足夠有力的軍事組織來因應。大英帝國的統治……倚賴威望和道德威嚇，更甚於倚賴真正的軍力。」[42]

史穆茨太樂觀。就在英國人擔心南非境內戰爭不知何時才能結束之際，又在近東和東亞不由自主捲入與法國、俄國的衝突，英國人因此被迫採取積極作為。海軍部長塞爾博恩勛爵（Lord Selborne）於一九〇三年一月嚴正表示，「我們必須擁有一支對法國和俄國能有很大勝算，同時仍有餘力對付德國的武力。」[43]到了一九〇五年，海軍支出已比一八九九年多了一半。英國人投入海軍軍備大競賽，最初是為超越俄國和法國，一九〇八年後則把承受德國遠洋艦隊的挑戰當成目標。在某些熱情擁抱帝國主義的人士眼中，這只是開端。約瑟夫·張伯倫（Joseph Chamberlain）欲以關稅改革和廢除自由貿易將諸白人移居者殖民地結合在一塊，組成帝國聯邦的大計，意在集結英國的後代聯合對付這時已「疲累的巨人」。但保護終究是沉重的包袱，保守黨於兩次選舉失利後拋棄此一政策。另外有些人贊成建造一支大規模的徵兵軍隊。那也是不切實際的想法：當時沒有哪個英國政府敢於承平時期徵兵。有些人甚至極力主張與德國結盟，對付法俄同盟。但外交代價太高：若如此，英國將攬下保衛搖搖欲墜且有民族騷亂問題之哈布斯堡帝國的擔子。事實上，英國人運氣好。他們與美國間經常陷入緊繃，隨著新世紀的到來已大為改善。雙方都看出彼此結為心照不宣的海上伙伴的好處。西奧多·羅斯福論道，稱雄世界的英國海軍，乃是「世界和平的有力保障」。[44]出於投機主義心態與日本結成的同盟，當日本人於一九〇五年五月的對馬海峽海戰中擊潰俄國海上武力時，帶給英國至為驚喜的好處。這時，英國人也已透過一九〇四年的英法協約，說服法國人解決雙方在殖民地擴張方面的衝突（主要是在非洲的衝突）。而國力變弱的俄國，也在一九〇七年與英國締結英俄協約，緩解了雙方在中亞、波斯的緊張關係。[45]再來就只剩德國人要對付。

這些動作背後充斥複雜的算計。德國的策略，乃是建造一支足以阻止英國人參加歐戰或阻止英國人以行動和他們作對的大艦隊。衝出北海、攻打英國船舶和殖民地的強大艦隊，能予英國重創。那將使英國干預歐陸事務的能力銳減，或許使英國在發生決定性戰役的關鍵時期的能力大減。對英國來說，為壓制那一威脅，必須做到兩件事。誠如溫斯頓・邱吉爾所主張的，帝國的最佳防禦之道，是阻止敵人海軍衝出歐洲周邊海域。但這一論點有一更深層的思維。如果英國無法躋身歐洲大國之列，無法阻止歐洲的地緣政治平衡出現危險變動，英國即無法避開最大的危險：一統的歐洲透過武力或外交與英國作對。因此，英國展開龐大的海軍計畫，以在「全裝重型火砲」戰艦或「無畏級戰艦」上取得不可能被超越的領先地位。為清楚表明用意，英國人在奧克尼群島的斯卡帕灣（Scapa Flow）組裝軍備，以阻止德國海軍闖出北海進入大西洋。為使其所向無敵，他們把英國在地中海（和其他每個地方）的現代戰艦幾乎全數調走。在鎖住世界的諸多鎖鑰中，斯卡帕灣首屈一指。

這理應有效，且誠如後面會看到的，在許多方面發揮了作用。但這不足以使德國放棄在歐洲取勝的希望。德國人有信心取勝，源於他們相信能徹底擊潰法國——史里芬計畫（Schlieffen Plan）。因此，當巴爾幹半島上一樁含糊不明的爭端，使奧地利與俄國、德國與法國先後投入百年來歐洲第一場全面戰爭時，英國無法置身事外——儘管英國表面上宣稱是柏林破壞比利時中立地位，迫使他們參戰。待和平降臨之際，保衛大英帝國的任務已顯得大不同於前。

帝國戰爭，帝國和平（1914-1935）

一九一四至一九一八年間，英國人三面（歐洲、海上、中東）作戰以保衛帝國，且打了數場較小規模的戰役，以奪取德國在太平洋、非洲的殖民地。澳洲部隊和南非部隊分別拿下德屬新幾內亞和德屬西南非（納米比亞）。南非部隊和印度部隊擔任德屬東非（坦尚尼亞）戰事的主力。[46]旨在將德國人逐出法國、比利時的西南戰線戰爭，其實是一場阻止歐洲臣服於一獨霸強權（對英國之世界霸權的最大威脅）的戰爭。海上戰爭的目的之一，是使德國的遠洋艦隊無法出港。英國艦隊司令很想再來場特拉法爾加海戰，但這樣的海戰並無必要。一九一六年五月的日德蘭半島之役，戰術上打成平手，戰略上卻是成功。德國艦隊返國，從此未再出海。可惜這時英國人倚賴糧食、物資進口的程度，遠高於前一場大戰期間。潛艇戰的勃興和英國船舶損失的巨大，迫使他們於海上採取守勢，直到一九一七年晚期美國海軍加入北大西洋扭轉情勢，才轉守為攻。第三場大戰爭是最鮮明的帝國戰爭。奧圖曼帝國於一九一四年十月投入德國、奧匈帝國陣營，其軍隊立即威脅到與英國有很大利害關係的兩個地方：靠近奧圖曼巴勒斯坦的蘇伊士運河以及位於巴斯拉附近阿巴丹（Abadan）一地的英國—波斯石油公司大油庫。在保護這些重要設施的需求背後，隱藏著一個較不具體但同樣迫切的當務之急。在英國人的印度帝國裡，英國人統治有數百萬以奧圖曼蘇丹為哈里發（「信士的長官」）而必須效忠於他的穆斯林。一場震撼性的大敗，或未能迅即獲勝，即可能令穆斯林群情騷動，引發聖戰，或鼓舞尚未被征服的帕坦人（Pathan）在西北邊疆考驗英國人的實力。[47]導致使情況更為棘手的，則是英國人依賴印度軍隊參與中東戰爭，而印度軍隊裡有大批北印度穆斯林。

英國人——一如以往所常見的——原打算打一場有限責任的戰爭。派一支（從歐洲角度來說的）小型遠征軍前去堅定法國人的鬥志；海軍封鎖；幾場殖民地戰役；大量使用「第四武器」（金融與補給），支持法國人和俄國人，畢竟俄法兩國的徵兵大軍將在陸戰中首當其衝。[48]但一如以往所常發生的，情勢迅即偏離英國人所期望的。德國攻勢之猛烈，迫使英國派遣一支龐大的志願軍參與一九一六年七月開打的索姆河戰役，要求他們冒著槍林彈雨強攻德國的壕溝陣地，死傷非常慘重。兵員損失太大，迫使英國人走上徵兵之路。但一九一七年時，儘管又發動一場死傷慘重的攻勢，西戰線依舊處於相持不下的局面。在中東戰爭裡，極欲拿下達達尼爾海峽，開啟達達尼爾與博斯普魯斯海峽，以為參戰的俄羅斯提供補給，同樣造成慘重傷亡。而儘管俄軍從高加索攻打土耳其人，英軍在巴勒斯坦和伊拉克進展非常緩慢（英國人於一九一七年十二月拿下耶路撒冷，但接下來攻勢即受阻）。於是，戰爭歷經三年多後，英國人身不由己的捲入漩渦之中。

先是一九一七年十月，布爾什維克政變後，俄國無心再戰。隔年三月，俄國與德國簽訂的「投降」條約，布列斯特—立陶夫斯克（**Brest-Litovsk**）條約，德國人自此得以放手調回東戰線的多數軍隊，控制烏克蘭及其龐大的儲備糧食，派兵繞過黑海援助奧圖曼盟友。兩個閃閃發亮的戰利品，即俄羅斯的巴庫大油田和對北伊朗與北伊朗通往中亞、阿富汗、最終抵達印度的通路的控制權，掌握在德國人手中。前景最為黯淡的地方卻是西邊。德國一場龐大攻勢，有可能達成重大突破，將法國人與英國人分開，並拿下沿海地區，迫使英軍撤回本土（一九一八年版的「敦刻爾克大撤退」）、法國投降。[49]晚至一九一八年七月，英國仍憂心法國和義大利兩國放棄。在這同時，如果德國人與奧圖曼人連成一氣，整個中東可能落入他們手裡。勞合．喬治（Lloyd George）戰爭內閣裡的首席軍師米爾納勛爵（Lord Milner）說，此時英國人直接面對其帝國死敵，[50]並於一九一八年六月提醒勞合．喬治，「法國和義大利戰敗屈服之事，我們得有心理準備。」

> 一旦成真，顯而易見的，德、奧、土、保集團將宰制整個歐洲和北亞、中亞，直到日本出手擋住他們去路之處……顯而易見的，除非世上剩下的自由人民——美國、我國和諸自治領，團結為最緊密的同盟……以德國為霸主的中央集團將不只控制歐洲和大部分亞洲，還將控制全世界……一旦這些事全成真……我們這些島嶼將成為包圍世界的盟軍陣地上曝露於敵人火力下的前哨基地，而對此結合體的中樞腦袋而言，這是非常不利的位置。

他推斷道，接下來的戰事「將會為東南亞而打，尤其是為非洲而打（巴勒斯坦橋頭堡無比重要）。」[51]

米爾納想像的噩夢未成真。到了一九一八年八月，德國人已氣力用盡。德軍突然崩解。美國增援的龐大人力，使戰局已定。奧地利與奧圖曼人不久後隨之瓦解。但對大英帝國會被一分為二的強烈憂心，影響此後世局甚大。那憂心化為英國人的執念，執意認為中東絕不可有其他強權立足，蘇伊士運河和波斯灣無論如何仍得由他們牢牢掌控。戰後的紛亂世局裡，英國的兵力和軍事預算受到限制，加以土耳其人、阿拉伯人、伊朗人反抗英國統治，降低英國對這些地區的支配程度，迫使英國人有所讓步，然從戰略和軍事的角度看，他們仍是中東的主宰，且決意保住這地位。[52]他們實踐了一九一四年前曾高聲表示絕不會做的那種帝國大躍進。事實上，一九一八年的化險為夷，加上戰略上、科技上的新形勢，已進一步提升其中東霸主地位的帝國價值。一九一八年後，可能挑戰英國制海權的兩支最大海軍，乃是美國和日本的海軍。為確保他們的艦隊迅速來往於東、西方之間，蘇伊士運河的戰略地位比以往任何時候更為重要。加上此時有了空中武力。開羅已漸漸成為連接英國與印度、不久後經中東空中走廊連接英國與澳洲的航空（軍用與民用航空）樞紐。《泰晤士報》某記者於一九三五年寫道，「波斯灣正漸漸成為空中的蘇伊士運河，與印度、新加坡、澳洲的主要交通管道之一。」[53]

但誠如英國領導人所清楚了解的，最要緊的是歐洲的情勢。只要歐洲諸大國勢力未均衡，他們不可能高枕無憂：保衛他們的帝國將是無法承受的重擔。就此觀點，擊敗德國和奧匈帝國並未徹底解決問題。雖有一九一九年六月和約加諸德國的種種懲罰（小規模陸軍、不得擁有海軍、領土縮減、金錢賠償），德國仍屬實力甚強且心懷不滿的大國。要在歐洲打造新均勢，依舊是巧婦難為無米之炊。英國寄望美國攬下確保和約條款確實執行的重任，希冀美國加入新成立的國際聯盟，不久後便因美國聯邦參議院否決此議而希望破滅。俄國也不會繼續扮演其過去遏制德國擴張的角色。在俄國的布爾什維克統治者眼中，其他歐洲國家不是潛在的盟友，而是意識形態之敵：

西方政治人物也以同樣心態看待俄國。東歐這時是弱國或小國林立之地。與此同時，法德兩國的敵對，因賠償未付糾紛而惡化，儼然會再引發一場可能把英國拖下水的歐陸戰爭，尤其是如果兩大輸家——俄國和德國選擇結盟的話（當時看來這似乎不無可能）。[54]

走出這一地緣政治困境的出路，似乎終於找到。在一九二五年的盧卡諾條約裡，法、德兩國解決了歧見，兩國邊界受到英、義「保障」，意味著德國有心進入新的歐洲協調體制。英國人放鬆戒心。的確，英國的全球地位看來遠比此前數十年穩固，自一八九〇年代初期以來肯定穩固許多。令人憂心的美國海軍野心跡象業已大致上消失，美國人同意建造規模和英國一樣大（且必然分割為太平洋、大西洋兩區）的海軍。儘管陰謀革命的傳聞甚囂塵上，蘇俄仍為軍事弱國，對英國中東霸權的威脅可以略而不計。德國人迫於失去海軍的現實，已無奈接受殖民地的喪失。日本此際是世上第三大海軍強權——令澳洲和紐西蘭思之不寒而慄的事實。但時任財政大臣的溫斯頓·邱吉爾，把日本會冒險與「盎格魯—撒克遜」諸強權衝突的看法，斥為渴求建造艦隻的英國海軍將領昭然若揭的計謀。「怎麼會與日本一戰？」他在一九二四年十二月問道。「我認為，在我有生之年，這事發生的機率微乎其微。」[55]在盧卡諾條約後的時局裡，沒有任何大國對手有配備和意圖攻擊版圖超越以往任何時期的英國世界帝國。這導出一更令人放心的推斷。由於沒有其他大國有意圖或能力威脅英國的帝國權威，英國人大可把印度、埃及或中國境內的任何民族主義運動視為局部小問題來處理，安撫或鎮壓，端視何者對他們有利。

然而，此為英國人所樂見的局面維持不到十年。對於日本一九三一年幾乎併吞滿洲（東京在此策立了傀儡政權滿洲國）和其明目張膽違反國聯規定之舉，英國可以用一句遺憾輕輕帶過，並視為對英國在亞洲的利益（最初看來）影響不大的當地不尋常現象。然一九三三年一月，響起分貝更高許多的警報。一名猖狂的民族主義領袖（希特勒予人的觀感）——不接受凡爾賽條約和盧卡諾和解條約的領袖——入主柏林，等同是朝經精心調整過的「帝國防衛」機器裡，丟了一把又大又危險的扳手。事實上，英國人幾乎立即開始重新思考他們的戰略，打算重新武裝。再爆發一場歐戰已非絕不可能。但當諸籌謀未來之路者試圖以侵略成性的日本所構成的危險（特別是對太平洋上的兩個自治領所構成的危險），與「最大敵人」德國所構成的危險相權衡，與經濟蕭條背景和經濟發展需要相權衡時，他們卻起了齟齬。[56]這是全球性帝國所常面臨的兩難：哪個威脅會最快降臨？哪裡受攻擊會最危險？哪個嚇阻措施會有效？該把嚇阻措施安置在哪裡？這些疑問都不易解答。更難解答的，則是被革命性改變橫掃過的地緣政治形勢。到了一九三〇年代中期，世上較大的強權中，僅英法兩國還矢志維護既有的世界秩序和其財富分配狀態。英國領導人未充分理解已使歐洲騷動不安的族群衝突和意識形態衝突，且對希特勒所表現出對外交準則的無情蔑視、對他眼中劣等種族的無情蔑視，未做好充分準備。在這個已無法從過去尋找指引的多變世界裡，他們盲目摸索，最終走進英國世界體系中，最後一個且最嚴重的危機裡。

途經新加坡之路（1936-1945）

德國的重整軍備和來自日本的潛在威脅，帶來棘手的戰略兩難。[57]而使這兩難變成危機者，可謂一九三五年義大利出兵衣索匹亞。倫敦譴責墨索里尼無恥的征服行動，卻不願出動海軍與其正面對抗，擔心干預可能導致的損失。英國人無論在東西方都落入不利處境。他們未能阻止墨索里尼動武擴張，反倒驅使他與他們的主要敵人結成三方同盟。一九三七年起，他們遭遇前所未見的多重危險：一場可能爆發且令其陷入三面作戰的戰爭，而且各個戰線相隔數千哩。他們在各個戰線都欠缺左右大局的力量，因而得決定重點應放在何處，從而導致另外兩處可能不保。[58]當然這不是他們第一次面臨三敵聯手與其對抗。一七七九年，他們努力平定北美殖民地叛亂時，便遭受到法、西、荷三國的攻擊。然這個前例並未讓他們信心大增。一百六十年後的情勢更為棘手，肇因於涉及範圍之遼闊：欲迅速集中兵力擊敗對象根本不可能。而且眼下的情況和一九一四年前他們面臨的情況毫無相似之處。當時他們也受到三國同盟的挑戰，但他們有俄、法這兩個實質盟邦，能藉由將龐大海軍武力集中於母土化解主要危險。一九三七年時，他們處境之不利已不可同日而語。英法兩國彼此猜疑甚深，尤其倫敦不願與法國的東歐弱國盟邦有所牽扯，而倫敦與華府間的猜疑又更為嚴重。在如此嚴峻的形勢下，內維爾・張伯倫（neville Chamberlain）的方針讓人覺得最為妥當，也就不足為奇。張伯倫的計畫乃是集中英國之力打造龐大的轟炸機隊以嚇阻德國進犯，而擔心國防開銷大增會導致財政破產，則是促成此計畫的原因之一。計畫背後的思維認為，如果德國無法一擊就讓英國屈服，德國便不敢再啟戰端，打另一場漫長且無勝算的戰爭。使英國因而有時間進行建構和平的外交活動，並逐漸改善海軍實力，從而使日本未敢妄動。就是這一邏輯促使英國於一九三八年九至十月時，在慕尼黑尋求與德國達成協議。

這場危機的第二階段便在此時揭開序幕。簽訂慕尼黑協定不到六個月，希特勒即背棄該協定的承諾，表露出德國的稱霸意圖。英國人急忙向波蘭、希臘、土耳其分發「保證」，以穩住這三國。[59]英國人仍相信希特勒不願投入一場漫長戰爭。一旦希特勒無法在西方突圍，或以一場空中奇襲擊倒英國（兩個基本假定），接著將會陷入僵局。這一信念開始瓦解。一九三九年八月，希特勒與史達林談妥如何瓜分波蘭之際，也同時取得俄國的補給，包括俄國的石油。英國若祭出封鎖，根本傷不了他。戰爭於九月爆發時，初期的發展似乎正如預測陷入僵局。但後來的發展表明，「假戰」（phoney war）不過是戰略假象。一九四〇年五、六月，希特勒的國防軍擊潰英法軍隊。法國一敗塗地，英國遭逐出歐陸，希特勒就此主宰歐洲。從這一戰略性的重大挫敗起，危機迅即擴延到大英帝國其他地方。

因為從此刻起，義大利、日本所構成的威脅轉而真切且危險。就連溫斯頓．邱吉爾都在一九三九年三月判斷，日本人會按兵不動，除非英國在西方落敗。[60]侵華腳步已日益深入中國內陸的日本，受到法國兵敗的鼓舞，進軍法屬印度支那，不久後以該地為跳板，入侵英屬馬來亞和荷屬東印度群島。墨索里尼則受到德軍勝利的鼓舞，出兵欲拿下埃及和蘇伊士運河，未久，德國被拖進這戰場。本土英國人面臨了幾乎時時存在的入侵威脅，不列顛之役的勝利只暫時化解威脅。

但由於控制了法國沿海，希特勒此時能以英國人的封鎖之道反治其身：他的潛艇戰威脅英國的補給和生存。在同時，英國把每個能賣的資產都抵押了，以從中立的美國購買亟需的裝備，而在美國，只能以現金當下支付，英國才能買到貨。在歐洲，或者說在其他任何地區，沒有盟友，英國人因此不得不向他們的白人自治領和他們統治的印度求援。他們只能惴惴不安留意日本人入侵的跡象，因為無法從大西洋戰場、地中海戰場調來海軍（更別提空軍）反擊日軍。[61]就連一九四一年六月德國入侵俄國一事，都未讓英國人覺得可以鬆口氣。侵俄德軍初期的告捷和蘇聯防禦的亂無章法，似乎有可能讓希特勒贏得另一場驚天動地的勝利。身經百戰的納粹德國國防軍將穿越烏克蘭，繞過黑海。位在埃及的英國人將受到前後夾攻。這景況比米爾納所想像的一九一八年夢魘更為慘烈。大英帝國可能在美國參戰前即垮掉。

紛至沓來的災難仍不想停下腳步。一九四〇年十月，日本人與德、義正式結盟。眼下日本人未進攻英國屬地：中國境內的戰事拖住他們大部軍力。希特勒進攻俄國時，日本人仍小心保持中立。但與美國日益升高的緊張關係和美國施行的石油禁運，迫使日本人採取攻勢。一九四一年十二月上旬，他們東西兩面出擊，登陸英屬馬來亞幾小時後出兵攻擊珍珠港。才幾天時間，日本人憑藉閃電進攻和完全掌握空優，擊潰英國人防禦。邱吉爾派來嚇阻日軍進犯的兩艘英國皇家海軍最強軍艦威爾斯王子號與擊退號（Repulse），遭從空中摧毀。一九四二年一月中旬，日本人已拿下馬來亞首府；二月四日兵臨新加坡城外。二月十五日，新加坡投降：十三萬英國、澳洲、印度部隊被只及其一半左右兵力的日本軍隊俘虜。到了三月九日，日本人已攻到英屬緬甸首府仰光，亞歷山大將軍差點被俘，「靠運氣才得以逃脫」。[62]英國在緬甸的統治，於混亂、羞恥、出賣的痛苦中瓦解。[63]到了五月中旬，殘餘的英國部隊經過約一千五百公里的撤退，已退回到印度。在亞洲失利之前，在歐洲就已敗退。而一九四二年七月，眼看中東戰場也會跟著失利。軸心國軍隊往開羅逼進時，英國人正匆匆研擬放棄該城的計畫。南非總理揚·克里斯蒂昂·史穆茨主張，一旦開羅失陷，第八軍的南非分遣隊應往尼羅河上游撤退。[64]由於中東戰線似乎就要垮掉，該戰線指揮官提出痛苦的抉擇。若要使印度不致落入日本人之手，英國人或許得放棄他們在中東的主要基地。奧欣萊克（Auchinleck）將軍告訴邱吉爾，「印度攸關我們的存亡，沒有中東，我們仍能保住印度，但沒了印度，保不住中東。」[65]

早到的雨季，致使所有道路泥濘不堪，也使英國人躲過印度遭入侵的命運。而一九四二年中期日本的閃電式擴張已到強弩之末或許也是原因。在六月的中途島海戰中，美國人拿回對中太平洋的掌控。日本人已不可能派大艦隊進入印度洋。英國人排除萬難，開始湊集一支超過兩百萬兵力的志願軍，靠它在阿薩姆守住戰線，並在一九四四至一九四五年攻回緬甸和馬來亞。[66]在這同時，一九四二年十一月，蒙哥馬利在阿萊曼（Alamein）的勝利（英國第一場真正的勝利）紓解了埃及所受到的壓力。德國人開始撤離北非。在北邊兩千四百公里處，德軍穿越南俄羅斯迅速挺進，卻在慘烈的史達林格勒戰役中受阻。但若說德、日兩國的聲威這時已如日中天，後來的發展表明他們跌落時將跌得非常深。

一九四五年八月和平降臨亞洲時，英國人已收回失去的殖民地，甚至在中東以比以往更為堅定的姿態確立軍威。他們是三大戰勝國之一。但一九四〇至一九四二年，他們的重大戰略挫敗（一七八一年以來最大的戰略挫敗），已對帝國體系造成四個無法消除且將永遠無法復原的傷害。第一個是他們與四個白人自治領之緊密特殊關係的結束。經過敦刻爾克之役和新加坡之役，他們不再把英國視為最重要屏障和保護者，不再把自身的自由寄託在英國的存續上。加拿大、澳洲、紐西蘭全轉而投向美國懷抱，儘管並非毫無疑慮。澳洲和紐西蘭則仍一心欲保住與英國的緊密關係。第二個是英國在印統治地位的加速終結。在一九四二年情勢危急之際，英國人允諾讓印度於戰爭結束時獨立，卻於一九四二年八月將數千名行動主義者下獄，以粉碎退出印度（Quit India）運動。[67]但他們已無法控制印度政局，在和平降臨時，他們既無實力、也無意志以行動重新申明他們仍是主宰者。他們原打算堅持建立一個統一的印度「自治領」，繼續扮演過去的帝國防禦角色，即英國支配中東、東南亞的助手。隨著英國在印的統治於一九四六至一九四七年的亂局中瓦解，這些願望成了空想。自一七八〇年代起，英國賴以稱霸世界的最大輔助引擎，就此永遠停擺。

這場戰略挫敗所帶來的第三個結果，乃是經濟垮掉。內維爾·張伯倫原盤算著先止住德國侵略腳步，再透過經濟封鎖粉碎德國的野心。就連代表美國企業界心聲的《財星》雜誌都認為英法在經濟上占上風。[68]利用海外收入和龐大的供應網，英國人將以其未受損的商業實力捱過這場風暴。希特勒的閃電戰導致這觀點變得毫無意義。全面戰爭動員、拍賣自身資產以購得美國物資，以及在美國租借法案的規定下供外銷的生產受到嚴格限制，使英國成為大負債國，到了戰爭末期已是沒有美援便會垮掉的地步。[69]戰爭的經濟好處流歸大西洋彼岸。要保有大國地位，就得讓國內繼續陷於匱乏，在國外展開新剝削。兩者都得到施行，但無法持久。

第四個結果或許是左右此後大局最有力的結果。英法於一九四〇年六月在歐洲爭奪戰中敗下陣後，就此失去在歐洲呼風喚雨的地位。希特勒威震全歐，靠蘇聯和美國之力才將其完全壓下。一九四五年五月，歐洲戰場的主要戰勝者不是英國人，而是史達林。戰後沒有使歐洲「安全」的協議問世，反倒歐洲有可能陷入另一場戰爭，英國左支右絀無力招架，更為倚賴一九四八年後「自由」歐洲的新守護者美國。在亞洲，英國已轉敗為勝——很勉強的勝利。但在亞洲，他們也對戰後均勢毫無置喙餘地。隨著日本新興帝國的覆滅，美國、蘇俄、中華民國（後來換成中華人民共和國）填補權力真空。失去印度的英國不再是亞洲強權。只有在中東和撒哈拉沙漠以南的非洲地區，他們仍保有帝國統治。

這一重大的地緣政治變動，耗費一些時日才完成。英國人振奮於他們的英勇抗德和辛苦完成的復原。但他們藉以打造、保衛世界性帝國的客觀形勢，已被兩年的戰爭浩劫徹底改變。英國戰敗那一刻起，一個有著新建制、新意識形態、新均勢的新世界秩序已開始成形。誠如英國人不久後所發覺的，他們帝國的保衛戰已來到最後一道壕溝。

第十一章　結束帝國

當時並無明顯跡象顯示大英帝國會走向覆滅。雖有二次大戰時付出重大犧牲，以及戰後復原成本高昂，英國領導人仍看不出有什麼理由該放棄帝國。上一章所述一九四〇至一九四二年間，英國地緣戰略上的大挫敗所導致的後果，此時還未明顯展現。印度和緬甸動亂的政局，迫使他們撤出這兩個國家。他們讓錫蘭（斯里蘭卡）獨立，以爭取錫蘭的民族主義領袖支持，保住兩國的「特殊關係」。[1]但馬來亞和香港仍被他們牢牢抓在手裡。而在巴勒斯坦的託管權雖於一九四八年不光彩的結束，英國卻比以往更堅決要將阿拉伯中東納入帝國統治，並控制蘇伊士運河。在非洲，他們覺得至少要再過個二三十年，才能讓當地人當家作主。而且他們認為，在國內打造福利國與在海外重塑帝國不相牴觸，後者還有助於前者。他們以比過去諸時代更為無情的心態，視帝國為維繫英國經濟福祉和戰略安全的重要憑藉。

約一九六〇年前，儘管英國民意為冒進奪取蘇伊士運河控制權一事陷入激烈對立，卻毫無跡象顯示英國人對大國地位的價值有多大懷疑。對在馬來亞、肯亞、賽浦路斯的殖民地平亂方法感到不安者，只限於非主流的少數人。[2]直到一九五〇年代晚期，認為英國未來的繁榮繫於其與帝國、大英國協的貿易，而非其與歐洲的貿易，仍是主流看法。西歐諸國被英國人視為虛弱且不穩，對英國的復甦是掣肘，而非助益。[3]英國領導人也不認同自身的帝國觀已落伍。事實上，他們承認有必要擴大代議制、訂定自治時間表，以及（對少數殖民地來說）給予迅速獨立。「帝國」一詞漸漸從他們的口頭上、筆下消失。他們將一九三九年前，意指白人自治領俱樂部的Commonwealth一詞賦予新解，用以指稱由願意——或英國人期望其願意——在世界事務上唯英國馬首是瞻的英國前殖民地組成的多種族協會（即大英國協）。他們主張，殖民地統治的結束象徵英國帝國策略的成功，主張那結束只是嶄新且更公平合理關係的序曲。他們遲遲才看出英國本身的實力，遠不足以勝任如此非正式帝國裡的宗主國角色。哈羅德．麥克米蘭（Harold Macmillan）和哈羅德．威爾森（Harold Wilson）這兩位主宰一九五七至一九七〇年英國政局的人物，雖有明顯的意見分歧，卻一致認為英國必須是世界大國，同時扮演世界級角色。這一迂闊的幻想在一九六八年一月破滅，只是其朦朧的餘緒仍不尋常的至今未消。

離開印度

有一百五十多年歲月，印度一直是英國世界霸權的第二中心、英國據以主宰南亞的據點，且曾是英國商人據以挺進中國的商業基地。來自印度的部隊是英國人藉以強行打開中國口岸的鐵撬。印度海軍（「孟買海軍陸戰隊」）將波斯灣和該地區的小邦納入英國海權掌控。印度的工人和商人協助打造了緬甸和馬來亞（英國的東南亞帝國）的出口經濟體。印度商人和貨郎乃是後來成為英屬東非那個地區的商業先驅，而來自印度的苦力建造了連接這個內陸受保護地與蒙巴薩海邊的烏干達鐵路——英國人鼓勵白人來肯亞墾殖，希望藉此彌補鐵路建造成本。從亞丁（由印度的英國當局治理直迄一九三七年之地）到緬甸，往北到阿富汗、西藏、尼泊爾，英國人在亞洲的利益，基本上是在印英國人的利益，且這些利益受到英國人從西姆拉、加爾各答和後來之新德里的照護。事實上，在蘇伊士運河以東的大片地區，言明為在印英國人的帝國，會比指稱為英國人的帝國，更為切合事實。

一九〇〇年後，這說法一如在一九〇〇年前同樣真切。把英國拖進大規模中東衝突的第一次世界大戰，便清楚說明此點。隨著這場戰爭進入最激烈階段，他們愈來愈倚賴的，正是印度的兵力。然一九一八年後，英國人愈來愈難藉由在印的統治滿足帝國的需要。印度境內的政治變化，部分是為回應對殖民地政權日益增多的要求，部分則是宗教復興與新文化運動兩者的產物，而英國人迫於此政治變化做出了讓步，以使更具「代表性」的印度人支持英國在印統治體制和其運行。一九二〇年後，英國人面臨新政治敵人：印度國大黨。國大黨於一八八五年創立之初，原是對英國毫無二心的鄉紳壓力團體，卻被甘地的天縱英明轉化為次大陸的群眾運動組織。國大黨的拒買、停工停業、示威、抗稅（例如甘地步行至海邊自行製鹽以抗議鹽稅之事），以及各種「真理力量」（satyagraha）——道德解放學說的一種——旨在消滅順服英國權威的習性，即消滅英國在印統治所大為倚賴的一種習性。國大黨不具備將英國人逐出印度的有形力量。直到一九三〇年，它已大體上失去居人口少數但影響力甚大的穆斯林的支持。國大黨於是分化為兩陣營，一邊是願意與英國人共享權力者，另一邊是懷疑英國人試圖藉由將印度「聯邦化」為多個自治省──別出心裁的新版「分而治之」作法──來瓦解國大黨者（英國人的確有此意圖）。而由於印度軍警仍效忠英國，且英國人在印度駐有一支七萬人左右的全英國兵軍隊，革命政變絕不可行。但由於守紀律的核心幹部、廣大的民意支持、甘地本人的領袖魅力，國大黨仍有實力索求到重要讓步。一九三五年，英國人同意印度省級自治時，該黨著手倚賴其省級權力基礎以奪取中央政權，只是必須歷時多久方可實現此願望，仍在未定之天。

這就是二次大戰爆發之際印度的情勢。國大黨政治人物在某些人口最多的省分主政（但旁遮普、孟加拉不在此列）。而英國人所制定欲將印度打造成「聯邦自治領」的複雜計畫，未見進展。在這一計畫下，印度的地位理論上與享有完全主權、然實際上被多種防範措施限制住以保護英國利益的白人自治領相等。聯邦憲法有賴於諸土邦的支持才能實行，而總數六百個左右的土邦，可以理解的顯然較中意自身已熟悉的惡魔：它們與英國的條約關係。為防印度生亂，英國人決意讓印度盡量不介入這場大戰：一九三九至一九四〇年歐洲戰場的僵局，正符合他們的印度計畫的需求。未料當一九四〇年六月中東捲入戰局，十八個月後太平洋和東南亞也捲入戰局，此一麻醉策略就不再可行。此時，募集一支印度大軍，打造龐大的戰爭經濟，從意識形態角度將這場世界大戰合理化為「爭自由之戰」，變得刻不容緩。作為激發印度人政治狂熱的手段，大概很難有比這更好的。

反應不久後就出現。實際上，在二次大戰的前幾個月裡，國大黨政治人物已要求英國在憲政層面做出更多讓步，以換取他們的援助。英國人拒絕，他們即全體辭職，以讓接替他們位置的焦頭爛額英國官員感到棘手。一九四〇和一九四一年間，英國人拒絕國大黨要求享有更多中央權力的主張。無奈當日本於一九四二年入侵馬來亞和緬甸，英國人面臨了重大新危機。這時各界普遍認為日本人會入侵印度；日本戰艦已出現在印度沿海。在此情況下，團結國大黨（進而團結印度人民）一起抗戰，似乎比以往更為重要。倫敦派史塔福德·克里普斯（Stafford Cripps）爵士率代表團前往德里。克里普斯時為英國政府高官，且是（某些人眼中）萬一戰局未見起色，很可能接替邱吉爾之位的總理人選。但由於國大黨領袖堅持讓其在印度的參戰作為擁有較大的主控權，而邱吉爾對此事的立場堅不退讓，雙方談判破局。[4]不過意外留下不可磨滅的影響：為博取印度人支持並向國大黨施壓，英國人承諾於戰爭結束後，讓印度自治。始終將憲政改革時間表的制定權牢牢抓在手裡的倫敦，這時已徹底放手。

即使印度情勢保持平靜無事，這一遠期承諾勢必激起期望心理，並萌生出可能同樣程度的疑慮。在種姓、宗教、階級畛域分明的次大陸上，即將到來的新秩序肯定被視為要求採取行動的政治號召。只是印度未保持平靜。一九四二年八月，或許預期日軍即將來犯，或許挫折於克里普斯的任務失敗，甘地和國大黨號召人民集體不服從，以逼迫英國人離開。「退出印度」運動是重大緊急事件，自一八五七年大叛亂以來對英國印度統治的最嚴峻威脅。英國人壓下這場運動（英國在印度有龐大駐軍），數萬國大黨員遭捕入獄。國大黨遭禁。然此一發展帶來兩個不可避免的後果。國大黨從此更堅決於盡快摧毀統治機器，其對英國人的意圖罩上強烈的不信任感。第二，由於國大黨遭驅逐出政治舞台，穆斯林聯盟得以盡情改頭換面，發展成類似國大黨的團體。二次大戰後半期，引發民怨和人民驚恐的情況也迅速衍生而出：通膨、糧食短缺（一九四三年的孟加拉饑荒可能奪走兩百多萬人性命）、召募印度人組成兵力達兩百多萬的龐大印度志願軍、勞動人口移向工業城市，既在印度人與英國人間，也在印度人和印度人間，製造出怨恨。只要戰爭未結束，他們的怨恨便因緊急狀態的施行而無從宣洩。隨著一九四五年八月和平降臨，政治活動的恢復常態，竟未替權力轉移鋪平道路，反而引爆火藥庫。政黨、派系、族群、家庭、個人為搶占有利位置或尋求保護而戰。武裝團體及自衛團體開始冒出。社會、宗教的分隔逐漸染上仇恨。聯合省（今北方省）境內的穆斯林、孟加拉境內的印度教徒、旁遮普境內的印度教徒和錫克教徒，以及地主、賤民、遭奪走土地的小農、城市裡無一技之長的大量貧民：全對英國統治的瓦解有所擔憂，也有所寄望。在這緊繃且多變的氣氛裡，帝國漸漸走上末日。[5]

倫敦對這些紛至沓來、不久後會摧毀其在印統治地位的壓力原則上渾然未察。它有其他事要忙。新上任的工黨政府（史塔福德·克里普斯為此政府要員），決意履行承諾讓印度獨立，但要依照英國更多的要求方能達到，也就是要印度成為類似加拿大或澳洲的自治領，仍屬大英國協一員。英國國王仍是印度的國家元首，印度人的效忠對象。更重要的，印度將作為一大聯邦，維持一統局面。倫敦認為，這麼安排的主要優勢在於，保住戰時不可或缺的舊印度軍隊，使該軍隊可供戰後大英國協防禦組織之用，尤以在東南亞為然。英國政府認為，印度的新統治階層應該不想切斷其與西方的關係，應該仍會覺得有必要維持其「英國關聯」，卻在戰後第一年，幻想即被戳破。

過渡期的第一階段舉行了選舉，組成過渡性質的印度內閣政府。然而情勢發展很快就表明，國大黨和穆斯林聯盟這兩大政黨不可能合作。真納領導的穆斯林聯盟堅持要從印度切分出一塊地區另建穆斯林國家（巴基斯坦），儘管該國與印度的國界和憲政關係仍然不明。[6]一九四六年，英國派來「內閣代表團」，試圖就建立一個三級印度取得各方協議，未能如願。在這樣的印度裡，穆斯林居多的省分將畫為一群，印度教徒居多的省分將畫為另一群，兩個省群都接受一中央政府，組成地方分權的聯邦。政治人物在德里權鬥時，英國對當地的支配力已迅速流失。隨著社會緊繃、族群緊繃加劇，當地秩序愈來愈難維持。在印度，許多英國官員已因戰時工作顯得精疲力竭，一心只想返國。在印度的英國軍人同樣急欲離開，回去過平民生活。雪上加霜的是，出現了英國在印當局的軍事骨幹可能瞬間摧折的警訊。一九四六年初期，皇家印度海軍的印度水兵於孟買譁變、比哈爾的警察譁變。英國在印當局將戰時轉投印度國民軍、與日本聯手攻打英國的逃兵交付審判，揭露了印度人民對這些人受懲一事的強烈憤慨。英國人開始擔心譁變之風可能擴及陸軍。在印度總督韋佛爾勛爵（Lord Wavell）眼裡，到了一九四六年中期，情勢愈來愈清楚表明，藉以統治印度的實體力量，不僅已然左支右絀，且撐不了一年。萬一國大黨選擇叛亂，英國人幾乎束手無策：這位印度總督的國內安全事務顧問寫道，「恐怕平不了國大黨叛亂」。[7]英國賴以維持其在印統治長達百餘年的強制工具終於分崩離析。

這時，一個新因素開始浮現。英國人一直在穆斯林聯盟和國大黨間努力折衝，以維持印度的一統。直到一九四六年末期，他們不再將之視為首要目標，反將重點放在趁著印度次大陸尚未被內戰戰火吞噬前離開印度。內戰爆發的跡象似乎與日俱增。八月初，光是加爾各答一地就有約五千人遇害。英國首相艾德禮的筆記，披露了籠罩倫敦既憂心又無能為力的心情。艾德禮自問道，英國能重掌大局嗎？他寫下「肯定是否」的答案，因為：

一、由於我們所承攬的擔子遍及世界各地，我們不具有擊退全面性游擊運動以守住印度的軍力或收復印度的軍力。

二、即使我們有這樣的軍力，輿論，尤其是本黨內的輿論，也不會支持。

三、印度籍部隊對我們是否忠誠不渝，非常值得懷疑。我們自己的部隊是否願意為此作戰，值得懷疑。

四、全世界的輿論會站在我們的對立面……

五、我們沒有行政機構來執行如此的英國政策或印度政策。[8]

但艾德禮同樣非常清楚，英國若如韋佛爾所建議的逐省撤走，無可避免將在國內激起公憤。於是，在無計可施下，他延請曾擔任戰時東南亞戰區總司令且非常了解印度的蒙巴頓協助。銜命出任末代印度總督的蒙巴頓，將擁有便宜行事權，他亦有心充分利用這授權。離開倫敦前，他爭取到一重大讓步：公開宣布英國將於一九四八年中期結束在印統治。

蒙巴頓於一九四七年三月抵達印度，當時官方的授命仍要求他力保印度的一統只是他不久就決定，唯一的出路是接受真納所要求的分治，逼國大黨和尼赫魯認同再拖下去只會使印度陷入混亂。他於四月寫給倫敦的報告中說，「除非我即刻行動，一場不折不扣的內戰說不定就在我手上開始。」[9]兩個星期後他寫道，「分治恐怕是唯一可行的替代辦法」。[10]蒙巴頓要解決的主要難題，是說服尼赫魯和國大黨高層接受他們原堅決阻止的方案。最後讓他們勉為其難接受此議者，恐怕不是蒙巴頓的說服本事，而是他們自身理解到萬一印度教徒、穆斯林間的族群衝突演變為戰爭，國大黨本身可能失去其支配政局的地位。六月底，蒙巴頓志得意滿發電報回國：「可以把巴基斯坦八月十五日的誕生視為定案」。[11]作為協議的一部分，他已同意獨立之日不是在一九四八年六月，而是在一九四七年八月。不旋踵間，就在地圖上的旁遮普、孟加拉兩地畫下分界線，然刻意祕而不宣，以免引發更多動亂和暴力。

於是，印度（和巴基斯坦）開始履行尼赫魯所謂的其「與命運的約會」。分治後的發展令人怵目驚心。分並未平息族群仇恨，反之帶來掠奪機會、報仇機會、集體遇害的恐懼、拚命逃跑的衝動。分治創造出群眾瘋狂氣氛，造成至少一百萬人喪命，超過一千兩百萬人被迫離開家園，流落到遙遠異地。然後，這兩個新國家為了與印度一樣注定分家的喀什米爾打了短暫的一戰。而促成英國兩百年統治如此悲慘結束的主要相關各方，把這場權力轉移形容成是政治勝利，展現出發人深省的集體失憶症。在印度和巴基斯坦，這或許可以理解。畢竟在艱苦的建國大業中，深的傷口得治癒，痛苦的失敗得忘掉。英國的情況就比較複雜。

印度獨立的方式，對印度人、對英國人都是場災難。自由但統一、仍與其舊主子緊密聯繫的自治印度是一回事。分裂為「兩國」、飽受衝突之苦且對英國統治的結束方式深懷怨恨的印度，則是截然不同的另一回事。這時已不能奢望印度為大英國協在亞洲的防禦體系助一臂之力。有一段時間，印度是否會留在大英國協裡，都似乎令人懷疑。巴基斯坦建國後的脆弱，不久便呈現在世人眼前。但英國人寧可記得他們已履行承諾讓印度自己當家作主。而印度的確留在大英國協一事，至少保住權力漂亮轉移的表象。事實上，英國統治的結束並未如某些人所憂心的，標誌著帝國的立即瓦解，卻代表了帝國內部凝聚力的嚴重瓦解，代表了重要資源，尤其是軍事資源，無可挽回的喪失——失去這些重要資源，英國在亞洲其他地區的帝國不久就會變成無法承受的負擔。或許更令人心痛的，印度的遭遇表明，即使這場權力轉移可視為一場政治勝利，可視為在幕後精心安排下所完成對已成累贅的統治權的拋棄，卻也同時是可怕的示警，說明在改變的時刻，政治處理不當將帶來何等嚴重的人間苦難。在與命運之約中，自由能在同一個午夜時分到手與失去。

弔詭的衰落

印度獨立在英國的帝國體系裡留下一個大洞；所幸這事實對英國人心態的衝擊相對小。事實上，戰爭結束之際未拒斥帝國的存在，並不令人奇怪。帝國心態仍牢牢盤據英國社會各階層：盤據在希望移到澳洲或南非者心裡，盤據在以將正義撒播到偏僻落後地區自任的那些人心上。一九五〇年代，通俗小說，特別是以少年讀者為對象的這類小說，仍將英國人描繪成帝國民族：在一九五〇年首次出版的《鷹》（*Eagle*）等「富教育意義」的連環漫畫裡，或在維多利亞時代作家韓蒂（G. A. Henty）的小說裡（其中某些小說於一九五〇年代重新發行）[12]。戰爭的苦難未削弱英國人的自信，反而加強。英國人普遍認為，打贏二戰正證明英國的建制和社會團結正當合理毫無疑問，此事也可視為對英國科學實力與豐富科學資源的不凡讚頌，對英國工業勞動人口所具有的技能之多樣的高度禮讚[13]。這場戰爭同時激發了社會重生的感覺，且在畢佛里奇勛爵（Lord Beveridge）針對社會保險所提的建議中，在他的偉大宣言《自由社會裡的完全就業》（*Full Employment in Free Society*, 1944）中，在把廣設全國的免費文法學校視為人才搖籃的一九四四年「教育法」（Education Act）中，這感覺得最為鮮明可見。英國人進入戰後世界時，懷抱一股重生的信心，相信他們的政治制度可作為他國效法的榜樣。作為代議政體和現代工業主義的先驅，英國人深信他們仍是世界舞台的主角。這幾乎無異於認定，英國必須以某種形式扮演一重大影響力體系的中樞。帝國是英國的命運，也是其職責。

一九四二年，邱吉爾那咄咄逼人的警告，「我當上首相不是為了來主持大英帝國的清算」[14]對戰後英國政治人物有深遠影響。艾德禮的工黨政府未大膽擁抱印度獨立的主張（一直以來被人大肆宣傳的歷史迷思），而是膽戰心驚於撤離意向的宣布可能被視為「清算大英帝國的第一步」。任何這類的聲明都該重擬，以把英國撤離印度呈現為「向民主政府的志願性權力轉移」，而非「清算大英帝國的第一步」。[15]「倉皇離去」的印象將不利於英國。時任外長且是艾德禮政府裡第二實權人物的歐內斯特・貝文（Ernest Bevin）告訴艾德禮，「我深信如果你那麼做，本黨在國內會輸得一敗塗地……」[16]貝文極力要求艾德禮在印度堅守立場，以行動表明英國仍掌控大局。艾德禮答以已經太遲。英國社會黨人士當然老早就同情印度人當家作主的渴求，儘管那不是毫無批判的同情。[17]但對世上其他地方來說，作為社會改良與道德改良福音的社會主義和殖民地開明託管統治，兩者似乎並行不悖。許多社會黨人士主張，大英帝國的弊病，在於怠忽了社會改革的職責，以及帝國為海外剝削性移居者和國內商業利益集團所把持。

帝國心態在戰後未消，仍受外力因素的影響，極需維護的自身利益便強化了此心態。戰爭結束後，英國債務纏身。只是有個經濟難題比其他所有經濟難題更急需解決：為重建本國工業經濟，英國人必須買「美元」貨，實際上也只能從美國購得商品。無奈隨著租借法案於一九四五年八月廢除，美元的流動枯竭。雪上加霜的是，此後華府的借款，以英國得盡快使其飽受打擊的英鎊可自由兌換（即自由兌換為美元）為條件。結果是一場浩劫。一九四七年中期，英鎊變成可自由兌換，幣值即如自由落體直往下墜：沒人想止住。在華府勉為其難同意下，匯率恢復管制。在這四面受圍的新經濟形勢下，帝國的商業價值陡然飆漲。倫敦開始把保命希望寄託在其熱帶殖民地上。它們將供應英國本土人民所渴求的商品（這時英國本土居民依賴比戰時還缺乏的配給品生活，麵包和馬鈴薯都列入配給）：茶葉、咖啡、可可粉（巧克力原料）、用磨成粉的堅果製成的人造奶油（奶油是奢侈品）。更令人欣慰的是，可用屬於「軟通貨」的英鎊，以低於世界市場行情的價格，以延期付款的形式支付給這些殖民地。換句話說，可以藉由某種強迫儲蓄的形式，推遲殖民地履行其用所賺的英鎊購買英國貨的權利。英國人因此得以將出口貨運送至可賺到寶貴美元的市場。

殖民地的大宗商品亦可望帶來另一項好處。可可粉出口也賺進美元。更為值錢的大宗商品是戰略物資，例如來自馬來亞的橡膠和錫，來自北羅德西亞（今尚比亞）的銅。美國的工業成長和其戰後的重新武裝，創造出對這些戰略物資無可滿足的需求。靠這些大宗商品賺進的美元，未回流到殖民地，而是流進倫敦的「美元池」，供倫敦想用就用。馬來亞的美元收入，可謂英鎊得以從一九四九年的貶值危機復原的大功臣。事實上，凡是貨幣與英鎊掛鉤的國家，包括澳洲、紐西蘭、南非，都非得接受對他們花用美元的中央管制，被迫在能買進英鎊商品時就買進英鎊商品。到了一九五〇年，此發展的結果就是英國向帝國轄下國家的出口比重，比此前任何時期都要高。這麼做的道理不難理解。殖民地的行政首長不再只負有維持秩序、平衡收支的責任，這時他們得提高殖民地產量，以最快速度將落後的經濟現代化。殖民地政權得積極奮進，把觸角更深入鄉村，並懲戒在商業上不思進取者。殖民地政權配備了新的管制權力，受鼓勵去尋找新的政治盟友，以取代鄉村的過時友人（通常是酋長）。此時放寬英國對殖民資源的控制並不合宜：英國內閣思索馬來亞共黨叛亂分子所構成的威脅時，就清楚有力的表達此觀點。基於近乎一樣的道理，守住中東的石油（英國消耗的石油約六成來自中東）和英國人在伊朗阿巴丹的大煉油廠，看來至關緊要。[18]那些擋到英國前進之路者輕易便認為，英國的帝國主義未消退，反而呈現出侵略性的新勢頭。

藉這種經濟性殖民主義以因應困局者，不限於英國：有海外帝國的西歐國家，無不把自家的殖民地視為國內復甦的工具。而英國人維持其帝國特權，還出於另一個有力的誘因。二戰結束時，英國國家安全的主要威脅是俄羅斯的向西擴張。在波茨坦的戰後會議上未能解決雙方在處置德國上的歧見、蘇聯軍力的強大、拿捏不準美國承擔歐洲防禦的意願，引發一嚴峻疑問：英國以及尚未恢復國力的法國如何阻止史達林將解決俄國的方式亦強加在西歐上？英國人有空軍，龐大的轟炸機隊，可是轟炸機的航程打不到俄國城市，特別是如果法國機場受到攻擊的話。有個不理想的因應對策。英國人可從中東空軍基地攻擊南俄羅斯的蘇聯工業心臟地帶。那意味著得保住英國作為中東霸權的特殊地位，並維持龐大的蘇伊士運河基地和該處的工場、倉庫、軍營、訓練場，可惜這基地是孤立的軍事飛地，其西界距開羅極近。[19]因此，當艾德禮於一九四六年提議大舉撤出中東，在蘇聯和英國在非洲的帝國之間留下他所謂的「由沙漠與阿拉伯人構成的一個寬闊緩衝區」時，貝文和參謀長不住向他大咆哮，致使他住口。貝文說，撤走的話，「將重演慕尼黑協定，只是這次是世界級的，而希臘、土耳其、波斯則是受害者……」那將使美國對英國的復原力失去信心，鼓勵印度投向俄國懷抱，對諸自治領產生「無法估量的影響」。如在這同時英國撤離印度（貝文此文寫於一九四七年一月），那「將使世人以為我們放棄了我們身為世界大國的地位」。[20]這一觀點隱含更重大的主張：若英國要保住世界大國之位（當時沒有異議的觀點），英國務必盡可能保住帝國的實質。一旦離開印度，控制中東將是英國最重要的地緣政治資產。放棄中東，未能緩解英國國力左支右絀之勢，反之可能毀掉其在世上僅存的重要地位。

埃及、伊拉克境內反英民族主義浪潮洶湧，英國人堅守不退。在馬來亞，他們堅不撤走，以消滅共黨叛亂分子，保住新加坡作為他們在該地區的首要基地，以及從英國經蘇伊士運河或好望角到澳洲的一連串環節中的一環。時由於世上許多地方仍處於海運時代，在殖民地事務處理上，英國人願意變通：面對一九四八年黃金海岸（今迦納）境內的暴力抗議，英國人以承諾給予更高自治安撫。一九四七年八月英國人匆匆撤離印度，但仍抱著在貿易與防衛上印英保有特殊關係的希望。他們仍把印度視為龐大的兵力預備庫。因此，當印度總理尼赫魯告訴艾德禮，印度要成為共和國（當時被認為意指要離開大英國協的作法），艾德禮驚駭莫名。他回覆尼赫魯，共和體制有違印度傳統。[21]「共和國真令印度民眾心動？……共和是來自歐洲的舶來品。」[22]尼赫魯不為所動，倫敦焦急尋找能兼顧共和國身分和大英國協成員身分的折衷辦法。英內閣某委員會主張，印度被逐出大英國協，「將鼓勵她把全副心思放在打造一個與西方列強沒有瓜葛且可能敵視西方列強的亞洲集團。」[23]一九四九年定案的解決辦法，乃是不要求印度效忠英國國王（大英國協會員身分的指標），代之以承認其為「大英國協之首」——至今未更易的折衷辦法。

事實上，一九四五至一九五一年的工黨政府未把大英國協視為過時帝國高貴殘餘，甚至決意將其打造為英國施展世界性影響力的強勁新工具。它擺脫了舊版帝國威權統治、貪婪、剝削掛帥的傳統法，使會員國與英國的聯繫屬於自願、民主且互蒙其利的性質。英國領導人（以及更廣大的英國人）雖被債務、防禦的包袱壓得喘不過氣，對英國的前途和命運仍保有事後看來似乎浮誇的願景。歐內斯特·貝文告訴其同僚，「應該對建構大英國協防禦體系的需要施以更多壓力，這一防禦體系與西方聯盟聯手，將產生實力上與美國或蘇聯旗鼓相當的集團。」[24]這位工黨內閣外長於一九四八年三月寫道，「如果我們的目標是將實力足以不受蘇聯和美國兩集團擺布的西方聯盟的領導權拿在手上，我們就必須成為大英國協的中樞，且須竭盡所能促成西方聯盟的強大。」英國必須既是歐洲的守護者，也是全球性大國；兩者不可分割。[25]這一目標係根據兩個同樣有力的認定制定，而這兩個認定或許是形成於一九一四年前的產物。[26]第一個是認定英國遲早會恢復其一九三九年前作為全球最大貿易國、投資國、船舶擁有國的角色，且晚近原子能、太空方面的科學成就將使這一角色更穩固。英國殖民地所產糧食、原物料、戰略礦物此時價格高昂，將為英國在飽受短缺之苦的世界裡增添優勢。第二個認定在貝文的構想裡得到清楚闡述，認為英國人不會甘於當美國的跟班。一旦英國恢復其國力，捱過戰後時期的風暴，英國會重新躋身世界三強之列，在地位與實力上與美蘇這兩個新「超強」並駕齊驅，且擁有一廣闊且有利的勢力範圍與美蘇相抗衡。

但誠如後來的發展所表明的，經濟、地緣政治方面的改變過程，導致這些希望僅十餘年便化為泡影。

帝國的最後機會

眼下，這些希望似乎不算不切實際。許多跡象顯示，經過一九四七年這個可怕之年，即可能失去印度，同時國內又發生經濟危機的一年，英國的處境正在好轉。重大改變之一，乃是與美國的結盟日益緊密。儘管貝文大言不慚，至少一九四八年起在保衛西歐、防範蘇聯侵略上得到美國支持，還是令英國人大為寬心。此外，由於對共產主義全球擴張的憂心——不久後隨著中國大陸赤化而更為升高的憂心——在美國人眼中，拆解諸帝國一事，已遠不如戰時急迫。[27]反觀保住歐洲人的諸帝國，以免出現權力真空，致使共產主義有機可乘，似乎才是明智之舉。因此，華府未高聲質問英國人打算何時退出帝國主義事業，反而認為力促他們（和法國人）切勿認輸，應堅守崗位，才符合美國利益。在中東、撒哈拉沙漠以南的非洲地區、部分東南亞地區，捍衛西方利益者是法國人和英國人。華府默然支持英國人以行動確立他們在阿拉伯中東的地區性霸權。美國國務院某官員論道，「此時極力要求英國人撤離蘇伊士運河區，將大錯特錯。」[28]更沒有理由力促殖民地非洲進行政治變革。華府更是欣然接受帝國主義者的以下主張：帝國主義者的統治將改善經濟和社會，並適時的往當地自治推進。

運用帝國執行冷戰圍堵任務，帝國至此更為生龍活虎。藉由把英國的影響力形容為遏阻共產主義的重要屏障，英國人能取得美國的外交支持和物資援助，強化他們作為美國伙伴而非美國依附者的主張。超強對峙的模式也有利於他們。毛澤東拿下中國大陸和共黨可能接管整個朝鮮半島（極接近尚未穩定的日本之地）的威脅，使美國攬下的全球責任大為增加，美國與英國交好的用處驟然提升。英國人運氣好。在他們的帝國裡，許多殖民地沒有遭蘇聯直接攻擊之虞。在馬來亞，他們也很幸運，共黨叛亂（叛亂分子以華人為主）不易得到外部支持（與北越的共軍大不相同）。最令人意外的，儘管早期曾出現某些警訊，史達林並未公開挑戰英國在中東的地位，而在中東，英國人的防衛其實最弱。事實上，英國人最大的盼望，乃是穩固諸大國的支配領域（邱吉爾所熱中舉行的「高峰會議」的目標）[29]——在保住此一有利模式且予以他們喘息空間來復原經濟的情況下。

情勢顯示經濟復甦並非奢望。藉由國內力行撙節和全力推動出口，英國的出口總值從一九四五年的約四億英鎊增加為一九五一年的二十五億英鎊。即使從量的角度探討（考慮到通膨因素），也比戰前高出百分之七十五。需要如此努力出口，不僅是為了償還英國的債務，也為了彌補投注於海外但在戰時賣掉的資本所造成的無形收入損失。一九四九年，國際收支危機所促成的英鎊大貶，亦有助於英國出口的增加：從四點多美元對一英鎊貶為二點八美元對一英鎊的新低。在貶值和賺取美元的殖民地產品的需求暴漲雙雙加持下，英國經濟有了快速且令人放心的復甦，儘管誠如後面將提到的，復甦為期甚短。

另一個讓人對英國復甦樂觀的理由，普見於大英帝國許多地方的政治模式裡。印度境內的大動亂以及迅速撤離緬甸，的確使英國的亞洲帝國失去了大部分領地，至少仍保住馬來亞或婆羅洲。在英屬西非——黃金海岸和奈及利亞兩地——戰後局勢一直不穩。然而，英國人看待稱之為「亞洲人」（Asiatic）的殖民地居民和其他殖民地居民時，仍有未明言的分別。他們認為，亞洲人有古老且根深柢固的高等文化、強烈且組織緊密的宗教認同、龐大的農民群眾和許多大城、人數可觀且沉穩的知識精英，比其他地區的民族更容易受到民族主義、仇外心態的影響。一九四五至一九四八年的帝國危機，可謂帝國的亞洲危機。誠如一九四九年英國人願意讓印度一償所願一事所表露的，英國人承認，若要使亞洲人與西方繼續友好，就得在對待他們時考慮到其好惡，勿說出或做出令他們不悅之事。反觀非洲，他們認為毫無理由預期非洲會走上與亞洲一樣的路，或者說至少未來幾十年不會如此。在非洲，沒有足以和印度國大黨、中國國民黨、越盟或毛澤東的中國共產黨相比擬的大型民族主義或共產主義團體。在撒哈拉沙漠以南非洲的許多地方，最有力的非本土宗教是以傳教團為中心的基督教。非洲的現代精英人數少，政治要求不高。在非洲大陸大多數區域，傳統領袖仍極有權勢，對於推動他們所將無法控制的民族主義群眾運動毫無興趣。如果說英國人的統治在亞洲遭到令其挫折的當地子民反抗，相對而言，非洲諸社會或許較順服、易於管理。它們沒有亞洲傳統包袱，會以相對正面的態度回應英國統治，在殖民政策的「指導」下發展較快。

這些觀點如今看來令人難以理解，甚至可笑。但在當時，非洲政治活動的中斷（讓人信以為真的假象），使其具有某種程度的可信度。一九三九年前，英國所統治的非洲，有許多地方採行極度本土化的政策。權力基本上下放到部落地區，而在部落裡，「土著當局」（即酋長）在英國地區性官員監管下貫徹傳統權威。沒什麼空間供非傳統型政治人物尋得大批追隨者。在殖民地經濟陷於蕭條泥淖，而平衡少得可憐的預算是政府主要職責的時期，這麼做有其道理。未想一九四五年後（誠如先前已提過的），英國改絃易轍。為將英國死水般的落後殖民地改造為充滿活力、有益於母國的新資產，倫敦願意提供信貸和借款，派遣技術人員和專家，對浪費資源的農業作為施予嚴格的新控制，並強令施行工程浩大的農業改良新計畫。從此，必須教導（且如有必要得強迫）非洲農民保護牲畜和作物免受疾病傷害、保護土壤免受侵蝕。那意味著得替綿羊施行費工的「藥浴」，同時燒掉病死的可可樹，且耗費極大體力構築雨後可留住逕流的等高田壟。認為這些累人的新作為恐怕只是為了殖民地主子好，而非為了造福自身農村的那些居民，會如何看待史學家所稱之為「第二次殖民地占領」的英國新作風，可想而知。他們的產品在市場上需求甚殷，他們卻從中得不到好處，因為倫敦制定了他們產品的價格，且把所得得的美元藏在自己口袋。[30]他們更不可能樂見倫敦在肯亞、羅德西亞鼓吹的白人新移居潮，畢竟白人移居者來了之後，會要求更多土地和勞力。除了黃金海岸，這不過招致一個溫和的反應，且是不久後便出現的反應。

確實，到了一九五〇年代初期，已有令人憂心的跡象顯示，即使是換了招牌的大英帝國，其前景都堪稱不妙。韓戰（1950-1953）是個轉折點。一方面，韓戰必然使身陷困境的美國更為倚重英國，但另一方面，由於美國決策者開始把他們的「圍堵」任務視為全球性的，他們更願意把殖民地或準殖民地（例如埃及）裡的民族主義者視為對抗共產主義的可能盟友。美國愈來愈不樂見被視為老式帝國主義的朋友，以免民族主義領袖因而向莫斯科投懷送抱。對英國人來說，韓戰所預示的日益擴大的全球對抗，同時帶來他們所不樂見的其他後果。此對抗形勢加劇歐洲境內的壓力，迫使他們攬下陸上性質的長期性西德防禦重任（於是而有兵力與過去駐印英軍一樣多的英國萊茵軍）。韓戰迫使他們欲建立由倫敦領導之大英國協、西歐聯合集團的指望，或許從來就是不切實際的指望，就此破滅。因為韓戰有助於新獨立的亞、非國家相信，在東、西方的嫌隙加大之際，不該選邊站。於是而有一九五五年在萬隆會議上宣告成立的不結盟運動。英國人原希望他們的多種族大英國協成為後殖民時代的親西方協會，未想不結盟運動清楚明確拒斥這走向。不結盟運動除了吸引納塞之類領袖，亦吸引了殖民地民族主義政治人物，例如黃金海岸的夸梅·恩克魯瑪（Kwame Nkrumah）。印度和尼赫魯本人在不結盟運動裡扮演的領導角色，使英國徹底放棄了印度加入印度洋、東南亞新印英防禦協定的指望。

韓戰甚至痛沉點醒英國人認清本國經濟一直很脆弱的事實。戰時進口貨的價格高漲是英國苦不堪言的根源之一。在抵擋不住華府的壓力下，艾德禮政府承諾執行規模龐大的新重整軍備計畫，將寶貴的人力、資金調離平民經濟和其出口的推動。此舉所造成的結果，不久就在另一場英鎊幣值大危機中顯現。繼任的邱吉爾保守黨政府（1951-1955），迅即廢除這計畫的諸多措施，但經濟困境敲醒人心，倒也非全然無益。此時，首要之務是盡快削減英國的國防支出。龐大的海外駐軍可能不利於經濟未來發展。他們的主要作為之一，是日益積極打造貿易順差以使英鎊更為堅挺，並積極恢復英鎊的舊角色，即是使英鎊再度成為其他國家較愛用的貿易貨幣和其他國家儲備硬通貨時會使用的貨幣。一九三九年前，這一直是「倫敦城」積聚財富（和英國稱霸世界）的祕訣之一——一九一四年前更是如此。可惜朝鮮半島危機已證明，英鎊要恢復舊地位，（最好的情況下都）會拖上很久，安全邊際（margin of safety）會很窄。

這就是一九五六年蘇伊士運河危機爆發時的背景，其破壞力如同水雷在戰艦艦首底下爆炸。埃及領導人納塞上校制訂了從軍事政變到民粹獨裁的行動方針，把蘇伊士運河和其收入收歸國有，蘇伊士運河危機於焉爆發。納塞有此孤注一擲的冒險舉動，（當時看來是）因為憤怒於以美國為首的金援國撤回對亞斯文大壩（納塞政權的標竿性政策）的援建經費。對英國首相安東尼·艾登（Anthony Eden）來說，逼納塞回心轉意，使蘇伊士運河重歸其「正當」所有人（英法運河公司）之手，成為他本人和英國威信的重大考驗。艾登未能說服華府支持其以武力威脅頑固納塞的提議，轉而採取與以色列密謀聯合行動的不光彩策略。他們祕密敲定由以色列出兵攻打埃及，然後英法兩國佯裝出面調停，以保護蘇伊士運河不受以色列出兵行動傷害為名，入侵運河區。納塞一旦在軍事上潰敗，政治上將隨之垮台或有更糟的下場——倫敦、巴黎、台拉維夫都樂見的結果（儘管出於不同理由）。但人算不如天算。幾天後，一直被埋在鼓裡的華府公開強烈反對，英法不得不中止其出兵行動。英國被迫撤兵，顏面盡失。艾登失去其健康和首相之位。納塞則在世上許多人眼中成為當今英雄：一名殺掉帝國哥利亞的民族主義大衛。

艾登下如此高風險的險棋，動機為何，自此爭辯不休。即使在當時，此舉無不遭其政府內外的批評者斥為魯莽、思慮不周、不合法：英國的國際名聲受到無可挽回的傷害，艾登亦因此受到華府的公開申斥，激起英國人原指望結交的亞、非領袖（特別是尼赫魯）的激烈反應。大部分大英國協會員國深表不以為然。[32]艾登的祕密行事作風、對不中聽的專家意見的憤然拒斥、陰晴不定的性情、極情緒性的言語，令他身邊的人大為憂心。據說，在某次想必令其不舒服的電話交談中，艾森豪問他，「安東尼，你瘋了嗎？」可是艾登瘋狂行徑的背後有其理性的考量。

艾登既不是戰爭販子，也不是願意死在壕溝裡的老牌帝國主義者。二次大戰前，他已是積極的國際主義者，倡導「集體安全」，擁護國際聯盟。一九五四年日內瓦會議上，他拒絕支持美國威脅對華開戰之議，支持越南和平分割。同年，他壓下邱吉爾的反對，強行通過使英國軍隊在一九五六年中期完全撤離運河區的蘇伊士協定。他的目標是結束軍事用處不大的駐軍，緩和與開羅的緊張關係。艾登完全無意放棄英國作為中東地區性霸主的角色，且有其非常充分的理由。一如此前貝文的看法，他把中東視為仍在英國手裡的最大地緣戰略資產。若先忽略中東遏制蘇聯擴張的屏障價值或其蘊藏的石油，英國的中東霸權可是令倫敦得以理直氣壯要求與他國共同領導西方聯盟、得以抗拒其眼中華府規畫不周之政策（如在越南問題上所見）、得以使英國在世局底定時仍有機會拾回其獨立自主世界強權之舊角色的憑藉。

納塞的大膽舉動，暴露了此一構想這時所倚恃的支持其實非常脆弱。艾登嚴重誤判納塞的反應。納塞比英國人所認為還要大膽，野心遠更大得多，也更願意鋌而走險。他懷疑英國人支持伊拉克、約旦境內與他為敵者。他發覺（或許令他意外的發覺），英國人欲對他祭出國際制裁和收回運河控制權，卻毫無斬獲。一旦英國人清楚這一形勢，想鋌而走險者就是艾登。他知道英國在該地區作為廢立政府者的威信已處於刀口邊緣。若納塞「叛亂」成功，將點燃阿拉伯民族主義。如果英國的地區盟友（特別是伊拉克、約旦境內的哈希姆王朝）倒下，英國對該地區的支配將迅速結束。英國的世界地位也將受到重創。艾登所利用且藉以表明英國在歐洲仍具有影響力的權威，將快速流失。但他也不能忘記，英國要能如願成為世界舞台的領導者，也取決於英國表現出遵守聯合國憲章精神和擁護國際法字面意義的具體作為。這就是他希望藉由與以色列的密謀避開的棘手兩難局面。或許他以為，迅速造成的既定事實會令原本也對納塞沒有好感的艾森豪息怒。這更是嚴重誤判，且帶來不堪設想的後果。

在蘇伊士運河受到的羞辱，並未促使英國人決定放棄帝國。此時，他們已決定讓某些殖民地獨立：黃金海岸和馬來亞定於一九五七年獨立。蘇伊士的教訓較不易為人體察到（其中有些教訓並非當下可見）。這些教訓所揭露的，乃是英國已失去不需華府點頭同意即可獨自行動的能耐，而期盼已久的經濟復甦依舊落空，則是造成此現象的原因，至少是原因之一。至於令倫敦於一九五六年十一月未敢再堅持下去的，乃是英鎊的軟弱無力。英國入侵消息一傳出，英鎊幣值立即下跌，此時白宮表明，除非英國撤兵，不會出手相救。這威脅非同小可。蘇伊士運河危機證實，英國缺乏維持勢力範圍的資源（財力、軍力、地緣政治工具），且在如戰後中東這般混亂、危險的地區，肯定無力如其所願。這場危機還深刻揭露了兩個事實（事後來看，或許更為清楚的兩個事實）。首先，它表明三強並立的時代（如果真曾存在這樣的時代的話）如今已明確告終。在匈牙利同時爆發的那場危機中，蘇俄執行了與英法在蘇伊士運河危機中一樣的行動，且如願達成行動目標，說明華府已默認匈牙利屬於蘇俄勢力範圍。此刻要緊的事，是抑制蘇俄在新興國家圈子——在中東和（不久後）在非洲——的影響力。在這一新的對立時期，沒有餘地供西方執行出兵蘇伊士運河這類打亂華府向新興國家領袖廣結善緣之計畫的殖民地冒險行動。第二，誠如事實已殘酷證明的，英國人已和意識形態的大勢脫節。他們大肆吹噓自己是自由與進步的提倡者，但那已被人看破是騙人的把戲。英國人不值得進步人士和民主主義者同情，事實顯示他們是帝國主義者，打算顛覆聯合國憲章所表述由自由主權國家組成的新興世界秩序。英國與以色列密謀的明證後來才公諸於世，但對正大舉進入聯合國大會且數目急劇增加的多數亞非國家來說，英國人是自此該受到最強烈猜疑的「頭號公敵」。[33] 英國陡然間不受歡迎。

計算得失

但眼下，英國領導人仍極想位列世界三強，即使在有形國力上比不上美蘇兩超強，至少要在世人的認知裡與美蘇並駕齊驅。繼艾登之後出任首相者是哈羅德．麥克米蘭，而與其最大勁敵巴特勒（R. A. Butler）不同的是，他是邱吉爾的門生。麥克米蘭原大力支持出兵蘇伊士。「差辱納塞絕對必要……得盡快做，否則我們的中東友人……會垮台。得盡快，否則我們自己會毀滅，」他在這場危機逼近時如此寫道，藉此呼應艾登的觀點。[34]他也是在英鎊貶值時第一個發出撤兵之議者，並（以財政大臣身分）發出災難逼近的不祥警訊。有人因此以鄙夷的口吻批評他，「第一個跳進去，第一個跳出來。」麥克米蘭擔任首相期間，完全未調查蘇伊士運河危機一事，反而著手重建與美國（艾森豪是戰時老友）、與大英國協成員國的親密關係，大灌迷藥以消弭惡感。

一如他之前的艾登、邱吉爾、貝文，麥克米蘭亦深信英國必須是大國、三強之一。這一信念建立在三個通常未明言的認定上。第一個，是認定英國的繁榮主要源於其全球關聯：與市場、與供應者、與利用英國金融和航運業者的關聯。英國人擁有的企業可見於共產集團以外的世界任何地方——一個可憑藉大國威望得到保護的財產帝國。要保住並提升這一經濟活動領域，必須不斷發揮影響力，在資本主義自由貿易受到馬克思主義和民族主義兩者反對的時代尤需如此。第二，與大部分英國人看法一致的是，麥克米蘭認為美國領導人太稚嫩、太衝動，無法獨力管理好西方的利益。在世局陷入如此全球緊繃狀態的年代，世界和平不能交由他們和莫斯科的史達林繼任者掌理。一不放心美國領導階層辦事能力的心態，與華府在日本、西德的顯著成就並不相稱。而這心態的真正根源，或許可在衰落大國的本能性怨恨心理中尋得。第三，麥克米蘭認定（一如反對他的工黨人士所認定），要把一九五七年時仍是個龐大殖民帝國的東西改造為自治的大英國協，且希望大英國協帶給英國其所希望的好感、影響力好處，將需要對其進行沒有明確截止期限的積極管理。根據這三個認定，以行動申明英國的主張，表現（至少在公開場合表現）對英國自身能耐從容不迫的自信，可謂至關緊要。

事實上，麥克米蘭不同意英國在蘇伊士的失敗意味著一時代的結束，反之，他深信世界政局的新階段為英國鞏固其為西方第二世界強權的地位提供了機會。赫魯雪夫當政期間，蘇聯以日益自信的姿態，在前殖民地國家組成的新興「第三世界」中縱橫捭闔，發揮影響力。以一九五七年史潑尼克人造衛星的發射為象徵的蘇聯科技實力、以赫魯雪夫的農業改革計畫（其對環境的傷害後來才遭揭露）為中心的經濟成功氛圍、「國家社會主義」在快速促成工業化上受到知識分子的肯定，賦予這位蘇聯領袖儘管粗野卻具有相當大的領袖魅力。對第三世界影響力的爭奪，可能使世界權力格局失衡。在麥克米蘭眼中，英國顯然得在世界許多地方帶頭驅逐蘇聯影響力，支持親西方政權——英國如此實踐後，華府不接受都不行。麥克米蘭積極鼓吹召開東西方「高峰會議」來緩解冷戰緊繃（邱吉爾也贊成的作法），打算利用當前的國際情勢壯大英國，當然堅持會議得有英國（和他）參加。

最初，情勢發展如其所願。麥克米蘭希望國內的小康生活（「人民從沒有過這麼好的生活」）

和國外的外交成就，[35]將使其保守黨政府贏得廣大選民支持。從帝國過渡為大英國協一事，可以被說成是深謀遠慮政治人物雄才大略的展現、恢宏願景的勝利，而非怯懦的行徑。採用英式憲法且仍效忠於英國國王（大英國協元首）的新興民族國家的出現，可巧妙描述為英國帝國使命的圓滿達成。懷疑者與死硬派的聲音，可藉由祭出愛國情操予以淹沒：大英國協理念是君主政體的核心。這方向看似奏效。一九五九年十月，麥克米蘭在英國大選中大勝：他成為「超級麥克」。但緊接在勝利之後，情勢逆轉了起來。麥克米蘭的計畫開始瓦解，或許是因為這些計畫根本建立在不實的實力認知上，而非真實國力上。

麥克米蘭常把首腦外交當成計畫成敗的關鍵。一場讓他與赫魯雪夫、艾森豪平起平坐參加的高峰會議，將確立英國在超強圈的特權地位。麥克米蘭能與赫魯雪夫直接溝通，並藉由美國盟友之力增添自身的影響力，同時向大英國協諸領袖、殖民地政治人物和國內的批評者宣示，英國仍是獨立自主的強權，仍是值得巴結的強權。一九六〇年五月，盼望許久的高峰會終於召開，卻淪為一場外交災難。美國U2偵察機在俄羅斯上空遭擊落引發的爭吵，催毀這場會議的氣氛。麥克米蘭竭力排難解紛，會議依舊失敗收場。他的反應是絕望。他的私人祕書說，就在這一刻，他「陡然體悟到英國微不足道」。[36]

就在這高層災難發生的同時，有跡象顯示助他於一九五九年贏得大選的經濟復甦其實脆弱不堪。增加英國貿易順差以強化英鎊（和「倫敦城」），同時壓低失業率、抑制通膨，乃是戰後英國歷任政府都未能識破的騙局，麥克米蘭也未例外。沒有強勁的英國經濟，卻將服務、製造、投資送到海外，只會使英國的影響力萎縮。麥克米蘭之所以於一九六一年決定英國必須加入歐洲經濟共同體——法國、西德、義大利、荷蘭、比利時、盧森堡六國為創始會員——原因之一就是看準有可能贏得經濟優勢。他也有心以行動向世人宣告英國仍是西歐的領導者，挽回他因高峰會議失敗而無緣贏得的威信。歷經艱苦的談判，且儘管為此事使黨內發生尖銳對立，申請入會案還是於一九六三年一月遭戴高樂那著名且斬釘截鐵的「否」（non）給斷然駁回。麥克米蘭受到無以復加的羞辱。他的首相之位岌岌不保。戴高樂以殘酷的單音節詞，揭露英國「世界強權」的真正局限。戴高樂與西德的結盟（沒有這一結盟，他的否決只會是空話），英國欲左右歐洲大局的主張就此成為自說自話。屋頂就要坍下。

歐洲發生此事之際，一場大危機也正在非洲醞釀。英國人原希望把他們的非洲帝國漸次改造為波斯灣與南阿拉伯半島，以及連接東南亞、澳洲、紐西蘭的印度洋海上走廊也涵蓋在內的廣大勢力範圍的一部分。到了一九六〇年，他們已經承認英國在西非的兩大殖民地都該獨立：迦納——一九五七年；奈及利亞——一九六〇年。英國認為，這兩個國家獨立後，仍會與倫敦保持密切關係：兩國境內都沒有會使情況變棘手的白人移居者。在非洲其他地方，英國的計畫則相對謹慎。在當時仍有英國移居者的肯亞，他們以極其殘酷的手段壓制基庫尤人的大叛亂（茂茂叛亂），造成許多人（基庫尤人）喪命。[37]基庫尤人是肯亞諸多部落中人數最多且在政治上最活躍的部落，讓非洲人更大程度參與殖民地政治事務因此必然不易。英國的真正盤算，乃是「漸進而行」，同時打造一個涵蓋烏干達與（今坦尚尼亞境內）坦干伊喀的東非聯邦。他們推斷，聯邦制度將淡化圍繞土地而生的激烈政治問題（茂茂叛亂起因之一），創造出較能獨力運作的國家，促進經濟發展。在中非，已有由白人移居者統治的自治殖民地南羅德西亞（今辛巴威）和北方兩個受保護地北羅德西亞（尚比亞）、尼亞薩蘭（Nyasaland，馬拉威）合組的羅德西亞與尼亞薩蘭聯邦。英國在憲法層次上對此聯邦做了精心安排。有些權力賦予聯邦政府，聯邦政府的大員幾乎全由當地白人投票選出；其他權力，包括北方兩個受保護地的內部安全，則保留在英國人手裡。一九五三年聯邦成立時，倫敦間接承諾會讓其獨立，但獨立的進程需得到英國政府同意，修憲亦然。倫敦希望此聯邦樹立的溫和自由主義榜樣（種族隔離不如在南非那麼牢不可破），也會使南非的阿非利卡民族主義者改採較不激烈的白人至上主義立場。因為倫敦仍把南非視為經濟上和戰略上都極為重要的伙伴。

要完成這麼多看來不可能辦到的事，或者說化解如此滿腔仇恨之對手的敵意，絕非易事。到了一九五〇年代晚期，非洲諸殖民地已不再是陷入政治沉睡的孤立區域。殖民地政權的侵略性擴張（管理、限制、徵兵）和愈來愈多以農民、礦工、官員、專家身分的白人到來，激起非洲人日益強烈的仇恨，尤以殖民地統治機關所倚賴的傳統酋長為然。茂茂叛亂便是這類民怨的早期體現。憂心更多土地落入強行闖入的移居者之手，這心理普見於各地且非常強烈。[38]英國人釋出更多政治權利，以拉攏非洲「溫和派」（其實不存在卻特別受英國人喜愛的一類人），結果發現抗議聲浪更大，溫和派顯得更令人頭痛。要避免非洲政局不致受到世上其他地方劇變的意識形態感染，不致被劇變所發出的結束外族統治的前景打動，變得愈來愈難。要把新出現的民族主義代言人集中拘留或流放，且不致引發國外憤怒和國內不安也不易。但在把英國人趕出非洲的颶風降臨前夕，他們竟出奇篤定的認為，政治改變的速度仍在他們掌控之中。這態度不是全無道理，卻幾乎徹底悖離現實。

誤判背後可見兩個（錯誤的）估算。首先，是以為要求迅速獨立的那些非洲領袖（通常被稱作「極端分子」），會發覺難以在多數非洲人所居住的鄉間召集到大批追隨者。英國人以為農村人民（與較易被煽動的城裡人不同的）不受意識形態影響，且農村精英會以理當接受的心態接受殖民地政權發放的特許權。因此，要經過許久時間，殖民地時代由中央下放權力的政治局面，才會成為具可辨識之國家性質的政治局面。此觀點的最大錯誤，乃是忽略了農村民怨的深度和廣度，或者以為土地改革計畫已拔除民怨的毒針。其中最具雄心的土改計畫，便是史溫諾頓計畫（Swynnerton Plan），其欲在肯亞打造出新「自耕農」階層，即一批滿足現狀，不願社會出現劇烈變動、政治立場溫和的土地所有人[39]。鄉間並非對民粹民族主義無動於衷，反之是此一民族主義的龐大潛在支持庫。第二個估算與第一個密不可分。英國人認定，他們那些看似美好的殖民地政權能應付任何可能的騷亂，將自命不凡或揚言作亂的民族主義領袖下獄，或動用殖民地警察和分布零散的殖民地部隊將他們的支持者驅散。在茂茂叛亂時期，這或許是離譜的錯覺，然英國人最終敉平茂茂叛亂，而平亂主力是忠於英國的基庫尤人，並未有其他部落加入這場叛亂。在非洲其他地方，似乎沒什麼理由存在茂茂叛亂發生的條件：強烈的土地需求；積極進取的政治領導階層，以和茂茂叛亂團體串通罪名而入獄的喬莫．肯亞塔（Jomo Kenyatta）正是此領導階層的代表人物；森林密布而有利游擊隊活動的腹地。只要殖民地政權在無武裝的人口裡獨攬武力，其所斥為極端分子的那些人就只有兩條路可走：接受授與的特許權，或在獄中受折磨。

自一九五九年初期起，這些政治「篤定」以驚人速度被戳破。對官員和內閣大臣的影響——不管受到他們優美的散文如何的掩蓋——乃是造成類似恐慌的反應。警報於三月響起，地點是尼亞薩蘭，即被倫敦硬塞進南、北羅德西亞（有多上許多之白人之地）聯邦計畫的貧困受保護地。在此時爆發絕非偶然。倫敦已公告，一九六〇年將是決定中非未來的一年，屆時倫敦將決定是否讓這個聯邦完全獨立。從倫敦的點頭與眨眼來判斷，各界也認為其答案會是同意，且是在讓居少數的白人保有有效控制的條件下同意。這令許多非洲人焦慮不安，尤其是過度擁擠的尼亞薩蘭一地的非洲人更是如此。非洲人認為，白人統治下的獨立會帶來有利於白人移居者的土地重分配（一如在南羅德西亞已發生的），黑人的公務員職位將為白人所取代。因此，當尼亞薩蘭非洲議會（Nyasaland African Congress）裡，最具領袖魅力的人物黑斯廷斯·班達（Hastings Banda）博士於一九五八年結束流亡（先是在蘇格蘭，後來在迦納）歸來，領導為非洲人爭取更多權利的運動時，政治氣氛格外迅速的升溫。班達吸引到多達兩萬人的群眾追隨，抨擊政府的土地規定，極力鼓吹他的聽眾為爭自由、反聯邦而戰。尼亞薩蘭行政長官羅伯特·阿米塔基（Robert Armitage）爵士深信，班達的意圖在於使這個受保護地變得難以治理。阿米塔基面臨更棘手的兩難。支持聯邦仍是倫敦的政策（從而是他的職責）。他也非常清楚，要使外界（特別是國際）更歡迎聯邦獨立，唯有給予尼亞薩蘭非洲人更多政治發言權和更高度的自治。可惜從班達所造成的衝擊已清楚顯示，給予非洲人更大發言權，只會帶來一個結果：針對聯邦所代表的一切事物所發起龐大的抗議聲浪。[40]

隨後的發展充滿戲劇性。在混亂跡象愈來愈多，且在狂暴的聯邦總理羅伊．韋倫斯基（Roy Welensky）施壓下，尼亞薩蘭政府決定立即阻止班達坐大。一九五九年三月三日，阿米塔基宣布進入緊急狀態。班達被捕，押上飛機，送往南羅德西亞入獄。尼亞薩蘭非洲議會被宣布為非法組織，一百多名行動分子遭拘押。軍警出動，在國內各地逮捕被列入「好戰分子」名單者。此舉引發激烈反彈。群眾聚集，或許是為了自衛。[41]暴動、示威遊行頻傳。五十多名非洲人遇害，在恩塔卡灣（Nkata Bay）的一場警民衝突裡就有二十人死於警察槍下。儘管死傷慘重導致此事不得不受到調查，尼亞薩蘭政府和其在倫敦的主子認為沒什麼好擔心。阿米塔基宣稱握有班達和其同僚打算殺害白人、亞裔、溫和派非洲人的證據。緊急狀態可被合理化為及時阻止茂茂叛亂之類暴力叛亂發生的正當舉動。更令尼亞薩蘭當局放心的是，調查將揭露班達及其友人是危險極端分子，絕不可任其阻擋聯邦的前進。無奈事態的演變未照這方向發展。

英國高等法院法官派翠克．德富林（Patrick Devlin）爵士領導完成的調查報告，對尼亞薩蘭政府發出嚴厲控訴。該報告把「謀殺陰謀」斥為不可置信的虛構想像，尼亞薩蘭政府的作法被斥為「警察國家」的作為，直率表示該聯邦受到多數尼亞薩蘭非洲人的強力反對。[42]對麥克米蘭和其內閣成員來說，一如對阿米塔基和移居者政治人物來說，這簡直是場大災難。麥克米蘭在其日記裡忿忿寫道，「我老早就發現（德富林）是愛爾蘭人，無疑流著使愛爾蘭人動不動就和政府作對的芬尼亞組織成員的血液，且早先就發現他是個離經叛道的羅馬天主教徒。」[43]一九五九年七月，德富林的報告公開時，麥克米蘭政府花了很大工夫打擊其公信力，該政府捱過國會辯論的衝擊保住政權。但尼亞薩蘭危機隱含一無情的教訓讓某些英國人感受更深，尤其是麥克米蘭。自此之後，沒有任何英國政府會被拖進與非洲人民運動相對抗的處境。一想到可能遭受的羞辱，任何想像得到的好處都變得次要。倫敦必須不計代價找到有能力處理且可以給予更多權力的具代表性非洲人。一九六〇年初期，麥克米蘭巡迴非洲訪問，在標誌著此行最高潮的著名演說中，他以初信教者的熱情向南非議會議員演說。他告訴台下清一色白人的聽眾，「改變之風吹遍這塊大陸，不管我們喜不喜歡，民族意識的勃興是政治事實。」他同時談起他向來熱愛的主題，說「二十世紀下半葉的主要議題，乃是尚未表態的亞非民族會投向東方或是西方。」[44]至少在南非，這番慷慨陳詞遭置若罔聞。六個星期後，夏普維爾（Sharpeville）示威慘劇爆發。

有個歷久不衰的傳說宣稱，從一九五九年十月起，麥克米蘭及其所任命的殖民地事務大臣伊恩·麥克勞德（Iain Macleod）便已決定盡快結束英國在非洲的統治，把政權移交給非洲民族主義分子；宣稱他們堅定的自由主義立場使英國免於災難。傳說大體上源於麥克勞德本人大力創造迷思的作為。事實上，兩人都把牌面緊貼在胸口，完全不讓人窺知其意向（麥克勞德原是職業橋牌手），且這麼做有其充分理由。兩人也都不清楚接下來該怎麼辦，也都對政權的快速轉移心懷疑慮。在該聯邦，麥克米蘭說了許多模稜兩可的話，[45]兩人的主要構想是說服白人移居者和非洲民族主義分子接受較為分權的政治體制，以保住聯邦。可惜白人移居者和非洲民族主義分子都不接受此議。儘管有德富林報告，麥克勞德仍不願放掉尼亞薩蘭，因為北羅德西亞的非洲領袖會要求援例給予同樣的分離權，聯邦就必然滅亡。麥克勞德全然不欣賞黑斯廷斯·班達，與班達會晤時，竟將他斥為「非常浮誇、無知的人」[46]，但他仍希望使他與他的「極端派」友人分道揚鑣，希望藉由明智的讓步說服他支持聯邦。[47]這根本是個離譜（卻發人深省）的誤判。英國人此時既想爭取非洲領袖爭來，又唯恐控制該地區所有軍力的白人會強行獨立，因而陷於兩難。麥克米蘭不想背負導致聯邦垮台的罪名，不想激起黨內右派在下議院裡造反。結果是一連串應急且無效的政治措施，卻沒有一勞永逸的計畫。到了一九六二年初期，情勢表明英國人已無法掌控該地，且無意收回控制權。不動用武力，他們既無法阻止非洲民族主義政黨在尚比亞、馬拉威掌權，也無法拉下占人口少數但統治南羅德西亞的白人移居者。剩下的事，乃是於一九六三年解散聯邦，分割聯邦資產，任由南羅德西亞的白人移居者政權隨時片面宣布獨立（英國無能的顯著象徵）。

從麥克米蘭發表「改變之風」演說到聯邦的消亡，非洲情勢已然徹底改觀。令英國備感難堪的跡象之一，便是戴高樂不期然於一九六〇年表示，願意讓法國的非洲殖民地獨立（阿爾及利亞不在此列）。更重要的是「剛果災難」。比利時人已於一九六〇年一月匆匆讓遼闊非洲殖民地獨立，或許是冀望接下來能安全扶立一個附屬政權。[48]結果竟是一場浩劫。盛產銅的卡坦加（Katanga）省，在比利時採礦利益集團的公開慫恿下，迅即脫離自立。其他地方則不聽中央指令。在比利時、可能還有美國的默許下，總理帕特里斯·盧蒙巴（Patrice Lumumba）遭劫持、殺害。[49]與此同時，本土剛果軍隊「公安軍」（force publique）譁變，殺害數十名白人，包括婦孺。

白人難民大批穿過白人統治的羅德西亞與尼亞薩蘭聯邦，逃往南非港口，以返回安全的母國。隨著剛果陷入群雄割據的局面，蘇聯開始（一如麥克米蘭所示警的）向非洲民族主義分子頻送秋波，譴責西方陰謀，把剛果的不幸遭遇怪罪在資本主義者的貪婪上。

幾乎毋庸置疑的是，剛果不知深陷泥淖的慘劇揪住英國人的心，使原本就極不願被困入非洲衝突的他們，更堅定這樣的想法。麥克米蘭的私人祕書於一九六〇年十一月記載道，「首相和殖民地事務大臣當時言明他們不想有個阿爾及利亞」。剛果更糟，因為距英國在中非、東非尚存的領地更近。剛果的情勢也使英國人備感憂心，在同意殖民地獨立之前，來自莫斯科的誘人召喚，會隨著時日愈來愈令當地人難以抗拒。剛果的兩個鄰邦——坦干伊喀和烏干達，分別於一九六一、一九六二年被匆匆送上獨立之路。在另一個令英國人頭痛的地方——肯亞的移居者殖民地，可見到同樣的效應。

茂茂叛亂剛平定那段時期，英國人急欲構思出一個會將親英非洲人團結起來並化解他們對白人移居者的不滿的制度。他們開始小心翼翼朝著讓白人、亞裔（肯亞另一個少數移居者族群）、非洲人享有同等政治代表權的方向邁進。在此同時，茂茂叛亂分子的遭妖魔化和廣受宣傳的白人險境，致使英國人擔心招致移居者唾罵遭其出賣。麥克勞德的解決之道極為高明。他利用「新肯亞團體」（New Kenya Group）這個溫和移居者派系誕生的時機（他的親兄弟是團體裡的活躍分子），一九六〇年一月在倫敦聖詹姆斯區的蘭開斯特宅邸（Lancaster House）召開會議。[50]會中未擬出獨立時間表，至少明定出非洲多數統治是殖民地未來的命運。麥克勞德的真正目的，乃是使新肯亞團體和溫和派非洲人結盟，而溫和派非洲人實際上就是合組為肯亞非洲民主聯盟（Kenya African Democratic Union）的那些非基庫尤人族群。他所放出的餌是權力漸進轉移給由非洲人領導的內閣，該內閣將有工具（和要職任命權）來建構支持勢力，抑制極端派。「讀到你們的天大好消息，顯示以肯亞非洲民主聯盟為基礎的政府獲得進一步的支持，我深感欣慰。」一九六一年四月舉行第一次選舉時，麥克勞德致函該地行政長官如此讚揚道。「如果這方式成功，那將完全符合我們在蘭開斯特宅邸所期待的憲政之路。」麥克勞德對其政治目標深信不移。他告訴該行政長官，「我必須強調，我樂見一個主要以肯亞非洲民主聯盟和新肯亞團體為基礎的政府，樂見似乎有機會把肯亞塔甩在後面。」[51]「黑暗與死亡的領袖」——行政長官雷尼森（Renison）對肯亞塔的著名描述——將在一旁（這時他仍遭拘押）目睹肯亞大步邁向未來。

可惜事實並非如此。不久後所有人都看出，肯亞非洲民主聯盟缺乏與基庫尤人——羅人合組的肯亞非洲民族聯盟（Kenya African National Union）競爭的本事和凝聚力。為贏得更多民心，他們懇求倫敦釋放肯亞塔。肯亞塔獲釋不久，即確立他身為肯亞非洲民族聯盟領袖的政治權威。倫敦坐立不安，明知勢不可為仍希望讓（這時已無人問津的）東非聯邦構想重獲接受，或將肯亞本身聯邦化，或推動肯亞非洲民族聯盟內部分裂——就是無意重施故技宣布進入緊急狀態。擔心爆發一場新對抗，乃是倫敦政策的真正關鍵。《泰晤士報》報導，肯亞境內有八萬名遭拘押的前茂茂叛亂分子。到了一九六二年初，這場遊戲已接近尾聲。隨著新制憲會議的召開日期愈來愈近，接任麥克勞德殖民地事務大臣之位的雷金納德·莫德林（Reginald Maudling）徹底戳破僅存的英國仍支配大局的假象。他提醒內閣同僚，「我們頂多只能指望權力有秩序的轉移給由非洲人主導的政府，且這政府確實急於見證肯亞以現代國家的形態發展，免於混亂、內戰或重新陷入部落制。」（這時）希望肯亞會親西方，已是奢望；只能期待它能夠抵擋住共產主義的滲透。為說服所有對他的說法心存懷疑者，莫德林搬出他們最不想見到的事。[52]「茂茂叛亂分子的威脅、曾遭拘押者（對肯亞非洲民族聯盟）的影響、人身暴力的持續未消，籠罩一切。」[53]情勢已走到轉捩點。經過幾個月的操作，肯亞塔與居少數的諸部落達成一項協議，但實質的政治權已落入他手裡。一九六三年十二月，情勢走到三年前還幾乎想像不到的地步，肯亞獨立——肯亞塔出任總統。

非洲這番發展並不在英國的計畫中。英國人直到離去的一刻都保有領導者的表象，只是實權已不在他們手裡。他們指望在逐步釋出政治權力時發揮影響力，未想影響力迅速流失。他們發現在統治和放棄統治之間，沒有過渡性的安排可言。他們所中意立場溫和的非洲領袖，靠不成氣候的政治權力無法存活：要不讓支持者變心、要擊退對手，他們需要該有的所有權力。而英國人一旦確定無法承擔動用武力的風險，面對意志堅定的對手，他們就沒多少牌可打。但在掩蓋自身弱點和構思出使其得以和平撤離的建制性機制上，他們反而展露出相當不凡的本事。不過這不是他們想辦到就能辦到，還需要對手的配合。那些打算接替他們之位者，深知他們所得到的選民授權並不穩固，他們也未能完全掌控大局。把英國人所操持的國家機器砸碎打爛，對他們沒好處：他們需要在引擎仍運轉時坐上駕駛的位置。合憲和對殖民地統治之位的象徵性承繼，乃是值得追求的珍品。因此，一旦去殖民化的大勢抵定，時間表已定好，基於利害考量，他們自然會對英國人

「贈予」他們自由一事表現出卑躬屈膝的感激。權力的轉移因而是祥和、莊嚴、且有王族成員幫襯。這是場能讓所有人皆大歡喜的滑稽童話劇。

英國與舊大英國協會員國的關係，也受到一九四五年後其全球地位的大變化影響。一九三九年前，四個白人自治領（加拿大、澳洲、紐西蘭、南非）把英國視為他們利益與安全的最重要保障者，只是看待的程度有別。澳洲和紐西蘭尤其如此，身為白人國家，他們孤懸於黃種人的亞洲之中，那種孤立感使它們對其「英國關聯」萌生出近乎神經質的執著。相對的，在南非，身為最大白人族群的阿非利卡人，遠更中意於和英國、歐洲保持某種程度的疏離。在英裔占人口多數的加拿大，國內的穩定有賴於謹慎化解法裔加拿大人對帝國義務的敵意。但二次大戰爆發時，所有自治領都與英國站在同一陣線，其中南非議會就此事表決時，以甚小的勝負差距同意支持英國。[54]

英國一九四〇至一九四二年的戰略性挫敗，代表一重大改變的發端。加拿大、澳洲、紐西蘭（南非不在此列）發覺自身的福禍興亡倚賴美國霸權。它們的主權國家身分，自一九二六年獲得理論上的承認，此際則變得日益真實：特別是加拿大，更是成為軍事、工業大國，其海軍是盟軍打贏北大西洋海上航線之戰的大功臣。儘管英國的大國地位（從戰略和經濟兩標準來看）都已不如往昔，其與自治領的關係有了不可挽回的轉變，然這轉變，經過一段時間，才清楚呈現在世人眼前。戰後，澳洲、紐西蘭、南非作為「英鎊」國家，被牢牢拴在倫敦的美元儲存策略上。三國都是英國製造品的重要市場。但加拿大是「美元」國家，其與美國的貿易關係日益緊密。澳洲、紐西蘭、加拿大全是戰後英國人主要的外移目的地，三國都仍以英國國王為其國家元首。在戰後移入英國人並不多的南非，也依舊以英國國王為其國家元首，儘管一九四八年國民黨贏得大選。冷戰的不安和英國投資（尤以是對其金礦區的投資）的重要，在當下壓制了南非與英國劃清界線、成為獨立自主共和國的追求，以舊川斯瓦爾共和國國旗（Vierkleur）為象徵的追求。

儘管有二次大戰和其戰後餘波的衝擊，儘管對南非的種族歧視政治日益不安，直到一九六〇年為止，英國人仍有可能認為，其與舊大英國協的特殊關係，乃是英國據以取得世界大國地位的主要依據。一九五六年蘇伊士運河危機時，澳洲與紐西蘭忠於英國，為其大力聲援。事實上，從某個角度看，澳洲與英國的關係密切更甚以往，因為坎培拉是倫敦在發展、測試英國核子嚇阻武力方面——在南澳洲的伍默拉（Woomera）——極其重要的伙伴。未想到了一九七〇年，在還未與英國完全脫鉤的舊大英國協裡，與英國的連結已遭嚴重削弱。最引人注目的脫鉤，則是南非一九六一年的退出大英國協，而那實際上是在亞非諸會員國的堅持下，在麥克米蘭的大為苦惱中，遭逐出大英國協。[55]在加拿大，該國的身分認同於一九六〇年代有了微妙卻深刻的重新界定。在熱烈的「國旗辯論」後，楓葉旗取代左上角標有英國國旗的舊加拿大國旗，加拿大過去所特意強調的英國屬性盡失。加拿大總理萊斯特．皮爾森（Lester Pearson）甚至一度以不大認真的心態考慮讓加拿大成為共和國。[56]在澳洲和紐西蘭，英國一九六一年申請加入歐洲經濟共同體一事所造成的震撼，結束了紐澳長久以來認為經濟上和文化上都會繼續唯英國馬首是瞻的想法。[57]從英國發展自身核彈的「藍光」（Blue Streak）計畫一九六〇年失敗，到一九六八年英國宣布撤離東南亞，英澳「聯盟」逐漸消失。在澳洲和紐西蘭，接下來都走上對多種族（而非英國）認同的日益接受，以及對亞洲（而非英國）才是它們未來前途所繫一事的日益肯認。

幾乎是垂死掙扎

一九四五至一九六四年間，冷戰競爭與英國本身經濟的困境，使懷抱希望與雄心的英國領袖有志難伸，徒呼負負。短暫閃現的勝利（例如麥克米蘭的「宏圖大計」）之後，只見危機與失敗，以及納塞、戴高樂加諸的羞辱。到了一九六四年，情勢更為嚴峻。一九六四年大選（和保守黨結束執政）前夕，外長巴特勒以冷面笑匠的口吻總結了英國與美國的「特殊關係」。「身為實力差上一大截的小老弟……我們發覺，美國對我們海外政策的支持幾乎是不可或缺，而他們發覺，我們對他們海外政策的支持有助益且有時重要。」[58]這是對麥克米蘭所矢志追求的英美互相依賴之夢寫下的殘酷墓念銘。在這同時，英國認知到殖民地統治為主權獨立所迅速取代，不只是大勢所趨，且勢將走到幾乎所有最小、最窮的領地都成為新國家才會止步。事實上，一九六一至一九六六年間，獅子山、坦尚尼亞、西薩摩亞、牙買加、馬爾它、新加坡、甘比亞、馬爾地夫、圭亞那、波札那、賴索托、巴貝多取到獨立。尚未獨立的區域，不是因為英國不願意其獨立，而是因為當地不同族群間難以達成協議，或國家所應具備的基本建制難以迅速到位，以致推遲其獨立。大英帝國似乎正被以切實可行的速度盡快停業清理。

但英國並未就此認輸退場。一九六四年十月，新工黨政府掌權。新上任的首相是曾在艾德禮的內閣歷練過的哈羅德·威爾森。出任首相前，威爾森曾帶頭抨擊過時的保守黨立場，堅持那些立場阻礙了英國的現代化。這與新聞界以及其他地方的批評聲浪（「諷刺作品大行其道」就是明證之一）同一口吻，而那些批評把與帝國有密切關係、講究等級制卻已過時的看法和輝煌帝國的錯覺，視為經濟停滯和未能打造技術官僚精英管理體制的元凶。威爾森嚴正表示，新英國必須「在如火如荼的科學革命」中鑄造出來。[59]豈料上任之後，這些激進看法迅即遭到巧妙的改頭換面。不久後，威爾森便開始熱情論述英國的世界角色。畢竟，工黨的工會支持者（以及或許諸多勞動階級選民），執迷於與英國之「偉大」觀緊密相連且難以撼動的貝文理念傳統，而且溫斯頓·邱吉爾此「偉大」觀的英雄象徵，仍在世上（他死於一九六五年一月）。威爾森也承繼了麥克米蘭亮眼的衣缽，儘管是在國力大不如前的情況下承繼：認定英國最起碼還是美國在西方同盟裡的第一助手。更不計代價保住地位，成為最優先的要務。

英國的世界角色是了解這主張的密碼，而具體而言，這角色即是後來所謂對「蘇伊士以東」區域的承諾。在這一大片從東非綿延到澳洲，且包括波斯灣、前英屬馬來亞和婆羅洲（今馬來西亞聯邦）的海上區域，英國人將擔任西方利益的守護者、友好政權的保護者。在心態更自大時，連過去認為印度理當由英國照護的主張，都今夕不知何夕的重現江湖。哈羅德·威爾森於一九六五年六月說，「英國的邊疆在喜馬拉雅山脈」，在印度與中國衝突時表態支持印度。[60]英國真正的軍事重擔，在於守衛已被亞丁的大軍事基地插入的脆弱南阿拉伯聯盟；保衛新誕生的馬來西亞（特別是其婆羅洲領土），使其不致落入聲稱有權掌握整個馬來人世界的印尼之手。[61]對蘇伊士以東的承諾，也是強化英國與澳洲連結的手段，澳洲仍是英國重要的貿易伙伴，且仍是英國人移居的首要目標。但支出節節上升。要在這橫跨大洋的區域各地維持確實有效的駐軍，英國人需要海軍和空軍：新航母、飛機和據以部署它們的基地。沒想到上台才不過幾星期，工黨政府就碰上得大刀闊斧裁減海外支出才能應付的新英鎊危機。一九六五年六月，就在威爾森把喜馬拉雅山脈形容為英國邊疆時，內閣決定，與印尼的對抗一結束，英國就該放棄新加坡基地，只保留中東的一支小駐軍。在美國強力施壓下（越戰即將發展至最激烈時），這計畫暫時擱置，致使威爾森和其同僚陷入兩難，進退不得。他們急欲壓下國內失業率，意即得加大公共支出，擴大收支差額。他們更急欲阻止英鎊貶值（英鎊幣值受到龐大國際收支逆差威脅），以表明英國決心保住其在世上的經濟地位。[62]一群核心閣員，包括威爾森本人，擔心跌破「地位關卡」（status barrier，有位批評威爾森內閣者的反諷描述），[63]也就是遭遇他們所認定撤離蘇伊士以東將帶來的下場。一九六六年六月，威爾森向一群執政黨國會議員表明，「他絕不會讓英國丟掉世界大國的角色」。[64]但有付出才能有所得。

接下來兩年，倫敦的政策依違於保住債務清償能力和保住國家威望這兩個無法兼顧的要求之間。[65]一九六六年春，英國政府宣布在可預見的未來，英軍將繼續留在馬來西亞和新加坡。將近一年後，又決定分階段（1970-1971、1975-1976）撤離。在與派系對立的諸都市游擊隊對抗許久仍徒勞無功後，一九六七年晚期英國人離開亞丁，任南阿拉伯聯盟自生自滅。[66]同時，英國派了一位部長前去向波斯灣諸統治者保證，不管亞丁的情勢如何，英國人都打算留在波斯灣。[67]這一折衷辦法沒撐多久。十一月上旬，英鎊幣值受到的壓力更甚以往。十一月十八日，或許為免於遭國際貨幣基金會監管的侮辱，[68]威爾森和其同僚吞下他們拒服許久的藥。英鎊貶值一成五，威爾森任命新財政大臣以掌管經濟復甦。新財長是羅伊・詹金斯（Roy Jenkins），他既大力支持歐洲統合，也同樣大力反對後帝國時代許下「過多」對外承諾。一場激鬥接著爆發，這次發生於英國政府裡。對詹金斯來說，經濟要復甦，就得大幅削減國內支出，於是，化解執政黨國會議員的強烈反對，刻不容緩。而要化解他們的反對，有必要做出能表現誠意的大犧牲。於是，不顧強烈反對，他強行通過於一九七一年前結束英國在波斯灣、東南亞兩地駐軍的決定。一九六八年一月十六日，威爾森宣布結束英國對蘇伊士以東的承諾。他的演說標誌著英國三百年亞洲大國的角色就此告終，也表明戰後欲保住世界大國地位的努力終告失敗。三年後，新保守黨政府經過談判，終於將英國送進歐洲共同體。該政府發表得意的公開聲明，說明英國的歐洲命運，直接了當摒棄對大英國協這個模糊不清之影子帝國日益褪色的願景。該聲明冷漠論道，「大英國協會員國分布廣，散居世界不同地區，政治觀念和經濟發展程度差異極大……它們與英國的政治關係已大異於前，且還在改變。」[69]「告別」是這份聲明的主旨。

不過，英國並非就此天下太平。有些殖民地未離開，像藤壺般緊緊依附著帝國的舊船殼。有幾個殖民地太小、太窮，無法強逼為主權國家。還有些殖民地，例如直布羅陀，看清倫敦擺明要把它們丟下船，抗拒不從。其中三個殖民地特別令倫敦頭痛不已。第一個是羅德西亞，原因在於確立其未來體制，仍是倫敦（大為苦惱）的責任。一九六五年十一月，白人移居者政權強行獨立後，英國政府三次出面折衝，欲以讓居多數的非洲人必須選出議員為其發聲為條件，並讓白人政權取得合法獨立地位，均功敗垂成。[70]與此同時，倫敦受到非洲諸政府的百般嘲弄，痛苦萬分，儘管那些政府本身的政治作為受到英國境內人士尖刻的批判。一九七四年，葡萄牙在莫三比克、安哥拉的統治垮台，削弱羅德西亞人壓制游擊隊侵擾的能力，令支持他們的南非人大為不安，從而讓英國人迎來轉機。在大體上由美國、南非加諸羅德西亞叛亂政權的壓力所促成的情勢裡，英國人扮演掮客角色。英國人承襲了賦予政權合憲地位的權利，倫敦因而成為獨立協定的折衝舞台，而來自英國和大英國協的部隊、觀察員則監督停火，將游擊隊集中在受監管的營地。英國政府秉持對非洲政局一貫篤定的理解，認為接下來的選舉會使立場較激進的一派，即羅伯特・穆加比（Robert Mugabe）領導的辛巴威非洲民族聯盟—愛國陣線（Zanu-PF），退居政治舞台邊緣。[71]結果，穆加比贏得選舉，所幸他信守承諾，未沒收白人農場主的土地，英國政府因此鬆了口氣。要到後來，英國政府才看清事實。

一九八二年，為了另一個帝國遺物——遙遠南大西洋上的福克蘭群島，爆發了一場遠更危險的危機。在此，倫敦也老早就想甩掉一個煩人的包袱。[72]英國政府官員計畫用分期施行的計畫（把福克蘭群島割讓給阿根廷，再租回群島），使島民（英裔）成為阿根廷子民，可惜島民不從。他們有理由懷疑高高在上的官僚別有居心。布宜諾斯艾利斯政權的法西斯行徑和倫敦國會裡執政黨（保守黨）議員對他們的支持，促使福克蘭群島居民更堅定其抗拒意念。但一九八二年談判破局，阿根廷人入侵該殖民地時，英國人面臨了兩難。要對阿根廷施加足以迫使其撤兵的國際壓力，可謂機會渺茫。要隔著萬里重洋反擊入侵，後勤難題讓人望而怯步：慘敗的機率不小。矛盾若接受既成事實，將嚴重傷害英國威信。一九六〇年代中期以來的歷史再再顯示，一旦面對以其遙遠殖民地的主權歸屬為標的的衝突時，英國政府會退縮。未想此次衝突以驚人結局收場。英國首相瑪格麗特·柴契爾得到其首要海軍顧問大力支持，立即下令出動特混艦隊。[73]她的工黨對手也積極支持她出兵（反應與蘇伊士運河危機時大相逕庭）。此事被巧妙包裝為福克蘭群島居民自決的問題，而非土地所有權歸屬問題。經過數星期毫無成果的外交折衝，英國人（在船艦、人員皆有損失下）一路打回到島上，迅速擊敗靠徵兵制組成且統禦無方的島上守軍。英國贏得勝利，在帝國節節敗退數十年後重振英國自信心。但英國人能贏，有其運氣成分。他們能看到華府所蒐集的情報（這或許得歸功於柴契爾夫人與美國雷根總統的深厚交情）。而且地理上的偶然因素，使英國人免於原本可能的慘敗：福克蘭群島位在阿根廷空中武力打擊範圍的最邊緣：阿根廷的強大空軍飛到群島上空幾分鐘後就得返航，無力摧毀位在射程外的英國主力艦隊。只不過這是場險勝。

第三個令英國人尤為困擾的殖民地是香港。這也是個很特殊的殖民地。香港大部分地區，係根據一九九七年到期的租借條約由英國人持有（但維多利亞城的中環不在此列）。幾乎全是華人的香港居民，並不大想讓香港回歸中國控制。當然，一旦中國堅持收回，英國也只能交出。英國人原希望說服（剛脫離毛澤東主義桎梏的）北京政權延展租約，讓香港繼續作為英國的直轄殖民地。這只是妄想。中英談判時，英國人只能利用北京不願冒險毀掉香港這隻金雞母的心理，爭取到較有利的收回條件。這時香港已是華南最大港，（更不容忽視的）已是東亞貿易和中國大陸「經濟特區」的金融中心。一九八四年談定的協議，承認中國收回香港（包括原割讓給英國之土地）的權利，並明定一九九七年移交主權。北京則同意讓香港享有行政、財政自主權，保有其以英國法律為基礎的法律體系至少五十年，以作為交換。「香港現行的社會、經濟制度將維持不變，生活方式亦然。權利與自由，包括人身自由、言論自由、新聞自由、集會自主、結社自由、旅行自由、遷徙自由、罷工自由、選擇自由、就業自由、學術研究自由、宗教信仰自由，都將受到法律保障……」[74]然後迎來一段令人憂心的時期，在這期間，香港境內大力鼓吹民主、移交前英國人突然想建立穩固民主傳統（主要與香港末代總督彭定康有關的一個政策）、北京懷疑英國人正為其期待已久的香港回歸設下圈套，激發出三方爭執和一再爆發的驚恐情緒。事實上，雙方都輸不得，不敢冒政局崩解的風險。一九九七年的權力轉移平順完成。英國最後一個重要殖民地自此成為他國領土。[75]

回顧

對於英國決定省去沒完沒了的反抗，俐落了結其帝國，史學家通常肯定以對，且經常以此與法國人在中南半島、阿爾及利亞發動的「卑鄙」戰爭相較。有個至為普遍（且在政治人物回憶錄裡受到強力支持）的歷史迷思認為，英國人是擅長「管控下之衰落」的高手：配合日益減少的資源，務實調整帝國野心。誠如先前提過的，他們的確極不願抗拒群眾政治運動，不管在一九四五年後的印度，還是在一九五九年後的非洲皆然。但當勝算較大，誘因較強時，他們就遠沒那麼不願意動用武力：一如在馬來亞、賽浦路斯、肯亞所見。英國領袖迅速調整自身對英國世界地位的願景，以配合英國衰落的國力和經濟潛力一說，（誠如本章所表明的）也並非事實。有許多時候，反倒逆此道而行。人稱實用主義鼓吹者的哈羅德・麥克米蘭，就絕對稱不上是這樣的人物。他那保住英國世界大國地位的計畫、大而無當的計畫，透露了對歐洲政局的認識不清以及（更可以理解的）對非洲政局的複雜現實幾乎徹底的無知。這並非為了嘲笑一名觀察敏銳的政治人物，因為英國戰後處境無法捉摸的變動和傳統心態無可避免的跟不上時勢，以致當時的決策者幾乎不可能對英國衰落之因有理智的剖析。

事實上，本章中我們所探究的那一連串不勝枚舉的「誤判」——對印度的虛幻指望，在非洲的虛妄預期，對英國作為世界第三大強國的幻想，以恢復英鎊昔日地位為核心目標的宏闊經濟策略，欲保住中東霸權的作為（蘇伊士運河危機的真正肇因）、扮演可長可久但不必付出太大成本的世界角色的夢想（「英國的邊疆在喜馬拉雅山脈」）——揭露了比後見之明更耐人尋味的道理。它們間接表明預測歷史變化是危險之事：有太多因素在影響，有許多的噪音使人無法判讀正確信號。它們尤其提醒我們，帝國鮮少以可預測的速度衰落，更少沿著可預測的路線衰落。隨意舉個例子來說，奧圖曼帝國從十七世紀中期起遭遇一連串挫敗，被普遍蔑稱為「歐洲病夫」，但直到一九一八年與世上兩個最強國在軍事上艱苦較量後，才真正解體。第二個例子更有助於點明這道理。在蘇聯帝國突然解體前不到十年，帝國還被視為堅不可破的強國，未受到越戰結束後使美國信心大失的那些壓力衝擊，以致它的瓦解震驚世人。英國領袖未正確預示英國的未來，也就無可原非。其他人也沒能人正確預料到英國的未來。

最後一個可能令我們心有戚戚焉的觀點，乃是解釋帝國為何垮掉往往和預測帝國何時會垮掉一樣難。最易理解的原因，或許來自戰場失利，儘管解釋其本身可能就是難題的一部分。最常被人指出的原因分為四類：外部挫敗或地緣政治弱點；意識形態傳染和正當性的喪失；帝國中樞的內部衰弱（失去政治意志和經濟能力）；殖民地叛亂。把某個原因視為決定大局走向的因素，有時頗合人意（因此民族主義者通常肯定叛亂的作用），但鮮少能說服人，在錯綜複雜的大帝國（例如大英帝國）裡，無疑就是如此。把帝國的解體視為某種逐漸散掉的過程，或許較為貼切。在這過程裡，某個區塊的失靈導致體系裡的其他部分受到無法承受的重負，為因應這些重負所做的改變，又產生不可預測的壓力，最後整個體系解體，或被逐步蠶食，成為更強大後起帝國的一部分。本書主張，就大英帝國來說，長長的導火線被一九三九至一九四二年英國人遭逢的重大地緣策略挫敗點燃。在那之後，體系的平衡遭嚴重破壞，其正當性受到削弱，與其侍從者、子民合作的條件受到決定性的（儘管非立即）改變。一九四五年後，英國的領袖竭力導正那失衡，特別是使許多的帝國負擔轉移到英國自身的致命失衡，可惜徒勞無功。他們給予殖民地自治，有時給予獨立，同時保住其在舊統治區的首要勢力之位，打算藉此化解主要壓力。他們為努力終於奏效的跡象感到振奮，同時也受到他們的反對者與對手告誡的誤導。直到一九六〇年，他們仍有可能認為（下放更多權力的）帝國裡的許多地方仍會守在一起。線雖已鬆掉，還未被徹底切斷。無奈經過（經濟變化和地緣政治變化）最後一扯，所有連結斷線，整個體系土崩瓦解，只供人重新想像未來——和編造新的過去。

第十二章　最後、最大的帝國？

「向最後、最大的帝國祝酒，向半展開的地圖祝酒，」在吉卜林的〈土生土長者〉（1894）一詩中，白人移居者如此歌頌道。大英帝國肯定不是最後的帝國，但如若不考慮美國於一九四五年後打造的勢力帝國，它在全盛時期時可能是世界史上最遼闊的帝國。它稱雄全球的時期相對短暫（從一八三〇年代到一九四〇年代），但以倫敦為統治中樞的帝國，如果把其中世紀的基礎包括在內，存世超過五百年。我們不該以為大英帝國獨一無二，因為帝國是過半世界史裡最常見的政治單位形態之一。葡萄牙、西班牙、法蘭西、荷蘭，在創造海外帝國上，與英國無分軒輊；後來的義大利和德國亦然。俄羅斯主宰北亞許多地區，如今依舊如是。英國人的動機和方法，也非完全不同於十八世紀中葉之前他們不得不討好的那些亞洲大帝國的動機與方法。中國的士大夫行政治理原則——士大夫在毫無鄉誼人脈的省分為遙遠京城裡的皇帝管理地方——令人感到反諷的重現在由英國人充任的印度文官統治機關裡，即所謂的英國統治南亞的「鋼骨構架」裡。英國人在印度的治理制度，有許多襲取先前統治印度的蒙兀兒人的作法。而且一如奧圖曼人，他們偏愛以子民的宗教信仰，或以其他某種表明族群身分的東西（虛構的或真有其物的東西），將子民分而治之，而較不願將他們視為沒有區別的群體，並行無差別統治。

或許，一如所有帝國，英國人憑藉利用關聯（connection）來打造帝國。人員、貨物、觀念短距離或長距離的移動，乃是形塑人類史的最大力量，或許更是歷史變遷的有力推手，如今已是老生長談。而這一移動大多是在統治者或國家的控制之外，或在統治者或國家的反對之下而發生。其影響乃是在地區內、地區與地區間、乃至全球範圍裡，創造出新的關聯形態。新的貿易關聯、新的宗教觀念、新的移居者族群（有時三者同時發揮），不斷鬆動已屹立許久的社會。它們創造出新機會，挑戰舊利益團體，威脅舊階層體系。它們能為帶著禮物之外人的悄然入侵創造條件，禮物則是受景仰的物質文化；令人心動的宗教；有望取得商業優勢的前景。這一變動的環境有利於一種國家，即占據最有利的位置，而得以利用被它們像寄生蟲一樣牢牢附著其上的這些關聯形態來壯大自己的國家，以及得以把自己的代理人安排進先前不受它們影響之地區的國家。大帝國和小帝國都走這條路以擴大自身版圖，其擴大的觸角有時只及於近旁地區，有時橫跨數大洲，在某些例子裡，則從地球一端延伸到另一端。

英國人能建造世界帝國，源於他們比對手更充分利用全球關聯所帶來的機會。但他們得等到促成關聯的工具就在手邊而隨時可用時，得等到自身的種種有利條件能派上用場時，才能善用這些機會。開創歐洲持續未消的大西洋關聯者其實是西班牙人，發現通往東方之海上航線者則是葡萄牙人。荷蘭人率先設計出商業機構來控制依賴海路的亞洲大宗商品對歐洲的供應。英國人遲遲才加入這支海外闖蕩隊伍。到了十七世紀末期，他們已開始掌控要在這些新的全球性冒險事業中成功所必須的關鍵資源。首先，從風系角度分析，他們的近海位置並非十足理想，卻將英國擺於在歐洲主要航海貿易——北歐與地中海間的航海貿易、大西洋歐洲與美洲間的航海貿易——的十字路口。他們占有格外優越的地利，得以充當成長最快速的那些貿易活動轉運中心。第二，儘管一六四〇至一六六〇年間陷入內戰和革命的動亂，打造強有力中央集權國家的工具倖存下來。一個財力充足，能派龐大陸軍赴歐（如在一七〇二至一七一三年西班牙王位繼承戰爭中所見），且更重要的，養得起一支大型遠洋海軍的「財政—軍事掛帥」國家（fiscal-military state），在保護（和有時擴展）商業關聯，使其不致遭對手切斷上，居功厥偉。第三，英國人已開始享有丹尼爾·笛福《遍遊大不列顛全島》（*Tour Through the Whole Island of Great Britian*）書中所精采描述的那種充分整合國內經濟的種種好處。事實上，倫敦已開始扮演其作為交換市場資訊和為英國境內貿易、跨大西洋貿易與歐陸貿易辦妥金融事宜的中心地角色。倫敦既是政府中樞（和公共財政中心），又是國內產品的最大消費地和首要市場，且是海外貿易的大商港，三種角色聚於一身，使其在與歐洲的競爭者較量時享有極大優勢。

但在利用、擴大歐洲的全球關聯上，英國所具有的最大優勢或許是極強的適應力。英國帝國主義的特色，乃是其在方法、想法、目標上特別不拘一格。誠如先前某章裡已提過的，英國人腦海裡所想像的帝國有好幾種，其所追求的與附屬民族、子民的關係也有好幾種，其所追求的利益非常多樣，且不同利益之間有時相衝突。他們能訴諸世上不同地方形形色色的伙伴、盟友、買辦、當地合作者、改信基督教者的私利或支持來遂行自己的意圖。所謂的英國關聯（**British connection**），往往是一組數種英國關聯。不喜歡英國帝國主義之某一面者，通常能找到較開明、較人性或較尊敬當地的另一面。這絕非偶然。此現象反映了一個事實，即最晚到了十八世紀時，英國已成為一個容許多種群體存在的極多元社會，包容數種宗教，以維持多種次文化（地區的、宗教的、知識的、以階級為基礎的次文化），且具有願意接受新富和新意識形態影響（福音派教義和反蓄奴就是兩個最有力的例子）的政治制度。這多元社會產生了不只一種建立海外帝國的動機，也產生了不只一種用以打造海外帝國的技巧，而是非常多種。希望靠海外賺取的資金助己實現社會抱負的鄉紳、利用國王授予的壟斷權牟個人利益的廷臣、渴望在殖民地覓得一官半職的金主和祿吏（靠政治酬庸取得官職者）、需要避難之地的天主教徒和清教徒、想保住名下人力財產（即奴隸）的奴隸主（英國境內有數千上萬名奴隸主）、決意廢除奴隸買賣的廢奴主義者、搜尋市場的貿易商和製造商、極想擁有免費海外無人居住地的移民、追求「基督帝國」的神職人員和傳教士；前述這些人和其他人除了在全球各地尋找新機會，也將英國資源用於實現他們的帝國野心。

他們能較為隨心所欲的這麼做，因為這主要是個私人事業帝國。國家的角色大多局限在發予特許狀，以給予公司或地主商業壟斷權或司法權。拓殖美洲，一如與東方的貿易，倚賴私人資本，由私人承擔風險。慢慢的，國家開始更直接干預海外事業，攬下其保護責任。但其作為斷斷續續，管控通常極為薄弱。主要動機是獲利，而非榮耀教會或國王，因此這是個具摸索性的商業帝國，而非有計畫的統治帝國。要在經濟競爭中生存，他有必要迅速採用新類作物、新農業方式、新勞力資源。巴貝多殖民地拓殖不到三十年，非洲奴隸便已取代來自英格蘭的移居者，成為島上種植園的勞力。殖民地與殖民地間也被迫彼此競爭，因為它們往往出口同一類產品（糖、菸草、木材、羊毛），指望從英國取得信貸和資本，有時指望取得人力。為吸引這三者注入，它們得提供迷人條件——顯而易見的，這間接表示得在財產法、課稅、土地分配上打出迷人條件。移居者、種植園主、商人試圖在倫敦養一支很有影響力的遊說團體，以吹捧殖民地的前景，防止「干預」（例如防止廢奴），或要求陸海軍援。他們很想掌握帝國中心的動態，更想讓自己的動態為倫敦新聞界、雜誌界所知悉。必要時，他們推動成立協會和會社以爭取更廣大支持，例如塞昔爾．羅茲的帝國南非協會（Imperial South Africa Association）。種植園主和移居者尤其精於此道，但印度人和非洲人很快就看出藉由此舉可能足以避開「官方心態」的掣肘，在英國找到有影響力的盟友和朋友。就是類似於此的遊說團體，助印度的自治要求於一九〇〇年後一直被列入英國的政治議程裡[1]。

因此，大英帝國的建造是雜亂無章的過程，政府政策或英國政府的決定，只是推動這過程的力量之一（有時還是次要力量）。到了十八世紀晚期，我們可看出英國的海外帝國已逐漸分為四個不同的區域，四個幾乎各不相同的次帝國。約一八三〇年後，只有英國擁有由民選議會裡的移居者或種植園主治理的大量自治殖民地（在北美、加勒比海和澳洲）。附屬地的數目因為合併或（就加勒比海地區來說）種植園主自治的消失而變少，但存在如此多內部事務幾乎不受倫敦控制的附屬地，還是令外國觀察家和英國國內許多人大為驚奇，對他們來說，殖民地就是殖民地（它們仍被稱作殖民地），「問責政府」是憲政難題。或許更令人感到不解的是，加拿大、澳洲、紐西蘭的移居者社會（和南非的英裔白人一系）愈來愈強調自身與英國共有的特質，乃至較優越的英國特質（原始特質的改良版），而非其與英國不同之處。二十世紀時，這種同氣連枝的認知和私利考量，在兩次世界大戰時期激發出尤為高昂的犧牲奉獻。

自治殖民地或許讓人覺得是個帝國怪現象。然英國足以為亞洲強權之一、成為十九世紀大多數時候的亞洲霸主，肇因於其擁有印度。沒有其他歐洲國家擁有如此龐大的海外領土，同時帶來如此驚人助益的海外領土。有印度在手上，英國人就有了將從波斯灣到南中國海這片遼闊地區納入支配，乃至有一段時間將勢力伸入日本海的工具。原因之一是印度供應了許多有助於拓展商業的工具（除了棉花和鴉片，還有印度商人）。但印度獨一無二的價值，主要在於它給了英國人一支龐大陸軍。印度大叛亂之後，印度兵軍隊縮編，純英國人的駐軍擴編，這時英國三分之二正規軍（包括印度兵與英國兵軍隊）的薪餉可是由印度納稅人的錢支應。以印度為基地的軍隊能用於且的確用於遂行帝國目標——易遭模糊的一件事。如果把印度的貢獻（印度民族主義者所深惡痛絕的貢獻）放進更大的帝國軍力格局中探究，便不難看出此貢獻的重要。比起在沒有印度貢獻的情況下，倫敦得以在承平時期少花許多錢在陸軍上，得以更大手筆挹注海軍建設。因而，比起在沒有印度貢獻的情況下，國防支出在英國是遠更不重要的政治議題。只是印度貢獻有個最初並不明顯可見、後來日益令英國人困擾的問題。印度支付的防衛經費對英國境內的公共支出關係重大，因而英國無法讓印度如白人殖民地那般自治，以免其民選議會拒絕支付「應付母國款」（Home Charges，租用英國駐軍的費用），或拒絕支付陸軍的龐大開銷。直到一九三九年，這問題（印度憲政進程的核心問題）仍懸而未決。

第三類帝國其實是個大雜燴：一大群小領地或（通常）較無價值的領地，如直布羅陀、馬爾它、香港、聖赫勒拿之類基地和要塞（取得聖赫勒拿原是供作為來往印度之東印度公司船隻的中途停靠站）；一批熱帶殖民地，其中有些是極有利可圖的種植園殖民地，例如錫蘭、馬來亞；有廣大陸上腹地的海上橋頭堡（如在東非、西非所見）；逐漸衰敗但前景看好的「舊」殖民地（英屬西印度群島許多殖民地屬之）；欣欣向榮的貿易轉運港，例如新加坡、香港；莫名其妙取得又難以捨棄的少許微不足道的殖民地。它們受威權統治，例如那許許多多「小印度」，儘管威權統治方法因地而異。這些領地其實是兩種武力的產物：以英國為基地的海軍和以印度為基地的陸軍（和某些海軍），地域看似毫無章法的分布，實際上反映了帝國主義這兩個磁極部分重疊的磁場。且有助於大英帝國不像是個有邊界與範圍而能認出的國家集團，而比較像是分布在世界各地的遼闊群島。從政治上分析，它們，一如印度，是軍事考量凌駕經濟、政治考量的國家（garrison state），而在這種國家裡，當地出生的白人後裔要求享有部分行政權，卻——不管他們如何英國化、基督教化或忠於英國——均遭受一批英國官員駁回，英國官員甚至宣稱有必要承認當地傳統，尋找傳統型盟友。這往往是通往某種「看顧者帝國主義」（caretaker imperialism）的最佳途徑：緊抓不放，什麼都不做。

第四種帝國幾乎是無形帝國。非正式帝國不靠行政長官或軍力、吞併或君權之助而存在，而是倚賴商人與銀行家、領事與外交官員的影響力，有時還有不遠處的砲艇與駐軍助威。這類帝國的典型例子，就是英國在阿根廷、烏拉圭的商業帝國、對埃及的暫時占領（1882-1956）、中國的通商口岸。這類帝國有助於提醒我們，光看地圖有時會受騙。因為這無形帝國從功能上而言與有形帝國不可分割。非正式殖民地往往是就商業來說（例如阿根廷），或從戰略上討論（尤其是埃及），比正式殖民地重要許多。有些正式殖民地（基地與兵站）的用處，大多來自附近已擁有的非正式帝國；香港正是如此，或許福克蘭群島也是。但非正式帝國同樣不穩。英國以非正式方式支配該地，因為似乎沒必要付出統治的成本和作為，或因為統治太難以遂行。非正式帝國是折衷辦法，其成敗取決於當地人的合作和對手的付諸闕如。這兩個先決條件不成立時，就必預做出艱難抉擇：以行動確立更高的控制（同時擔負義務和風險），或是接受對當地的管轄削減的事實。在一九二〇年後的中國沿海地區，英國人前有中國民族主義，後有日本帝國主義，即面臨特別棘手的這種兩難。

當然，從某個角度上看，帝國群島，不管是正式或非正式，其誕生都不只源於陸海軍力。維持英國擴張的人力資本，有許多產生來自英國人愛遷徙的傾向。即這股龐大的遷徙潮，使英國人成為人口帝國主義的最典型代表，不只統治，也還實質占據地球上如此多角落。一八一五至一九三〇年間從不列顛群島移出的人口，比從歐洲其他任何地方移出的人口（總數為一千九百萬；義大利為九百萬，僅次於不列顛群島）多了一倍。遷徙可能出於多種不同因素的推動，但就英國來說，遷徙與蓬勃經濟的需求密不可分。經濟快速發展促進人口成長。不同的發展前景，促使英國某些地區成為人口輸入區，某些地區成為輸出區。在蘇格蘭、愛爾蘭兩地的部分地區（生態災害為人口遷徙增添了不可測的變數），人口外移非常龐大。到了十九世紀後期，類似的外移潮亦衝擊英格蘭農村。彷彿為了彌補似的，因應對策是英國的商業經濟、工業經濟——儘管方式可能顯得嚴酷、不人道。就是後來成為移居地區的那些地方（尤其是北美境內等）的商業發展，使那些地方得以吸收龐大的移入人口，雇用他們且讓他們的工作能創造經濟價值。也是英國的工業經濟，英國得以在約一八〇〇至一九四〇年間，在進口農產品、原物料、食品的消費上，居世界之冠，從而為移居地區的產品提供大市場。不列顛群島的人口移出潮，可視為英國國內經濟大幅調整的一部分，在這大調整中，糧食與其他物料的生產工作和生產所需的勞力均轉移到海外。

當然，英國擴張為橫跨全球的強權，一開始便有賴於商業發展的順遂。它早早就以一體性商業經濟體的形態發展，然後此發展又得到工業化的加持（這兩者並非毫無關係）。十九世紀時，工業化於英國擴展的範圍和速度，大過且快過其他任何地方。英國海外帝國的商業出身，塑造了其整個性格。在農業帝國裡，統治者如要從支配中獲利，就必須向其子民直接課稅。他得施行（帶有成本和風險的）嚴密控制，以防止其代理人欺上瞞下，將屬於他的稅收中飽私囊。嚴密控管的必力及負擔，往往抑制帝國野心，因為離中央愈遠的省分，愈難受中央監管。商業帝國大致上沒有這項約束纏身。它無意向地方直接課稅，也就沒必要施行高壓嚴密的統治，其所倚賴的是貿易的獲利，而這獲利於最易徵收的地方（母國港口）收取。英國人偏離這準則時（如一七七〇年代在北美殖民地所見），大難不久便降臨。但在商業帝國的擴張上，的確受到一種制約。只要認為商業利潤的取得有賴於將對手的貿易帝國拒於門外，就需要成本高昂的海上武力來落實壟斷。在那漫長的十八世紀，直到一八一五年為止，歐洲、美洲、亞洲之間貿易大幅成長的時期，穿插了數場歐洲國家間的漫長海戰和殖民地戰爭，也絕非巧合。

眾所皆知的，一七八三年失去北美十三殖民地，並非（如當時許多悲觀的言論所宣稱的）英國帝國強權地位衰落的先聲，而是不凡轉變的序曲。一八一五年後，大英帝國成為真正全球性的帝國，且維持此身分直到一九四〇年。英國人能打造出這樣的帝國，有賴於他們的全球地位有了兩個劃時代的轉變，且這兩個轉變同時發生。第一個是在一八〇五年特拉法爾加海戰時取得並於此後受到謹慎守護的海軍稱霸地位。他們消滅主要對手的海上武力，藉此打破此前使他們無法盡情貿易的障礙，消除逼使他們得付出極大成本來保護其貿易的威脅。此後，整個世界是他們的市場，至少理論上是如此，全球性帝國的成本隨之陡降。但若非在這同時，英國從商業經濟轉型為工商業經濟，其所帶來的前景會黯淡許多。事實上，如今不難看出，若沒有工業化，全球規模的商業帝國可能無法久持。英國的世界帝國，乃是建立在煤、棉花、資本上，而非蠻勇或派駐地區的官員上。

原因之一，是靠蒸汽推動且不久後就靠電報線結為一體的帝國，比以風力和海流為動力的帝國更有效率。資訊、人員移動更為迅捷，加快經濟發展，增加貿易量，一地的資源得以迅速用於目標的實行。顯而易見的一個好處，表現在軍隊的部署上。電報和汽船使相對較少兵員的英國陸軍（十五萬人左右）和英國的印度陸軍得以迅速被運送到全球各地以應付帝國緊急事件，猶如隨時待命出擊的消防隊。蒸汽動力船使英國的觸角往河（例如長江）的上游延伸，及於先前無法進入的海岸線（例如紅海海岸線）。隨著鐵路（英國的核心科技之一）的興建，英國的商業勢力和軍事力量得以伸入世上數個廣闊的新區域。鐵路使原本主要是海權國家的英國變成陸權與海權國家，縱橫全球的能力大增。有了便宜紡織品為武器（蒸汽驅動紡織機使製造成本得以大幅降低），英國人從此有了打入世界各地市場的利器。他們提供貸款，建造廉價運輸工具，將美洲、亞洲、非洲境內愈來愈多生產者拉入他們的網絡裡。

因此，工業帝國的主要優勢，在於其能將不管多遙遠的多種地區整合為單一的財富、權力體系。其運作方式可分為三種。首先，藉由生產只輸出到英國或透過英國轉口外銷的產品，殖民地和準殖民地經濟體輾而倚賴英國人針對長距離貿易所提供的商業機構——為此付出某種代價。一旦與這個環節掛鉤，且倚賴這環節促進繁榮當地，脫身就很難且可能很痛苦。實際上，此後的趨勢乃是愈來愈順應這個環節所提出的需求，愈來愈專攻於這環節所獎賞的經濟角色。第二，經濟整合對社會和文化帶來影響。主要靠「英國關聯」才得以維繫自身地位和財富的既得利益團體興起。他們一心欲促進這道關聯，而非予以削弱。貿易所創造的財富助長對帝國宗主國之社會與文化的仿效，促進資訊交換量的劇增：消息、法官意見、商業與科學調查報告、想像性文學作品和私人通信在帝國不同地區之間的流通，乃至一共同帝國文化的出現（程度上因地而有異）。第三，工業社會與工業經濟在英國的誕生，使其需要、觀點、喜好愈來愈多樣。到了十九世紀中期，英國已是個城市化極高的社會——焦躁且流動的社會。城市消費者對娛樂與知識的需求，對食物和廉價奢侈品（例如菸草或巧克力）的需求，使進口量大增（一九一三年的菸草進口值為一八二六年時的三十倍）。世上幾乎沒有哪個國度，其農產品無法在英國找到銷路，或其商業前景無法令英國投資人、商人、冒險家心動。而位在這一都市—帝國連結的中心者是倫敦，其驚人成長為全球性大都會一事（倫敦人口從一八〇一年的一百萬增加為一九一一年的七百萬），對帝國在商業和文化上的整合，在在扮演了同樣重要的角色。倫敦位在由帝國港市（蒙特婁、開普敦、可倫坡、孟買、加爾各答、新加坡、香港、墨爾本、雪梨、奧克蘭）組成的網絡中心（且協助打造此網絡），而帝國的商業有許多是在這些港市間進行。大英帝國不尋常的城市化特性，不只見於英國。英國認為，以這些城市橋頭堡為據點，英國的影響力將伸入殖民地世界的落後內陸。

自由貿易是推動這往外大遷從的意識形態。英國人很快就把一八一五年前他們憑藉重重保護才得以稱雄世界一事拋諸腦後，堅稱自由貿易對人人都好，不只對他們好。英國人認定，藉由向所有國家敞開帝國的貿易大門，他們已使該帝國能為世上其他人所接受。某種程度上而言，的確如此：此舉或許有助於阻止與他們作對的國際大聯盟形成。但這忽略了自由貿易對英國武力的倚賴程度。「蘭開夏郡可知道印度是迫於威逼才接受棉花的自由進口？」保護主義大將哈爾福德·麥金德（Halford Mackinder）於一九一九年問道。「自由放任式的自由貿易和掠奪式的保護，是帝國的政策，兩者促成戰爭（一次大戰）。」[2] 英國人用海權打造自由貿易的世界帝國，而德國建造其遠洋艦隊以打造一保護主義的世界帝國。麥金德認為，雙方碰撞無可避免（得益於事後之明的看法）。

但帝國的壯大不只是經濟決定與戰略決定的總和，也不是英國本身利害關係的理性算計。帝國建造受憧憬與幻想驅動，受迷思與妄想維持。那些試圖主導其方向者得謹記，他們需要英國民意的支持與認可，而民意在最好的情況下都是沒有定性的。一八八〇年，選民不滿迪斯累利在阿富汗和南非的魯莽冒險舉動，憤而將他拉下台。二十年後，誠如索爾茲伯里勛爵所埋怨的，他被國內一場「對外侵略颶風」所逼，捲入南非境內戰爭。在帝國大部分地區，英國的統治原是依勢威逼建立，靠強制性作為維持。然對土著的施暴乃是習慣性的，而非工具性的。查爾斯．狄爾克（Charles Dilke）於一八六九年報告道，「在印度境內的所有飯店裡，我都注意到這個耐人尋味的布告，『懇請紳士勿毆打僕人』。」[3] 誠如先前某章裡提過的，非洲礦工受到習以為常且幾近病態的殘酷對待。當然這種濫施暴力的行徑部分歸因於英國本土的暴力文化：英國人鞭打本國兵，但不鞭打他們的印度兵；同時源於他們所頑執的一種看法：在種族能力優劣等級表裡，他們屬於最優一級。

這「低級種族主義」可能濫觴於蓄奴習慣和十八世紀晚期反蓄奴辯論中為種族主義公開辯解者所持的理由。只是為何在英國人的帝國觀裡如此普見，並不難理解。帝國興盛之際，出現了以社會演化來宏觀解釋不同國家、民族為何在財富取得與國家建造上有高下優劣之分的現象。「科學的」或「生物學的」種族主義其實在為更古老、更深層且主要在文化上的那些偏見搽脂抹粉。在知識領域，社會演化理論強化其掌控，直到二十世紀，乃至二次大戰和之後。低級種族主義本身不是理性思辨的智識，而是一組彼此相關的認定和觀點。它不只認定存在一文明等級體系，進一步認定位在等級體系頂端者必須防範遭世上「較劣等人種」「稀釋」或推翻。它主張種族隔離和種族團結是防範虎視眈眈之兩大威脅——種族混合導致文明衝勁的喪失、喪失控制權致使「較低等種族」造反——的最佳手段。在定居型帝國和統治型帝國裡，這些著眼於種族層面的方法顯而易見在在令英國人心動。

在定居型殖民地裡，甚至在類似加拿大、澳洲、紐西蘭等原住民已少到自身難保程度的定居型殖民地裡，無不將非歐裔移民拒於大門之外，直至十九世紀後期，已是日益迫切的問題。此多少肇因於這些殖民地的經濟成長，似乎可能得倚賴亞洲的勞力——華人苦力協助建造加拿大太平洋鐵路。然而，這也是因為將草莽的邊疆族群打造為現代民族國家一事已刻不容緩。節制、教育、安穩的家庭生活、長期雇用的就業機會，全是受到充分管理或治安受到周全維護之社會的特性，只是現有賴於強有力的政治意志、一種意識形態、一個模式方能實現。追求現代化者理所當然把希望主要寄託在英國。他們迫不及待宣稱所處的社會是新英國：他們是渴望移居民眾心中理想的移入地。為複製英國，且最好能青出於藍勝於藍，就必須創造一個以合意（consent）為基礎且組織緊密的國家，而他們認為，合意的取得有賴於高度的文化一致性：那就是英國模式。只有一個為所有居民可以共有的共同英國高尚文化，才能使他們晉身為北美洲、南太平洋上真正的英式國家。將「非我族類」拒於門外，正是國家建造大業必然且不可少的結果。

當然，這一崇高目標受到較不可告人的動機加持：白人勞工擔心華人、印度人、非洲人拉低工資。在白人居少數的定居型殖民地裡，渴望躋身文明國度與擔心遭他們制伏的居多數本土居民會起來反抗，可謂一體兩面的心態。在統治型帝國裡（一如在舊奴隸殖民地裡），同樣的叛亂威脅（不管機率有多低），是最根本的恐懼根源。即使走的是文官統治路線，這些都屬於軍事考量凌駕政治、經濟考量，由一小群外來者掌管護城城堡的國家。權力與權威取決於——甚至可能來自——駐軍的團結一致。隨著英國擴大在印度的統治，堅持將統治者與被統治者隔離的需要變得愈來愈強烈。原因之一在於擔心英國官員可能與當地印度人的勢力網絡結為一體（帝國的行政代理人「消失」於當地社會一事，是所有「支配型帝國」都面臨的隱伏型顛覆）[4]。但叛亂之虞和叛亂事實，特別是一八五七年的印度大叛亂，強化了前述的隔離心態。此後，在印度的白人，個個都不斷被提醒（透過歷史書、迷思、紀念儀式加諸的提醒），種族團結是保命所必須付出的代價。待英國人也成為熱帶非洲的統治者時，「印度」心態已然稀鬆平常。而或許可稱作白人英國官員之「工會」（trade union）看法的組織，深入加持了這心態。他們一再（以隱晦的官僚乏味話語）主張，膚色是判定政治可靠性的唯一確切指標。使白人權威受制於非白人議會，或召募非白人為官，藉此稀釋白人的權威，則是自取滅亡。

於是，定居型帝國和統治型帝國所共有的種族團結觀，與經濟、軍事霸權、遍及全帝國的建制、法律機構，同是帝國得以聚合不散的關鍵要素，並在英國國內獲得強有力的附和，但也只是附和。英國本土的輿論開始出現多種具鮮明帝國色彩的看法，特別是認定英國人移到海外「空無人居」之地是英國人與生俱來之權利的看法。但與今日有時聽到的看法大相逕庭的是，英國怎麼看都不是帝國的產物。英國並非帝國所「建構」（constitute）——一個大行其道但空泛的措詞。此說的主要理由，乃是作為帝國核心的英格蘭，在其取得歐洲境外的帝國之前許久，已是格外強大且文化一統的國家（以語言和法律作為最簡單易懂的判斷標準）。帝國心態進入英國，但（就像喝茶習慣）只在它們已被適切英國化後才進入。一旦它們碰上強而有力的國內成見，例如反對蓄奴、支持自由貿易、或使海外異教徒受洗基督教的強烈主張，其占上風的機率不大。當英國政府決意於一九六〇年後放棄移居熱帶非洲居住且占當地人口少數的本國人時，種族團結的呼聲完全擋不住此一走向。保住領土性帝國變成看似無法承受的負擔時，國內的帝國主義便在嗚咽中消亡。

凡帝國皆會走向衰落，這是老生常談的歷史論調：截至目前為止，的確所有帝國都走到這一步。這說法幾乎等於認定衰落乃是可預料之事，認定史學家能指出衰落之勢已成定局那一刻。的確，在我們所知道的多數帝國裡，都有滅亡預言家預言，若沒有軍事、物質或精神方面的改革，將大難臨頭。在像英國這般多元的社會裡，始終有許多人表達反帝國之聲，但在何謂帝國上幾無一致的看法。因此，那些厭惡英國在印度威權統治者，若聽到應該打破英國與加拿大或澳洲之關聯的主張，大概會驚駭莫名。更常見的是，他們主張，一旦讓印度人（和後來讓非洲人）享有代議政體，將贏得他們對英國之自由主義世界帝國不渝的效忠。即使是像馬克思主義者約翰·史特拉奇（John Strachey）這麼極端的反帝國主義者，都會（在一九三二年）希望出現一個以幾乎如同莫斯科與舊沙俄帝國合作的方式，與轄下殖民地「合作」的布爾什維克英國[5]。英國的最主流民意，直到二次世界大戰為止，的確有種特別強烈的篤定，認為即或需要許多調整，大英帝國仍將以多國體系的形式倖存下來，這個多國體系如眾星拱月般以英國為中心，倚賴英國取得資本、技術、戰略防禦，且採用英國的價值觀、建制、觀念。這一篤定從何而來？

它主要來自堅信大英帝國是獨一無二且舉世無敵的觀念。而三大特色將使它不致走上先前所有帝國主義的下場。首先，帝國的宗主國和中樞是開放的社會，政治上走自由主義路線。歷來所有帝國均亡於根深柢固的寡頭統治集團抗拒經濟、社會變革的峻拒改革症，反觀大英帝國，沒有這種症狀出現的可能。思想的自由交換、意見的自由表達、獨立自主的代議機構，構成不可撼動的保障，使政府不致僵化，且不斷因應新壓力、新需求有所調整。事實上，英國人自豪於世界各地的資訊和消息傳送到倫敦和在英國境內傳布的效率冠絕群倫。他們樂於以此開放性與過去失敗帝國的封閉政治世界相較、與一九一八年後解體帝國的封閉政治世界相較。英國人的歷史告訴他們，英國社會的進步獨一無二。第二，有一同樣強烈的信念，認為英國經濟拜自由貿易之賜，充滿活力且能適應外在變化。美國經濟或許規模較大，德國工業或許較有效率，然英國直到一九三九年仍是世上最大貿易國和最大投資國。經濟大蕭條時期，英國人不情不願的揚棄自由貿易政策，只是經濟蕭條的衝擊，在英國和英鎊集團裡，不如在美國或德國那麼嚴重。第三，大部分（或許所有）英國領袖認定，只要預防措施施行得當，帝國會繼續享有特別安穩的地緣戰略安全。一八一五年後，此觀點更是堅不可摧。大英帝國偏重海上的特性、其可能受正面進攻之處的稀少、多數英國領地距爭鬥紛擾之歐洲的遙遠，使其不致遭遇其他大國得投注高昂人力物力財力防範的多數危險。英國人能在戰時封鎖敵國，強占敵國的海外資產，使敵國船隻在海上無法立足，此可謂海權國家的特權。英國人是難纏的對手，然而面對歐陸內部的爭端時，他們似乎無意淌介入，杜絕了與其他大國發生摩擦的明顯根源，從而使英國人不致陷入遭歐陸國家結盟反對的處境。而第一次世界大戰的經驗或許使英國人不再這麼自信，但大戰結果並未摧毀這自信。一直到一九三〇年代晚期為止，所有對手大國的虛弱和彼此對立，都是世界政局的首要特徵。這時，若說英國人無法在它們之間操弄，無法利用它們的彼此對立壓制任何威脅，似乎是無稽之談。

事實上，地緣戰略安全是帝國的最後靠山。只要沒有外敵闖入他們的帝國，英國人始終能弭平任何內部混亂。只要他們的威望和權威未因戰敗而失色，他們就能鎮住民族主義運動的分離主義要求。實際上，只要英國仍是歐洲和亞洲境內獨立自主的世界性大國，分離主義（亦即與英國徹底決裂）就只能打動小群極端主義者：溫和、明智的民族主義者會將其斥為徒勞之舉。憑藉事後之明，我們或許認為這看法天真，或再怎麼說都太樂觀，只是我們也無法確定真是如此。

帝國為何覆滅，難有定論。就大英帝國來說，其覆滅原因已吸引大批歷史專家鑽研。他們援引出諸多原因，歸咎於經濟、政治、軍事、外交、技術、社會、文化方面的失敗。這些原因或許都沒錯。但使這些失敗的代價如此高昂，最終使帝國禁不住一再的失敗而垮掉的理由，乃是更深層的因素。放眼漫長世界史，英國的世界帝國時代只是其中一個階段、特殊的一刻。始料未及的歷史機緣，歐洲和東亞的形勢同時有利於英國人大展身手，英國人因而有機會創造帝國。衰弱、順服的東亞、對立大國相持不下且均勢岌岌可危的歐洲，加上內向閉塞的美洲和混亂的伊斯蘭世界，為英國人的擴張提供了絕佳環境。海軍稱雄世界和以源源不絕的煤為後盾的蒸汽動力的興起，助長英國人以他們所能承受的代價，善加利用這意料之外的良機。他們安然度過一八八〇、九〇年代的帝國競爭風暴，捱過第一次世界大戰，並擴大其版圖。可惜當一九三〇年代晚期，革命與戰爭震撼歐洲與東亞，而英國在歐洲遭遇戰略性大挫敗後，又在亞洲遭逢大劇變，英國賴以取得世界霸權的基本先決條件隨之永遠消失。新世界出現、新地緣政治秩序誕生，英國回到過去已無可能。

注釋

縮寫

CAB	英國內閣會議檔案（Cabinet Office Records in the National Archives）
CO	英國殖民地部檔案（Colonial Office Records in the National Archives）
PP	英國國會文件（British Parliamentary Papers）
PREM	英國首相府檔案（Prime Ministers' Records in the National Archives）
TNA	英國國家檔案館（The U.K. National Archives, Kew, London）
WO	英國作戰部檔案（War Office Records, in the National Archives）

第一章　帝國想像

1. See A. Zimmern, *The Third British Empire* (Oxford, 1926). Zimmern was a pioneer scholar of international relations.
2. This went down badly in Oxford: Williams's thesis was published in the United States in 1944 as *Capitalism and Slavery*, but only twenty years later in Britain.
3. See P. Maylam, *The Cult of Rhodes* (Claremont, 2005), pp. 10–11.
4. Ibid., pp. 36, 42.

5. 'Liberal' historians tended to resist inevitability; Marxist historians to assert it.
6. See V. Chaturvedi (ed.), *Mapping Subaltern Studies and the Post Colonial* (London, 2000) for an excellent survey.
7. For the European 'dark ages', see P. J. Geary, *The Myth of Nations: The Medieval Origins of Europe* (Princeton, 2002).
8. For a recent discussion, J. Goldstone and J. F. Haldon, 'Ancient States, Empires and Exploitation', in I. Morris and W. Scheidel (eds.), *The Dynamics of Ancient Empires* (Oxford, 2009).
9. J. Gallagher and R. Robinson, 'The Imperialism of Free Trade', *Economic History Review*, 2nd Series, VI, 1 (1953).
10. For a recent analysis, N. Draper, *The Price of Emancipation: Slave-Ownership, Compensation and British Society at the End of Slavery* (Cambridge, 2010).
11. These institutional foundations can be followed in the magisterial volumes of F. Madden (ed.), *Select Documents on the Constitutional History of the British Empire and Commonwealth* (8 vols., Westport, CN, 1985–2000), esp. vol. 1: '*The Empire of the Bretaignes*' (1985).
12. R. R. Davies, '*The First English Empire* (Oxford, 2000), p. 9.
13. See R. R. Davies, 'Colonial Wales', *Past and Present* 65, 1 (1974), 3–23.
14. Davies, *First English Empire*, pp. 121ff.
15. N. Rodger, *The Safeguard of the Sea: A Naval History of Britain*, vol. 1: *660–1649* (London, 1997), p. 100.
16. See L. Colley, *Britons* (London, 1992).
17. Rodger, *Safeguard*, pp. 229–30.
18. N. Canny, *Making Ireland British 1580–1650* (Oxford, 2001), p. 66.
19. See D. H. Sacks, *The Widening Gate: Bristol and the Atlantic Economy 1450–1700* (Berkeley, 1991); A. Peacock, 'The Men of Bristol and the Atlantic Discovery Voyages of the Fifteenth and Early Sixteenth Centuries', MA thesis, Bristol University, consulted online at http://www.bris.ac.uk/Depts/History/Maritime/Sources/2007mapeacock.htm; E. Jones, 'The *Matthew* of Bristol and the Financiers of John Cabot's Voyage to North America', *English Historical Review*, cxxi, 492 (2006), 778–95.
20. For Drake's activities, K. R. Andrews, *Drake's Voyages* (London, 1967).
21. This was Richard Hakluyt in 1595–8. See D. Armitage, *The Ideological Origins of the British Empire* (Cambridge, 2000), p. 108.

22. See M. Nicholls and P. Williams, 'Sir Walter Ralegh' in *Oxford Dictionary of National Biography* online.
23. See C. Hill, 'Ralegh – Science, History and Politics', in his *The Intellectual Origins of the English Revolution* (Oxford, 1965), p. 154.
24. Cited in E. Williams (ed.), *Documents of West Indian History 1492–1655* (Port of Spain, 1963), p. 269.
25. D. B. Quinn, *Raleigh and the British Empire* (pbk edn, London, 1962), p. 134.
26. G. Holmes, *British Politics in the Age of Anne* (London, 1967).
27. Quoted in Sacks, *Widening Gate*, p. 340.
28. For a recent survey, K. Morgan, 'Mercantilism and the British Empire 1688–1815', in D. Winch and P. K. O'Brien (eds.), *The Political Economy of British Historical Experience, 1688–1914* (London, 2002), pp. 165–92.
29. E. Williams, *Capitalism and Slavery* (new edn, London, 1994), p. 56.
30. Williams, *Documents of West Indian History*, p. 290.
31. Quoted in Jack P. Greene, 'Liberty and Slavery' in Jack P. Greene (ed.), *Exclusionary Empire: English Liberty Overseas 1600–1900* (Cambridge, 2010), p. 61.
32. P. Earle, *The World of Defoe* (London, 1976), p. 130.
33. Williams, *Capitalism and Slavery*, pp. 40–41.
34. Quoted in T. B. Macaulay, *History of England* (Everyman edn, London, 1906), vol. III, p. 278.
35. Speech on 'Conciliation with America', 22 March 1775, in *Burke's Speeches and Letters on American Affairs* (Everyman edn, London, 1908), p. 105.
36. The classic study of this is P. J. Marshall, *The Impeachment of Warren Hastings* (Oxford, 1965).
37. Macaulay in the House of Commons, 10 July 1833. A. B. Keith (ed.), *Speeches and Documents on Indian Policy 1750–1921* (Oxford, 1922), vol. 2, p. 244.
38. J. S. Mill, *Representative Government* (1861), ch. 18.
39. See E. T. Stokes, *The English Utilitarians and India* (Oxford, 1959).
40. For the Indian case, T.R. Metcalf, *Ideologies of the Raj* (Cambridge, 1995).
41. C. Dilke, *Greater Britain* (1869), p. vii.

42. J. A. Froude, *Oceana* (1886).
43. R. Cobden, *England, Ireland and America* (1835), p. 11.
44. R. Cobden, 'How Wars Are Got Up in India', *The Political Writings of Richard Cobden*, vol. 2 (1868), pp. 105ff.
45. C. W. Newbury (ed.), *British Policy Towards West Africa: Select Documents 1786–1874* (Oxford, 1965), p. 120: Palmerston's Minute, 22 April 1860.
46. H. J. Mackinder, 'The Geographical Pivot of History', *Geographical Journal* 23, 4 (1904), 231–47.
47. J.Swift, 'A Voyage to the Houyhnhnms' in *Gulliver's Travels* (1726).
48. For a graphic account of what they did, T. Burnard, *Mastery, Tyranny and Desire: Thomas Thistlewood and his Slaves in the Anglo-Jamaican World* (Chapel Hill, NC, 2004).
49. See Cobden, 'How Wars Are Got Up in India', pp. 105ff.
50. In his *The Empire* (1863).
51. Quoted in K. Knorr, *British Colonial Theories 1570–1850* (Toronto, 1944), p. 373.

第11章　接觸

1. See D. K. Richter, *Facing East from Indian Country* (Cambridge, MA, 2001), pp. 8–10.
2. See R. Law, *Ouidah: the Social History of a West African Slaving Port* (Oxford, 2004), ch. 1, for the practice of separate quarters in West Africa.
3. I have adopted this useful term from I. K. Steele, *The English Atlantic 1675–1740: An Exploration of Communication and Community* (Oxford, 1986).
4. See D. B. Quinn, *England and the Discovery of America* (London, 1974), p. 288.
5. See P. D. Morgan, 'Virginia's Other Prototype: the Caribbean' in P. C. Mancall (ed.), *The Atlantic World and Virginia 1550–1624* (Chapel Hill, NC, 2007).
6. P. P. Boucher, 'First Impressions: Europeans and Island Caribs in the Pre-Colonial Era, 1492–1623' in V. Shepherd and H. McD. Beckles (eds.), *Caribbean Slavery in the Atlantic World* (Oxford, 2000), p. 109.

7. See H. McD. Beckles, 'Kalinago (Carib) Resistance to European Colonization of the Caribbean', in Shepherd and Beckles, *Caribbean Slavery*, pp. 117–26.
8. See D. Buisseret, 'The Taylor Manuscript and Seventeenth Century Jamaica', in R. A. McDonald (ed.), *West Indian Accounts* (Kingston, Jamaica, 1996).
9. T. Burnard, 'European Migration to Jamaica, 1655–1780', *William and Mary Quarterly*, 3rd Series, 52, 4 (1996), 769–96.
10. For some of these ideas, see G. Lewis, 'Pro-slavery Ideology' and E. Goveia, 'West Indian Slave Laws of the Eighteenth Century', both in Shepherd and Beckles, *Caribbean Slavery*.
11. H. McD. Beckles, 'Property Rights in Pleasure: The Marketing of Enslaved Women's Sexuality', in Shepherd and Beckles, *Caribbean Slavery*, p. 701.
12. The case was Thomas Thistlewood (1721–86). See D. Hall, *In Miserable Slavery: Thomas Thistlewood in Jamaica 1750–86* (Basingstoke, 1989). For the motive/intention, T. Burnard, *Mastery, Tyranny and Desire: Thomas Thistlewood and his Slaves in the Anglo-Jamaican World* (Chapel Hill, NC, 2004).
13. R. S. Dunn, *Sugar and Slaves: The Rise of the Planter Class in the English West Indies 1624–1713* (Chapel Hill, NC, 1972), p. 231.
14. Quoted in A. G. Hopkins, *An Economic History of West Africa* (London, 1973), p. 87.
15. D. Eltis, 'The Relative Importance of Slaves and Commodities in the Atlantic Trade of Seventeenth-Century Africa', *Journal of African History* 35 (1994), 244–5.
16. For an introduction, see R. S. Smith, *Warfare and Diplomacy in Pre-colonial West Africa* (London, 1976); R. Law, *The Slave Coast of West Africa 1550–1750* (Oxford, 1991).
17. I have drawn on Law, *Ouidah*, for this description.
18. Smith's instructions can be found on the highly informative website *Virtual Jamestown*, *www.virtualjamestown.org*.
19. See D. Blanton, 'Jamestown's Environment' in *Virtual Jamestown*.
20. See S. Mallios, *The Deadly Politics of Giving: Exchange and Violence at Ajacan, Roanoke and Jamestown* (Tuscaloosa, AL, 2006).
21. See D. K. Richter, 'Tsenacommacah and the Atlantic World' in Mancall, *Atlantic World and Virginia*, p. 33.

22. Mallios, *Deadly Politics of Giving*, p. 85.
23. Richter, 'Tsenacommacah and the Atlantic World', p. 57.
24. See Kathleen M. Brown, 'Women in Early Jamestown' in *Virtual Jamestown*.
25. Richter, *Facing East*, p. 74.
26. V. W. Crane, *The Southern Frontier 1670–1732* (Durham, NC, 1928), p. 22.
27. Ibid. pp. 39ff.
28. Ibid., p. 256.
29. Richter, *Facing East*, p. 164.
30. N. Shoemaker, *Strange Likeness: Becoming Red and White in Eighteenth-Century North America* (Oxford, 2004), p. 131.
31. See J. M. Merrell, *Into the American Woods: Negotiators on the Pennsylvania Frontier* (New York, 1999), p. 130.
32. Ibid., p. 176.
33. See G. C. Rogers, *The History of Georgetown County, South Carolina* (Columbia, SC, 1970), p. 10.
34. This is the main theme of Merrell, *American Woods*.
35. See J. O. Spady, 'Colonialism and the Discursive Precedents of "Penn's Treaty with the Indians"', in W. A. Pencak and D. K. Richter (eds.), *Friends and Enemies in Penn's Woods* (University Park, PA, 2004), p. 21.
36. The classic study is F. Jennings, *The Invasion of America: Indians, Colonialism and the Cant of Conquest* (Chapel Hill, NC, 1975).
37. I owe this point to Richter, *Facing East*, p. 41.
38. Ibid., p. 51.
39. P. C. Mancall, *Deadly Medicine: Indians and Alcohol in Early America* (London, 1995), p. 14.
40. V. Lieberman, *Strange Parallels: Southeast Asia in Global Context c. 800–1830* (Cambridge, 2003), vol. 1, pp. 277–82.
41. For a fascinating survey, D. Lombard and J. Aubin (eds.), *Asian Merchants and Businessmen in the Indian Ocean and South China Sea* (Delhi, 2000).
42. This is a tiny selection from that extraordinary lexicon of Anglo-Indian speech, H. Yule and A. C. Burnell (eds.), *Hobson-Jobson: A Glossary of Colloquial Anglo-Indian Words and Phrases*, first published in 1886.

43. For these ventures, W. Foster, *England's Quest of Eastern Trade* (London, 1933).
44. See N. Hiromu, 'The Factories and Facilities of the East India Companies in Surat: Locations, Building Characteristics and Ownership', in Haneda Masashi (ed.), *Asian Port Cities 1600–1800: Local and Foreign Cultural Interactions* (Tokyo, 2009), p. 221 (quoting Sir Thomas Roe).
45. Ibid., p. 203, quoting the English traveller John Fryer.
46. J. Fryer, *A New Account of East India and Persia Being Nine Years' Travels 1672–1681*, ed. W. Crooke (Hakluyt Society, 2nd Series, 1912), p. 165.
47. For a detailed account of this period of Gulf history, W. Floor, *The Persian Gulf: A Political and Economic History of Five Port Cities 1500–1730* (Washington, DC, 2006), chs. 4, 5.
48. See G. W. Forrest, *The Life of Lord Clive* (London, 1918), vol. I, pp. 10–12.
49. H. Dodwell, *The Nabobs of Madras* (London, 1926), p. 9.
50. For two contemporary descriptions of *c.* 1700 by Thomas Salmon and Charles Lockyer, H. D. Love, *Vestiges of Old Madras* (4 vols., London, 1913), vol. 1, pp. 71–5, 80–84.
51. J. Talboys Wheeler, *Madras in the Olden Time: A History of the Presidency 1639–1702 from Official Records* (Madras, 1861), p. 252.
52. P. Spear, *The Nabobs: A Study of the Social Life of the English in Eighteenth Century India* (London, 1932), p. 11. The full list with names is in Love, *Vestiges*, vol. 1, p. 65.
53. See S. Mentz, *The English Gentleman Merchant at Work: Madras and the City of London 1660–1740* (Copenhagen, 2005); Dodwell, *Nabobs*, p. 21.
54. Wheeler, *Madras in Olden Time*, p. 224.
55. Dodwell, *Nabobs of Madras*, pp. 177–8.
56. Spear, *Nabobs*, p. 98.
57. Wheeler, *Madras in Olden Time*, p. 269.
58. Ibid., p. 199.
59. See I. B. Watson, 'Elihu Yale' in *Oxford Dictionary of National Biography* online.

60. Love, *Vestiges*, vol. 1, p. 60.
61. See P. Gauci, 'Thomas Pitt' in *Oxford Dictionary of National Biography* online.
62. The classic account of this undeclared war remains H. Dodwell, *Dupleix and Clive: The Beginning of Empire* (London, 1920), chs. 1–5. Dodwell was the archivist of the records in Madras. But see now P. J. Marshall, *The Making and Unmaking of Empires: Britain, India and America c. 1750–1783* (Oxford, 2005), ch. 4.
63. The best account of Clive's nerve-racking secret diplomacy, and the doubts and fears that preceded the encounter at Plassey, is A. Mervyn Davies, *Clive of Plassey* (London, 1939), chs. 13–15.
64. For a recent survey, F. Furstenberg, 'The Significance of the Trans-Appalachian Frontier in Atlantic History', *American Historical Review* (2008), 647–77.
65. This expression was coined by the American historian Richard White. See his *The Middle Ground: Indians, Empire, and Republics in the Great Lakes Region 1650–1815* (Cambridge, 1991).
66. F. E. Maning, *Old New Zealand: A Tale of the Good Old Times by a Pakeha Maori* [1863], (Auckland, 1930), p. 1.
67. Ibid., p. 19.
68. For Raymond, W. Dalrymple, *White Mughals: Love and Betrayal in Eighteenth Century India* (London, 2003); for Martin, R. Llewellyn-Jones, *A Very Ingenious Man: Claude Martin in Early Colonial India* (Delhi, 1992).
69. For a superb study of this in the Dutch eastern empire, U. Bosma and R. Raben, *Being 'Dutch' in the Indies: A History of Creolisation and Empire, 1500–1820* (Singapore, 2008).

第三章　占有

1. PP 1862 [2982][3003], *Papers Relating to the Occupation of Lagos*: Acting Consul McCoskry to Lord J. Russell, 7 August 1861.
2. Ibid., Docemo to Queen Victoria, 8 August 1861.
3. C. M. H. Clark (ed.), *Select Documents in Australian History 1788–1850* (Sydney, 1950), pp. 25–6.
4. Quoted in N. Thomas, *Discoveries: The Voyages of Captain Cook* (London, 2003), p. 127.

5. S. H. Peplow, *Hong Kong, Around and About* (Hong Kong, 1931), p. 9.
6. F. Madden (ed.), *Imperial Reconstruction, 1763–1840: The Evolution of Alternative Systems of Colonial Government. Select Documents on the Constitutional History of the British Empire and Commonwealth*, vol. III (Westport, CN, 1987), p. 807.
7. The classic analysis is F. Knight, *Risk, Uncertainty and Profit* (Boston, MA, 1921).
8. See above, ch. 2.
9. F. Madden (ed.), '*The Empire of the Bretaignes': The Foundations of a Colonial System of Government: Select Documents*, vol. I (Westport, CN, 1985), p. 216.
10. Ibid., pp. 238–41.
11. Ibid., p. 258: this was the charter granted by Charles I in 1629.
12. Ibid., p. 239.
13. See for example, the 1600 charter of the East India Company. Ibid., p. 236.
14. Ibid., p. 240.
15. See for example, Elizabeth's charter to Sir Humfrey Gilbert in June 1578. Ibid., p. 214.
16. See below, ch. 6.
17. For this episode and Henry II's motives, W. L. Warren, *Henry II* (Berkeley, 1973), pp. 199–200.
18. Madden, '*Empire of the Bretaignes*', p. 48.
19. C. W. De Kiewiet, *A History of South Africa: Social and Economic* (London, 1941), p. 61.
20. Madden, '*Empire of the Bretaignes*', p. 339.
21. F. Madden (ed.), *The Classical Period of the First British Empire 1689–1783 . . . Select Documents* (Westport, CN, 1985), pp. 54–8.
22. Ibid., pp. 192–3: Privy Council Memorandum, 9 August 1722.
23. Ibid.
24. V. Harlow and F. Madden (eds.), *British Colonial Developments 1774–1834* (Oxford, 1953), pp. 78–9.
25. F. Madden, *Imperial Reconstruction*, p. 673.
26. Ibid., p. 704: Memo by P. Anstruther, 23 November 1840.

27. See E. Curtis, *A History of Ireland* (London, 1936), pp. 112–13.
28. For an authoritative account, N. Canny, *Making Ireland British 1580–1650* (Oxford, 2001).
29. J. C. Beckett, *The Making of Modern Ireland 1603–1923* (London, 1966), pp. 157–61, provides a summary.
30. Madden, '*Empire of the Bretaignes*', p. 78.
31. This was Lord Hardwicke. See the entry under his name in *The Oxford Dictionary of National Biography* online.
32. Madden, *Imperial Reconstruction*, p. 241. For Munro's 'great minute', B. Stein, *Thomas Munro: The Origins of the Colonial State and His Vision of Empire* (Delhi, 1989), pp. 287–98. Munro was governor of Madras.
33. Stein, *Munro*: Munro to Canning, 30 June 1821.
34. Madden, *Imperial Reconstruction*, pp. 232–3: Sir Charles Grey and Sir Edward Ryan to the Governor-General in Council, 16 October 1830.
35. The classic account of the Indian case is E. T. Stokes, *The Peasant and the Raj* (Cambridge, 1978).
36. Madden, '*Empire of the Bretaignes*', pp. 338–9: Cromwell's Manifesto, 26 October 1655.
37. See P. McHugh, *Aboriginal Societies and the Common Law* (Oxford, 2004), p. 66.
38. See C. Maxwell (ed.), *Irish History from Contemporary Sources (1509–1610)* (London, 1923), pp. 242–3: Scheme for the Plantation of Munster, 21 June 1586.
39. Ibid., p. 248: memorandum on the affairs of Munster, 1598.
40. S. Banner, *How the Indians Lost Their Land* (Cambridge, MA, 2005), p. 26.
41. Madden, *Classical Period*, pp. 521–3: Royal Proclamation, 7 October 1763.
42. Quoted in McHugh, *Aboriginal Societies*, p. 38.
43. James Stephen to Vernon Smith, 28 July 1839. Quoted in D. Ward, 'A Means and a Measure of Civilisation: Colonial Authorities and Indigenous Law in Australasia', *History Compass* I (2003), 7.
44. Madden, *Imperial Reconstruction*, p. 854: minute by James Stephen, 25 May 1830.
45. Ibid., p. 874: Treaty of Waitangi, 6 February 1840, Article Two.
46. The best recent study is R. Boast, *Buying the Land, Selling the Land: Government and Maori Land on the North Island 1865–1921* (Wellington, 2008).

47. See N. Penn, *The Forgotten Frontier: Colonist and Khoisan on the Cape's Northern Frontier in the Eighteenth Century* (Cape Town, 2005).
48. See the Natal Proclamation, 12 May 1843 in K. N. Bell and W. P. Morrell (eds.), *Select Documents on British Colonial Policy* (Oxford, 1928), pp. 496–7.
49. S. Trapido, 'Reflections on Land, Office and Wealth in the South African Republic, 1850–1900' in S. Marks and A. Atmore (eds.), *Economy and Society in Pre-Industrial South Africa* (London, 1980), pp. 350–59.
50. C. Palley, *The Constitutional History and Law of Southern Rhodesia 1888–1965* (Oxford, 1966), ch. 6.
51. Hutt to Lord John Russell, 10 July 1841, in Ward, 'A Means and a Measure', 13.
52. For some discussion of this, Bain Attwood, '*The Law of the Land* or the Law of the Land: History, Law and Narrative in a Settler Society', *History Compass* 2, 1 (2004).
53. For an excellent survey, D. C. M. Platt (ed.), *Business Imperialism 1840–1930: An Inquiry Based on the British Experience in Latin America* (Oxford, 1977).

第四章　定居

1. G. N. Curzon, *The Place of India in the Empire* (London, 1909).
2. J. R. Seeley, *The Expansion of England* (1883), p. 12.
3. Ibid., p. 13.
4. N. Canny, *Making Ireland British 1580–1650* (Oxford, 2001), p. 146.
5. J. H. Ohlmeyer, ' "Civilizinge of those Rude Partes": Colonization within Britain and Ireland', in N. Canny (ed.), *Oxford History of the British Empire*, vol. 1: *The Origins of Empire* (Oxford, 1998), pp. 139–40.
6. T. C. Barnard, 'New Opportunities for British Settlement: Ireland, 1650–1700', in Canny, *Origins*, p. 324.
7. H. McD. Beckles, 'The "Hub of Empire": The Caribbean and Britain in the Seventeenth Century', in Canny, *Origins*, p. 222; Canny, 'The Origins of Empire', in ibid., p. 31.
8. J. Horn, 'British Diaspora: Emigration from Britain 1680–1715', in P. J. Marshall (ed.), *Oxford History of the British Empire*,

vol. 2: *The Eighteenth Century* (Oxford, 1998), p. 30.

9. See R. S. Dunn, *Sugar and Slaves: The Rise of the Planter Class in the English West Indies 1624–1713* (Chapel Hill, NC, 1972).
10. K. Fedorowich, 'The British Empire on the Move, 1776–1914', in S. Stockwell, *The British Empire: Themes and Perspectives* (Oxford, 2008), p. 67.
11. PP 1877 (5), *Report and Statistical Tables Relating to Emigration and Immigration, 1876*, table X.
12. Ibid., table XIII.
13. Fedorowich, 'British Empire on the Move', p. 89.
14. E. Richards, *The Highland Clearances: People, Landlords and Rural Turmoil* (Edinburgh, 2000), p. 5.
15. J. M. Collison Black, *Economic Thought and the Irish Question 1817–1870* (Cambridge, 1960), ch. VII.
16. Mill's ideas can be followed in his *Principles of Political Economy* [1848] (People's edn, 1885), Book II, ch. 10.
17. See J. MacAskill, 'The Chartist Land Plan' in A. Briggs (ed.), *Chartist Studies* (London, 1959).
18. M. Fairburn, *The Ideal Society and its Enemies: The Foundations of Modern New Zealand Society 1850–1900* (Auckland, 1986).
19. Fedorowich, 'British Empire on the Move', p. 76.
20. See J. S. Donnelly, *The Land and the People of Nineteenth-Century Cork: The Rural Economy and the Land Question* (London, 1975), pp. 55–6.
21. Richards, *Highland Clearances*, p. 2.
22. Donnelly, *Land and People*, p. 128.
23. J. Lennox, 'An Empire on Paper: The Founding of Halifax and Conceptions of Imperial Space, 1744–55', *Canadian Historical Review* 88, 3 (2007), 403.
24. J. Reid, *The Upper Ottawa Valley* (Ottawa, 1990), p. xxii.
25. H. J. M. Johnston, *British Immigration Policy 1815–1830: 'Shovelling Out Paupers'* (Oxford, 1972), pp. 38–9.
26. Fedorowich, 'British Empire on the Move', p. 79.
27. B. Greenhill and A. Giffard, *Westcountrymen in Prince Edward's Isle* (Toronto, 1967), p. 103.

28. W. S. Shepperson, *British Emigration to North America: Projects and Opinions in the Early Victorian Period* (Oxford, 1957), p. 210.
29. See B. Bailyn and Barbara De Wolfe, *Voyagers to the West: A Passage in the Peopling of America on the Eve of the Revolution* (New York, 1986), pp. 604–37.
30. See A. Kulikoff, *From British Peasants to Colonial American Farmers* (Chapel Hill, NC and London, 2000), p. 51.
31. R. J. Grace, 'Irish Immigration and Settlement in a Catholic City: Quebec, 1842–1861', *Canadian Historical Review* 84, 2 (2003), 241.
32. Kulikoff, *British Peasants*, pp. 40–42.
33. Lennox, 'Empire on Paper', p. 405.
34. For a graphic description, G. Blainey, *The Tyranny of Distance* (Melbourne, 1966), pp. 179–86.
35. Puke Ariki Archives, New Plymouth, New Zealand, ARC 2001/373: Journal of Surgeon on the *Blenheim*, 1842.
36. P. Statham (ed.), *The Origins of Australia's Capital Cities* (Cambridge, 1989), pp. 27–8.
37. National Library of Australia, Online Collections: Sir Joseph Banks Papers: Bligh to Banks 12 August 1806.
38. See J. D. Wood, *Making Ontario: Agricultural Colonization and Landscape Re-creation before the Railway* (Montreal and Kingston, 2000), pp. 94–6.
39. J. Weaver, *The Great Land Rush and the Making of the Modern World 1650–1900* (Montreal and London, 2003), p. 207.
40. A. Schrauwers, 'Revolutions without a Revolutionary Moment: Joint Stock Democracy and the Transition to Capitalism in Upper Canada', *Canadian Historical Review* 89, 2 (2008), 236.
41. See L. F. Gates, *Land Policies of Upper Canada* (Toronto, 1968).
42. Wood, *Making Ontario*, p. 97.
43. *Historical Records of Victoria*, vol. 6: *The Crown, the Land and the Squatter 1835–1840*, ed. M. Cannon and I. Macfarlane (Melbourne, 1991), p. xvii: Bourke to Glenelg, 18 December 1835. Glenelg was Secretary of State for the Colonies.
44. Ibid, p. 36: J. Stephen to Colonization Commissioners, 27 October 1836.
45. J. Hall-Jones, *John Turnbull Thomson: First Surveyor-General of New Zealand* (Dunedin, 1992), p. 30.
46. E. Liebenberg, 'The Mapping of South Africa 1813–1912', in T. R. H. Davenport (ed.), *History of Surveying and Land Tenure:*

Collected Papers, vol. 2 (Cape Town, 2004), p. 75.

47. For an excellent study based on New Zealand, G. Byrnes, *Boundary Markers: Land Surveying and the Colonisation of New Zealand* (Wellington, 2001).
48. Quoted in ibid., p. 24.
49. For a description of the technique, A. E. J. Andrews, *Major Mitchell's Map, 1834: The Saga of the Survey of the Nineteen Counties* (Hobart, 1992), p. 9.
50. Wood, *Making Ontario*, pp. 93–6.
51. Schrauwers, 'Revolutions', 239.
52. Reid, *Upper Ottawa Valley*, p. xxxiii.
53. See G. Martin, 'Wakefield's Past and Futures', in *Edward Gibbon Wakefield and the Colonial Dream: A Reconsideration* (Alexander Turnbull Library, Wellington, New Zealand, 1997).
54. E. G. Wakefield, *A Letter from Sydney* (1829). It was written not in Sydney but in Newgate Prison.
55. B. Wells, *The History of Taranaki* (New Plymouth, 1878), p. 59.
56. ARC 2001–12: Carrington's Journal, 11 January 1841.
57. Ibid.: Carrington's Journal, 10 March 1841.
58. Ibid.: Carrington's Journal, 13 April 1841.
59. Ibid.: Carrington to W. Hendry and G. W. Carrington, 11 April 1843.
60. ARC 2001–373, New Plymouth Company Confidential Correspondence: Liardet to Col. Wakefield, 28 November 1841.
61. ARC 2001–12: Carrington to Thomas Woolcombe, 4 May 1841; to New Zealand Company, 22 September 1841.
62. ARC 2001–373, Plymouth Company Confidential Correspondence: Liardet to Col. Wakefield, 28 November 1841.
63. *Letters from New Plymouth 1843: Letters from Settlers and Labouring Emigrants in the New Zealand Company's Settlements of Wellington, Nelson and New Plymouth* (1843).
64. ARC 2001–373: Wicksteed to Col. Wakefield, 22 August 1843.
65. See N. Prickett, *Landscapes of Conflict: A Field Guide to the New Zealand Wars* (Auckland, 2002), pp. 58–60.
66. For Taranaki's economic misfortunes, J. Rutherford and W. H. Skinner, *The Establishment of the New Plymouth in New*

Zealand 1841–1843 (New Plymouth, 1940), p. 230; B. G. Quin, 'Bush Frontier: North Taranaki 1841–1860' (MA Thesis, Victoria University Wellington, 1966), pp. 170ff.

67. Wood, *Making Ontario*, p. 85.
68. T. Dunlap, *Nature and the English Diaspora* (Cambridge, 1999), p. 42.
69. T. Flannery, 'The Fate of Empire in High and Low-energy Ecosystems', in T. Griffiths and L. Robin (eds.), *Ecology and Empire* (Edinburgh, 1999), pp. 49–51.
70. W. Cronon, *Changes in the Land: Indians, Colonists and the Ecology of New England* (New York, 1983), p. 48.
71. M. Mackinnon (ed.), *New Zealand Historical Atlas* (Auckland, 1997), plate 12; P. Holland, K. O'Connor and A. Wearing, 'Remaking the Grasslands of the Open Country', in T. Brooking and E. Pawson (eds.), *Environmental Histories of New Zealand* (Oxford, 2002), p. 72.
72. T. L. Mitchell, *Journal of an Expedition into the Interior of Tropical Australia* (1848), quoted in P. Carter, *The Road to Botany Bay* (London, 1987), p. 342.
73. V. De John Anderson, *Creatures of Empire: How Domestic Animals Transformed Early America* (Oxford, 2004), p. 245.
74. Cronon, *Changes in the Land*, pp. 147–50.
75. There are reported to be some 1 million feral camels in Australia today.
76. The classic study of this phenomenon is A. L. Crosby, *Ecological Imperialism: The Biological Expansion of Europe 900–1900* (Cambridge, 1986).
77. The writer saw such a sign near Tutira in the North Island.
78. H. Guthrie-Smith, *Tutira: The Story of a New Zealand Sheep Station* (Edinburgh and London, 1921).
79. J. M. Powell, 'Thomas Griffith Taylor (1880–1963)', *Australian Dictionary of Biography*, vol. 12 (Melbourne, 1990), pp. 185–8. Available online.
80. Quoted in S. Zeller, *Inventing Canada: Early Victorian Science and the Idea of a Transcontinental Nation* (Toronto, 1987), p. 263.
81. Carter, *Botany Bay*, p. 248.
82. R. Hughes, *The Art of Australia* (Harmondsworth, 1966), ch. 2; for the Canadian 'Group of Seven' who came together in

Toronto before 1914, C. C. Hill, *The Group of Seven: Art for a Nation* (Ottawa, 1995).

83. See R. McGregor, *Imagined Destinies: Aboriginal Australians and the Doomed Race Theory 1880–1939* (Carlton, Victoria, 1997).
84. For a brilliant near-contemporary description of this, W. M. Macmillan, *Complex South Africa: An Economic Footnote to History* (London, 1930). The anodyne title – he was then employed in South Africa – masked its vehement message.
85. For New Zealand, J. Stenhouse and B. Moloughney, '"Drug-besotted sin-begotten sons of filth": New Zealanders and the Oriental Other', *New Zealand Journal of History* 33, 1 (1999), 43–64.
86. See R. A. Huttenback, *Racism and Empire: White Settlers and Coloured Immigrants* (Ithaca and London, 1976).

第五章　訴諸戰爭

1. TNA, WO 33/256, 'Cost of Principal British Wars', 23 December 1902.
2. An excellent survey is I. K. Steele, *Warpaths: Invasions of North America* (New York and Oxford, 1994).
3. See J. Connor, *Australian Frontier Wars 1788–1838* (Sydney, 2002); H. Reynolds, *The Other Side of the Frontier* (Harmondsworth, 1982); J. Belich, *The New Zealand Wars* (Auckland, 1986); N. Prickett, *Landscapes of Conflict: A Field Guide to the New Zealand Wars* (Auckland, 2002).
4. J. B. Peires, *The Dead Will Arise: Nongqawuse and the Great Xhosa Cattle-killing Movement of 1856–57* (Johannesburg, 1989); J. Guy, *The Destruction of the Zulu State: The Civil War in Zululand* (London, 1979); J. Laband, *The Rope of Sand: The Rise and Fall of the Zulu Kingdom* (Johannesburg, 1995); A. Keppel-Jones, *Rhodes and Rhodesia: The White Conquest of Zimbabwe 1884–1902* (Kingston, Ontario, 1983).
5. For this view, J. Darwin, *The Empire Project: The Rise and Fall of the British World-System 1830–1970* (Cambridge, 2009), ch. 6.
6. J. D. Hargreaves, *West Africa Partitioned* (2 vols., London and Basingstoke, 1974–85).
7. See J. Lonsdale, 'The Conquest State of Kenya 1895–1905' and 'The Politics of Conquest in Western Kenya 1894–1908', both in B. Berman and J. Lonsdale, *Unhappy Valley: Conflict in Kenya and Africa*; Book 1: *State and Class* (London and Athens,

OH, 1992); D. A. Low, *Fabrication of Empire: The British and the Uganda Kingdoms, 1890–1902* (Cambridge, 2009).

8. See P. J. Marshall, *The Making and Unmaking of Empires: Britain, India and America c. 1750–1783* (Oxford, 2005), chs. 4, 7, 8; M. Yapp, *Strategies of British India 1780–1850* (Oxford, 1980); D. Omissi, *The Sepoy and the Raj* (Basingstoke, 1994).
9. R. Callaghan, *The East India Company and Army Reform 1783–1798* (Cambridge, MA, 1972).
10. For a superb account of this, Bill Nasson, *Abraham Esau's War: A Black South African War in the Cape 1899–1902* (Cambridge, 1991).
11. S. Alavi, *The Sepoys and the Company: Tradition and Transition in Northern India 1770–1830* (Delhi, 1995).
12. For the role of the *kupapa*, Belich, *New Zealand Wars*, pp. 211–13.
13. See below ch. 8.
14. The classic account is G. Mattingly, *Renaissance Diplomacy* (Harmondsworth, 1955); see also M. S. Anderson, *The Rise of Modern Diplomacy 1450–1919* (London, 1993).
15. For European ideas of international order, M. Wight, *Systems of States* (Leicester, 1977), chs. 4, 5, 6; H. Bull, *The Anarchical Society* (London, 1977); see also E. Keene, *Beyond the Anarchical Society: Grotius, Colonialism and Order in World Politics* (Cambridge, 2002).
16. Minute 22 April 1860, in C. W. Newbury (ed.), *British Policy Towards West Africa: Select Documents 1786–1874* (Oxford, 1965), p. 120.
17. J. L. Cranmer-Byng (ed.), *Journal of the Embassy to China* (Folio Society edn, London, 2004), p. 27.
18. Ibid., p. 108.
19. See J. K. Fairbank, *Trade and Diplomacy on the China Coast* (Cambridge, MA, 1953).
20. See M. Greenberg, *British Trade and the Opening of China 1800–1842* (Cambridge, 1951).
21. Cranmer-Byng, *Journal*, p. 165.
22. A brilliantly perceptive account of the debate within Chinese officialdom is in J. Polachek, *The Inner Opium War* (Cambridge, MA, 1992).
23. D. Southgate, *The Most English Minister* (London, 1966), p. 146: Palmerston to Sir J. Davis, 9 January 1847.
24. The standard account is H. B. Morse, *The Trade and Administration of the Chinese Empire* (London, 1908).

25. See J. Y. Wong, *Deadly Dreams: Opium, Imperialism and the Arrow War (1856–1860)* (Cambridge, 1998).
26. See his *Le conflit entre la Russie et la Chine* (Brussels, 1880).
27. G. R. G. Hambly, 'The Emperor's Clothes', in S. Gordon (ed.), *Robes of Honour* (Delhi, 2003), pp. 31–49.
28. See P. Stern, *The Company State: Corporate Sovereignty and the Early Modern Foundations of the British Empire in India* (Oxford, 2011), ch. 6.
29. A. B. Keith (ed.), *Speeches and Documents on Indian Policy 1750–1921* (Oxford, 1922), vol. 1, p. 111.
30. S. J. Owen (ed.), *A Selection from the Despatches, Treaties and Other Papers of the Marquess Wellesley* (Oxford, 1877), p. 4: memo by J. Webbe, 6 July 1798.
31. Ibid., p. 632: Wellesley to the Court of Directors, 13 July 1804.
32. E. Thompson, *The Making of the Indian Princes* (Oxford, 1943), pp. 283–4.
33. See W. Dalrymple, *The Last Mughal: The Fall of a Dynasty, Delhi, 1857* (London, 2006).
34. For the notorious firm of Palmer and Co, see Z. Yasdani, *Hyderabad during the Residency of Henry Russell 1811–1820* (Oxford, 1976).
35. Steele, *Warpaths*, p. 86.
36. See V. W. Crane, *The Southern Frontier 1670–1732* (Durham, NC, 1928).
37. See N. Penn, *The Forgotten Frontier: Colonist and Khoisan on the Cape's Northern Frontier in the Eighteenth Century* (Athens, OH, 2005).
38. See J. S. Marais, *Maynier and the First Boer Republic* (Cape Town, 1944).
39. Connor, *Australian Frontier Wars*, p. 33.
40. See P. D. Gardner, *Gippsland Massacres: The Destruction of the Kurnai Tribes 1800–1860* (3rd edn, Ensay, Victoria, 2001).
41. For their disastrous Pedi war of 1876, P. Delius, *The Land Belongs to Us* (Johannesburg, 1983), pp. 205–12.
42. See H. Dodwell, *Dupleix and Clive: The Beginning of Empire* (London, 1920), pp. 26–9.
43. This was Charles Dilke.
44. See *Hansard* 3rd Series, vol. 159, col. 370–71 (12 June 1860): statement by Sir Charles Wood.
45. C. E. Callwell, *Small Wars: Their Principles and Practice* [1896], (3rd edn, London, 1906), p. 25.

46. Ibid., p. 42.
47. Ibid., p. 44.
48. J. Keegan, *The Mask of Command* (London, 1987), p. 148. For British military tactics in India, G. J. Bryant, 'Asymmetric Warfare: The British Experience in Eighteenth-Century India', *Journal of Military History* 68, 2 (2004), 431–69.
49. Callwell, *Small Wars*, p. 82.
50. PP 1896, C.7924, *Report on Military Operations against Kabarega, King of Unyoro*: Cunningham to Jackson, 7 June 1895.
51. From Henry Newbolt's poem 'Vitai Lampada' (1897), of which the second verse reads in part: The sand of the desert is sodden red, Red with the blood of the square that broke; The Gatling's jammed and the colonel dead And the regiment blind with dust and smoke.
52. These and other failings are analysed in G. Chet, *Conquering the American Wilderness: The Triumph of European Warfare in the Colonial Northeast* (Boston, 2003), pp. 118–21.
53. See the argument in R. G. S. Cooper, *The Anglo-Maratha Campaigns and the Contest for India: The Struggle for Control of the South Asian Military Economy* (Cambridge, 2003).
54. For a contemporary British view, C. Ross (ed.), *Correspondence of . . . Marquis Cornwallis*, vol. 1 (1859), chs. 3, 4.
55. D. H. Cole, *Imperial Military Geography* [1924] (8th edn, London, 1935), p. 356; for a general survey V. Schofield, *Afghan Frontier: Feuding and Fighting in Central Asia* ([1984] pbk edn, London, 2003).
56. H. Brackenbury, *The Ashanti War: A Narrative Prepared from Official Documents* (1874), vol. 1, p. 219.
57. See the excellent short biography by I. F. W. Beckett in the *Oxford Dictionary of National Biography* online.
58. For the umbrellas, E. Wood, *From Midshipman to Field Marshal* (London, 1906), p. 183. Wood served under Wolseley.
59. W. Reade, *The Story of the Ashantee Campaign* (1874), p. 163.
60. Brackenbury, *Ashanti War*, vol. 1, p. 139.
61. Ibid., p. 117.
62. Ibid., p. 361.
63. Ibid., p. 170.
64. Reade, *Ashantee Campaign*, p. 239.

65. Brackenbury, *Ashanti War*, vol. 1, p. 367.
66. Wolseley to Lady Wolseley, 28 January 1874, in I. F. W. Beckett (ed.), *Wolseley and Ashanti: The Asante War Journal and Correspondence of Major General Sir Garnet Wolseley 1873–74* (Stroud, 2009), p. 383.
67. Reade, *Ashantee Campaign*, p. 412.
68. Brackenbury, *Ashanti War*, vol. 2, p. 213.
69. Ibid., p. 239.
70. For the setting, D. M. Schreuder, *The Scramble for Southern Africa 1877–1895* (Cambridge, 1980).
71. For an expert account, I. Knight, *A Companion to the Anglo-Zulu War* (London, 2008), pp. 132–6, 210–14.
72. See H. Bailes, 'Technology and Imperialism: A Case Study of the Victorian Army in Africa', *Victorian Studies* 24 (1980), 83–104.
73. The British often used *impi* to refer to a Zulu regiment or *ibutho*, but it could be used of a force of any size.
74. Knight, *Anglo-Zulu War*, p. 119.
75. For Wood's account, *Midshipman to Field Marshal*, ch. 31.
76. The best account of the campaign remains J. Maurice, *The Military History of the Campaign of 1882 in Egypt* (1887). Maurice had been on Wolseley's staff.
77. Ibid., p. 130.
78. See R. Marjomaa, *War on the Savannah: The Military Collapse of the Sokoto Caliphate under the Invasion of the British Empire, 1897–1903* (Helsinki, 1998), p. 108.
79. See Knight, *Anglo-Zulu War*, 'small arms'.
80. Quoted in Bailes, 'Technology and Imperialism'. The date was 1878.
81. For a recent account, P. Marsden, *The Barefoot Emperor: An Ethiopian Tragedy* (London, 2007).
82. Superbly reconstructed in Sean Doyle, *Crisis and Decline in Bunyoro: Population and Environment in Western Uganda 1860–1955* (Oxford and Athens, OH, 2006).
83. Ibid., pp. 85–91.

第六章　交通與貿易

1. *England's Interest and Improvement*, in J. R. McCulloch (ed.) *Early English Tracts on Commerce* [1856], (Cambridge, 1954), p. 244.
2. *The Wealth of Nations* [1776], (Everyman edn, London, 1910), vol. 2, pp. 94ff.
3. R. Cobden, 'How Wars Are Got Up in India' (1853), in *The Political Writings of Richard Cobden*, vol. 2 (1868), pp. 105ff.
4. J. A. Hobson, *Imperialism: A Study* (London, 1902).
5. See M. Greenberg, *British Trade and the Opening of China 1800–1842* (Cambridge, 1951).
6. K. Dike, *Trade and Politics in the Niger Delta 1830–1885* (Oxford, 1956), pp. 42, 63.
7. See his 'Congo Diary' in J. Conrad, *Last Essays* (Harmondsworth, 1928).
8. J. Prestholdt, *Domesticating the World: African Consumerism and the Genealogies of Globalization* (London and Berkeley, 2008), p. 64.
9. D. C. M. Platt, *Britain and Latin American Trade* (London, 1973), p. 34.
10. See J. Stuart and D. McK. Malcolm (eds.), *The Diary of Henry Francis Fynn* (Pietermaritzburg, 1952), pp. 56ff.
11. See, for example, the business records of Newton and Chambers, the Sheffield ironworks, in Sheffield City Archives.
12. See J. R. McCulloch, *A Dictionary . . . of Commerce and Commercial Navigation* (rev. edn, 1869), p. 232.
13. Ibid., p. 1168.
14. See L. Colley, *Ordeal of Elizabeth Marsh* (London, 2007).
15. S. G. Checkland, *The Gladstones* (Cambridge, 1971), p. 18.
16. Ibid., p. 24.
17. For a fascinating attempt to codify commercial law in an independent Niger Delta state, see 'Equity Court Regulations, Old Calabar, 5 May 1862', in C. W. Newbury (ed.), *British Policy Towards West Africa: Select Documents 1786–1874* (Oxford, 1965), pp. 396–9.
18. Quoted in G. Jones, *From Merchants to Multinationals: British Trading Companies in the Nineteenth and Twentieth Centuries* (Oxford, 2000), p. 209.

19. Jamaica: Two Reports from Committees . . . in V. Harlow and F. Madden (eds.), *British Colonial Developments 1774–1834* (Oxford, 1953), p. 340.
20. For Customs revenue and government income, B. R. Mitchell, *Abstract of British Historical Statistics* (Cambridge, 1971), p. 388.
21. Ibid., pp. 310ff.
22. J. J. McCusker and R. R. Menard, *The Economy of British America 1607–1789* (Chapel Hill, NC, 1985), p. 57, cit. in J. Inikori, *Africans and the Industrial Revolution in England* (Cambridge, 2002), p. 214.
23. For a brilliant account of the British addiction to sugar S. Mintz, *Sweetness and Power: The Place of Sugar in Modern History* (Harmondsworth, 1985), ch. 3.
24. See the fascinating account in Inikori, *Africans*, ch. 6.
25. Ibid., p. 302.
26. See F. Armytage, *The Free Port System in the British West Indies: A Study in Commercial Policy 1766–1822* (London, 1953), p. 4.
27. Thomas Irving to the Committee for Trade, 28 November 1786, Harlow and Madden, *British Colonial Developments*, p. 322.
28. See A. Christelow, 'Contraband Trade between Jamaica and the Spanish Main and the Freeport Act of 1766', *Hispanic American Historical Review* 22 (1942), 309–43, cit. in S. J. and B. H. Stein, *Silver, Trade and War: Spain and America in the Making of Early Modern Europe* (Baltimore and London, 2000).
29. See B. W. Higman, 'Physical and Economic Environments', in V. Shepherd and H. McD. Beckles (eds.), *Caribbean Slavery in the Atlantic World* (Princeton and Oxford, 2000), Table 28.7, p. 387.
30. Compared with 7 per cent in Barbados. S. Carrington et al., *A-Z of Barbados Heritage* [1990], (new edn, Oxford, 2003), p. 2.
31. Assembly Resolution, 11 December 1823, Harlow and Madden, *British Colonial Developments*, p. 566.
32. Ibid., p.384.
33. R. S. Dunn, *Sugar and Slaves: The Rise of the Planter Class in the English West Indies 1624–1713* (Chapel Hill, NC, 1972).
34. I have drawn on the brilliant reconstruction in I. K. Steele, *The English Atlantic 1675–1740: An Exploration of Communication and Community* (Oxford, 1986).

35. See D. Hancock, '"A World of Business to Do": William Freeman and the Foundations of England's Commercial Empire, 1645–1707', *William and Mary Quarterly* 57 (2000), 3–34.
36. See B. Wood (ed.), 'The Letters of Simon Taylor of Jamaica to Chalenor Arcedekne 1765–1775', in B. Wood and M. Lynn (eds.), *Travel, Trade and Power in the Atlantic 1765–1884* (Cambridge, 2002).
37. R. Blackburn, *The Overthrow of Colonial Slavery 1776–1848* (London, 1988), ch. 6.
38. A. T. Mahan, *The Influence of Sea Power on History 1660–1783* (1890), p. 314.
39. See R. Davis, 'English Foreign Trade, 1700–1774', *Economic History Review*, New Series, 15, 2 (1962), 285–303.
40. For a superb description of the contemporary outlook, see P. Earle, *The World of Defoe* (London, 1976), esp. ch. 5.
41. See N. F. R. Crafts, *British Economic Growth during the Industrial Revolution* (Oxford, 1985).
42. A. Smith, *The Wealth of Nations* (Everyman edn, London, 1910), vol. 1, pp. 84–5.
43. See B. Bailyn, *The New England Merchants in the Seventeenth Century* (Cambridge, MA, 1955), pp. 182ff.
44. See H. E. S. Fisher, *The Portugal Trade* (London, 1971).
45. Newfoundland Fishery: Report of the Committee of Trade, 17 March 1786, in Harlow and Madden, *British Colonial Developments*, p. 370.
46. Liverpool to Lord Hobart, 15 May 1802, in ibid., p. 336.
47. See W. R. Brock, *Lord Liverpool and Liberal Toryism* (Cambridge, 1939), ch. 6.
48. D. P. O'Brien, *The Classical Economists* (Oxford, 1975), p. 41.
49. B. Hilton, 'Peel: A Reappraisal', *Historical Journal* 22 (1979).
50. A. Ellis, *Heirs of Adventure: The Story of Brown, Shipley and Co., Merchant Bankers 1810–1960* (London, n.d.), p. 27.
51. See D. Meinig, *The Shaping of America*, vol. 2: *Continental America 1800–1867* (New Haven and London, 1993), p. 155.
52. P. Gootenberg, *Between Silver and Guano: Commercial Policy and the State in Postindependence Peru* (Princeton, 1989), pp. 82–3.
53. R. Graham, *Britain and the Modernisation of Brazil* (Cambridge, 1968), pp. 80–81.
54. H. S. Ferns, *Britain and Argentina in the Nineteenth Century* (Oxford, 1960); P. Winn, 'Britain's Informal Empire in Uruguay in the Nineteenth Century', *Past and Present* 73 (1976).

55. The main exception was Napoleon III's disastrous attempt to regain Mexico for the Habsburgs in 1863.
56. In fact this scheme in 1862 fell through. See Sandford Fleming, *The Intercolonial: A Historical Sketch* . . . (Montreal, 1876), pp. 59–60ff.
57. The classic account is D. Creighton, *The Commercial Empire of the St Lawrence 1760–1850* (New Haven and Toronto, 1937); D. Creighton, *John A. Macdonald* (2 vols., Toronto, 1952–5).
58. See J. S. Galbraith, *The Hudson's Bay Company as an Imperial Factor* (Berkeley, 1957).
59. See Merrill Dension, *Canada's First Bank: A History of the Bank of Montreal* (Toronto, 1967).
60. See M. Westley, *Remembrance of Grandeur: The Anglo-Protestant Elite of Montreal 1900–1950* (Montreal, 1990).
61. A. R. Wallace, *The Malay Archipelago* [1869] (Oxford, 1986), p. 32.
62. See D. A. Farnie, *East and West of Suez: The Suez Canal in History* (Oxford, 1969).
63. The main shipping routes to Australia and New Zealand largely bypassing the Asian ports can be seen in G. Philip and T. S. Sheldrake (eds.), *The Chambers of Commerce Atlas* (London, 1928 edn), Plate 21.
64. For dhows see E. Gilbert, *Dhows and the Colonial Economy of Zanzibar 1860–1970* (Oxford, 2004).
65. See Greenberg, *British Trade*, ch. 6; generally, S. D. Chapman, *Merchant Enterprise in Britain from the Industrial Revolution to the First World War* (Cambridge, 1992); M. Misra, *Business, Race and Politics in India c. 1850–1960* (Oxford, 1999).
66. J. F. Munro, *Maritime Enterprise and Empire: Sir William Mackinnon and his Business Network, 1823–1893* (Woodbridge, 2003), p. 15.
67. See L. A. Mills, *British Malaya 1824–1867* [1925] (Kuala Lumpur, 1966), pp. 197–8.
68. See N. Green, *Bombay Islam: The Religious Economy of the West Indian Ocean 1840–1915* (Cambridge, 2011), ch. 4.
69. Greenberg, *British Trade*, pp. 162–3.
70. For a brilliant study of this social phenomenon, R. Bickers, 'Shanghai- landers: The Formation and Identity of the British Settler Community in Shanghai, 1843–1947', *Past and Present* 159 (1998).
71. See N. Horesh, *Shanghai Bund and Beyond: British Banks, Bank Notes and Monetary Policy in China* (New Haven, 2009), p. 31.
72. I base much of what follows on the superb study by J. F. Munro, *Maritime Enterprise and Empire*.

73. S. Jones, *Trade and Shipping: Lord Inchcape 1852–1932* (Manchester, 1989), p. 13.
74. See J. Furnivall, *Colonial Policy and Practice: A Comparative Study of Burma and Netherlands India* (Cambridge, 1948), pp. 86–98.
75. The geographer Halford Mackinder in a speech of 1913: Mackinder Papers, Bodleian Library c/400.
76. W. Schlote, *British Overseas Trade from 1700 to the 1930s* (Oxford, 1952), pp. 140–41.
77. For a superb description of the City, D. Kynaston, *The City of London: Golden Years 1890–1914* (London, 1995).
78. The classic account of London's role in lubricating multilateral trade is S. B. Saul, *Studies in British Overseas Trade* (Liverpool, 1960).
79. See P. M. Acena and J. Reis (eds.), *Monetary Standards in the Periphery: Paper, Silver and Gold 1854–1933* (Basingstoke, 2000), p. 1.
80. R. C. Michie, *The City of London* (London, 1992), p. 109. By some calculations, it was as much as half.
81. Bodleian Library, Oxford: Alfred Milner Mss Box 2, Dawkins to Milner, 16 October 1893.
82. For a penetrating new study, A. Dilley, *Finance, Politics and Imperialism: Australia, Canada and the City of London c. 1896–1914* (forthcoming, 2012).
83. For a contemporary view, see H. B. Morse, *The Trade and Administration of the Chinese Empire* (London, 1908).
84. See N. Pelcovits, *The Old China Hands and the Foreign Office* (New York, 1948).
85. T. G. Otte, *The China Question: Great Power Rivalry and British Isolation 1894–1905* (Oxford, 2007) for a recent study.
86. See the gruelling account in G. H. Portal, *The British Mission to Uganda in 1893* (1894). The journey cost Portal his life.
87. See the description in I. Phimister, *Wangi Kolia* (Johannesburg, 1994).
88. See C. van Onselen, *Chibaro: African Mine Labour in Southern Rhodesia 1900–1933* (London, 1976), p. 50; Mitchell, *Abstract*, p. 37.
89. Van Onselen, *Chibaro*, p. 146.
90. See S. Sweeney, *Financing India's Imperial Railways 1875–1914* (London, 2011).
91. See Saul, *Studies in British Overseas Trade*.
92. This term was coined by the economist W. S. Jevons in *The Coal Question* (1865).

93. See H. J. Mackinder, 'Historical Geography of Britain', unpublished lecture, 1906, in Bodleian Library, Oxford: H. J. Mackinder Mss.
94. See L. Chiozza Money, *The Nation's Wealth* (London, 1914).

第七章 統治方法

1. F. Naumann, *Central Europe* (Engl. trans., London, 1917), p. 184.
2. Ibid.
3. I. K. Steele, *The English Atlantic 1675–1740: An Exploration of Communication and Community* (Oxford, 1986), Table 4.4.
4. E. Burke, *Letters and Speeches on American Affairs* (Everyman edn, London, 1908), pp. 95–6.
5. M. Perham, *Lugard: The Years of Authority 1898–1945* (London, 1960), p. 477.
6. F. Madden (ed.), *Settler Self-Government 1840–1900: The Development of Representative and Responsible Government* (Westport, CN, 1990), p. 7: James Stephen to Earl Grey, 15 January 1850.
7. For Stephen's career, A. G. L. Shaw, 'James Stephen 1789–1859', *Oxford Dictionary of National Biography* online.
8. See B. Bailyn, *The Origins of American Politics* (New York, 1968); Jack P. Greene, *Peripheries and Center: Constitutional Development in the Extended Polities of the British Empire and the United States* (Athens, GA, 1987).
9. See below ch. 8.
10. Ibid.
11. For Durham's recommendations, C. P. Lucas (ed.), *Lord Durham's Report on the Affairs of British North America* (3 vols., London, 1912).
12. Madden, *Settler Self-Government*, p. 128: Lord Elgin to Earl Grey, 30 April 1849.
13. Ibid., p. 539: Sir P. Wodehouse to the Duke of Newcastle, 9 October 1861.
14. See J. Rutherford, *Sir George Grey: A Study in Colonial Government* (London, 1961), chs. 32–4; J. Belich, *The New Zealand Wars* (Auckland, 1986), part 3.
15. For the proconsular outlook, J. Benyon, *Proconsul and Paramountcy in South Africa 1806–1910* (Pietermaritzburg, 1980).

16. Madden, *Settler Self-Government*, p. 550: Earl Granville to Sir P. Wodehouse, 9 December 1869.
17. For this episode, D. M. Schreuder, *Gladstone and Kruger* (London, 1969).
18. See J. Darwin, *The Empire Project: The Rise and Fall of the British World-System 1830–1970* (Cambridge, 2009), ch. 6.
19. W. K. Hancock and J. van der Poel (eds.), *Selections from the Smuts Papers* (Cambridge, 1966), vol. II, p. 115: Smuts to T. L. Graham, 26 July 1902.
20. Edmund Burke on the Impeachment of Warren Hastings, 15–19 February 1788, in A. B. Keith (ed.), *Speeches and Documents on Indian Policy 1750–1921* (Oxford, 1922), vol. 1, p. 128. Burke was describing the unreformed era of plunder and profit, but the outlook he described lived on.
21. Ibid., p. 125.
22. See Goldwin Smith, *The Empire* (1863). Smith was professor of history at Oxford.
23. Macaulay in the House of Commons, 10 July 1833 in Keith, *Speeches on Indian Policy*, vol. 1, p. 236.
24. See E. T. Stokes, *The English Utilitarians and India* (Oxford, 1959), Part IV.
25. Proclamation by the Queen to the Princes, Chiefs and People of India, 1 November 1858, in Keith, *Speeches on Indian Policy*, vol. 1, pp. 383–4.
26. PP 1887 (332), *East India (Army) Return*.
27. Originally limited to six, the number of British officers in an Indian battalion was later increased to fourteen. In 1882 it was eight. See D. Omissi, *The Sepoy and the Raj* (Basingstoke, 1994), pp. 158–60.
28. Quoted in A. Yang, *The Limited Raj* (London, 1989), p. 93.
29. The authoritative study is I. Copland, *The British Raj and the Indian Princes: Paramountcy in Western India 1857–1930* (Bombay, 1982).
30. R. Kipling, 'Arithmetic on the Frontier', published in his first collection of verse, *Departmental Ditties and Other Verses* (Calcutta, 1886).
31. Bodleian Library, Oxford, Mss Eng. Hist. c353, Macdonnell to Elgin (the Viceroy), 16 July 1897.
32. See M. Yapp, *Strategies of British India 1780–1850* (Oxford, 1980).
33. For this analysis see e.g. Report by Thackeray, 4 August 1807, in W. K. Firminger (ed.), *Fifth Report on East India Company*

Affairs, 1812 (3 vols., Calcutta, 1917), vol. 3, pp. 592–3.

34. For this process, see e.g. Firminger, *Fifth Report*, vol. 3, pp. 126–8: Proceedings of the Board of Revenue at Fort St George (Madras), 25 March 1793; B. Stein, *Thomas Munro: The Origins of the Colonial State and His Vision of Empire* (Delhi, 1989), pp. 84ff.; D. Ludden, *Peasant History in South India* (Princeton, 1985), ch. 4.
35. Firminger, *Fifth Report*, vol. 2, p. 726: Dowdeswell's Report on Police in Bengal, 29 September 1809.
36. Yang, *Limited Raj*, pp. 71–2.
37. Firminger, *Fifth Report*. vol. 1, p. 178: Madras Government to East India Company Court of Directors, 7 May 1793.
38. J. Beames, *Memoirs of an Indian Civilian* (London, 1961), p. 103.
39. Ibid., p. 126.
40. See R. Frykenberg, *Guntur District 1788–1848* (Oxford, 1965).
41. Yang, *Limited Raj*, pp. 102, 110; Ludden, *Peasant History*, p. 128.
42. See A. Seal, 'Imperialism and Nationalism in India', in J. Gallagher, G. Johnson and A. Seal (eds.), *Locality, Province and Nation* (Cambridge, 1973).
43. See H. V. Lovett, 'District Administration in Bengal 1858–1918', in H. H. Dodwell (ed.), *Cambridge History of the British Empire*, vol. V: *The Indian Empire 1858–1918* (Cambridge, 1932), p. 247.
44. A handful of nominated Indians had sat on the Viceroy's legislative council since 1861.
45. This was done by the transparent device of insisting that the entry examination was to be held only in Britain. See *Report of the Public Service Commission, 1886–87* (Calcutta, 1888), p. 50.
46. H. Yule and A. C. Burnell (eds.), *Hobson-Jobson: A Glossary of Colloquial Anglo-Indian Words and Phrases* (1886).
47. See M. Wight, *The Development of the Legislative Council 1606–1945* (London, 1946), ch. 2 for the classic account.
48. F. Madden (ed.), *The Dependent Empire and Ireland: Advance and Retreat in Representative Self-Government, Select Documents* (Westport, CN, 1991), pp. 159–61: Cardwell to Governor Eyre, 1 December 1865; pp. 266–8: C. P. Lucas, 'Constitutions of the West Indies', 14 February 1898.
49. The name 'Nigeria' was first used officially on 1 January 1900.
50. See M. Perham, *Lugard: The Years of Adventure 1858–1898* (London, 1956).

51. See J. Flint, *Sir George Goldie and the Making of Nigeria* (London, 1960).
52. Perham, *Lugard: The Years of Authority*, p. 146.
53. The best recent study is R. Marjomaa, *War on the Savannah: The Military Collapse of the Sokoto Caliphate 1897–1903* (Helsinki, 1998).
54. Perham, *Lugard: The Years of Authority*, p. 149.
55. See Lord Hailey, *Native Administration in the British African Territories*, Part III: *West Africa* (London, 1951), pp. 104–8.
56. F. Madden and J. Darwin (eds.), *The Dependent Empire 1900–1948, Select Documents* . . . (Westport, CN, 1994), p. 691: Lugard's Amalgamation Report, 9 April 1919.
57. C. Temple, *Native Races and their Rulers* (Cape Town, 1918); F. D. Lugard, *The Dual Mandate in Tropical Africa* (London, 1922).
58. Madden and Darwin, *Dependent Empire 1900–1948*, pp. 695–6: Sir Hugh Clifford's 'Kaduna Minute', 18 March 1922.
59. See Madden, *Dependent Empire and Ireland*, pp. 629–32: 'Uganda Agreement', 10 March 1900.
60. For a contemporary account of this journey stressing its hardships and dangers, G. H. Portal, *The British Mission to Uganda in 1893* (1894).
61. J. Lonsdale, 'The Conquest State of Kenya 1895–1905', in B. Berman and J. Lonsdale, *Unhappy Valley: Conflict in Kenya and Africa*, Book I: *State and Class* (London and Athens, OH, 1992), p. 26.
62. R. Waller, 'The Maasai and the British 1895–1905: The Origins of an Alliance', *Journal of African History* 17, 4 (1976), 529–53.
63. G. H. Mungeam (ed.), *Kenya: Select Historical Documents 1884–1923* (Nairobi, 1978), p. 87: Sir Charles Eliot to Lord Lansdowne, 18 June 1901.
64. Ibid., pp. 100–103: Memoranda by Sir P. Girouard, 18 May 1910.
65. Temple, *Native Races*, p. 26.
66. This was Lord Salisbury (1830–1903).

第八章　叛亂

1. D. Morton (ed.), *The Queen v. Louis Riel* (Toronto, 1974), p. 372.
2. Ibid., p. 4.
3. See A. Atkinson, *The Europeans in Australia: A History*, vol. 1: *The Beginning* (Oxford, 1997), pp. 280–91, 300–307.
4. See R. S. Dunn, 'The Glorious Revolution and America', in N. Canny (ed.), *Oxford History of the British Empire*, vol. 1: *The Origins of Empire* (Oxford, 1998), pp. 463–5.
5. See K. Sinclair, *The Origins of the Maori Wars* (Wellington, 1957); J. Belich, *Making Peoples: A History of the New Zealanders* (Auckland, 1996), ch. 10.
6. G. F. G. Stanley, *The Birth of Western Canada: A History of the Riel Rebellions* (London, 1936), pp. 141–3; 159–61; 168.
7. See J. Lambert, *Betrayed Trust: Africans and the State in Colonial Natal* (Pietermaritzburg, 1995), chs. 10, 11.
8. K. N. Panikkar, *Against Lord and State* (Delhi, 1989), p. 67.
9. Ibid., pp. 71ff.
10. Sinclair, *Maori Wars*, pp. 235–6.
11. For some discussion of this, J. A. Scott, *Weapons of the Weak* (New Haven, 1985), pp. 317ff.
12. See M. Reckord, 'The Jamaican Slave Rebellion of 1831', *Past and Present* 40 (1968), 108–25.
13. See TNA, CO 879/119, H. R. Palmer, 'Report on a Journey from Maidugari, Nigeria to Jeddah in Arabia' (May 1919), pp. 22–3.
14. Reckord, 'Jamaican Slave Rebellion'.
15. Panikkar, *Against Lord and State*, pp. 70, 72, 81, 85.
16. See B. Bailyn, *The Ordeal of Thomas Hutchinson* (Cambridge, MA, 1974), pp. 35–8.
17. Ibid., p. 74.
18. The classic account can be found in B. Bailyn, *The Ideological Origins of the American Revolution* (Cambridge, MA, 1967).
19. Bailyn, *Ordeal*, p. 71.
20. See K. Lockridge, 'Land, Population and the Evolution of New England Society 1630–1790', *Past and Present* 39 (1968),

62–80.

21. R. H. Bloch, *Visionary Republic: Millennial Themes in American Thought 1756–1800* (Cambridge, 1985), p. 15.
22. For a brilliant dissection of Gage's outlook and tactics, D. H. Fischer, *Paul Revere's Ride* (Oxford, 1995).
23. In his *Declaration of the Causes and Necessity of Taking Up Arms* (1775). See G. W. Sheldon, *The Political Thought of Thomas Jefferson* (Baltimore, 1991), p. 31.
24. E. Foner, *Tom Paine and Revolutionary America* (New York, 1976), p. 79.
25. For Mackenzie's career, see *Dictionary of Canadian Biography* online: 'William Lyon Mackenzie'.
26. For the increasingly loyalist attitude of the Order, see H. Senior, 'The Genesis of Canadian Orangeism', in J. K. Johnson, *Historical Essays on Upper Canada* (Toronto, 1975), p. 258.
27. See C. Read, *The Rising in Western Canada, 1837–38: The Duncombe Rising and After* (Toronto, 1982).
28. W. R. Manning (ed.), *Diplomatic Correspondence of the United States: Canadian Relations 1784–1860* (Washington, DC, 1943), vol. III: *1836–1848*, pp. 472–3: Fox to Aaron Vail, acting Secretary of State, 3 November 1838.
29. PP 1839 (2), *Correspondence Relative to Affairs in British North America*, pp. 180ff.: Durham to Glenelg, 23 September 1838.
30. Ibid.: evidence of Abraham Bechard.
31. Quoted in *Dictionary of Canadian Biography* online: 'Louis-Joseph Papineau'.
32. See A. Greer, 'From Folklore to Revolution: Charivaris and the Lower Canadian Rebellion of 1837', *Social History* 15, 1 (1990), 25–43.
33. PP 1839 (2), *Correspondence*, p. 222: Durham to Glenelg, 20 October 1838.
34. See ibid.: Colborne to Glenelg, 1 November 1838.
35. Ibid.: Colborne to Glenelg, 19 December 1838.
36. Ibid.: Durham to Glenelg, 3 August 1838.
37. Republished as C. P. Lucas (ed.), *Lord Durham's Report on the Affairs of British North America* (3 vols., London, 1912).
38. For Papineau's doubts about rebellion and his opposition to a second invasion attempt after fleeing to the United Sates, Ruth L. White, *Louis-Joseph Papineau et Lamennais: le chef des Patriots canadiens à Paris 1839–1845* (Montreal, 1983), chs. 1, 2.
39. For La Fontaine's role, see J. Monet, *The Last Cannon Shot: A Study of French-Canadian Nationalism 1837–1850* (Toronto,

1969).

40. The British chose selectively to ignore the claims of adoptive sons.
41. V. T. Oldenburg, *The Making of Colonial Lucknow 1856–1877* (Princeton, 1984), p. 3; for Delhi's Muslim culture and court, see the brilliant portrait in W. Dalrymple, *The Last Mughal: The Fall of a Dynasty, Delhi, 1857* (London, 2006), chs. 1–3.
42. For Nana Saheb, A. S. Misra, *Nana Saheb Peshwa and the Fight for Freedom* (Lucknow, 1961).
43. The great scholar of agrarian unrest was E. T. Stokes from whose *The Peasant and the Raj* (Cambridge, 1978) and *The Peasant Armed: The Indian Rebellion of 1857* (ed. C. A. Bayly, Oxford, 1986) these examples are drawn.
44. See S. Alavi, *The Sepoys and the Company: Tradition and Transition in Northern India 1770–1830* (Delhi, 1995), pp. 294–5; S. David, *The Indian Mutiny* (London, 2002), ch. 3.
45. S. P. Cohen, *The Indian Army* (Berkeley and London, 1971), p. 35; fifty-four out of seventy-four infantry regiments were affected. David, *Mutiny*, p. 19.
46. See K. A. Wagner, *The Great Fear of 1857: Rumours, Conspiracies and the Making of the Indian Uprising* (Oxford, 2010).
47. See *The Times*, 10 June 1857.
48. Quoted in *The Times*, 14 July 1857.
49. R. Guha, *Elementary Aspects of Peasant Insurgency in Colonial India* (Delhi, 1983), p. 310.
50. S. A. A. Rizvi and M. Bharghava (eds.), *The Freedom Struggle in Uttar Pradesh: Source-Material*, vol. III (Lucknow, 1959), p. 225.
51. By some accounts, Nana Saheb had been almost their prisoner. See the Deposition of Tantia Topi on his capture, 10 April 1859 in ibid., vol. III, pp. 582ff.
52. Ibid., vol. II (Lucknow, 1958), p. 116.
53. On 12 November 1857. Ibid., vol. I (Lucknow, 1957), p. 480. (The *Friend* was a missionary newspaper produced in Calcutta.)
54. David, *Mutiny*, p. 146.
55. See Stokes, *Peasant Armed*, p. 96.
56. Dalrymple, *Last Mughal*, p. 431.
57. David, *Mutiny*, pp. 236–7; K. Roy, 'The Beginning of "People's War" in India', in his *1857: Essays from the Economic and*

Political Weekly (Hyderabad, 2008), p. 139.

58. Oldenburg, *Colonial Lucknow*, p. 23.
59. PP 1857–8 (2449), *Further Papers No. 9 Relative to the Insurrection in the East Indies*, pp. 896–7: Governor-General to Court of Directors, 9 January 1858.
60. *Papers relating to the Mutinies in the East Indies, 1857*, vol. III, pp. 144–5: Joint Magistrate, Gopelgunge to Commissioner, Allahabad, 24 September 1857.
61. For a classic case of this dilemma, E. Brodkin, 'The Struggle for Succession', in B. Pati (ed.), *The 1857 Rebellion* (Delhi, 2007), pp. 132–47.
62. *Freedom Struggle*, vol. I, p. 479, quoting 'Narrative of Events by Government of Bengal for 5–12 September 1857'.
63. R. Dunlop, *Service and Adventure with the Khakee Ressalah or Meerut Volunteer Horse During the Mutinies of 1857–58* (1858) in P. K. Nayar, *The Penguin 1857 Reader* (Delhi, 2007), p. 140.
64. See *Freedom Struggle*, vol. II, pp. 478ff.
65. Ibid., vol. III, p. 636.
66. See Stokes, *Peasant Armed*, p. 61.
67. See W. Muir, *Records of the Intelligence Department of the Government of the North West Provinces* . . . (2 vols., Edinburgh, 1905), pp. 367–72.
68. Oldenburg, *Colonial Lucknow*, pp. 34–5.
69. B. Fuller, *Some Personal Experiences* (London, 1930), p. 7.
70. It may not be irrelevant that Dyer himself was born in India. For an excellent biography, N. Collett, *The Butcher of Amritsar* (London, 2007).
71. For the Pacific coast peoples, see Cole Harris, 'Voices of Smallpox around the Strait of Georgia', in his *The Resettlement of British Columbia* (Vancouver, 1997).
72. See P. D. Gardner, *Gippsland Massacres* (3rd edn, Ensay, Victoria, 2001).
73. See B. Gilling, 'Raupatu: The Punitive Confiscation of Maori Land in the 1860s', in R. Boast and R. S. Hill (eds.), *Raupatu: The Confiscation of Maori Land* (Wellington, 2009), pp. 16–17.

74. Ibid., p. 23.
75. See V. O'Malley, '"A Mild Sort of Confiscation": War and Raupatu on the East Coast', in ibid., p. 210.
76. See J. A. I. Agar-Hamilton, *The Native Policy of the Voortrekkers* (Cape Town, 1928), pp. 143–51.
77. See W. K. Storey, *Guns, Race and Power in Colonial South Africa* (Cambridge, 2008), p. 163.
78. Some 76 per cent in 1904. See S. Marks, *Reluctant Rebellion: The 1906–07 Disturbances in Natal* (Oxford, 1970), p. 6.
79. This appears in Jeff Guy's superb history, *Remembering the Rebellion: The Zulu Uprising of 1906* (Durban, 2006).
80. J. Guy, *The Maphumulo Uprising: War, Law and Ritual in the Zulu Rebellion* (Scotsville, 2005), pp. 104–5.
81. Ibid., pp. 105–6.

第九章　皈依與文化

1. G. Orwell, *Nineteen Eighty-Four* (London, 1949), p. 3.
2. This argument can be followed in: T. Richards, *The Imperial Archive* (London, 1993); C. A. Bayly, *Empire and Information: Intelligence Gathering and Social Communication in India 1780–1870* (Cambridge, 1996); J. Hevia, *English Lessons: The Pedagogy of Imperialism in Nineteenth-Century China* (Durham, NC, 2003), ch. 5.
3. See P. J. Jupp, *British Politics on the Eve of Reform* (Basingstoke, 1998), p. 338; sales of the leading London newspapers rose from 16 million a year in 1837 to 31.4 million in 1850. J. White, *London in the Nineteenth Century* (London, 2007), p. 230.
4. A. Pagden, *European Encounters with the New World* (New Haven and London, 1993), p. 99.
5. Ibid., p. 161.
6. A. Smith, *The Wealth of Nations* (Everyman edn., London, 1910), vol 2, p. 122.
7. See N. Draper, *The Price of Emancipation: Slave-Ownership, Compensation and British Society at the End of Slavery* (Cambridge, 2010) for a brilliant analysis of the scale of slave-owning in Britain, and of the rhetorical devices by which it was justified.
8. J. Darwin, 'Britain's Empires' in S. Stockwell (ed.), *The British Empire: Themes and Perspectives* (Oxford, 2008), p. 13.
9. Aberdeen to Gordon, 21 November 1829, in M. Chamberlain, *Lord Aberdeen* (London, 1983).

10. Carlyle's article 'Occasional Discourse on the Nigger Question' appeared in *Fraser's Magazine*, December 1849. For his aims, and the reaction, J. A. Froude, *Thomas Carlyle: A History of his Life in London* (2 vols., 1884), vol. II, pp. 26ff.
11. J. Burrow, *Evolution and Society: A Study in Victorian Social Theory* (Cambridge, 1966), p. 100: a reference to Darwin's voyage in the *Beagle*.
12. See G. Beer, *Darwin's Plots: Evolutionary Narrative in Darwin, George Eliot and Nineteenth-Century Fiction* (London, 1983), pp. 111, 129, 141, 158.
13. See D. Crook, *Benjamin Kidd: Portrait of a Social Darwinist* (Cambridge, 1984).
14. See C. Herbert, *War of No Pity: The Indian Mutiny and Victorian Trauma* (Princeton, 2008).
15. Ibid., p. 15.
16. PP 1866 (3683), XXX, *Royal Commission into the Origins, Nature and Circumstances of the Disturbances in . . . Jamaica: Report*, p. 41.
17. This was the Secretary of State for India, John Morley. See Morley to Lord Minto (the Viceroy), 17 June 1908, in B. R. Nanda, *Gokhale* (Delhi, 1977), p. 297.
18. The classic expression of this view was J. A. Hobson, *Imperialism: A Study* (London, 1902).
19. A. Roberts, *Salisbury: Victorian Titan* (London, 1999), p. 42.
20. A. N. Porter, *Religion versus Empire? British Protestant Missionaries and Overseas Expansion 1700–1914* (Manchester, 2004).
21. For the 'sentimental revolution', P. Langford, *A Polite and Commercial People: England 1727–1783* (Oxford, 1989), pp. 463ff.
22. For a classic account, F. K. Brown, *Fathers of the Victorians: The Age of Wilberforce* (Cambridge, 1961).
23. J. R. Elder (ed.), *The Letters and Journals of Samuel Marsden 1765–1838* (Dunedin, 1932), p. 61.
24. R. W. Strayer, *The Making of Mission Communities in East Africa* (London, 1978), p. 32.
25. See J. F. A. Ajayi, *Christian Missions in Nigeria 1841–1891: The Making of a New Elite* (London, 1965), pp. 20ff.
26. Ibid., p. 206.
27. Strayer, *Mission Communities*, pp. 14ff.

28. See C. Midgley, '"Can Women Be Missionaries?": Envisioning Female Agency in the Early Nineteenth-century British Empire', *Journal of British Studies* 45, 2 (2006), 347.
29. E. Prevost, 'Married to the Mission Field: Gender, Christianity and Professionalisation in Britain and Colonial Africa, 1865–1914', *Journal of British Studies* 47, 4 (2008), 800–801.
30. J. Cox, *Imperial Fault Lines: Christianity and Colonial Power in India, 1818–1940* (Stanford, 2002), p. 152.
31. A. J. Broomhall, *Hudson Taylor and China's Open Century*, vol. 1: *Barbarians at the Gates* (London, 1981), p. 332.
32. I. Schapera (ed.), *Livingstone's African Journal 1853–1856*, vol. 2 (London, 1963), p. 330.
33. See A. J. Dachs, 'Missionary Imperialism: The Case of Bechuanaland', *Journal of African History* 13, 4 (1972), 648.
34. D. A. Low, *Fabrication of Empire: The British and the Uganda Kingdoms, 1890–1902* (Cambridge, 2009), pp. 60–65.
35. R. Beck, 'Monarchs and Missionaries among the Tswana and Sotho', in R. Elphick and R. Davenport (eds.), *Christianity in South Africa: A Political, Cultural and Social History* (Berkeley, 1997), p. 111.
36. R. Ross and R. Viljoen, 'The 1849 Census of Cape Missions', *South African Historical Journal* 61, 2 (2009), 389–406. Fifty-eight per cent of the inmates were children.
37. See J. Hodgson, 'Christian Beginnings among the Xhosa', in Elphick and Davenport, *Christianity in South Africa*, pp. 76ff.
38. Ajayi, *Christian Missions in Nigeria*, p. 217.
39. J. Guy, *The Heretic: A Study of the Life of John William Colenso 1814–1883* (Johannesburg, 1983), p. 75.
40. Ibid., p. 74; Ajayi, *Christian Missions in Nigeria*, p. 106.
41. For Livingstone's life, the best source remains T. Jeal, *Livingstone* (London, 1973).
42. C. P. Groves, *The Planting of Christianity in Africa* (4 vols., London, 1948–58), vol. 2, p. 176.
43. D. Livingstone, *Missionary Travels* (1857), p. 577.
44. Quoted in Ajayi, *Christian Missions*, p. 174.
45. Quoted in Broomhall, *Hudson Taylor*, p. 329.
46. See Ajayi, *Christian Missions*, ch. 8.
47. J. K. Fairbank, E. O. Reischauer and A. M. Craig, *East Asia: The Modern Transformation* (Boston, MA, 1965), pp. 331–2.
48. Cox, *Imperial Fault Lines*, p. 117.

49. Ibid., p. 196.
50. J. Cox, 'From the Empire of Christ to the Third World: Religion and the Experience of Empire in the Twentieth Century', in A. S. Thompson, *Britain and Empire in the Twentieth Century* (Oxford, 2011).
51. R. Elphick, 'The Benevolent Empire and the Social Gospel: Missionaries and South African Churches in the Age of Segregation', in Elphick and Davenport (eds.), *Christianity in South Africa*, p. 348.
52. For a graphic description, see the classic work by B. Sundkler, *Bantu Prophets in South Africa* (London, 1948).
53. This case is made trenchantly in B. Porter, *The Absent-Minded Imperialists: Empire, Society and Culture in Britain* (Oxford, 2004).
54. For a careful statement of this, A. Thompson, *Imperial Britain: The Empire in Britain Politics c. 1880–1932* (Harlow, 2000) and his wider study, *The Empire Strikes Back: The Impact of Imperialism on Britain from the Late Nineteenth Century* (Harlow, 2005).
55. C. W. Dilke and S. Wilkinson, *Imperial Defence* (1892), p. 34.
56. For Scotland, T. M. Devine, *The Scottish Nation 1700–2000* (London, 1999), p. 289; for Wales, A. Jones and B. Jones, 'The Welsh World and the British Empire, c.1851–1939', *Journal of Imperial and Commonwealth History* 31, 2 (2003), 57–81.
57. For these *bhadralok* attitudes see T. Raychaudhuri, *Europe Reconsidered: Perceptions of the West in Nineteenth-Century Bengal* (Delhi, 1988).
58. R. C. Palit, *Speeches by Babu Surendra Nath Banerjea 1876–1880* (Calcutta, 1891), vol. 1, p. 8.
59. See P. Heehs, *The Bomb in Bengal* (Delhi, 1993).
60. M. R. Frost, 'Transcultural Diaspora: The Straits Chinese at Singapore 1819–1918', Asia Research Institute, Singapore, Working Paper No. 10 (available online).
61. See C. H. Fyfe, *The History of Sierra Leone* (London, 1962).
62. For an expression of this, J. E. Casely-Hayford, *Gold Coast Native Institutions* (London, 1903).
63. See C. Hamilton, *The Mfecane Aftermath* (Johannesburg, 1995); J. Peires, 'Paradigm Deleted: The Materialist Interpretation of the Mfecane', *Journal of Southern African Studies* 19, 2 (1993), 295–313.
64. P. Fry, 'Siyamfenguza: The Creation of Fingoness in South Africa's Eastern Cape, 1800–1835', *Journal of Southern African*

Studies 36, 1 (2010), 25–40.

65. L. Switzer, *Power and Resistance in an African Society: The Ciskei Xhosa and the Making of South Africa* (Madison, WI, 1993), pp. 56–60.
66. N. Mandela, *Long Walk to Freedom* (London, 1994), p. 14.
67. See Bill Nasson, *Abraham Esau's War: A Black South African War in the Cape 1899–1902* (Cambridge, 1991).

第十章　守衛帝國

1. J. Gallagher, 'The Crisis of Empire, 1918–1922', *Modern Asian Studies* 15, 3 (1981), 355.
2. For this phrase, W. C. Sellar and R. J. Yeatman, *1066 and All That* (London, 1930).
3. Memo, by Lord Sanderson, January 1907. G. P. Gooch and H. Temperley (eds.), *British Documents on the Origins of the War 1898–1914*, vol. III: *The Testing of the Entente* (London, 1928), p. 430.
4. S. Wilkinson, *The Command of the Sea* (1900), p. 49. Wilkinson later became Chichele Professor of War at Oxford University.
5. See R. Pares, 'American *versus* Continental Warfare, 1739–1763', *English Historical Review* 51, 203 (1936), 429–65.
6. See L. S. Amery to J. L. Garvin, 8 March 1937, J. L. Garvin Papers, Harry Ransome Research Center, University of Texas at Austin.
7. Pitt, then Lord Chatham, in 1770. See H. W. Hodges and E. A. Hughes (eds.), *Select Naval Documents* (Cambridge, 1927), p. 146.
8. Salisbury to Lord Lansdowne, 30 August 1899, Lord Newton, *Lord Lansdowne: A Biography* (London, 1929), p. 157.
9. Salisbury to Lord Lytton, 15 June 1877. Quoted in A. Roberts, *Salisbury: Victorian Titan* (London, 1999), p. 218.
10. Minutes of War Cabinet Eastern Committee, 9 December 1918. Quoted in J. Darwin, *Britain, Egypt and the Middle East: Imperial Policy in the Aftermath of War 1918–1922* (London and Basingstoke, 1981), p. 160.
11. The complications are brilliantly captured in A. T. Mahan, *The Influence of Sea Power upon the French Revolution and Empire 1793–1812* (1892), ch. 9.
12. See the arguments in J. Corbett, *Some Principles of Maritime Strategy* (London, 1911), pp. 190ff.

13. Churchill's memo. 'Imperial Naval Policy', read at the Committee of Imperial Defence, 123rd meeting, April 1913. N. Tracy (ed.), *The Collective Naval Defence of the Empire 1900–1940* (Navy Records Society, 1997), p. 198.
14. Wilkinson, *Command of the Sea*, p. 98.
15. In his 'Geographical Pivot of History', *Geographical Journal* 23, 4 (1904), 421–37.
16. The British funded as many soldiers in Europe as they did in America. See B. Simms, *Three Victories and a Defeat: The Rise and Fall of the First British Empire 1714–1783* (London, 2007), p. 451. For Frederick's career, T. Schieder, *Frederick the Great* (Frankfurt am Main, 1983; Eng. trans., London, 2000).
17. Graphically described in A. T. Mahan, *The Influence of Sea Power on History 1660–1783* (1890), pp. 299–304: the 'Trafalgar' of this war, said Mahan.
18. See N. Cushner (ed.), *Documents Illustrating the British Capture of Manila, 1762–63* (London, 1971).
19. Simms, *Three Victories*, chs. 18–22.
20. The best account of the war remains P. Mackesy, *The War for America 1775–1783* (Cambridge, 1964).
21. The classic account of British peace aims can be found in V. T. Harlow, *The Founding of the Second British Empire 1763–1793* (2 vols., London, 1952–64).
22. N. Rodger, *The Command of the Ocean: A Naval History of Britain 1649–1815* (London, 2006), pp. 356ff.
23. See the excellent recent account in P. P. Barua, 'Maritime Trade, Seapower and the Anglo-Mysore Wars 1767–1799', *The Historian* 73, 1 (2011), 22–40.
24. Quoted in J. Holland Rose, 'The Struggle with Napoleon, 1803–1815', in J. Holland Rose, A. P. Newton and E. A. Benians (eds.), *Cambridge History of the British Empire*, vol. II: *The Growth of the New Empire 1783–1870* (Cambridge, 1940), p. 96.
25. Dundas's speech in the House of Commons, March 1801. Quoted in H. Richmond, *Statesmen and Sea Power* (Oxford, 1946), pp. 338–40.
26. J. Holland Rose, 'The Conflict with Revolutionary France 1793–1802' in Holland Rose, Newton and Benians, *British Empire*, II, p. 66.
27. Admiral Kempenfelt, 6 January 1782. Hodges and Hughes, *Naval Documents*, p. 168.
28. Rodger, *Command of the Ocean*, p. 436.

29. East India Company Secret Committee to governor-general, Bengal, 18 June 1798. S. J. Owen (ed.), *A Selection from the Despatches, Treaties and Other Papers of the Marquess Wellesley* (Oxford, 1877), p. 1.
30. Minute of governor-general, 12 August 1798. Ibid., pp. 11–57.
31. For descriptions, Mahan, *French Revolution and Empire*, pp. 263–77; Rodger, *Command of the Ocean*, pp. 459–60.
32. See G. Stedman Jones, 'National Bankruptcy and European Revolution: European Observers on Britain, 1813–1844', in D. Winch and P. K. O'Brien (eds.), *The Political Economy of British Historical Experience, 1688–1914* (Oxford, 2002), p. 72.
33. See D. Lieven, *Russia against Napoleon* (London, 2009), p. 522.
34. For this revolution in statecraft, see P. W. Schroeder, *The Transformation of European Politics 1763–1848* (Oxford, 1994).
35. C. K. Webster, *The Foreign Policy of Palmerston 1830–1841* (London, 1951), vol. 2, p. 842: Palmerston to Melbourne, 8 June 1835.
36. Quoted in J. Darwin, *The Empire Project: The Rise and Fall of the British World-System 1830–1970* (Cambridge, 2009), p. 30.
37. E. D. Steele, *Palmerston and Liberalism, 1855–1865* (Cambridge, 1991), p. 317: Palmerston to Clarendon, 7 October 1857.
38. For these anxieties, Southampton University Library, Palmerston Papers PP/LE/230: Palmerston to Sir G. C. Lewis, 26 August 1861 (consulted online). (Ten thousand soldiers were sent.)
39. The classic account of this strategic preoccupation is J. Gallagher and R. Robinson, *Africa and the Victorians* (London, 1961).
40. The best modern study is R. Owen, *Lord Cromer* (Oxford, 2004).
41. See T. G. Otte, *The China Question: Great Power Rivalry and British Isolation 1894–1905* (Oxford, 2007).
42. W. K. Hancock, *Smuts: The Sanguine Years, 1870–1919* (Cambridge, 1962), p. 108.
43. D. G. Boyce, *The Crisis of British Power: The Imperial and Naval Papers of the Second Earl of Selborne, 1895–1910* (London, 1995), p. 154: Selborne to Lord Curzon, 6 January 1903.
44. See W. Tilchin, *Theodore Roosevelt and the British Empire* (New York, 1997), p. 236.
45. The best modern account of British diplomacy is G. Monger, *The End of Isolation* (London, 1963).
46. See H. Strachan, *The First World War*, vol. 1: *To Arms* (Oxford, 2001), chs. 6, 7.
47. For some of the symptoms of Muslim unrest, M. Hasan (ed.), *Mohamed Ali in Indian Politics: Selected Writings* (Delhi, 1987), vol. II.

48. The best account is D. French, *British Economic and Strategic Planning 1905–1915* (London, 1982).
49. For a recent account, D. Stevenson, *With Our Backs to the Wall* (London, 2011).
50. For Milner's role in the war, A. E. Gollin, *Proconsul in Politics* (London, 1964).
51. Bodleian Library, Mss Milner (Additional) c696: Milner to Lloyd George, 9 June 1918.
52. See Darwin, *Britain, Egypt and the Middle East*, Parts 2, 3.
53. *The Times*, 12 June 1935.
54. See memo. by Foreign Secretary Austen Chamberlain, 4 January 1925. *Documents on British Foreign Policy*, 1st Series, vol. XXVII (London, 1986), p. 256.
55. Quoted in Darwin, *Empire Project*, p. 368.
56. For the work of the Defence Requirements Committee and its arguments, see K. Neilson, 'The Defence Requirements Sub-Committee, British Strategic Foreign Policy, Neville Chamberlain and the Path to Appeasement', *English Historical Review* 118, 477 (2003), 651–84.
57. The best overall study is M. Howard, *The Continental Commitment* (London, 1972).
58. See L. R. Pratt, *East of Malta, West of Suez: Britain's Mediterranean Crisis 1936–39* (Cambridge, 1975).
59. For the guarantee to Poland, S. Newman, *March 1939: The British Guarantee to Poland* (Oxford, 1976).
60. See his memo on seapower, 27 March 1939 in M. Gilbert (ed.), *Churchill Companion*, vol. V, Part 3: *The Coming of War 1936–39* (London, 1982), pp. 1414ff.
61. For a brilliant description of Britain's eastern empire on the eve of war, Christopher Bayly and Tim Harper, *Forgotten Armies: Britain's Asian Empire and the War with Japan* (London, 2004), pp. 30–96.
62. Sir William Slim, *Defeat into Victory* (London, 1956), p. 27.
63. Mercilessly portrayed in Bayly and Harper, *Forgotten Armies*, chs. 3, 4.
64. J. van der Poel (ed.), *Selections from the Smuts Papers* (Cambridge, 1973), vol. VI, pp. 373–7: J. C. Smuts to F. H. Theron, 21 July 1942.
65. Quoted in Bayly and Harper, *Forgotten Armies*, p. 207.
66. N. Prasad, *Official History of the Indian Armed Forces in the Second World War: The Expansion of the Armed Forces and the*

Defence Organization 1939–1945 (Calcutta, 1956).

67. These events may be followed in G. Rizvi, *Linlithgow and India* (London, 1978); P. Moon (ed.), *Wavell: The Viceroy's Journal* (London, 1973); R. J. Moore, *Escape from Empire: The Attlee Government and the Indian Problem* (Oxford, 1983); A. Jalal, *The Sole Spokesman: Jinnah, the Muslim League and the Demand for Pakistan* (Cambridge, 1985); and, indispensably, in N. Mansergh (ed.), *Constitutional Relations between Britain and India: The Transfer of Power 1942–47* (12 vols., London, 1970–83).
68. *Fortune*, July 1940, p. 136.
69. See W. K. Hancock and M. Gowing, *British War Economy* (London, 1949); R. Skidelsky, *The Life of J. M. Keynes: Fighting for Britain* (London, 2000).

第十一章 結束帝國

1. For this calculation, TNA, CAB 129/26; Memo by Patrick Gordon Walker, CP (48) 91, March 1948.
2. See S. Howe, *Anti-Colonialism in British Politics 1918–1964: The Left and the End of Empire* (Oxford, 1993).
3. For this view in government, see minutes of discussion, 5 January 1949, in R. Clarke, *Anglo-American Economic Collaboration in War and Peace, 1942–49*, ed. A. Cairncross (Oxford, 1982), p. 209.
4. See R. J. Moore, *Churchill, Cripps and India* (Oxford, 1979).
5. This atmosphere has been brilliantly recreated in Y. Khan, *The Great Partition: The Making of India and Pakistan* (London, 2007).
6. Jinnah's uncertainties have been documented in A. Jalal, *The Sole Spokesman: Jinnah, the Muslim League and the Demand for Pakistan* (Cambridge, 1985).
7. N. Mansergh (ed.), *Constitutional Relations between Britain and India: The Transfer of Power 1942–1947* (12 vols., London, 1970–83), vol. VII, pp. 150–51: Thorne to Abell (the Viceroy's private secretary), 5 April 1946.
8. Ibid., vol. IX, p. 68: Attlee's notes n.d. but *c.* 14 November 1946.
9. TNA, CAB 127/111; Viceroy's Personal Reports, 2 April 1947.

10. Ibid., 17 April 1947.
11. Ibid., 27 June 1947.
12. In fact, only some of Henty's books were explicitly imperial in subject matter.
13. Recently emphasized in D. Edgerton, *Britain's War Machine: Weapons, Resources and Experts in the Second World War* (London, 2011).
14. In his speech on 10 November 1942. Quoted in W. R. Louis, *Imperialism at Bay: The United States and the Decolonization of the British Empire 1941–1945* (Oxford, 1977), p. 200.
15. Mansergh, *Transfer*, Vol. IX, pp. 427–31: Conclusions of Cabinet 108 (46), 31 December 1946, Confidential Annex.
16. TNA, PREM 8/564: Bevin to Attlee, 1 January 1947.
17. See N. Owen, *The British Left and India: Metropolitan Anti-Imperialism 1885–1947* (Oxford, 2007).
18. TNA, CAB 129/16: Joint Cabinet memo by Foreign Secretary and Minister of Fuel, 3 January 1947.
19. Just how close can be seen on the map annexed to the 1936 Anglo-Egyptian Treaty.
20. Bevin to Attlee, 7 January 1947, in R. Hyam (ed.), *British Documents on the End of Empire: The Labour Government and the End of Empire 1945–1951*, Part III, *Strategy, Politics and Constitutional Change* (London, 1992), p. 228.
21. S. Gopal, *Jawaharlal Nehru*, vol. 2 (London, 1979), p. 47.
22. TNA, PREM 8/950: Attlee to Nehru, Top Secret and Personal, 20 March 1949.
23. Ibid., Cabinet Committee on Commonwealth Relations, 8 February 1949.
24. TNA, CAB 131/5: Cabinet Defence Committee, DO 19 (48), 18 September 1948.
25. TNA, PREM 8/950: Sir Norman Brook, Draft Report on . . . Official Committee on Commonwealth Relations, 24 March 1948. 'Western Union' referred to Britain's 'junior partners' in Europe.
26. Attlee was born in 1883, Bevin in 1881.
27. The classic study of this change is Louis, *Imperialism at Bay*.
28. US National Record and Archive Administration, State Department Central Files, LM 89, Roll 37, Note by Stabler, 21 December 1950.
29. See K. Larres, *Churchill's Cold War* (London, 2002).

30. For the 'second colonial occupation', see D. A. Low and J. Lonsdale, 'Towards the New Order', in D. A. Low and A. Smith (eds.), *History of East Africa*, vol. 3 (Oxford, 1976), pp. 1–63.
31. The best overall studies are K. Kyle, *The Suez Conflict* (London, 1989), W. R. Louis and R. Owen (eds.), *Suez 1956: The Crisis and its Consequences* (Oxford, 1989). D. R. Thorpe, *Eden: The Life and Times of Anthony Eden* (London, 2003) offers a more sympathetic view of Eden.
32. See J. Eayrs (ed.), *The Commonwealth and Suez: A Documentary Survey* (London, 1964): the exceptions were Australia and New Zealand.
33. See W. R. Louis, 'Public Enemy Number One: Britain and the United States in the Aftermath of Suez', in his *Ends of British Imperialism: The Scramble for Empire, Suez and Decolonisation* (London, 2006).
34. Macmillan's diary, 15 September 1956, P. Catterall (ed.), *The Macmillan Diaries: The Cabinet Years 1950–1957* (London, 2003), p. 599.
35. What Macmillan actually said on 20 July 1957 in a speech at Bedford was 'most of our people have never had it so good'. See http//news.bbc.co.uk/onthisday. However, an eminent historian, Quentin Skinner, who was present as a schoolboy, remembers the more familiar version being used in response to a heckler. See *London Review of Books* 33, 18, 22 September 2011.
36. See P. Mangold, *The Almost Impossible Ally: Harold Macmillan and Charles De Gaulle* (London, 2006), p. 136.
37. Recent studies include D. Anderson, *Histories of the Hanged: Britain's Dirty War in Kenya and the End of Empire* (London, 2005) and D. Branch, *Defeating Mau Mau, Creating Kenya: Counterinsurgency, Civil War and Decolonization* (Cambridge, 2009).
38. The number of settler farmers in Kenya more than doubled between 1938–9 and 1960 – from 1,700 to 3,600. See R. M. A. Van Zwanenberg, *An Economic History of Kenya and Uganda* (London, 1975), p. 44.
39. For a contemporary (and optimistic) description, E. Huxley, *A New Earth: An Experiment in Colonialism* (London, 1960).
40. The best account of events in Nyasaland is C. Baker, *State of Emergency: Crisis in Central Africa, Nyasaland, 1959–1960* (London, 1997). See also J. Darwin, 'The Central African Emergency, 1959', *Journal of Imperial and Commonwealth History* 21 (1993), 217–34.
41. For this tendency, see ch. 8.

42. The Devlin Report was printed as Cmnd. 814 (1959), *Report of the Nyasaland Commission of Enquiry*.
43. A. Horne, *Macmillan 1957–1986* (London, 1988), p. 181.
44. The text of Macmillan's speech of 3 February 1960 can be found in *The Times*, 4 February 1960.
45. For an account from the white Rhodesian side based on the papers of Sir Roy Welensky, the federal premier, see J. R. T. Wood, *The Welensky Papers* (Durban, 1983).
46. *British Documents on the End of Empire*, P. Murphy (ed.), *Central Africa*, Part Two: *Crisis and Dissolution 1959–1965* (London, 2005), p. 131: Macleod to Macmillan, 3 April 1960.
47. Ibid., p. 182: Macleod's Minute for Macmillan, 29 November 1960.
48. See Crawford Young, *Politics in the Congo: Decolonization and Independence* (Princeton, 1965).
49. See Ludo de Witte, *The Assassination of Lumumba* (Eng. trans., London, 2001).
50. See R. Shepherd, *Iain Macleod* (London, 1994), p. 212.
51. TNA, CO 822/2235: Colonial Secretary to Governor of Kenya, 14 April 1961.
52. Memo. by Colonial Secretary for Cabinet Colonial Policy Committee, 30 January 1962. A draft is in TNA, CO 822/2238.
53. R. Hyam and W. R. Louis (eds.), *British Documents on the End of Empire: The Conservative Government and the End of Empire 1957–1964*, Part I: *High Policy, Political and Constitutional Change* (London, 2000), p. 531: Cabinet Memo by Colonial Secretary, 6 February 1962.
54. By a majority of thirteen, J. C. Smuts defeated the incumbent prime minister, J. B. M. Hertzog, and formed a new government.
55. Technically, on becoming a republic, South Africa had to seek re-entry as a Commonwealth member.
56. See P. Buckner, 'The Long Goodbye: English Canadians and the British World', in P. Buckner and D. Francis (eds.), *Rediscovering the British World* (Calgary, 2005), p. 202.
57. See S. Ward, *Australia and the British Embrace* (Melbourne, 2001); J. Belich, *Paradise Reforged: A History of the New Zealanders from the 1880s to the Year 2000* (Auckland, 2001), ch. 15.
58. Quoted in J. Darwin, *The Empire Project: The Rise and Fall of the British World-System 1830–1970* (Cambridge, 2009), p. 638.
59. The phrase appeared in Harold Wilson's Labour Party Conference speech on 1 October 1963. See *The Times*, 2 October 1963.

60. *Guardian*, 11 June 1965: 'Premier pledges support for India'.
61. See J. Subritzky, *Confronting Sukarno: British, American, Australian and New Zealand Diplomacy in the Malaysian-Indonesian Confrontation 1961–1965* (Basingstoke, 2000).
62. For these economic travails, A. Cairncross, *Managing the British Economy in the 1960s: A Treasury Perspective* (Basingstoke, 1996).
63. This was Richard Crossman, a self-styled opponent of the 'Great Britain school'. See his *Diaries of a Cabinet Minister*, vol. 2 (London, 1976), p. 639.
64. Ibid., vol. 1 (London, 1974), p. 539.
65. The authoritative account of policy towards Malaysia and Singapore in this period is now P. L. Pham, *Ending 'East of Suez': The British Decision to Withdraw from Malaysia and Singapore, 1964–1968* (Oxford, 2010).
66. Aden became the dominant element in the new state of South Yemen, later re-united with Yemen proper.
67. For British policy in the Gulf, see now S. C. Smith, *Britain's Revival and Fall in the Gulf: Kuwait, Qatar and the Trucial States 1950–1971* (London, 2004).
68. For this suggestion, *The Times*, 20 November 1967, Times Digital Archive.
69. Quoted in J. Darwin, *Britain and Decolonisation: The Retreat from Empire in the Post-war World* (Basingstoke, 1988), p. 324.
70. For the negotiations, E. Windrich, *Britain and the Politics of Rhodesian Independence* (London, 1978); for an account based on the papers of Ian Smith, J. R. T. Wood, *A Matter of Weeks Rather Than Months: The Impasse between Harold Wilson and Ian Smith: Sanctions, Aborted Settlements and War 1965–1969* (Trafford, 2008).
71. For a white Rhodesian insider account of the transition in Zimbabwe, Ken Flower, *Serving Secretly: An Intelligence Chief on Record: Rhodesia into Zimbabwe 1964 to 1981* (London, 1987).
72. For the Falklands war, M. Hastings and S. Jenkins, *The Battle for the Falklands* (London, 1983); L. Freedman and V. Gamba-Stonehouse, *Signals of War: The Falklands Conflict of 1982* (London, 1990).
73. I base this on a conversation with the late Sir Henry Leach (then First Sea Lord) in 1986.
74. Joint Declaration of the Government of the UK and of the People's Republic of China, 19 December 1984, 3 (5), in F. Madden (ed.), *Select Documents on the Constitutional History of the British Empire and Commonwealth*, vol. 8: *The End of Empire,*

Dependencies since 1948 (Westport, CN, 2000), pp. 352–3.

75. For a survey, J. Brown and R. Foot (eds.), *Hong Kong's Transitions 1842–1997* (Basingstoke, 1997).

第十二章　最後、最大的帝國？

1. See N. Owen, *The British Left and India: Metropolitan Anti-Imperialism 1885–1947* (Oxford, 2008).
2. H. J. Mackinder, *Democratic Ideals and Reality* (London, 1919), p. 110.
3. C. Dilke, *Greater Britain* (1869), p. 446.
4. See M. Mann, *The Sources of Social Power*, vol. 1: *A History of Power from the Beginning to A.D. 1760* (Cambridge, 1986), p. 537.
5. See J. Strachey, *The Coming Struggle for Power* (London, 1932), p. 391.

國家圖書館出版品預行編目資料

未竟的帝國：英國的全球擴張／約翰・達爾文（John Darwin）著；黃中憲譯. -- 二版. -- 臺北市：麥田出版：英屬蓋曼群島商家庭傳媒股份有限公司城邦分公司發行, 2021.09
面；　公分. --（歷史選書；59）
譯自：Unfinished Empire : The Global Expansion of Britain
ISBN 978-626-310-070-1（平裝）
1.英國史　2.帝國主義
741.25　　110011443

歷史選書 59

未竟的帝國：英國的全球擴張
Unfinished Empire : The Global Expansion of Britain

作　　者／約翰・達爾文（John Darwin）
譯　　者／黃中憲
特約編輯／劉懷興
主　　編／林怡君

國際版權／吳玲緯
行　　銷／何維民　吳宇軒　陳欣岑　林欣平
業　　務／李再星　陳紫晴　陳美燕　葉晉源
編輯總監／劉麗真
總 經 理／陳逸瑛
發 行 人／涂玉雲
出　　版／麥田出版
10483臺北市民生東路二段141號5樓
電話：(886)2-2500-7696　傳真：(886)2-2500-1967
發　　行／英屬蓋曼群島商家庭傳媒股份有限公司城邦分公司
10483臺北市民生東路二段141號11樓
客服服務專線：(886) 2-2500-7718、2500-7719
24小時傳真服務：(886) 2-2500-1990、2500-1991
服務時間：週一至週五09:30-12:00・13:30-17:00
郵撥帳號：19863813　戶名：書虫股份有限公司
讀者服務信箱E-mail：service@readingclub.com.tw
麥田網址／ https://www.facebook.com/RyeField.Cite/
香港發行所／城邦（香港）出版集團有限公司
香港灣仔駱克道193號東超商業中心1/F
電話：(852)2508-6231　傳真：(852)2578-9337
馬新發行所／城邦（馬新）出版集團Cite (M) Sdn Bhd.
41-3, Jalan Radin Anum, Bandar Baru Sri Petaling, 57000 Kuala Lumpur, Malaysia.
電話：(603)9056-3833　傳真：(603)9057-6622
讀者服務信箱：services@cite.my

封面設計／兒日設計
印　　刷／前進彩藝有限公司

■2015年1月8日　初版一刷
2021年9月1日　二版一刷

定價：580元

ISBN 978-626-310-070-1